# 레드 헬리콥터

# 레드 헬리콥터

제임스 리 지음 | 이재경 옮김

다정함
(+약간의 수학)으로
변화를
만들어내는 방법

# red helicopter

위즈덤하우스

## 일러두기

- 책은《 》로, 간행물 이름이나 영화, TV 프로그램, 노래의 제목은〈 〉로 표기했다.
- 책에서 중요한 키워드로 나오는 'goodwill'에는 크게 두 가지 의미가 있다. 우선 회계 용어로 서의 'goodwill'은 우리말로 '영업권'에 해당한다. 영업권은 일종의 무형 자산이다. 기업을 인수할 때 인수 가격이 그 기업의 순공정가치(순자산의 시세)보다 크다면, 그것은 영업권이라는 무형 자산을 인정한 것이다. 즉, 영업권은 인수 가격과 순자산가치의 차액에 해당한다. 영업권에는 기업의 평판, 고객 충성도, 브랜드 가치 등이 포함된다. 한편 일상적 의미의 'goodwill'은 우리말로 '호의'에 해당한다. 이는 공동체의식, 친절, 지지 등 금전적 가치로 측정할 수 없는 인간관계 자산을 말한다. 이 책에서 'goodwill'은 두 의미를 아우르는 중의적 단어로 쓰였다. 대부분 '호의'로 번역했으나, 7장에서는 중의적인 느낌을 주기 위해 '호의/영업권'으로, 8장에서는 문맥상 주로 '영업권'으로 번역했다.

엄마아빠를 위해.

우리 각자의 안에 사는 아이에게.

양심의 목소리는 다른 소망들의 소음과 확연히 구분된다.
양심의 목소리가 원하는 것은
겉으로는 무소용하고 무의미하고 불가해 보이지만
사실은 아름답고 선한 것이기 때문이다.
그리고 그것은 오직 노력으로만 얻을 수 있다.

- 레오 톨스토이

# 차례

# 서곡

우리 모두에게는 저마다 각별한 어릴 적 일화가 있다. 인생의 암흑기에는 등대가 되어주고, 황금기에는 고생과 고충을 상기시키는 이야기. 그 이야기의 의미에 대한 관점은 나이가 들면서 변하고, 상황에 따라서도 바뀐다. 우리가 유년기의 특정 일화에 매달리는 이유는 딱 꼬집어 말하기 어렵다. 내게도 거의 40년이나 모호했다. 그러다 마침내 그 의미가 드러났을 때, 내 작은 이야기는 내 인생뿐 아니라 전 세계 수많은 인생들의 행로를 바꾸는 데 일조했다. 모든 것은 다정함, 약간의 수학, 그리고 어느 여성들과의 예기치 않은 우정 덕분이었다. 그 여성들은 내게 나를 재발견할 권한과 우리 공동의 노래를 소리 높여 부를 용기를 주었다.

내 이야기는 내가 유치원에 다니던 다섯 살 때 일어났다. 어느 날 아침 등원 시간에 한 방문객이 예고 없이 우리 유치원에 나타났다. 나와 친한 아이들 중 한 명의 아빠였다. 내가 제일 좋아하는 그리피스 선생님이 내 이름을 불렀다. 선생님의 얼굴이 기대감으로 빛났다. 그 순간 시간이 멈춘 느낌이었다. 즐거운 소란이 가라앉고, 마치 무대에 선 듯 나를 쳐다보는 호기심 어린 시선들의 무게가 느껴졌다. 친구의 아빠가 내게 하얀 봉투를 건넸다. 봉투 안에는 포장된 선물이 있었다. 빨간색 장난감 헬리콥터였다.

그 순간에는 그분이 왜 내게 선물을 주는지 이해하지 못했다. 다만 그분이 기쁜 동시에 슬프다는 것은 감지했다. 내게 집중된 이목과 공기를 채우는 감정 아래서 어색한 기분이 들었던 것도 기억난다. 내가 어떻게 반응했냐고? 나는 새 장난감을 들고 신나게 방방 뛰어다녔고, 내 친구도 내 뒤를 바싹 따라 뛰었다. 돌이켜보니 내가 친구의 아빠에게 "감사합니다"라고 말하지 않은 것은 분명하다.

집에 와서 내가 부모님에게 선물을 보여주었는지, 부모님이 먼저 보았는지는 기억이 희미하다. 나는 겨우 다섯 살이었다.

"그분이 왜 너에게 이 레드 헬리콥터를 주신 거지, 제임스?" 엄마아빠가 물었다.

나는 긴장했다. 솔직하게 말했다. "모르겠어요."

난감한 침묵이 길게 흘렀다. 엄마아빠는 내가 무슨 잘못을 한 건 아닌지 걱정하는 눈치였다. 혹시 애가 묻지도 않고 교실 물건을 가져온 것은 아닐까? 아니면 자신들이 뭘 잘못한 것은 아닐까? 이민 1세대였던 엄마아빠에게 미국은 종종 미궁이었다. 그들은 여전히 현지 관행에 어두웠다. 음악 용어로 말하자면, 그들은 때로 한두 박자 늦고 반 마디 처졌다. 혹시 이 나라 아이들은 연말에 선물을 주고받나? 혹시 그날 다섯 살짜리 아이 모두가 레드 헬리콥터를 받은 건가?

내가 다니던 미너소키초등학교 부설 유치원에는 원생이 스무 명 정도 있었다. 내가 대학에 갈 때까지 엄마는 매일 아침 갈색 종이봉투에 점심을 싸주었다. 대개는 카이저롤 빵에 델리 미트와 다량의 마요네즈를 넣은 샌드위치, 간식, 과일 맛 음료였다. 나는 친화적이고 기회균등을 추구하는 아이여서 유치원 아이들과 두루 잘 어울렸다. 문제의 그 친구는 집에서 점심을 가져오지 않는 때가 많았다. 그래서 나는 그 친구와 자주 점심을 나눠 먹었다. 그러지 않을 이유가 없었다. 내게는 먹을 것이 충분했고, 그 애는 그렇지 않았다. 별일 아니었다.

어떻게인지는 모르지만 부모님은 얼마 안 가 레드 헬리콥터 미스터리를 풀었다(그리피스 선생님이 모종의 역할을 했을 것으로 본다). 어느 날 부모님이 나를 거실로 불렀다. 부모님은 좁다란 거실의 소파에 앉아 있었고, 내게 앞에 와서 서라고 손짓했다. 나는 시키는 대로 했다. 속이 울렁거렸다. 야단맞기 직전인 건지 뭔지 알 수 없었다. 아빠는 곧잘 소크라테스식 문답법을 썼다. 엇박자 질문을 연이어 던져서 내게 생각할 공간을 주고, 맞든 틀리든 직접 답을 찾게 하는 방법. 이는 결과적으로 훗날 내 로스쿨 진학을 위한 좋은 훈련이 되었다. 하지만 다섯 살짜리에게는 다소 스트레스였다.

"왜 네 점심을 친구와 나눠 먹었지?" 아빠가 물었다. 나는 이실직고했다. 나는 가족에게 불필요한 재정적 부담을 초래한 죄, 또는 항상 아침 일찍 일어나 자기 아들이 먹을 점심을 준비한 엄마에게 배은망덕한 죄로 혼날 것을 각오했다.

하지만 나는 혼나기 직전이 아니었다. 오히려 그 반대였다. 부모님의 설명에 따르면 그 친구는 학년이 시작되기 전에 엄마를 잃었다. 친구의 아빠는 하루아침에 어린 자녀 넷을 책임지는 한부모가 되었다. 내 친구가 막내였다. 친구의 아빠에게는 재정적으로나 다른 이유로나 매일 아침 자기 아들의 점심을 싸줄 여력이 없었다. 점심을 싸가지 못한 날 제임스라는 친구가 자기 점심을 나눠줄 때가 많다고 내 친구가 가족에게 말한 것이 분명했다. 이에 친구의 아빠는 내게 고마운 마음을 전하려고 일부러 시간을 내서 빨간 장난감 헬리콥터를 샀고, 직접 주기 위해 유치원에 오신 거였다.

부모님에게서 자초지종을 들은 나는 얼떨떨했다. 친구를 생각하면 슬펐다. 엄마를 잃은 것이 어떤 느낌일지 상상조차 할 수 없었다. 하지만 내가 한 일에 대해서는 뿌듯했다. 가슴이 훈훈하게 아파왔다. 그게 어떤 느낌인지 독자도 알리라 믿는다. 다만 나는 내가 한 일에 대한 아빠의 감정적 반응에 조금 놀랐다. 내가 점심을 친구와 나눠 먹은 것이 그리 대수인가?

내가 혼란을 느낀 것은 평소 아빠는 복잡한 감정, 특히 자기 심정을 말로 표현하는 능력 또는 의지가 부족한 사람이었기 때문이다. 물론 영어와 한국어의 언어 장벽 탓도 있었다. 하지만 내 생각에 진짜 이유는 두 아들 앞에서 감정 드러내는 것을 어색해하는 아빠의 성향이었다. 아빠가 소크라테스식 문답법을 사용하는 것도 어쩌면 이 성향 때문이었다. 더 자세히 말하자면, 내가 지금까지 소중하게 간직하고 있는 것 중 하나가 어렸을 때 아빠가 사준 《이솝우화》다. 사람처럼 말하는 동물들이 다양한 역할로 등장해서 도덕적 이야기들을 하는 책이었다. 아빠의 의도는 내가 그 책에서 읽은 비유들을 내 삶에 적용하는 것이었다. 아빠가 나와 함께 그 이야기들을 소리 내어 읽은 적은 없었다.

아빠는 심정을 말보다는 대개 비언어적으로 전달했다. 그 결과 내가 자라서 집을 떠난 후로 아빠와 나는 서로 소통하는 것 자체가 어려웠다. 어쩌면 이것이 그날 거실에서 아빠의 눈에 어린 표정을 내가 평생 잊지 못하는 이유일 수 있다.

몇 년 후 나와 함께 우리 학교 버스정류장에 있었을 때, 아빠는 그날 도착한 편지를 꺼냈다. 내가 우리 공립학교 학군의 재능계발 프로그램에 뽑혔다는 내용이었다. 축하의 말은 없었지만 나는 그날 아빠의 경쾌한 걸음, 강한 향수 냄새, 눈에 어린 자부심을 기억한다.

하지만 그것도 아빠가 내게 레드 헬리콥터에 대해 묻던 날 보여준 자부심에 비하면 아무것도 아니었다. 아빠는 소아과 의사였고, 엄마는 간호사였다. 우리 집에서는 성적과 시험점수가 중요했다. 하지만 우리의 품행만큼 중요하지는 않았다. 우리에겐 다정함, 남에 대한 배려, 옳은 일의 솔선수범이 기대됐다. 그러나 우리는 세상이 관례적으로 성취와 성공으로 정의하는 것들—돈, 직함, 스펙, 지위—도 요구받았다. 이는 명백한 모순이었다. 돈과 권력이 인간애에 대한 우세를 과시하는 시대에서 내가 향후 40년 동안 싸우게 될 모순이었다.

◆ ◆ ◆

그 레드 헬리콥터는 지금 어디에 있을까? 모른다. 분실, 기부, 처분 등 어릴 적 장난감들이 으레 맞는 운명을 맞았을 것이다. 고등학교 졸업 후 나는 하버드대학교에 진학했다. 대학을 졸업한 뒤엔 2년 동안 고등학교 교사로 일했고, 국선 변호사가 될 생각으로 하버드 로스쿨에 들어갔다. 산더미 같은 학자금 대출금이 숨통을 조였다. 결국 나는 고등학교 교사와 로스쿨 졸업생의 두 줄짜리 이력서를 들고 다소 난데없고 엉뚱한 방향 전환을 시도했다. 나는 투자은행과 사모펀드로 방향을 틀었고, 이후 전용기를 타고 다니며 수십억 달러를 관리했다. 내 이력서는 계속 길어졌고 결국 모든 부모, 특히 이민자 부모가 자랑스러워할 빛나는 상장이 되었다.

20대 후반과 30대 동안 나는 레드 헬리콥터에 대해 까맣게 잊었다. 보다 정확하게는 나의 그 부분을 묻었다. 더 심하게 말하자면 당시의 내게는 레드 헬리콥터가, 내 이민자 부모와 그들의 가치관과 내 가정교육에 대해 상징하는 모든 것이 짐처럼, 구속처럼 느껴졌다. 심지어 때로는 곤욕스럽기까지 했다. 물론 가끔은 생각났지만 대개는 당시의 내 삶과 커리어에 그것이 있을 자리가 없었다. 아니, 없다고 생각했다.

그러다 40대 초반의 중대한 시점에 그 레드 헬리콥터가 다시 나타났다. 그것은 문자 그대로나 비유적으로나 내가 어둠 속에서 외로울 때 신호탄 역할을 했다. 온 세상이 내게 실성했다고 말할 때였고, 아버지가 임종을 앞두고 있을 때였다. 그 후 몇 년 동안 레드 헬리콥터의 진정한 의미와 교훈이 내 앞에 펼쳐졌다. 그때까지 나는 여러 차례 그것에 저항했다. 너무 유치하다고 여겨졌던 것이다. 그러다 정말로 적기에 그 레드 헬리콥터가 다시 부상했다. 내가 보스턴의 직장생활과 '사모펀드맨'이라는 정체성을 버리고 미국 전역의 도심 지역urban area(산업화 및 도시화의 결과로 소득에 따라 주거지가 구분되면서 도심 지역에는 상대적으로 소득이 낮은 주민이 남고, 고소득층은 교외나 도시 인근 지역으로 이동해 나갔음 - 옮긴이)에 거주하는 중위소득층 플러스사이즈 흑인 여성을 고객으로 하는, 망하기 직전의 의류회사를 이끌기 위해 떠났을 때였다. 레드 헬리콥터와 함께 내 부모가 내게 심은 어릴 적 경험, 가치관, 신념들이 모두 떠올랐다. 레드 헬리콥터와 그것이 상징하는 것은 처음에는 서서히, 결국은 득의양양하게 모습을 드러냈다. 그 레드 헬리콥터는 전례 없는 비즈니스 변혁의 중심에 있었다. 그 변혁은 표면적으로는 나와 전혀 어울리지 않은 과업이었고, 글로벌 투자 시장과 소매유통 시장에 충격과 영감을 동시에 던진 믿기 힘든 환골탈태였다.

사실이다. 7년 후 이 부활 스토리는 나를 TED 강연 무대와 주요 간행물의 표지와 세계적 권위의 산업 콘퍼런스 연단에 세웠다. 또한 내가 그 몇 해 전에 설립한 임팩트투자impact investment(수익 추구와 더불어 사회나 환경에 긍정적 영향을 미치는 기업을 찾아 투자하는 것-옮긴이) 플랫폼인 파이어파인그룹FirePine Group의 투자자들에게 세 자릿수 재무 수익이라는 믿지 못할 성과를 안겼다. 내가 의류회사를 떠난 지 여러 해가 지났지만 우리가 창출한 긍정적 영향의 파급 효과는 여전히 확산되고 있으며, 지금도 업계와 재계를 넘어 멀리까지 반향을 일으키고 있다.

실질적 영향은 '무엇을(결과나 성과)'이 아니었다. '어떻게(과정 자체)'였다. 그 어떻게가 결국 사람들의 마음을 바꿨다. 그것이 미쳐 돌아가는 세상을 잠시 멈춰 세워서 주의 깊게 보고 생각하고 느끼게 만들었다. 그 어떻게는 내 부모의 삶을 미국과 전 세계, 모든 인종과 민족의 수많은 사람들과 연결했다. 그 어떻게는 내가 진리로 여겼던 많은 것들이 진리가 아니라는 것을, 적어도 내 생각과는 달랐음을 서서히 인정하게 했다. 특히 내가 그동안 과소평가하고 당연시했던 내 엄마의 용기와 리더십의 진가를 깨닫게 했다. 지금 내가 독자와 나누려는 것이 바로 이 '어떻게'다.

레드 헬리콥터는 내 이야기지만, 독자에게도 나름의 레드 헬리콥터 이야기가 있을 것으로 생각한다. 내 이야기와 이 책이 말하는 바는 다음과 같다. 우리가 어릴 적에 직관적으로 깨쳤던 것들, 그 순수하고 상식적 진리들이 우리가 누구이며, 인간으로서 서로를 어떻게 대해야 할지를 이해하는 바탕이 되어야 한다. 따라서 우리가 그 진리들을 잊기를 바라는 세상, 우리 모두가 가슴 깊이 옳다고 아는 것과 상반되는 규칙과 행동규범을 만들어내 그 진리들을 은폐하려는 세상과 결연히 맞설 용기가 필요하다. 이는 기존 권력에 도전하는 일이다(여러분이 나처럼 기존 권력 구조의 정회원일 경우에도 마찬가지다). 그리고 우리 공동의 인간애를 더 잘 반영하는 방향으로 성공, 다정함, 균형, 성장, 리더십, 호의goodwill 같은 개념들을 재정의해야 한다. 하지만 이 이야기의 핵심은 이것이다. 우리가 어릴 때 알았던 지극히 단순한 진리들이 우리의 삶과 심지어 비즈니스의 궤적을 바꿀 수 있다. 그리고 삶에서나 비즈니스에서나 진정한 성공은 삶, 돈, 기쁨 사이에서 균형을 잡는 데 달려 있으며, 그 균형 잡기는 호의의 창출과 측정을 통해서, 그리고 호의에 수반하는 유대감을 통해서 실현된다.

♦ ♦ ♦

이제 여러분에게 나와 함께 산책에 나설 것을 청한다. 이 책은 다른 이들의 생계와 안녕을 책임지는 리더들뿐 아니라 가족, 부모, 자녀를 위해 고안되었다. 비록 이 책의 서사는 험난한 비즈니스 변혁 과정을 따라가지만, 이야기의 가르침은 자기 자신과 사랑하는 이들을 위해 보다 나은 삶을 만들고자 분투하는 사람들에 관한 것이다. 독자의 일부에게는 이 책이 사모펀드와 대형 로펌 등 파워센터의 비밀스러운 내부 작동을 처음으로 엿보는 기회가 될 수도 있다. 내 소망은 독자 모두가 자신뿐 아니라 남들을 위해 삶, 돈, 기쁨 사이에서 지속가능한 균형을 이루는 방법에 대한 몇 가지 소중한 교훈을 배우거나 다시 익히는 것이다.

이 책은 리스트들을 제공하지 않는다. 여러분의 문제를 일거에 퇴치할 세 가지 혹은 다섯 가지 해법을 제시하지 않는다. 그런 마법의 공식이나 묘약은 없다. 답들은 이야기에 내재해 있다. 다양한 목소리와 감정들(그리고 몇몇 공식과 프레임워크)의 합창에 녹아 있다. 나는 여러분에게 어떻게 느끼라고 말하지 않는다. 다만 여러분이 때로 걸음을 멈추고 생각해야 할 것을 말한다. 이 책은 회계, 재무, 행동과학, 경제학, 법인법 같은 과목들의 핵심 원칙들을 소개한다(믿어달라. 이것들은 여러분이 알아야 할 것들이고, 여러분의 자녀가 성인이 되어 경제활동인구에 편입되기 전에 알아두어야 할 것들이다. 그리고 무슨 이유에선지 학교에서는 좀처럼 가르치지 않는 내용이다). 더 중요하게는 그것들을 하나의 단순한 이야기로 엮어서 그것들이 상호작용하는 원리를 매우 인간적 방식으로 제시하려 한다. 이 원리를 자신의 삶 및 자신에게 가장 잘 맞는 방식으로 접목할지 말지는 독자의 자유다. 말이나 양은 등장하지 않지만 이 책을 일종의 우화로 생각해주길 바란다. 인생사를 논한다는 점에서 '우화'라는 말이 더 적합한 표현이다. 다만 믿기 어렵겠지만 이 이야기의 모든 것은 자본주의와 사회라는 거대 무대들에서 일어난다.

이 책은 합목적 순서로 진행된다. 즉, 발견, 관점 변화, 부상浮上의 과정을 밟는다. 열 개의 장 중 아홉은 세 장씩 세 부로 묶인다

(뮤지컬로 치면 7장은 '브리지'에 해당한다). 미니북 세 권으로 구성됐다고 볼 수 있다(뮤지컬로 치면 세 막짜리 뮤지컬이다).

'1막: 삶'(1~3장)은 무대를 연다. 다양한 배우들을 소개하고, 그들이 오랜 기간에 걸쳐 개인으로나 집단으로 직면해온 문제들을 풀어놓는다. 이 무대는 외견상 분리된 듯한 경험들을 한데 모은다. 혼돈과 역경의 바다에도 희망의 깜박임과 진리의 가닥들이 있다.

'2막: 돈'(4~6장)에서는 규모도 작고 자원도 부족한 출연진이 단합해서 거시적 삶을 떠받치는 시스템들을 파악하고, 파산법·회계·재무·운영을 통합한 기본 원칙들을 밑거름 삼아 놀라운 성과를 이루는 과정을 따라간다. 그 과정에서 우리는 관점과 행동의 미묘하지만 심오한 변화를 본다. 이 변화를 가능하게 한 것은 다정함과 약간의 수학—간단한 덧셈, 뺄셈, 곱셈—이다.

'브리지'(7장)에서 우리는 2막에서 배운 개념들의 정서와 느낌에 몰입한다. 무엇보다 호의라고 불리는 무형 공유 자산의 달콤쌉쌀함을 함께 나눈다.

'3막: 기쁨'(8~10장)에서는 우리가 함께 배운 것을 이용해 개인과 조직, 나아가 사회의 성공을 측정하는 대안적 방법들을 탐구하고, 이를 통해 우정과 유대감의 진정한 가치를 기린다. 복잡하고 어렵게 들린다면 이렇게 말하겠다. 내 목표는 여러분을 이미 아는 진리들에 집중하게 하는 것이다. 나는 이 지혜의 대부분이 이미 여러분 안에 있다고 믿는다. 결국 이 책은 독자가 자신만의 방식과 속도로 이 진리들을 재발견할 공간과 도구를 제공할 뿐이다.

책을 3부작처럼 설계한 데는 이유가 있다. 이 순서에서 창의적인 독자는 창조 행위 자체를 떠올릴 것이고, 영적인 독자는 깨달음의 단계들을 읽을 것이다. 교사나 부모는 다음 세대를 위한 커리큘럼의 구성을 볼 것이고, 비즈니스 마인드의 독자는 기업 혁신이나 회생 과정을 엿볼 것이다. 여러분이 어떤(또는 몇 가지) 렌즈로 보든 나는 이 설계가 여러분을 동일하게 옳은 경로로 이끌 것으로 확신한다. 내 목표는 그저 여러분을 자유롭게 하는 것, 그리고 최선을 다해 여러분의 이륙과 비행을 돕는 것이다.

이 책을 읽는 여러분이 삶이라는 비즈니스, 비즈니스라는 삶을 다른 시각으로 바라보게 되기를 바란다. 놓쳤던 인식과 관점을 재발견하거나 재고하는 기회가 되었으면 한다. 우리가 공유한 유대감에서 위안을 찾고, 거기서 긍정 에너지와 성장 가능성에 대한 확신을 얻기 바란다. 이 책은 자기계발서도 아니고 경영서도 아니지만, 동시에 둘 다이기도 하다. 이 책은 음악, 철학, 리더십, 의리, 또는 부모 여읨에 대한 것이 아니지만, 그 모든 주제와 그 이상을 넓게 아우른다. 어쩌면 인류애 찬가라는 표현이 이 책에 가장 맞을지도 모르겠다.

무엇보다 나는 여러분이 이 책을 통해 집에서의 우리와 직장에서의 우리를 나누는 경계도 우리를 속박하는 어느 제약 못지않게 인위적이고 학습된 것임을 깨닫기 바란다. 인공물이 다 그렇듯 이런 구분과 제약들은 얼마든지 재고되고, 재구상되고, 개선

될 수 있다. 많은 경우 단순함이 최고다. 제대로 실행된다면 단순함은 놀랄 만큼 수월하게 엄청난 효과를 만들어낸다.

어쩌면 독자도 이 이야기가 시작되는 지점의 나와 같은 상황에 처해 있을지 모른다. 먹먹한 권태와 이름 없는 불안과 싸우고 있는가? 외로움, 단절감, 또는 박탈감을 느끼는가? 딱히 불행하진 않지만 주변 사람들이 당연시하는 추정과 전제들에 의문이 드는가? 그 규칙들이 옳지 않다고 느껴지는가? 그리고 궁금해질 수 있다. 애초에 누가 그 규칙들을 만들었을까? 내가? 아니면 때로 현실감이 느껴지지 않는 이 세상이? 내가 미친 걸까, 아니면 남들 모두가 정신이 나간 걸까? 당신은 심지어 두렵기까지 하다. 이는 특정 나이에서만 경험하는 일이 아니다. 당신은 자신의 일상적 삶이 거시적 삶과 어떻게 교차하는지, 자신의 과거가 현재에 어떻게 연결되고 현재가 미래와 어떻게 연결되는지, 그것들이 왜 항상 들어맞지 않는지 납득하려 애쓰고 있을 수 있다. 걱정하지 말자. 당신만 그런 것이 아니다.

마지막으로, 이 책은 변화에 관한 책이다. 혁신적이면서도 지속가능한 변화가 우리 모두에게 내재한다는 것을 말하는 책이다. 역설적이게도 그 변화의 출현을 위해 우리가 할 일은 그저 충분히 오래 속도를 늦추는 것이다. 즉, 때로는 가만히 머무는 것이 우리가 취할 수 있는 가장 중요한 조치다. 나이 들면서 우리는 과한 생각으로 과하게 복잡한 세상을 만들어낸다. 그리고 어릴 적에 직관적으로 이해했던 본능적 지혜와 인류애의 가치를 잊기 쉽다.

또한 문제에 대한 마땅하고 옳은 해법이 대개는 바로 우리 앞에 있다는 것을 잊고 산다. 간단하지 않은가? 하지만 명심하자. 때로는 간단한 것이 어렵다.

각자의 삶과 세상에서 어떤 일이 일어나든 나는 이 책이 그곳에 희망을 제공하길 희망한다. 하지만 그저 아무 희망이나 주고 싶다는 뜻은 아니다. 현실에 근거한 희망, 모든 것이 절망적일 때조차 무엇이 가망 있는지 보여주는 실화에 기반한 희망이다. 이 책은 세상이 우리에게 무엇을 주장하든, 우리가 아이 적에 감지했던 순수하고 상식적인 가치관이 내내 옳았다는 것을 보여준다. 우리에게 필요한 것은 그저 그것을 재발견할 용기를 내고, 우리 가슴에 퍼지는 훈훈한 아픔을 믿는 것뿐이다. 그리고 이를 지원할 프로세스, 프레임워크, 약간의 지식뿐이다. 우리는 그저 각자의 레드 헬리콥터 이야기를 찾고 믿기만 하면 된다. 그래서 몇몇 친구들의 도움을 받아 이륙하면 된다. 이를 도울 친구들이, 특히 새로운 친구들이 당신을 기다린다.

# 1막

# 삶

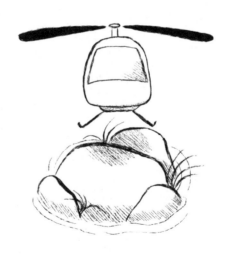

# 1장

# 현재

헬리콥터는 어느 지형에나 착륙이 가능하다.

어떤 이들은 동화 같은 장소에서 계시를 얻는다. 바닷가, 외딴 산길, 나무 그늘 아래. 나는 아니었다. 내 깨달음은 옥상에 두 층 짜리 사옥이 얹혀 있는 지저분하고 우악스러운 물류센터 건물에서 일어났다. 맨해튼 미드타운에서 채 15킬로미터도 떨어지지 않은 뉴저지주 세카우커스에 위치한 곳이었다.

그 복합건물은 휑뎅그렁한 동시에 숨이 막혔다. 주된 색조는 쥐색과 진흙색이었다. 어디를 봐도 시선이 막혔고, 가시거리도 짧았다. 의도적인 듯했다. 끝없이 늘어선 인조가죽 등받이의 플라스틱 의자들. 누렇게 변해가는 20년 치 계약서들로 가득한 먼지 쌓인 서류 캐비닛들. 높다란 칸막이로 분리된 좁은 방들. 그곳에는 역한 공업용 비누 냄새가 배어 있었었는데, 그 냄새도 곰팡이와 화장실 소변 냄새를 덮지는 못했다. 벌레도 있었다. 도시 환경에 단련된 물방개와 바퀴벌레가 대표적이었다. 이 본사 사무실에서 약 140명의 사람들이 일주일에 40시간을 보냈다. 사람들은 모든 연령대, 성별, 인종을 아울렀다. 그곳의 인적 구성은 미국의 좋은 표본이었다.

또 한 가지. 믿거나 말거나 그곳에는 와이파이가 없었다(덧붙이자면 당시는 2013년이었다). 유일한 특전은 직원들이 싸온 점심을 데우는 산업용 크기의 구식 온장고였다. 이 1970년대 유물이 자리한 곳은 창문 없는 구내식당이었다. 구내식당은 드물게 열리는 타운홀 미팅town hall meeting(원래 미국식 참여민주주의의 토대였던 공개 주민회의를 뜻하지만, 요즘은 기업에서 CEO를 비롯한 임원과 직원이 한데 모여 회사의 정책과 소식을 나누는 자리를 의미함-옮긴이) 장소로도 쓰였다.

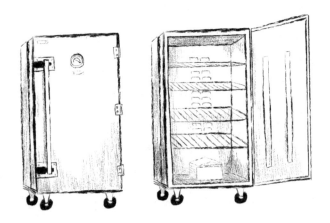

세카우커스는 매립지 위에 지은 타운이다. 지명은 '뱀의 장소'라는 뜻의 알곤킨족族 언어에서 왔다. 그곳은 자동차 대리점, 아웃렛 숍, 패스트푸드와 패스트캐주얼 음식점들이 늘어선 도시 외곽 지대였다. 그곳은 미국식 자본주의가 살아 숨 쉬는 성지였다. 번쩍이는 강철 가드레일을 따라 차들이 끝없이 들고나는 타운에는 밋밋한 모듈방식 저층 사무실 건물들이 들어차 있었다. 이곳이 내가 장차 6개월 동안 살게 될 곳이었다.

나는 존폐 위기에 처한 애슐리스튜어트Ashley Stewart라는 회사의 임시 대표직을 수락한 후 단기 '구제'의 임무를 띠고 그곳에 있었다. 여기서의 핵심 단어는 임시였다. 나는 그곳에 딱 6개월만 머물 예정이었다. 그 후에는 보스턴 교외의 내 가족과 '잘나가는' 삶 및 정체성으로 돌아갈 수 있었다. 나는 여러 이유로 이 회사가 망하지 않기를 바랐다. 이 임무를 위해 나는 사모펀드 소유주가 관례적으로 수행하는 역할인 이사회 비상임 의장직을 사임해야 했다. 내가 상근 대표직을 맡은 것은 비록 임시직이라 해도 전례 없는 일이었기에, 충격적 사건이라 해도 과언이 아니었다.

그뿐 아니었다. 임시직이든 뭐든 신임 대표와 회사의 만남 치고 이보다 더 부조화한 조합은 보기 드물었다. 애슐리스튜어트는 플러스사이즈(L 사이즈 이상)의 여성복을 파는 의류 소매업체고, 주 고객은 중하위 소득층 흑인 여성이었다. 이 회사의 매장은 미국 전역의 쇼핑몰, 스트립몰, 도심 상가에 퍼져 있었다. 극소수 예외가 있을 뿐 매장 직원들은 그들의 고객과 비슷했다. 나는 마흔

두 살의 한국계 미국인 사모펀드 운용자였고, 두 이민자의 아들이었다. 기업 리더십 경험은 있었지만 운영 중인 회사의 상근직 대표를 맡은 적은 한 번도 없었다. 이전 13년 동안 나는 사모펀드 회사에서 선임 투자운용자로 일했다. 다시 말해 내가 속한 사모펀드회사가 하는 일은 전문 투자자들에게서 거액의 자금을 받아 기업의 소유권을 확보하고, 상근 경영진을 고용해 기업 가치를 높인 다음, 최종적으로 차익을 내고 기업을 매각하는 것이었다. 내가 애슐리스튜어트의 상근 대표직을 맡는 데는 작은 문제가 하나 더 있었다. 나는 패션에 안목이나 감각이 있다는 말을 들어본 적이 없는 사람이었다.

하지만 엄밀히 말해 내 이력이 이 의류회사와 전적으로 무관한 것은 아니었다. 그동안 나는 기업 생애주기에서 다양한 변곡점에 있는 여러 소매업체와 브랜드 들에 투자해왔다. 물론 그렇다고 내가 이 일에 적임이라고 말하는 것은 어불성설이었다. 이사회를 이끄는 것과 기업 운영을 맡는 것은 천지차이기 때문이었다. 자동차 오너가 된다고 해서 정비사가 되는 것은 아니고, 주택 매입이 건축에 대한 이해를 높이지는 않는다. 확실한 것은 내가 애슐리스튜어트에 출근한 첫날, 허리에 주름이 잡힌 면바지를 입었다는 것이다.

기본적으로 나는 플러스사이즈 흑인 여성이라는 특정 고객층에게 의류와 패션용품 일체를 중저가에 공급하는, 이제는 시장에서 패배해 사기가 꺾인 회사의 리더가 되기엔 완전히 자격미달인

사람이었다.

당시 내게는 개인적인 문제도 있었다. 아버지는 위장에 급식 튜브를 꽂은 채 60킬로미터 떨어진 뉴저지의 한 병원에서 입원과 퇴원을 반복하고 있었고, 엄마가 아버지 곁에서 병수발을 맡고 있었다. 엄마는 서울대학교 간호학과를 나왔고, 미국으로 이민 와서 잠시 간호사로 일하다가 내가 태어났을 때 일을 그만두었다. 그러다 세월이 많이 흐른 뒤 영어로 다시 간호사 자격을 취득했고, 롱아일랜드의 재향군인 요양원에서 일하며 연로하고 병든 한국전쟁 참전용사들을 돌봤다.

아빠는 파킨슨병과 15년 동안 끔찍하고 승산 없는 싸움을 치렀고, 당시 이 투병기의 마지막 2년을 보내고 있었다. 치료비가 비쌌지만 부모님은 엄마가 재향군인 요양원에서 일한 자격으로 얻은 뉴욕시 의료보험 혜택을 받았다. 우리 삼남매가 어렸을 적에는 우리 가족에게 의료보험이 없었다는 것을 나는 그때 처음 알았다. 대신 우리는 소아과 의사였던 아버지와 주변 다른 의사들의 진료 교환 시스템에 의존했다. 하지만 의료와 사회가 몰라보게 달라진 요즘 시대에, 그런 품앗이 시스템으로 파킨슨병 치료비까지 감당하는 것은 당연히 불가능했다.

부모님은 플러스사이즈 흑인 여성을 대상으로 하는, 그것도 다 망해가는 사업체의 대표가 되겠다는 내 결정을 이해하지 못했다. 지금 뭐하는 거냐, 제임스? 아버지가 정말로 묻는 것은 이거였다. 네 엄마와 내가 이 나라에서 네가 누리기를 원했던 그 삶을 헌신짝처럼 내팽

개치는 이유가 뭐냐? 그들은 어렸을 때 전쟁을 겪었다. 그들은 한국의 삶을 포기하고, 희망과 새로운 삶과 자녀들의 미래를 찾아 아는 사람도 없고 말도 통하지 않는 미국으로 왔다.

애슐리스튜어트에 처음 왔을 때 나는 감각 박탈 구역이라고밖에 표현할 길 없는 그곳에서 심히 외로웠다. 지리. 직업. 젠더. 인종. 모든 면에서 깊이 고립된 느낌이었다. 아버지를 돕기 위해 내가 할 수 있는 것도 없었다. 내 형은 적어도 의사였지만, 나는? 내가 아는 것은 비상장회사들에 투자해서 돈 버는 방법뿐이었다. 대단해. 잘했어, 제임스! 명문대 학위와 빛나는 이력이 시식 메뉴처럼 나열되어 있지만, 그 이면의 등골 빠지는 고생과 학자금 부채를 감춘 내 이력서는 그곳에서 크게 의미가 없었다. 내 롤로덱스 Rolodex 회전 명함철이 대변하는 화려한 인맥도 도움이 되지 않았다. 나는 흑인이 아니었다. 나는 플러스사이즈가 아니었다. 나는 '도심 거주자'가 아니었다. 나는 여성이 아니었다. 나는 소매업체 경영인이 아니었다. 나는 패션 감각이란 것이 없었다. 요컨대 표면적으로 내게는 이 회사와 직원들이 필요로 하는 어떤 것도 없었다. 심하게 말하면 내 자산이 이곳에서는 오히려 잠재적 부채가 될 판이었다. 뉴저지에서 이 회사와 내 아버지가 죽어가고 있는데, 내게는 둘 중 어느 쪽도 구할 자격이 없었다.

설상가상 나는 내 가족과 떨어져 지냈다. 아내 메그와 세 아이는 300킬로미터 떨어진 보스턴 교외의 집에 있었다. 이는 회사에서 가까운 숙소를 찾아야 했다는 뜻이었다. 나는 맨해튼의 멋진 호텔에서 세카우커스로 통근하는 대신 현지 호텔에 묵었다. 그러지 않는 것은 위선으로 느껴졌다. 잠금장치는 허술했고, 시트는 낡아빠졌고, 목욕 타월은 누더기였다. 나는 퇴근 후 호텔로 가는 길에 저녁을 먹었다. 보통 자정이나 새벽 1시쯤 주로 가공식품으로 때웠고, 거기에 늘 대용량 탄산음료와 감자튀김도 곁들였다. 첫 달에 체중이 5킬로그램 늘었다. 내가 왜 이러는 걸까? 나는 정크푸드를 급하게 먹어치우며 생각했다.

내 친구들도 멀리 있었다. 친구 몇 명은 아예 잃었다. 이사회 멤버 한 명은 내가 세카우커스에 도착한 직후 사임했다. 지금 뭐 하는 거야, 제임스? 이것이 전형적인 반응이었다(마치 내 부모님과 말을 맞춘 듯했다). 제임스, 이봐, 너는 사모펀드 운용자야. 너는 게임의 법칙을 알아. 너는 선수야. 그것도 잘 뛰는 선수. 그런데 왜 스스로를 열외로 만들고 있는 거지? 이게 너를 평생 따라다닐 거란 걸 몰라? 거래 세계에 호의란 없어. 다 떠나서, 무슨 회사가 그래? 들어본 적도 없는 회사야. 뭐가 구려 보여.

아닌 게 아니라 나는 왜 그곳에 갔을까? 표면적인 이유는 내가 있던 사모펀드회사와 그 투자자들에 대한 책임감이었다. 그보다 불과 3년 전 애슐리스튜어트는 20여 년에 걸친 경영 부진 끝에 파산 신청을 냈다. 그동안 다양한 사모펀드회사가 붙었고, 그때마다 새로운 소매유통 전문 경영진이 연이어 회사를 맡았지만 표준 플레이북의 전술만 전개했을 뿐 상황을 뒤집지는 못했다. 그 후유증으로 실속 없이 비대해진 회사는 자금을 계속 소모하는 와

중에 각종 소송, 미지급 공급업체, 낡은 기술과 씨름하며 곯아가는 지경이 되었다. 사모펀드 투자자로서 나는 애슐리스튜어트를 파산에서 구하고 마지막 기회를 주기 위해 당시의 경영진을 후원했던 당사자였다. 내 회사는 관행에 따라 나를 이사회 비상임 의장으로 임명해 보스턴의 책상 뒤에서 현지의 상근 전문 경영진을 감독하게 했다. 하지만 역시 상황은 나아지지 않았다. 내 계산에 따르면 잠재적으로 회사의 청산까지는 6주밖에 남지 않았다. 청산이란 무엇일까? 청산은 회사가 사는 것보다 죽는 것이 더 가치 있을 때 일어난다. 그쯤 되면 회사는 대놓고 코퍼스corpus(사체)라 불리고, 잘게 쪼개지고 토막 난다. 사소한 부분까지 모두, 장기 하나 팔다리 하나 남김없이 각각 최고 입찰자에게 넘어간다. 이때 일자리와 직원들에 대해서는 누구도 신경 쓰지 않는다. 한마디로 청산은 사업체의 죽음이다. 그것도 비참한 죽음.

나는 재무위기를 겪는 회사에 대한 출자 경험이 많은 베테랑 딜러였다. 이 회사의 경우 나는, 여유 자금을 있는 대로 끌어모아 회사에 시간을 벌어주고, 챕터11Chapter 11(미연방 파산법 조항들 중 하나로, 기업의 채무이행을 일시 중지시키고 자산매각 등을 통해 기업을 정상화시키는 절차. '파산보호'라고도 하며, 우리나라의 법정관리와 유사함-옮긴이)에 따라 파산보호 신청을 내서 청산을 면하게 한 뒤, 매장들을 인수하고 일선 직원들의 일자리를 보전해줄 더 큰 회사를 끌어들일 방법을 구상했다. 이 방법이면 기존 주주들, 즉 내가 있던 사모펀드회사와 투자자들을 위한 현금 수익을 극대화할 수 있을 것으로 생각했다. 그렇게 되면 나는 집으로 돌아가 보스턴 교외에서의 삶을 재개할 수 있었다. 이것이 내 의도였다. 이 상황은 리더십을 요했다. 비록 낯선 출처에서 나온 리더십일지라도.

당시 경영진은 현실을 부정하며 서로 싸우고 있었다. 그들은 돈이 바닥났다는 냉혹한 진실을 직시하기보다 비난을 피하고 평판을 챙기는 데 더 급급해 보였다. 이사회가 원한 것은 그저 진실이었다. 그래야 계획을 짜낼 수 있었다. 그래서 나는 의장직을 사임하고, 내 삶을 보류하고, 6개월간 상근 경영인으로 애슐리스튜어트를 이끈다는 계약서에 서명했다.

더 시급한 문제는 3년 전 첫 번째 파산 신청 때 납품 대금을 받지 못해 분노한 의류공급업체들이 회사를 포위하고 있는 것이었다. 상품 입고와 배송을 맡은 물류업체도 연체된 송장들이 결제될 때까지 서비스를 중단하겠다고 위협했다. 몇 달 후 결국 나는 무장경비를 고용해 방탄유리, 깨진 타일, 닳아빠진 카펫으로 어수선한 아래층 로비를 순찰하게 했다. 무장경비는 주차장에서 공급업자가 직원을 공격하는 경우 긴급 구조원 역할도 했다. 거기다 주차장은 폭우가 올 때 거의 2피트(약 61미터 – 옮긴이)까지 물이 찼다. 여러모로 위태롭고 우려스러운 상황이었다.

모든 것이 공포영화를 방불케 했다. 이는 미국식 자본주의의 밑바닥을 보여주는 상황이었다. 하지만 거기서 끝이 아니었다. 마지막 살점까지 뜯어갈 '전문인 집단'의 구성원들, 즉 구조조정 변호사들과 고문단은 아직 등장하기 전이었다. 이것이 대중의 눈

에는 잘 보이지 않는 자본시장의 추악하고 위태한 측면이다. 나
도 그 전문인 집단의 일원이었다. 나는 미국 파산법이 금융자본
과 기업체의 이익을 우선시한다는 것을 잘 알고 있었다. 지역 상
업이 만들어내는 사회적 역동성에 의지하는 지역사회들은 물론
이고, 정보가 부족한 노동자들도 우선 고려 대상은 아니다.

돌이켜보면 내가 그곳에 있었던 데는 다른 이유도 있었다. 직
업적 책임감과 위독한 아버지와의 근접성을 넘어서는 이유였다.
어쩌면 나는 사모펀드 운용자의 정체성과 삶에서 얻지 못하는 무
언가를 찾고 있었는지 모른다. 나는 내 일을 사랑했지만, 내가 그
것을 하는 방식은 때로 마음에 들지 않았다. 혹은 내게 돌무더기
속에 숨은 보석을 직감하는 재주가 있었는지 모른다. 혹은 애슐
리스튜어트의 직원 및 고객과 내가 속한 전문인 세계 사이의 명
백한 화력 차이가 내 성장기의 특정 기억을 소환했기 때문일 수
도 있다. 특히 이민자 부모의 고군분투와 그들이 적응하고, 인정
받고, 무엇보다 단지 살아남기 위해 겪은 고초들이 떠올랐기 때
문에. 결국 이유는 그 모든 것과 그 이상이었다. 나는 그냥 알았
다. 내가 이 회사가 청산되는 것을 원치 않는다는 것을.

하지만 당시에는 내가 이 회사를 각별하게 느끼는 이유를 정확
히 알지 못했다. 출근 첫날 타운홀 미팅 연설을 준비할 때 내가 유
일하게 알았던 것은 레드 헬리콥터의 기억이 문득 떠올랐다는 것
뿐이었다. 그랬다. 그것이 내게 온 계시였다.

♦♦♦

오랜 세월 잊고 있던 일이었다. 뜬금없는 과거지사였다. 심히 귀엽고, 심지어 진부하고, 다소 민망한 일이었다. 유치하기도 했다. 지나치게 이상적이었다. 나의 가차 없던 성공가도에서 내 소매를 채는 나뭇가지였다. 남자에게는, 특히 명문대를 졸업하고 금융계에서 일하는 아시아계 미국인 남자에게는, 레드 헬리콥터 키드인 것이 어느 시점부터는 더 이상 멋지지도 명예롭지도 않은 일이 된다. 내 경험상 어른의 세계는 고층빌딩 생활, 구체적 수치, 정장과 서류가방 그리고 세력다툼과 영역싸움을 의미했다. 작은 레드 헬리콥터는 거기 해당되지 않았다.

군이 과거를 돌아볼 이유가 있을까? 인생은 우상향 직선이어야 하지 않나? 그것이 우리가 배운 성장과 성공의 방향이었다. 레드 헬리콥터는 어린 시절의 장난감일 뿐, 이제 나는 내 가정을 이룬 어른이었다. 나는 '거물'이었다. 나를 비롯해 내가 아는 모두가 '업적' 달성을 위해 동분서주했다. 돈을 벌고, 직함을 놓고 경쟁하고, 그 자리에 도달하느라 바빴다. 때로 레드 헬리콥터가 생각나긴 했지만 그때마다 나는 그 기억을 치워버렸다.

그래서 그것이 머릿속에 나타났을 때 나는 적잖이 놀랐다. 손가락으로 회전날개를 팅겨서 뱅글뱅글 '날아가게' 하던 작은 플라스틱 헬리콥터. 무엇보다 그것이 내게 주던 느낌이 기억났다. 가슴 깊이 퍼지던 훈훈한 아픔이 떠올랐다. 친구의 아빠는 다정함에 사례했다. 그것을 격하하는 일 없이 보상했다. 그분은 물건 하나와 단순하지만 신중한 행동을 통해 다정함을 가시화했다. 그분은 뉴욕주 롱아일랜드 동부의 어느 공립학교 교실에서 그리피스 선생님이 육성한 작은 '시스템', 그러니까 두 어린 소년 사이의 상호 긍정적 관계를 유도한 시스템을 알아보았고, 거기에 보상을 했다.

그 기억이 내 머릿속에 돌아온 이유는 무엇일까? 아버지가 임종을 앞두고 있었기 때문에? 또는 내가 새롭고 기이한 미지의 세계에 발을 들이기 직전 모처럼 반성의 겨를이 생겼기 때문에? 모르겠다. 내가 아는 것은 가망 없던 시간과 장소에서 그 레드 헬리콥터가 생명줄처럼 느껴졌다는 것뿐이다.

나는 이후 7년(그렇다, 그 6개월이 7년으로 늘어났다) 동안 내가 안다고 생각했지만 사실은 알지 못했던 많은 것들을 재구상하고 재정의하게 되었다. 나는 특정 진리들을, 지금의 내가 우리 모두의 안에 있다고 믿는 진리들을 재발견했다. 지식과 지혜의 차이, 내가 속한 시스템들의 한계, 그 시스템들이 사회에서 가장 취약한 구성원들에게 가하는 불필요한 고통을 이해하게 되었다. 성공의 의미를 재평가하고 재정의하게 되었다. 그리고 희망의 의미도.

내가 어떻게 그곳에 이르게 됐는지 생각하기 좋은 때였다.

◆ ◆ ◆

열여덟 살에 나는 롱아일랜드 교외를 떠나 대학에 갔다.

부모님은 나와 함께 자동차로 다섯 시간을 달려 케임브리지에 도착했고, 나를 하버드야드에 내려주었다. 다시 집으로 떠날 때 엄마는 눈물을 감추려 했지만 울고 있었다. 나는 이민자 부모 밑에서 자란 공립학교 학생이었다. 그 관점에서 봤을 때 하버드 입학은 대단한 일이었지만, 동시에 위축되는 일이기도 했다. 나는 사회적 계층구조라는 낯선 경기장의 입구에 서 있었다. 재력. 혈통. 보이지 않은 인맥들. 플란넬 셔츠와 면바지와 꽈배기 벨트의 사립학교 출신 남학생들. 열네 살 때 맨해튼 1번가나 2번가의 바에서 담배를 피우며 첫 칵테일을 마신 맨해튼 사립학교 출신 여학생들. 아이비리그의 사회경제적 규준에 따르면 나는 거의 밑바닥에서 시작하고 있었다.

그 후 4년 동안 나는 제임스 1세부터 제1차 세계대전까지 (1603~1919년)의 영미 역사와 문학을 공부했다. 특히 18세기 후반과 19세기를 중점적으로 들었다. 애덤 스미스. 미국 독립전쟁. 미국 헌법. 제인 오스틴. 찰스 다윈. 프레더릭 더글러스. 랄프 월도 에머슨. 허먼 멜빌. 찰스 디킨스. 미국 남북전쟁. 산업혁명. 나는 경제학과 철학도 들었다. 그리고 1학년 여름방학 때 서울 연세대학교 한국어학당에서 처음으로 한국어를 정식으로 배웠다. 나는 여행과 세상 구경을 갈망했다. 특정한 것을 넘어 보다 광범한 것을 추구하고 싶었다. 당시에는 깨닫지 못했지만 이때 나는 300년간의 부단한 변화의 압박 속에서 나라들, 지도자들, 문명들, 민족들이 어떻게 행동했는지를 공부하고 있었다. 그것은 정치학,

철학, 경제학의 혼합이었다. 나는 지도자들과 일반 시민이 어떻게 수치와 산문의 심포니를 이용해 자본주의와 자유 같은 개념들을 논하고, 추구하고, 소생시켰는지 배웠다.

대학에서 한국계 미국인 학생으로 지내는 것이 항상 쉽지만은 않았다. 나는 내가 속한 사회집단에서 유일한 비백인인 것에 익숙해졌다. 사실 애초에 그렇게 자랐다. 하지만 공립학교 출신이었기에 캠퍼스 생활의 밑바탕을 이루는 사회경제적 계층구조라는 보이지 않은 시스템에 대해서는 사전 경험이 없었다. 이 추가적 난관은 좋게 말해 짜증스러웠고, 나쁘게 말해 진을 뺐다. 나는 졸업 후에 무엇을 할지도 정하지 못했다. 다행히 부모님은 아들이 당신들보다 안락하고 예측 가능한 삶을 살기를 바라면서도 그 아들이 수학과 과학에 대한 열정을 잠정 중단한 것에 대해서는 크게 걱정하지 않는 듯했다. 하지만 지금 생각해보면, 부모님이 인문학 학위의 가치에 대해 내심 속을 태우긴 했을 것 같다.

대학 졸업 후 내가 연봉 1만 2600달러에 숙식을 제공받는 고등학교 교사로 취직했을 때 우리 가족의 반응은 그리 좋지 않았다. 부모님은 이 결정에 당황했고, 다소 속상해했다. 내 졸업 동기 중 다수가 법대와 의대로 향하는 중이고 일부는 투자은행과 컨설팅 분석가로 돈을 쓸어 모을 계획인데, 나는 고등학교에서 아이들을 가르친다고? 엄마아빠는 당신들의 유일하고 유의미한 금융자산인 우리 집을 담보로 융자를 받아 내 대학 학비를 댔다(부모님은 평생 주식이나 채권을 소유한 적이 없었다). 그런데 그 투자의 보상이

고작 이것이란 말인가?

하지만 나는 고등학교 교사가 되고 싶었다. 하버드에서 4년을 보낸 후 나는 그 학벌과 스펙에 따라붙는 기대로부터 거리를 둘 필요를 느꼈다. 어릴 때 가족의 빨래는 늘 엄마가 도맡아 했다. 대학에 입학하고 1~2주 됐을 때 나는 처음으로 세탁에 나섰다. 건조기를 열자 한데 뒤엉킨 분홍색 옷더미가 보였다. 오리엔테이션 때 받은 진홍색 하버드 티셔츠 때문에 빨래가 전부 물들어버린 것이었다. 내 셔츠와 양말을 물들였듯이 하버드는 내 정체성도 엷게, 하지만 지워지지 않게 변색시켰다. 나는 그것을 좀 헹궈내야 했다. 하버드를 좋아했고 하버드에 다닌 것이 자랑스러웠지만, 하버드가 되고 싶지는 않았다. 그 이름은 듣는 사람들에게 즉각적 연상과 판단을 불러일으켰다. 하지만 그 판단은 그들의 것일 뿐 내 것은 아니었다. 나는 나 자신을 시험해야 했다. 대학 진학이 불투명한 학생들을 가르치는 것도 어쩌면 그 시험에 포함된 일이었다.

그렇게 나는 매사추세츠주 서부의 어느 사립 고등학교로 갔다. 사정이 어려워 보이는 학교였다. 학생의 절반쯤은 통학생이었고, 절반은 기숙생이었다. 전교생의 3분의 1은 저소득층이었고, 3분의 1은 국제 학생이었고, 나머지 3분의 1의 상당수는 학업 성취도가 낮았다. 나는 그곳에서 역사와 문화를 가르쳤고, 기초 재무 과정도 맡았고, 기숙사 운영을 도왔고, 수영·축구·테니스·야구의 보조 코치로도 일했다.

그곳은 '이름' 있는 학교가 아니었다. 야구 유니폼은 아주 오랫동안 개비되지 않았다. 이는 원정 경기 당시, 다른 팀들은 여름 리 넨 같은 유니폼 차림으로 경쾌하게 필드에 들어설 때 확연히 드 러났다. 그때마다 내 선수들은 우리는 뭐냐는 눈으로 나를 쳐다 봤다. "어쩌라고? 저 학교는 돈이 많아." 나는 어깨를 으쓱했다. "나가서 경기나 하자."

나는 스펙의 중요성을 알고 있었다. 스펙 없이 자랐기 때문에 더 그랬다. 하지만 명문이나 학벌에 대한 추종에 온전히 동조하 진 않았다. 하버드 졸업식은 우리를 이렇게 치하했다. "교육받은 남녀의 회당에 든 것을 환영합니다." 나는 항상 그 표현이 바뀌길 바랐다. 교육이 아닌 지혜를 강조하는 말이 되어야 한다고 생각 했다. 삶의 체험에 대한 예의와 존경이 결여된 교육은 오만과 엘 리트주의로 빠지는 지름길임을 경고하는 말이기를 바랐다.

◆ ◆ ◆

2년 동안 고등학교 교사로 일하고 나자 이제는 다른 일을 할 때가 되었다는 생각이 들었다. 9월에 나는 하버드 로스쿨에 들어 갔다. 부모님은 내가 다시 출세가도에 올랐으며 장차 기업변호사 가 될 것으로 생각하고 뛸 듯이 기뻐했다.

부모님에게는 말하지 않았지만 나는 배운 것을 이용해 국선 변 호사가 될 생각이었다. 나는 이것이 어떤 패턴의 시작이라는 것 을 알지 못했다. 무언가—특정 제도나 사조—를 최대한 심도 있게 배우다가 그것이 감옥으로 변하기 전에 떠나는 패턴. 나는 일단 무언가를 이해하면 그것을 이전에 배운 것과 연결한다. 그렇게 외견상 이질적인 학문과 신념들 사이에서 패턴, 상관관계, 돌파구들을 식별하려 노력한다. 이것이 내 안의 창의적 과학자가 하는 일이다. 내 안에는 가설을 세우고, 그것을 정보로 검증하고, 그것을 남들, 특히 외부 관찰자들과 공유하기를 좋아하는 꼬마가 산다. 당시의 나는 시스템싱커system thinker(큰 그림을 파악하고 거기 포함된 부분들의 역동적 관계를 이해해서 문제의 근본 원인과 새로운 기회를 찾아내는 사고를 하는 사람 - 옮긴이)라는 용어를 몰랐다. 아쉽게도 내게 말해주는 사람이 없었다.

나는 결국 법조인이 되지 못했다. 수강 과목이 늘어갈수록 내가 돈에 대해 모르는 것이, 알아야 할 것들이 많다는 것을 깨달았다. 그런 건 어디서 배우죠? 잠깐만요, 그런 건 로스쿨에서는 가르치지 않는다고요? MIT나 하버드 경영대학원에서 배울 수 있다고요? 그런데 학점 교환으로 그 과목들을 들을 수 없다니 그게 무슨 말이죠? 음, 교무과에 탄원을 넣어서라도 방법을 찾아볼래요. 나는 MIT 슬론 경영대학원과 하버드 경영대학원에서 회계, 금융이론, 기업재무관리를 수강했다. 하지만 로스쿨 시절 가장 좋았던 부분은 미래의 아내를 만난 것이었다. 메그는 노스캐롤라이나의 부유한 가정 출신이고, 고등학교는 보스턴 근교에 있는 명문 기숙학교 필립스아카데미앤도버를 나왔다. 우리의 배경은 달랐지만 그녀가 내 짝이라는 것을 알기까지 2주밖에 걸리지 않았다. 그녀가 아름답고 명석했기 때문만은 아니었다(실제로 메그는 내가 아는 사람 중 가장 똑똑하다). 그녀는 또한 시원시원하고 솔직하고 직설적이었다. 나는 그녀를 열심히 쫓아다녔다. 어느 날 오후 우리는 메인주의 한 해변에 있었다. 나는 왜 안 돼? 내가 물었다. 당시로서는 내가 드물게 취약한 모습을 드러낸 순간이었다.

하지만 우리의 상이한 배경—참고로 메그는 백인이다—은 우리의 차이들도 부각시켰다. 로스쿨 첫해가 끝나가던 봄방학이었다. 〈하버드 법학저널Harvard Law Review〉 편집자로 뽑히기까지 했지만 나는 여전히 유급 여름 일자리를 구하지 못했다. 2학년 여름방학을 맞은 학생들은 대형 로펌들이 칙사 대접을 하며 데려가지만, 1학년 때는 운이 좋거나 인맥이 좋지 않으면 인턴십 기회를 잡기 어려웠다. 나는 일자리가 절실했다. 매년 4만 달러씩 빚이 쌓여갔고, 그렇게 2년 더 가야 했다. 부모님은 내 로스쿨 비용을 댈 형편이 아니었고, 나도 더는 부모님에게 학비를 기대하지 않았다. 3월 방학에 롱아일랜드의 집에 갔을 때 나는 스트레스를 숨기지 못했다.

"무슨 일 있니, 제임스?"

"일이 구해지지 않아서요."

"아니, 왜?"

부모님 눈에 나는 매사 잘 알아서 하는 아들이었다. 부모님의 성공 공식에 따르면 나는 모자람이 없었다. '미국에서 성공한 아들이 되는 법'의 요건을 모두 충족한 내가 왜 일을 구하지 못한

단 말인가? 나는 로스쿨 1학년생이 로펌에서 유급으로 일할 기회를 잡기가 쉽지 않다고 설명했지만, 부모님은 나를 계속 추궁했다. "네 친구들은 여름 일을 구하지 않았니?" 나는 대부분이 그렇다고 했다. 그리고 덧붙였다. "하지만 친구들은 대개 연줄이 있어요." 실제로 많은 친구들이 유급 인턴십을 확보했다. 여름 동안 기꺼이 '경제적 지원'을 해줄 재력과 의향이 있는 부모를 둔 학생들은 무급으로 일할 수 있었다.

일례로 메그도 유급 여름 인턴십 자리를 따냈다. 메그의 아버지는 오하이오의 농장에서 가난하게 자랐지만 저명한 사업가이자 독지가로 성공했다. 그는 자신이 거래했던 로펌의 지인에게 딸을 소개했다.

"메그는 일을 잡았는데 너는 왜 일자리를 못 구하는 거니, 제임스?"

"저한테는 마땅한 인맥이 없어서요. 그게 이유예요." 내가 결국 말했다.

부모님은 침묵에 빠졌다. 아빠가 말했다. "우리에게 마땅한 인맥이 없어서구나." 부모님은 도와주지 못해서, 이 나라의 그 방면에는 자신들이 아는 사람들이 없어서 미안하다고 했다. 나는 내가 미웠다. 의도치 않았지만 부모 마음에 못을 박고 말았다. 그래서 별일 아니란 듯, 채용은 봄방학 이후에 많이 진행된다고 둘러댔다. 사실이 아니었다.

다음 날 나는 처음으로 메그의 부모님과 자매들을 만나러 노스캐롤라이나로 날아갈 예정이었다. 메그가 유복한 가정의 딸이라는 것을 알고 있던 아버지는 갑자기 내게 메이시스백화점에 가자고 했다.

아버지는 쇼핑을 싫어했다. 그러니 이는 아버지에게 다른 의도가 있다는 뜻이었다. 아버지는 남성복 코너에서 저렴한 파란색 봄 재킷을 골랐다. 그것을 내게 입히고 양옆을 쓸어내리며 품이 맞는지 확인하던 아버지의 모습이 지금도 눈에 선하다. 내가 여전히 어린애고, 아버지는 내가 좋아하길 바라며 특별한 선물을 포장하는 것 같았다.

아버지는 아무 말 없었지만 나는 그 마음을 읽을 수 있었다. 노스캐롤라이나에서 제임스에게 잘해주면 좋겠다. 나는 내가 할 수 있는 최선을 다해 이 애를 준비시켰어. 하지만 내가 평생 아무리 애써도 내 아들은 내 생각처럼 쉬운 길을 걷지 못할지도 몰라.

아버지의 고통, 회한, 걱정이 고스란히 느껴졌다. 나도 내 마음을 아버지에게 들키지 않으려 애썼다. 아무리 열심히 자녀를 인생에 준비시켜도 자녀는 세파에 부딪히고, 밀려나고, 다치기 마련이다. 슬프게도 세상은 우리 아이들에게 점점 야박한 곳이 되어간다. 그렇게 느껴진다면 이는 우리의 인지부조화가 작용하는 것이다. 우리는 우리 자녀가 행복하기를 바라면서도, 우리가 다른 이들의 자녀들에 둘러싸여 있다는 사실은 계속 잊는다.

◆◆◆

나는 국선 변호사가 되지 않았다. 사실 국선 변호사가 됐다면 나는 학자금 대출금을 갚으며 남은 평생을 보냈을 것이 분명하다. 슬프게도 내 조사에 따르면, 선행을 하고 남들을 돌보고 가르치는 일은 심지어 당시에도 재정적 관점에서 봤을 때 수지가 맞지 않았다. 로스쿨 대출금은 연간 7퍼센트 이상의 이자를 제외하고도 결국 12만 5000달러 넘게 불어날 전망이었다. 이를 감당하기 위해 나는 진로를 준비하는 차원에서 하버드 경영대학원의 네트워킹 모임들에 나가기 시작했다. 누구시죠? 나는 매번 질문을 받았다. 고등학교 교사를 했다고요? 왜요? 로스쿨을 갔는데 변호사를 하지 않겠다고요? 왜요? 나는 다수의 유명 투자은행과 컨설팅회사에 이력서를 보냈다. 그리고 관심을 표하는 곳이 있으면 대면 면접을 고집했다.

"20대가 하는 말 치고는 이상하게 들리겠지만," 나는 들어주는 사람 누구에게나 말했다. "제 생각에는 측정 방식이 잘못된 것 같아요."

내가 제시한 비유는 아이스하키에서 사용하는 플러스마이너스 점수plus-minus rating였다. 특정 선수가 빙상에 있을 때 팀이 얼마나 득점하고 실점했는지는 쉽게 알 수 있다. 플러스마이너스 점수는 이 두 수치의 차이로, 대개 해당 선수의 수비력을 가늠하는 데 쓴다. 이 방식에 비판과 한계가 있긴 하다. 하지만 득점이

나 어시스트 같은 개인별 통계와 달리, 이 방식은 팀이라는 시스템에 특정 선수가 종합적으로 기여한 정도의 측정을 목적으로 한다. "제 생각에 저는 플러스마이너스 점수가 높습니다." 내가 말했다. "저는 제가 모두에게 더 나은 상황을 만드는 사람이라고 생각합니다." 그리고 다소 뻔뻔하게 덧붙였다. "그런데도 그 A4 용지 한 장에 적힌 것으로 저를 판단하고 싶으시다면 할 수 없죠."

경험 부족—나는 엑셀도 쓸 줄 몰랐다—에도 불구하고 나는 컨설팅회사 맥킨지앤드컴퍼니McKinsey & Company로부터 채용 제의를 받았다. 두 번째 채용 제의는 월스트리트 최고의 인수합병 그룹을 거느린 투자은행에서 왔고, 나는 이를 받아들였다. 내 대담한 생각, 또는 내 자기확신이 그들의 마음을 움직였을 것이다. 나는 그 집단이 로스쿨 졸업자를 뽑은 비관행적 채용의 최초 사례였다. 그리고 메그는 맥킨지로 갔다!

치열한 거래 현장에서 몇 년을 보낸 후 나는 뉴욕의 투자은행을 떠나 보스턴으로 이사했다. 메그도 아직 거기 살고 있었다. 보스턴에서 나는 당시 미국 엘리트 사모펀드회사 중 하나에 자리를 얻었다. 35억 달러 규모의 자금을 운용하며 소비재, 의료서비스, 소매 부문의 성장 기업들에 출자하는 회사였다. 또한 시니어 딜러가 여섯 명뿐이라 내가 옥상옥屋上屋의 관료주의에 막히지 않고 회사의 내로라하는 거래들에 참여해 실무 경험을 쌓을 좋은 기회였다. 나중에 시니어 파트너 한 명은 내게 회사가 나를 왜 고용했는지 모르겠다고, 그냥 고용했다고 말했다. 내가 이전 직장에서도, 교편을 잡았던 고등학교에서도 들은 말이었다. 우리가 당신을 고용하는 이유를 모르겠어요. 내게도 이유는 분명치 않았다.

회사는 매년 큰 성과를 냈다. 그러다 내가 7년 차 때, 권력과 자본에 대해 그동안 묻혀 있던 갈등이 곪아 터졌다. 몇몇 최고위 파트너들이 큰돈을 두고 다툰 것이다. 나와 두 동료는 그저 앉아서 고개만 내저었다.

파트너 중에 나와 가장 친했던 사람은 펜실베이니아 교외에서 홀어머니의 아들로 자라 자수성가한 남자였다. 업계 경험은 나보다 훨씬 많았지만 나는 그를 동생처럼 생각했다. 나는 그 친구와 일주일에 한 번꼴로 맥주와 햄버거를 먹고 당구를 치러 다녔다. 나중에 그 친구가 결혼할 때도 신랑 들러리를 섰다.

어느 날 다른 동료와 나는 그 친구가 해고될 예정이라는 말을 들었다. 우리에게 회사는 정규 파트너 직함과 함께 내 아버지가 이전 20여 년간 소아과 의사로 번 돈을 무색케 하는 연봉을 제시했다. 아마도 우리 안의 냉혹한 기업 킬러를 자극하고 부추길 의도였다.

친구의 일자리를 지키고 싶은 마음에 나는 대놓고 말했다. "그는 플러스마이너스 점수가 높은 친구예요." 하지만 먹히지 않았다. 설상가상 회사의 시니어 파트너 중 누구도 내 친구에게 직접 알릴 예의조차 없었다. 결국 그 일은 우리의 몫이었다.

그 주말, 우리 셋은 시내에서 맥주를 마셨다. 우리가 친구에게 그가 해고된다는 말을 전하자 그는 눈에 눈물이 고이고 목소리가 떨렸다. 우리는 그에게 우리도 그만둘 거라고 했다. 우리 셋은 궁리를 거듭하며 그다음 2주를 어수선하게 보냈다. 이건 말도 안 돼. 우리는 동의했다. 이런 멍청한 회사에다 우리 영혼을 팔 수는 없지. 돌이켜보면 나는 이때 잠시 숨을 고르며 한두 달 시간을 가지고 다음에 무엇을 할지 고민했어야 했다. 하지만 나는 그러지 않았다. 나는 회사를 그만두고 처음부터 망조를 보이던 스타트업에 합류했다가 바로 실직자가 되었다. 친구는 뉴욕으로 이사했고, 다른 동료는 우리가 방금 떠난 회사로 돌아갔다.

◆ ◆ ◆

그다음 몇 주, 몇 달은 힘들고 우울했다. 메그는 언제나처럼 나를 응원했다. "당신은 할 일을 한 거야. 잘한 일이야." 메그는 내게 자신이 고등학교 교사와 결혼한 사람임을 상기시켰다. 하지만 우리에게는 점보 모기지를 포함해 현실적인 삶의 문제들이 있었다. 우리에게는 5세 미만의 아이가 셋 있었다. 사실 내가 메그에게 그 좋은 직장을 그만둘 생각이라고 말한 것은 막내 릴라가 태어나기 불과 몇 주 전이었다(수년이 지난 다음에야 메그는 그때 말은 안 했지만 내 퇴직으로 내심 얼마나 스트레스를 받았는지 털어놓았는데, 당시에는 정말 감쪽같이 숨겼다). 어느 날 내가 뒷마당 잔디에 앉아 첫째와 둘째 아이가 가정용 스윙세트에서 노는 것을 지켜보고 있을 때였다. 스윙세트의 목재는 수년간의 눈과 습기로 인해 부르트고 망가져 있었다. 스윙세트를 새로 바꿔야겠어. 그러다 이런 생각이 들었다. 그런데 나는 실직자잖아. 이게 실직자가 할 생각은 아니지 않나? 하지만 이런 생각도 들었다. 이 멍청아, 스윙세트를 새로 구입할 여유는 네게 분명히 있고, 너도 그걸 알잖아. 그런데 만약 은행에 돈이 아무리 많아도, 새 스윙세트를 산 다음에 영영 다른 일자리를 구하지 못하면 어떻게 할 건데? 진짜 문제는 말이야, 제임스, 다음에 무슨 일이 일어날지 모른다는 것이고, 너는 바로 그 불확실성이 두려운 거야. 결핍의 마인드셋이 작동하는 거지. 세상에 무엇도 충분하지 않고, 언제든 모든 것이 무너질 수 있다고 생각하는 거야. 하지만 사실을 말하자면, 세상 사람들 대부분에 비해 너는 가진 것이 너무나 많아.

돌이켜보면 나는 부모님이 고집한 가치관이 때로 엄청난 부담일 수 있다는 것을 인정하지 않았다. 내가 몸담은 사회적, 업무적 모임에서 나는 거의 언제나 유일한 아시아인이었다. 나는 고등학교 교사 출신의 기업 인수합병 딜러였다. 기억하는가? 나는 내가 국선 변호사가 될 것으로 믿고 로스쿨에 갔다. 그런데 지금은 사모펀드 시장의 육박전 전장에 있었다. 이 중 나머지와 다른 하나는 무엇인가요? 나는 나직이 흥얼대곤 했다. 〈세서미 스트리트Sesame Street〉에 나오는 노래 가사였다. 나는 항상 나머지와 다른 하나였다. 물론 어느 정도는 나도 그 점을 알고 있었다. 하지만 나는 빛나는 학위가 아무리 많아도 외부인의 삶은 내부인으로 태어난 사람의 삶만큼 순탄하지 않다는 것을 결코 선선히 인정하지 않았다. 내 부모가 내게 원하는 삶은 딱히 내가 원하는 삶이 아닐 수 있다는 생각도 굳이 하지 않았다. 나는 그런 피해의식에 빠진 적도, 나를 피해자로 생각한 적도 없었다. 그렇지만 좋은 시절에 섞여 힘든 시절도 있었다. 나는 나와 남들의 차이들, 이른바 부채들이 언젠가 막대한 자산으로 바뀔 줄은 알지 못했다.

하지만 당시에는 부서져가는 스윙세트를 바라보며 아무도 모르게 내 삶에 빠져 익사하는 기분이었다. 그리고 나는 익사의 느낌을 알고 있었다.

◆ ◆ ◆

초등학교 시절 내 절친은 조엘이라는 깡마르고 명랑한 갈색머리 아이였다. 부모님이 처음 미국에 왔을 때 브롱크스의 끈끈한 유대인 공동체가 이것저것 가르쳐주었던 것처럼, 내 어릴 적 동네의 유대인 가족들도 내 양육에 도움을 주었다. 그중 하나가 조엘의 가족이었다.

어느 날 오후 나는 내 5단 기어 자전거를 타고 조엘네 뒷마당 수영장에 놀러 갔다. 나보다 수영을 훨씬 잘했던 조엘은 깊은 쪽에서 헤엄쳐 다녔고, 나는 스펀지를 댄 파란색 가장자리를 붙들고 수영장 둘레를 천천히 돌고 있었다. 그러다 어느 순간 손가락이 물기 탓에 미끄러지면서 나는 잡은 것을 놓치고 물에 가라앉았다.

지금도 익사의 느낌을 말로 옮기기는 어렵다. 사람들은 그것이 수면에서 몇 피트 떨어진 물 바닥에서 일어난다고 생각하지만, 사실 그렇지 않다. 나와 공기 사이는 몇 센티미터밖에 되지 않았지만 나는 그때 이미 물을 먹고 있었다. 러시아어 폴리냐poynya는 사방이 단단한 해빙으로 둘러싸인 노출 수역을 지칭한다. 해빙 아래에 갇히는 경우엔 폴리냐가 유일한 탈출구다. 꼬마였던 나는 당연히 그 단어를 몰랐지만, 돌이켜보면 훗날 나는 일종의 폴리냐를 찾고 있었던 것이 아닐까 싶어진다. 어쩌면 우리 모두 그렇다.

익사의 역설은 그것이 생명을 유지하는 요소에서 일어난다는 점이다. 다시 말해 생명 유지에 가장 중요한 자산조차 때로는 부채가 될 수 있다. 모든 것은 맥락, 즉 언제와 어디서에 달려 있다.

조엘은 물에 빠진 사람을 본 적이 없었고, 자기 친구 중 한 명이 물에 빠진 것은 더더구나 그랬다. 엄마! 조엘이 외쳤다. 엄마! 다행히 조엘의 엄마는 수영장이 내려다보이는 데크에 앉아 있었다. 조엘의 엄마는 물에 뛰어들어 내 머리채를 붙잡아 끌어낸 다음 양손으로 내 배를 압박하기 시작했다. 나는 호흡이 없었다. 내 입에서 물이 흘러나오기 시작했고, 이윽고 내가 기침하고 캑캑대며 울었다.

그 후로 나는 당연히 물에 들어가기가 무서웠다. 하지만 엄마 아빠는 나를 수영 클럽에 등록했고, 이후 몇 년간 나는 수영대회를 섭렵했다. 심리학적으로 말해 두려운 상황에 일부러 반복적으로 직면하게 하는 '노출 치료'인 셈이었다. 내가 인생이 던지는 모든 도전에 응전하고, 낯설고 힘든 상황에서도 평정을 유지하는 것처럼 보인다면 아마 이때의 경험 덕분일 가능성이 크다. 이는 필요가 낳은 무형의 자산이다. 나는 나 자신과 남들에게서 이 자산의 가치를 이제 막 알아보기 시작했다.

◆ ◆ ◆

그렇게 나는 애슐리스튜어트로 향했다. 이사회 의장이나 사모펀드 소유주, 컨설턴트가 아닌 상근 직원으로서 출근하는 첫날이 왔다. 이 어이없고 심지어 우습기까지 한 해결책이 이사회가 생각해낼 수 있는 최선이었다. 상황이 너무 심각했기 때문이었다. 그때까지 나는 여러 일류 경합장을 거치며 고도로 성공적인 커리어를 쌓았다. 예쁜 아이들을 셋이나 두고 행복한 결혼생활 중이었다. 이때는 부모님도 모두 살아계셨다. 아버지는 파킨슨병이 악화 중이었지만 이때만 해도 말하고, 쓰고, 걷고, 보는 능력을 완전히 잃기 전이었다. 아버지는 아직 내 아빠로 남아 있었다.

하지만 모든 것의 아래에서 나를 추동한 것이 책임감만은 아니었다. 나는 분명 무언가를 찾는 중이었다. 물속에 갇혀 지친 상태로 방향을 잃은 채 내 삶과 신념과 전쟁을 벌이며 폴리나를 찾아 사방을 두리번대고 있었다. 당시의 내 기분은 이랬다. 이것만 하고 저것만 얻으면 행복해질 거야. 더 열심히 일하고, 승진하고, 더 두둑한 보너스를 받으면. 하나만 더, 하나만 더. 그러면 모든 것이 하나로 모아지고 삶이 완성될 거야.

솔직히 말해서 나는, 더 나은 표현이 떠오르지 않는데, 낭패감을 느꼈다. 고등학교 교사나 국선 변호사의 가치관과 금융투자자나 CEO의 가치관 사이에서 균형을 찾을 방법은 없는 걸까? 이 둘은 영구히 충돌할 수밖에 없나? 내 이민자 부모가 보여준 돌봄의 가치관과 그들이 내게 고집 혹은 기대했던 다분히 미국적인 성공은 양립이 불가능한 걸까? 때로는 정말 그렇게 느껴졌다. 누가 어떤 손해를 보든 투자자들에게 돈을 벌어주는 것이 사모펀드의 목적인가? 내가 직접 본 바로는 분명히 그랬다. 가장 쉬운 길은 사람들, 특히 우리 자본이 소유한 회사에서 일하는 사람들에 대한 신경을 끄는 것이었다. 스프레드시트는 인원 감축을 끝내주게 쉽게 만든다. 행 삭제와 뺄셈으로 비용절감 계산. 끝. 죄책감이나 후회가 드는가? 그런 기분을 무디게 하는 데는 카지노나 술집만 한 것이 없다. 말하자면 다음 거래에서 아드레날린 분수를 맞을 때까지만 버티면 된다. 내가 그 엘리트 사모펀드회사에서 원칙을 고수하고 친구를 위해 로비했을 때, 내 손을 잡고 자랑스러워해준 사람은 메그의 아버지 외에는 아무도 없었다. 빨간 장난감 헬리콥터가 우편함에 뜨지도 않았다.

유명한 이야기를 하나 해보자. 작가 조지프 헬러Joseph Heller와 커트 보니것Kurt Vonnegut에 대한 일화다. 어느 날 이 두 사람은 헤지펀드 억만장자가 주최한 파티에 초대받았다. "우리의 초대자는 자네가 《캐치-22Catch-22》를 써서 평생 번 것보다 더 많은 돈을 단 하루 만에 벌었어." 보니것이 헬러를 놀렸다. "맞아." 헬러가 대답했다. "하지만 내게는 그가 절대 가질 수 없는 것이 있지. 내가 충분히 가졌다는 것을 아는 것."

충분. 고등학교를 수석으로 졸업하고 최고의 교내 선수로 선정된 것이, 실내 관현악단에서 바이올린을 연주하고 엘리트 재즈 합주단에서 노래한 것이 내게 충분했나? 빛나는 학위를 두 개나 땄으니 충분한가? 잘나가는 회사들에서 일하고, 전용기로 돌아다니고, 최고급 호텔에서 묵고, 화려한 사람들과 어울렸으니 충분한가? 다른 모두의 삶도 내 삶처럼 뒤숭숭하고, 괴리되고, 영화처럼 비현실적으로 느껴질까?

나는 감흥이 없어. 이것이 머릿속에 후렴처럼 되풀이됐다. 나는 '성공'에 노출됐을 뿐 감흥이 없었다. 내가 아는 많은 사람들이 불행해. 나는 생각했다. 심지어 일부는 비참하기까지 해. 자기가 불행하고 비참하니까 남들도 그렇게 만드는 게 아무렇지 않은 걸까? 그들의 직업적 성취 중 일부는 존중하지만 그들이 영위하는 삶이 탐나지는 않아. 그들은 외로워 보여. 심지어 화난 것 같아. 사모펀드의 세계는 내게 사람들에게 무신경해질 것을, 매일 아침 "나는 내 일을 할 뿐이야"라 중얼대며 문을 밀고 들어갈 것을 요구하는 것 같았다.

나는 그렇게 할 수 없었다. 사람들 대부분은 그것을 약점이라고 하겠지만 나는 그렇게 보지 않았다. 나는 내게 맡겨진 터프가 이 역할이 내가 나로 알고 있거나 되고 싶었던 사람과 상반되기 때문에 무대에 오르기를 거부하는 배우와 같았다. 내게 그 무대는 위선일 뿐 아니라 표리부동으로 느껴졌다. 동시에 내적 인지

부조화도 나를 괴롭혔다. 작작 좀 해. 그냥 대충 남들에 맞춰서 살면 안돼? 대체 뭐가 문제야?

사실을 말하자면 우리는 삶의 행로에서 여러 다양한 정체성을 요구받고, 그에 따르는 위선은 사람의 진을 뺀다. 그것은 만성권태, 허탈감 그리고 세상에 대한 소외감을 야기한다. 어떤 이들은 명상으로 이를 타개하려 한다. 하지만 더 큰 무엇과의 일체감이나 교감을 얻지 못한다면 명상이 무슨 소용인가? 어떤 이들은 다른 방향을 택해 더 많이 소비하고 소유하는 데 매진한다. 더 많은 집, 더 많은 자동차, 더 많은 소유물. 그들은 어떤 면에서 중독자다. 일부 고용주들은 이를 간파하고 직원들에게 무료 요가 강습, 마사지, 당구, 세탁 서비스 등을 자꾸 제공한다. 하지만 나는 그곳에서 물에 빠져 허우적대는 사람들을 보았다.

◆ ◆ ◆

평온. 완벽하고 기묘한 평온. 나는 그 어느 때보다 내 본령을 벗어난 느낌이었다. 물을 벗어나 모래 위를 뒹구는 물고기가 된 것 같았다. 하지만 그처럼 기이하게 마음 편했던 적도 없었다. 주황색 배낭을 어깨에 메고 애슐리스튜어트의 허름한 로비로 들어설 때 나는 내가 완벽한 혼돈과 눈부신 불확실성으로 향한다는 것을 알고 있었다. 하지만 내 평생 그랬던 적이 없었을 만큼 평온했다. 심지어 얼굴에 미소가 일었다. 아무 기대도 없었다. 암울한 호텔

방에서 암울한 밤을 보낸 다음 날이었다. 그런데도 설명할 수 없는 평정이 나를 압도했다. 모든 것이 불가해했다.

　어쩌면 공간과 건물 자체가 이유였을지 모른다. 그곳의 수수함은 어릴 적 우리 집 거실을 연상시켰고, 그 시절의 안전망 부재를 떠올리게 했다. 이 나라 전체에 우리를 돌볼 사람은 우리 식구뿐이야. 우리 다섯이 전부야. 엄마아빠가 입버릇처럼 하던 말이었다. 특히 내가 형이나 동생과 싸울 때 자주 했던 말이다. 무슨 일이 생기면, 우리 중 누군가 아프거나 곤란한 지경에 처하면 우리밖에는 우리를 도울 사람이 없다는 뜻이었다. 적어도 그들은 그렇게 생각했다. 훗날 나는 부모님이 틀렸다는 것을 알게 되었다. 우리는 우리 다섯 이상이었다. 언제나.
　그곳에서 내가 알아본 것이 또 있었다. 나는 주류에서 한두 박자 늦고 반 마디 어긋난 환경 특유의 느낌을 감지했다. 몇 달 뒤 내 비서 지나가 추수감사절 포트럭 파티potluck party(각자 음식을 한 가지씩 가져와 함께 나누어 먹는 파티 - 옮긴이)를 열었다. 그러자 다양한 배경을 자랑하는 직원들이 각자의 고향 음식을 직접 만들어 들고 나타났다. 그 모습을 보며 나는 어린 시절 동네에서 열렸던 포트럭 파티의 기억을 소환하지 않을 수 없었다. 다른 엄마들은 가게에서 산 감자샐러드, 콜드컷cold cut(햄, 살라미 등 조리된 고기를 차갑게 해서 얇게 썬 것 – 옮긴이), 햄버거, 핫도그를 가져왔지만 우리 엄마는 언제나 잡채를 만들어 가져갔다. 잡채는 당면을 당근, 양파, 시금치, 소고기, 버섯과 함께 볶아서 만드는 한국 요리다. 엄마는 매번 정성을 다해 잡채를 만들었다. 나는 포트럭 테이블을 예의 주시했다. 우리 이웃 중 과연 누가 그런 생소한 음식을 맛볼 만큼 예의 있거나 용기 있을지 궁금했다. 그리고 거의 손대지 않은 잡채를 엄마가 도로 가져와 부엌에 내려놓을 때마다 실망했다. 지금은 한국 음식이 인기지만 내가 어렸을 때의 한식은 우리 가족의 타자성他者性을 네온처럼 드러내는 것이었고, 물건을 그냥 사기보다 공들여 만들던 엄마의 고집을 대변하는 것이었다.

나는 내가 애슐리스튜어트의 당면 문제들을 직관적으로 이해한다고 느꼈다. 부분적으로는 내가 경험 많은 투자자였기 때문이지만, 더 큰 이유는 직업 밖의 내 삶에서 왔다. 우리 모두에게는 어린 시절이 있다. 우리 모두에게는 직장 밖의 삶이 있다. 그리고 이제 나는 삶을 일에 들여놓기로 했다. 그 반대가 아니라.

◆ ◆ ◆

첫 번째 타운홀 미팅은 산업용 크기의 온장고가 있고 창문은 없는 구내식당에서 열렸다. 그날이 되자 모두가 금속 접이식 의자들에 삐뚤빼뚤 줄지어 앉았다. 내 비서 지나는 내가 부임하기 전 이미 세 명의 CEO를 겪었다. 그중 한 명은 지나에게 자기 개를 산책시키는 일도 시켰다. 지나가 작동하는 마이크를 찾아냈고, AV 화면을 내 노트북에 연결했고, 노트북을 가까운 접이식 의자에 올려놓았다.

"저는 제임스라고 합니다." 내가 입을 열었다. "이런 일은 처음 합니다. 저는 남자고, 여자가 아닙니다. 그리고…" 나는 내 얼굴을 가리키며 웃었다. "맞아요. 저도 알고 있습니다." 설상가상 내가 아시아계라는 뜻이었다. 이를 알아들은 웃음이 좌중에 일었다.

나는 어떤 면에서는 자격이 있었지만 대부분의 면에서는 그렇지 않았다. 내가 소매업에 종사한 유일한 경험은 10대 때 레스토랑 두세 곳에서 버스보이busboy(테이블에서 빈 그릇을 치우는 사람 ─ 옮긴이)로 일한 것과 레드랍스터Red Lobster에서 시급 3.35달러를 받고 접시를 닦은 것뿐이었다. 그나마 설거지 일은 내 손에서 덴 자국을 발견한 엄마가 그만두게 해서 오래하지도 못했다. "여기 상황이 얼마나 심각한지 알고 계시나요?" 내가 말을 이었다. "상황이 그저 웬만큼만 심각했어도 제가 여기 오는 일은 없었을 거예요. 하지만 여기에는 지난 22년간 애슐리스튜어트를 살아 있게 한 무언가가 분명히 있을 겁니다."

"이 타운홀 미팅이 끝나면," 나는 말을 이었다. "저는 저곳부터 살펴볼 겁니다." 나는 내 뒤에 있는 문을 가리켰다. 구내식당에서 물류센터로 이어지는 문이었다. "급여를 지급하려면 뭐라도 내다 팔 것을 찾아야 하니까요." 잉여 고철, 선반, 프린터, 폐기물 등 애슐리스튜어트가 현금 조달을 위해 매각 대상 자산으로 등록한 모든 것을 처분해야 하며, 팔지 못한다면 가치를 창출하지 못하는 그 '자산'은 사실상 자산이 아닌 부채라고 나는 설명했다. 그다음에 내 입에서 나온 말은 나도 놀라게 했다. "하지만 저는 이 방에 있는 누구도 패닉에 빠지길 원치 않아요. 저는 다정함과 수학을 회사의 중심에 두면 우리가 함께 이 난국을 벗어날 수 있을 거라고 생각합니다."

다정함. 대체 어디서 튀어나온 단어란 말인가? 내가 자주 쓰는 말도 아니었다. 솔직히 말해서 견진성사를 준비하던 주일학교 시절 이후로는 써본 적이 없었다. 나는 그들에게 착함이나 정중함을 요구하고 있지 않았다. 나는 그들에게 다정함을 요구했다.

내가 일하던 기업 환경에서는 그런 단어를 들을 일이 없었고, 대학과 로스쿨에서도 듣지 못했다. 다정함은 호구를 뜻했다. 다정함은 어리바리하게 굴다가 얻어터지거나 무릎을 까이기 일보직전의 상태를 의미했다. 하지만 내가 그 단어를 말한 데는 분명히 이유가 있었다. 엄마아빠 생각이 났던 것이 분명했다. 그 단어는 그저 불쑥 떠올라 입 밖으로 나왔다.

나는 사람들, 특히 고위 경영진 사이에서 낮게 웅성대는 의구심을 포착했다. 내 생각에 이 방에 있는 이들의 절반은 속으로 나를 비웃고 있었다. 다정함이 직장과 무슨 상관이지? 사람들은 원래 직장에서 비참해. 그러니까 회사가 출근의 대가로 월급을 주는 거 아니겠어? 일이라는 단어 자체에는 비참함이 내장되어 있어. 아니, 우리는 그렇게 믿게끔 조건화돼 있어. 다정함 따위는 운 좋은 사람들의 사생활과 예배 장소에나 있는 거야. 또는 동료끼리 삼삼오오 정수기에 모였을 때나 퇴근 후 저녁 먹을 때 생겨나는 거지. 다정함은 규모 있게 일어나지 않거든. 세상이 그것을 허락하지 않아. 다정했다가는 살아남기 힘들어. 그랬다가는 산 채로 먹힐 거고, 밟혀 죽을 거고, 패배할 거야. 그것이 규칙이야. 그렇지 않나?

그다음 나는 이미 직관적으로 답을 아는 질문을 던졌다. "이 회사는 고객에게 무엇을 제공하고 있습니까? 실제로 파는 것이 뭐죠?"

"옷이요." 몇몇 사람들이 외쳤다. "패션." 아니었다. 이사회에 있을 당시 나는 애슐리스튜어트에 대해 연구한 것이 있었다. 그리고 내 직감에 따르면 의류는 이 회사가 파는 것의 극히 일부였다. 표면적으로 이 회사는 주로 도시의 스트립몰과 상가에서 플러스사이즈 의류를 판매했다. 애슐리 매장들은 주로 편의점이나 미용실이나 네일숍의, 때로는 주류 판매점의 옆에 있었다. 대개의 경우에는 친근한 분위기였고, 고객과 같은 지역에 사는 활달한 여성이 점장으로 일했다. 플러스사이즈 흑인 여성은 사실 대우받는 분위기에서 스타일리시한 옷을 쇼핑할 수 있는 곳이 많지 않다. 세상은 그들이 눈에 띄는 것을 딱히 바라지 않고, 당당할 것은 더더구나 허용하지 않는다. 의류 쇼핑뿐 아니라 그들 삶의 많은 영역에서 그렇다. 그들은 블라우스 이상의 것을 위해 애슐리스튜어트 매장에 갔다. 거기서 나는 엄마 생각을 하지 않을 수 없었다.

어릴 때부터 내내 나는 엄마를 취약하고 고립된 존재로 여겼다. 엄마는 짧은 영어로 인한 제약에 묶인 존재였다. 하지만 내가 엄마를 잘못 봤다고 느끼는 순간들이 간간이 있었다. 그중 하나는 매년 일어났다. 우리 가족은 매년 차를 몰고 맨해튼으로 브로드웨이 뮤지컬을 보러 갔고, 집에 돌아오는 길에 퀸스에 들러 한국 식품점에서 장을 봤다.

그 식품점에 들어서는 순간 엄마는 태도가 바뀌었다. 그 변화가 엄마의 어깨와 목선에서 나타났다. 엄마는 그 상황의 주도자였다. 영어로 말하고 들어야 하는 스트레스가 사라지고, 주변과 어울리지도 상황을 판단하지도 못한다는 불안감이 없어졌다. 1년에 한 번, 엄마의 당당한 고갯짓은 엄마가 자기 세상에 있다는 것을 알렸다.

고객들의 삶에 있어 애슐리스튜어트는 그 한국 식품점이 엄마에게 했던 것과 같은 역할을 한다는 것을 나는 직감했다. 그곳은 일종의 안전지대, 자신감과 자존감과 자부심을 새로 충전하는 감천甘泉의 역할을 했다. 내가 이것을 어떻게 알았을까? 이사회 의장 자격으로 동료 이사들과 이미 매장 몇 곳을 가봤기 때문이다. 나는 원래 분위기 파악에 능했다. 한국어에는 눈치라는 단어가 있다. 표현된 것과 그렇지 않은 것 사이의 미묘한 차이와 작용을 재빨리 간파하는 능력을 뜻한다. 눈치는 직관과 지식, 합리와 비합리, 측정 가능한 것과 측정 불가한 것의 혼합이며, 인공지능도 따라오지 못할 초고속 패턴 인식 능력이다. 아버지가 말로 표현하기 어려워하던 감정들을 감지하게 해준 것도 내 눈치였다.

기본적으로 눈치는 감정 버전의 엑스레이 투시다. 나는 평생 눈치가 있었고, 내 눈치는 시간이 지나면서 더 강해졌다. 그때의 매장 투어 중에 나는, 어떻게 알았는지는 딱 꼬집어 말할 수 없지만, 그 여성 점장들에게 고민이 있다는 것을 눈치챘다. 그들은 마냥 행복하지 않았다. 뭔가 잘못된 게 있었다. 그들은 내게 무엇이 문제인지 말하고 싶어 했지만, 적절한 장소나 때가 아니었다. 안타깝지만 기업문화에서 흔한 일이 그곳에서도 있었다. 즉, 그들 역시 경영진을 다소 두려워했다. 이사회 멤버들과 매장을 돌아볼 때였다. 한 고객이 매장에 들어왔다. 고객은 내 파란색 블레이저와 면바지를 보더니 나를 타깃으로 삼기로 작심했다.

"여기 옷들 엉망이에요!" 고객이 내게 말했다. "반품하고 싶어요! 환불해주세요! 옷이 구겨져 있고 다림질도 안 되어 있잖아요. 이게 말이 돼요?"

나는 웃는 눈으로 장난스럽게 물었다. "그게 다인가요? 저에게 더 털어놓으실 건 없으세요?" 나머지 이사회 멤버들을 포함해 모두가 나를 어이없는 눈으로 쳐다봤다.

"네, 다했어요." 고객이 말했다. 나는 그녀에게 정말 죄송하다고, 당연히 환불받으실 거라고 말했다. 그러고선 덧붙였다. "참고로 저는 여기 직원이 아닙니다." 그러자 이번에는 고객이 사과했다. 그녀는 그날 힘든 하루를 보냈고, 아들이 말썽을 부리고 있으며, 뭐 하나 제대로 풀리는 일이 없다고 했다.

"괜찮습니다." 내가 말했다. "잘못된 점은 저희가 모두 바로잡겠습니다." 몇 분 후 그 고객과 나는 아무 일 없었던 듯 매장을 돌아다니며 쇼핑하고 웃고 떠들었다.

공항으로 돌아가는 길에 동료 이사 한 명이 마침내 침묵을 깼다. "아까는 왜 그런 거예요?" 나는 어깨를 으쓱했다. 뭘요? 웃는 눈과 농담은 스프레드시트에 나타나지 않는다. 그런 것을 명확히 측정하는 플러스마이너스 점수는 존재하지 않는다. 그것을 위한 공식은 없다.

다정함. 나는 그 단어의 의미나 심지어 범위도 완전히 이해하지 못했다. 내 생각 속에 다시 등장한 레드 헬리콥터의 의미를 완전히 이해하지 못했던 것처럼. 하지만 그날 타운홀 미팅의 그 순간, 그 두 가지는 함께 나선을 그리며 내게 혼돈을 초월한 차분함을 선사했다.

다정함과 수학 중에서 수학 부분은 쉬웠다. 어떤 것들은 수익을 내는데 어떤 것들은 그렇지 않은 데는 그만한 이유가 있다. 내가 하려는 말이 어이! 수십 년 동안 적자를 냈으면 뭐 어때요! 다정함이 있는데 와이파이가 무슨 소용이에요?는 아니었다. 나는 돈에 밝은 사람이었다. 나는 그동안 투자자들을 위해, 그리고 나를 위해 많은 수익을 냈다. 오해 없길 바란다. 우리는 엄정한 수익성 지표들, 대차대조표 관리, 이 회사의 임박한 운명에 대해서도 논했다(이에 대한 유용한 프레임워크에 대해서는 2막에서 다룬다).

하지만 어쩌면 다정함과 수학을 이용해 애슐리스튜어트를 청산에서 구할 방책을 세울 수도 있지 않을까. 나는 이런 말로 우리의 첫 타운홀 미팅을 마쳤다. 그 방책의 구체적 내용은 아직 나오지 않았지만, 그 순간 이후 무엇이 두 가지 원칙이 될지는 구내식당의 모두에게 분명히 전달되었다.

방 안이 웅성거렸다. 누가 봐도 모순 같은 개념을 사람들이 소화하려 애쓰는 것이 느껴졌다. 나는 내가 거기 있는 이유가 납득되기 시작했다. 레드 헬리콥터, 다정함, 그리고 내가 찾고 있던 무언가의 사이에 연결고리가 생겼다. 그런 느낌을 받은 것은 오랜만이었다. 나는 복잡하게 생각하지 않았고, 통념에 부응하는 가식적인 처신도 하지 않았다. 나는 새 동료들 앞에 있는 그대로의 온전한 나로 섰다. 나는 해답이 나 자신의 이야기로 들어가고 그것을 인정하는 데서 나오리란 것을 알았다. 새로운 동료들에게 솔직해질 것을 요구하기 이전에 나부터 나 자신에게 솔직해질 필요가 있었고, 그것은 내가 누구이며 어디서 왔는지 밝히는 것을 의미했다. 알고 보니 내게는 생각 이상으로 애슐리스튜어트의 여성들, 특히 그들의 자녀들과 닮은 점이 많았다.

# 2장

# 과거

헬리콥터라는 단어는 프랑스어 엘리콥테르helicoptere에서 왔는데,
이는 그리스어 헬리코heliko(나선)과 프테론pteron(날개)을 합친 것이다.

 

자신의 과거를 아는 것은 누구에게나 필수다. 개인의 역사든
집단의 역사든, 역사는 정말로 중요하다. 현재에 온전히 존재하려
면 과거와 정직하게 마주해야 한다. 하지만 말처럼 쉽지만은 않
은 일이다. 사실이라는 것은 모호하고, 기억도 마찬가지로 믿기
어렵다. 그뿐 아니다. 주류 서사에 자신을 맞추려는 욕망이 자기
과거의 핵심 요소들을 왜곡하거나 절충할 때도 많다. 다른 사람의
서사를 구성하기 위해 사실을 수집하는 일은 때때로 자신의 이야
기를 보다 명확히 보는 계기가 되기도 한다. 이번 장에서 자세히
말하겠지만, 내게 일어난 일이 바로 그것이었다.
    애슐리스튜어트에서의 첫 며칠과 몇 달은 발굴하고, 탐사하고,

많은 것을 배우는 시간이었다. 본사는 뿔뿔이 산재하는 데이터와 스토리라인들의 거대한 무덤 같았다. 이 부서에서 한 가지 답을 찾으면 다른 부서에서 상반되는 답이 나오곤 했다. 모든 것을 한데 묶을 테이프나 노끈 없이 선물 포장을 시도하는 느낌이었다. 진실의 중앙저장소 따위는 없었다. 하기야 애초에 그런 것이 있기는 할까? 하지만 이 회사의 경우에는 진실을 덮으려는 어떤 집단적이고 단합된 노력이 있었던 듯했다. 그것이 지난 20년간 이어진 끔찍한 재무 상태의 원인일까, 아니면 결과일까? 흔히 그렇듯 답은 둘 다였다.

대학 시절의 역사와 문학 공부는 내가 사모펀드 투자자로 일하는 데 유용했다. 경영진과 현재나 미래를 논의하기 전에 나는 항상 그들과 그들 회사의 기원 이야기에 집중했다. 이유는? 거기에는 항상 서사가 있고, 유대감의 사슬이 있고, 궁극적으로는 근본 원인이 있기 때문이다. 때로는 여러 이야기가 나오지만, 진실을 지우는 일 없이 잘 걸러서 스토리라인을 최대한 간단하게 만드는 것이 내 역할이었다.

애슐리스튜어트는 애초에 무엇이었나? 또는 더 신랄하게 말해서, 애슐리스튜어트는 왜 존재했는가? 어쩌다 이 지경에 이르렀는가? 아무도 내게 일관되고 종합적인 서사를 제공하지 못했다. 나는 사람들과 대화하고, 먼지 쌓인 서류 캐비닛을 일일이 뒤지고, 상충하는 숫자들을 샅샅이 살피며 온갖 정보를 모으기 시작했다. 그렇게 해서 내가 조합한 이야기는 다음과 같다.

20년 전 어느 젊은 부동산 개발업자가 자기 소유의 시내 주택 단지에 들어올 세입자를 모집하던 중, 미국 흑인 여성 중에는 '플러스사이즈' 여성의 비중이 높다는 점에 주목하고 의류체인을 론칭했다. 그는 그 의류체인을 애슐리스튜어트라고 불렀다. '애슐리'는 로라 애슐리Laura Ashley에서, '스튜어트'는 마사 스튜어트Martha Stewart에서 땄다. 생각해보면 역설적인 이름(로라 애슐리와 마사 스튜어트는 각각 영국과 미국의 백인 중산층 여성 주부를 대변하는 브랜드로 유명함 - 옮긴이)이다. 애슐리스튜어트 1호점은 브루클린에서 개점했고, 이후의 매장들은 흑인이 많이 사는 미국 각지에서 잇달아 문을 열었다. 결국 애슐리스튜어트 매장은 미국 전역에 200개 이상, 그리고 본토 밖의 버진 제도에도 몇몇이 생겨났다.

창립자가 제대로 간파한 것이 있었다. 그것은 다른 많은 산업들처럼 패션 산업 역시 무엇이 동경하고 염원할 만한지에 대한 특정 기준에 기반한다는 점이었다. 애슐리스튜어트라는 브랜드명도 그 기준을 의식한 것이다. 그 기준이나 관점에서 벗어나는 것은 무엇이든 '기타'로 간주된다. 패션의 경우 지배적인 기준은 창백한 피부, 좁은 엉덩이, 움푹 꺼진 뺨이다. 이와 다른 체형, 인종, 문화는 종종 배제된다. 인종과 민족을 통틀어 미국 여성 대부분이 L 사이즈 이상을 입는 것이 현실인데도 그렇다. 그렇다면 대부분의 여성에게 옷 쇼핑은 고역이다. 그들에게 옷 쇼핑은 자신이 이상형에 부합하지도, 도달할 수도 없는 기타에 속한다는 사실을 끝없이 주입당하는 일이다. 스토리텔링, 지배적 서사, 관점

조형의 권력이란 이런 것이다.

초창기 애슐리스튜어트는 고객들이 원하는 바를 잘 이해했다. 체격 큰 여성을 위해 디자인된 대개의 옷들은 몸을 숨기고 가리는 데 목적이 있었지만, 반대로 애슐리스튜어트의 옷은 타이트하고, 극적이고, 생생했다. 몸에 딱 붙고 매우 다채로운 패션을 추구했던 것이다. 섹시하긴 했지만 동시에 교회 갈 때 입기에도 적당했다. 애슐리스튜어트는 굴곡이 뚜렷한 자기 몸에 자부심이 있고, 그것을 자기 삶의 다양한 정체성 중 하나로 드러내기를 두려워하지 않는 여성을 위한 브랜드였다.

그 후 20년 동안 애슐리스튜어트는 성장하고 변화했다. 하지만 허술한 운영 기반이 회사를 약화시켰다. 강력하고 일관적인 기원 이야기의 부재도 불리하게 작용했다. 경영진이 계속 교체된 것도 악재였다. 현금흐름 결손을 메울 자금이 필요할 때마다 사모펀드 회사가 수표를 끊어주고 경영권을 인수했다. 그에 더해 히스패닉 시장으로 사업을 확장하려다 낭패를 보기도 했다. 심지어 비주류 여성 전체를 위한 별도의 지주회사로 어번브랜즈Urban Brands를 설립한 적도 있었다. 하지만 그것은 지나치게 단순화된 발상이었다. 기업 탐욕, 관리감독 부실, 사모펀드의 오만을 보여주는 증거들—전용기들, 수상한 부동산 거래, 부정직한 경영진 행동—이 쏟아져 나왔다. 이런 것을 보는 데 익숙한 사모펀드 전문인이었던 내게는 사실 놀라운 일이 아니었다. 다만 이 경우는 대상 고객이 워낙 레이더에 잡히지도, 목소리가 들리지도 않는 취약 계층이었기 때문에 회사 고위층의 행동이 더 욕을 먹었다.

내가 처음 애슐리스튜어트를 알게 됐을 때, 일선 직원들은 이미 오래전부터 힘든 상황에 처해 있었다. 이 회사는 어떻게 그때껏 살아남을 수 있었던 걸까? 위장술 덕분이었다. 본사의 온갖 어처구니없는 행태에도 불구하고 꿋꿋이 고객과 지역사회와의 관계를 키우고 유지하며 회사에 과잉 보상해온 매장 점장들의 공이었다.

하지만 빛을 봐야 할 진실이 하나 더 있었다. 그것은 애슐리스튜어트는 명백히 흑인 여성 중에서도 특정 고객층을 위해 설립됐다는 점이었다. 흑인 여성들 중에서도 우연히 풍만한 체형을 가진 사람들. 그 반대가 아니었다. 역사책과 미디어를 지배하는 서사의 관점에서 말하자면 애슐리스튜어트는 '완벽한 타자'를 위한 브랜드였다. 여성이자 흑인이자 풍만한 체형을 가진 사람들. 하지만 신뢰와 허심탄회가 부족한 기업문화 탓에 사람들은 내가 흑인이라는 단어를 말할 때마다 움찔했다. 특히 인사 담당자들이 그랬다.

엉망진창일 때는 허심탄회밖에 다른 방도가 없다. 하지만 허심탄회는 신뢰를 요하고 신뢰는 의도에 대한 상호 확신, 즉 '왜'에 대한 공동의 이해를 요한다. 이는 쌍방향 도로다. 이 경우 나는 내 의도에 대한 확신이 있었다. 내 솔직함이 사람들에게 방어적 태도가 아닌 안도감을 일으키려면 나는 최선을 다해 '어떻게'에 집중해야 했다.

◆ ◆ ◆

그 허심탄회의 정신으로, 쉬쉬하는 부분을 소리 내어 말해보겠다. 미국에서 한인 사회와 흑인 사회는 오래전부터 갈등을 빚어왔다. 두 집단 사이에는 적대감, 분개심, 간헐적 폭력사태의 패턴이 있었다. 1992년 로스앤젤레스 폭동 당시 발생했던 두 집단의 무장대치는 자세히 기록되어 있고, 매년 기념되고 있다.

하지만 사실을 수집하다 보면 으레 그렇듯 여기에도 생각보다 미묘한 내막이 있다. 유명 영화감독 스파이크 리Spike Lee가 그의 명작 〈똑바로 살아라Do the Right Thing〉에서 이를 전달하려는 노력을 보였다. 이 영화의 클라이맥스에서는 온 동네가 분노에 휩싸여 서로를 공격한다. 이때 시선을 잡는 장면이 나온다. 한 흑인 원로가 한인 식품점 주인 부부의 편을 드는 장면이다.

"나도 흑인이야. 너희나 나나 같은 처지라고!" 한인 식품점 주인이 애원한다.

"그 한인은 내버려둬. 맞는 말이야." 난리통에서 흑인 원로의 목소리가 가게를 구한다.

내 부모가 미국으로 이민 올 수 있었던 데는 마틴 루터 킹 주니어Martin Luther King Jr.의 용기와 그의 민권운동이 불러온 관점 변화의 덕이 컸다. 1965년 '이민 및 국적법Immigration and Nationality Act'이 통과되면서 거의 반세기 동안 아시아인의 미국 이민을 극심히 제한했던 국적할당제national-origins quotas가 폐지되었다. 미국

이 문을 연 후에도 이민당국은 미국에 거주 가족이 없는 사람들을 받아들이는 것에 대해 선별적 태도를 유지했다. 다시 말해 사실상 아시아인 이민에 대한 제한이 여전히 존재했던 것이다. 다만 의사들은 바람직한 부류로 우대받았다. 애슐리스튜어트의 본사였던 창고 건물에서 일하면서 나는, 소아과 의사였던 아버지가 한국을 떠난 것이 1965년에 이민법 개정안이 통과된 때로부터 딱 1년 후였다는 처음 깨달았다. 이런 내용에 대해선 어릴 적 학교에서 배운 적이 없었다.

분명한 것이 있었다. 내가 애슐리스튜어트를 위해 하고자 하는 일을 완수하기 위해서는 나 자신의 과거에 대해 더 많이 조사해야 했다. 내가 내 과거에 대해 아는 것이 얼마나 적은지, 또는 그것을 인정하기를 얼마나 꺼렸는지 깨닫는 데는 오래 걸리지 않았다.

◆ ◆ ◆

아빠는 임신한 엄마를 두고 먼저 미국에 왔다. 엄마는 형 존을 낳고 석 달 후 팬아메리칸Pan American 비행기에 올랐고, 피츠버그에 있던 아빠와 합류했다. 엄마는 형을 할머니에게 맡기고 떠났다. 출국하는 날 엄마가 공항에서 아기를 안고 찍은 사진이 있다. 이는 당시에나 지금이나 이민자들 사연에 흔히 등장하는 일이다. 한국에서는 할머니가 성인 자녀와 함께 살면서 손주를 돌보는 경우가 많다. 내 이민자 부모 역시 돈은 넉넉지 않았고, 불확실성과

스트레스는 많았다. 자신들이 먼저 새로운 나라에 자리를 잡은 다음에 존을 데려오는 것이 순서라고 판단했을 것이다. 엄마가 도착한 지 5년이 지난 후에야 아빠는 첫아들을, 한 살이었던 나는 형을 처음 만났다. 그로부터 4년 후인 1976년에는 여동생 제니퍼가 태어났다.

대개의 경우 미국 이민은 상상 이상으로 어렵다. 창업으로 치면 이보다 더 높은 강도의 창업이 없다. 게다가 다른 인종, 특히 편견으로 인해 역사적으로 배제되어온 인종의 경우 이는 더욱 힘든 결단이다. 내 부모는 완전히 새로운 게임, 미국에서 자란 자기 자녀들이 당신들보다 더 잘 알고 있는 게임의 법칙을 배워야 했다. 한국에서는 명문대 졸업자였지만, 이곳에서 그들은 사실상 모든 면에서 한두 박자 뒤처진 사람들이었다.

◆ ◆ ◆

그게 정확히 무슨 의미냐고? 예를 하나 들어서 설명하겠다. 웃기면서도 슬픈 예다. 아빠는 피츠버그에서 소아과 레지던트 과정을 마친 후 엄마와 함께 뉴욕시 브롱크스의 한 아파트로 이사했다. 동네의 나이든 유대인 주민들이 내 부모와 그들의 갓 태어난 아들(나!)에게 관심을 보였다.

크리스마스 시즌이 다가오면 많은 상점과 아파트들이 환히 빛나는 메노라menorah(유대교 제식에 쓰는 일곱 갈래 촛대 – 옮긴이)로 창을 장식했다. 엄마아빠는 이를 동네에 동화될 좋은 기회로 생각하고 나가서 메노라를 사왔다. 그러지 않을 이유도 없었다. 메노라는 예뻤다.

엄마는 매일 나를 유아차에 태워 산책 나갔다. 그러면 동네 할머니할아버지들이 늘 걸음을 멈추고 내게 말을 붙였다고 한다. 부모님이 메노라를 사다가 창가에 세워놓은 며칠 후, 유대인 노부인 중 한 명이 엄마에게 말했다. "메노라가 아름답기만 한 게 아니라 종교적인 의미도 갖는다는 것을 아나요?" 엄마는 알지 못했다. 노부인이 비난조로 말한 것은 아니었다. 은근슬쩍 엄마의 실수를 지적하려는 것도 아니었다. 다만 엄마의 새 조국에 대해 알려주려는 친절과 존중의 마음으로 恨 말이었다.

하지만 어쨌거나 엄마아빠는 부끄러웠다. 엄마는 불교 신자로 자랐다. 하지만 내가 태어나고 몇 년 후 롱아일랜드 교외로 이사했을 때 엄마아빠는 그곳의 천주교 신자 비중이 높다는 것을 알았다. 그래서 가족 모두 주일학교에 등록해서 모두 천주교로 개종하고 세례를 받았다. 엄마가 직접 선택한 세례명은 마틸다였고, 아빠는 클레멘트를 골랐다. 추가적 조치로 그들은 '일상적' 미국 이름도 정했다. 엄마의 본명은 화자였지만 이제는 자신을 필리스로 소개했다. 아빠도 유찬이라는 본명 대신 매튜라는 이름을 쓰기 시작했다. 동네의 포트럭 파티에 갈 때마다 엄마아빠는 다른 부모들이 화자와 유찬을 발음하지 못할 것이라 생각해 자신들을 새 이름으로 소개하고 다녔다.

대체 부모님은 그 이름들을 어디서 어떻게 생각해낸 걸까? 나도 모른다. 매튜를 제외하면 그중 어떤 이름도 뻔하거나 전형적인 선택이 아니었다. 내 부모가 좌충우돌했던 많은 문제들처럼 그것도 달콤씁쓸한, 웃기면서 슬픈 일이었다.

◆ ◆ ◆

이런 당혹스런 순간들과 난감했던 시기의 트라우마 때문인지 엄마아빠는 미국과 한국에서의 삶을 우리 삼남매에게조차 대부분 비밀로 했다. 우리 집 위층에는 엄마가 이민자로서 가장 고달팠던 시절에 한국의 가족으로부터 받은 편지가 한 꾸러미 있다. 모두 손으로 쓴 한국어 편지들이라 나는 전혀 읽을 수 없다. 엄마는 생전에 그것들을 숨겨두었고, 나는 엄마가 돌아가신 후에 그걸 발견했다. 엄마의 내적 삶에 대한 물증이 내게 있음에도 그 내용을 알 방법이 없는 기분은 매우 묘하다. 엄마의 사생활을 존중하는 마음에서 편지들의 번역을 맡긴 적은 없지만, 그렇게 하면 오래된 상처들을 다시 여는 일이 된다는 것은 안다.

어릴 적 우리는 우리의 과거와 단절되어 있었다. 엄마아빠는 그들의 개인사를 대량으로 삭제했다. 너무 고통스러운 부분들. 또는 그들의 현지 적응은 물론이요 우리의 동화에도 방해된다고 생각한 부분들을. 같은 이유로 내 부모는 우리가 한국어를 유창하게 구사할 정도로 배워야 한다고 고집하지 않았다. 엄마는 내가 방과 후에 친구들을 집에 데려오면 김치의 흔적을 숨겼고, 주방에 남아 있는 냄새에 대해 그들에게 사과했다.

어떤 것들, 특히 한국전쟁과 관련된 일을 나는 아주 단편적으로만 알았다. 전쟁은 언제나 민감한 주제였고, 그 의미는 어색한 침묵과 서글픈 표정으로 전달됐다. 내 부모는 한국전쟁 관련 이야기를 거의 입에 올리지 않았다. 전쟁이 발발했을 때 엄마는 아홉 살, 아빠는 열 살이었다. 나중에야 나는 그 전쟁이 내 부모의 삶, 특히 엄마의 삶에 미친 어두운 영향의 조각들을 짜맞추게 되었다.

북한군이 서울을 침공했을 때 징병 연령대의 많은 성인 남자들이 포로로 잡히지 않으려 대피했다. 외할아버지도 그중 한 명이었다. 남은 여성과 아이들도 알아서 살아남을 방법을 강구해야 했다. 외할아버지는 서울의 고위 경찰관이었다. 그는 대피 중에 명령을 어기고 트럭에서 뛰어내렸고, 한밤중에 걸어서 집에 돌아왔다. 어떻게 가족을 두고 떠나? 그는 문을 두드리며 흐느꼈다. 북한군이 서울을 점령하자 그는 이웃집에 숨었고, 숨기 전에 할머니에게 자신의 사진을 모두 태우라고 지시했다. 아내와 아이들까지 연좌돼 총살당할 것을 막기 위해서였다. 이후 아무도 그를 다시 보지 못했다. 드물게나마 그날 밤에 대해 말할 때 엄마는 허공을 응시하며 이렇게 말했다. 그래, 아빠는 다시 돌아오지 않았어.

외할머니는 과부가 되었다. 그 시대 상당수 여성들처럼 외할머니는 거의 글을 읽지 못했고, 직업 훈련을 받은 적도 없었다. 하지만 전후 한국에서 우리 엄마를 포함해 네 자녀를 홀로 키웠고 그 모두를 대학에 보냈다. 그분이 어떻게 그 일을 해냈는지 모르겠다. 외할머니는 사기도, 기운도, 특유의 허스키하고 요란한 웃음도 잃은 적이 없었다. 나는 외할머니가 자신의 삶에 대해 불평하거나 자신이 이룬 일에 대해 뻐기는 것을 한 번도 듣지 못했다. 외할머니는 식사를 준비하고, 집을 청소하고, 손빨래를 하느라 눈코 뜰 새 없이 바빴다.

한편 아빠는 집안의 장남이었고, 한국에서 서울대학교 의과대학을 우수한 성적으로 졸업한 촉망받는 의사였다고 들었다. 아빠는 모친을 20대 때 잃었고, 부친에 대한 기억은 대부분 좋지 않았다. 그중 하나는 살을 에듯 추웠던 어느 겨울날 할아버지가 아빠의 뺨을 때린 일이었다. 아빠는 우리에게 "그때 생각을 하면 아직도 뺨이 따끔거려."라고 몇 번 말한 적 있다. 대개는 술을 몇 잔 걸친 날이었다. 여러 진료 과목 중 소아과를 택한 것은 아빠의 열정이었을까? 그것은 중요하지 않았다. 소아과 의사는 이민 비자가 요구한 것이었고, 아빠는 그것이 되었다. 그렇게 내 부모는 그들의 가난한 나라를 떠나 희망을, 심지어 무한한 희망을 약속하는 나라로 갔다.

왜 내 부모는 자식들에게 그렇게 많은 걸 숨겼을까? 우리가 다른 삶을 살기를 원했기 때문이다. 부모는 당신들이 평생 느꼈던 것을 우리가 느끼지 않기를 원했다. 외로움, 고립감, 두려움, 배고픔. 내가 아는 이야기들은 그들이 평생 겪었을 일들의 극히 작은 일부에 불과하다. 아버지가 의대 시절 끼니를 잇기 위해 시계를 전당포에 잡히고, 엄마가 공산군을 피해 시체들을 타넘으며 도망 갔던 이야기들. 한국에서도, 이민자로도 그들은 고통과 불확실성 과 상실을 경험했다.

하지만 오해 없길 바란다. 우리의 좁은 거실에는 즐거운 순간들도 많았다. 우리가 키우는 햄스터를 들고 아빠가 오만상을 썼던 일, 엄마가 내 여동생을 위해 만든 노래('제니퍼'가 '제니파파'로 변했다)를 반은 한국어, 반은 영어로 불렀던 일 등. 하지만 오늘날까지 가장 가슴 저린 기억은 겉으로는 강해 보였던 부모가 우리가 보고 있지 않다고, 혹은 알아듣지 못한다고 생각하며 한국어로 숨죽여 근심을 나누던 모습이다.

나는 특히 엄마의 고통에 민감했다. 엄마는 항상 내 편이었고, 나도 언제나 엄마 편이었다.

◆ ◆ ◆

왜 나는 아빠보다 엄마에게 그렇게 느꼈을까? 이유는 나도 모른다. 다만 나는 어릴 때부터 내가 엄마를 영혼 차원에서 이해한다고 느꼈다. 나는 엄마의 침묵, 기분 변화, 엄마의 눈과 입과 손에서 일어나는 의미들을 이해했다. 무엇보다 엄마의 슬픔을 의식했고, 그것을 내 것처럼 느꼈다. 엄마가 감추려 해도 내게는 아무것도 숨기지 못했다. 그리고 나는 그것을 없애주지 못하는 좌절감과 죄책감을 느꼈다.

드물긴 했지만 엄마가 그것을 인정할 때도 있었다. 엄마는 영어를 못하는 아시아계 이민자 여성으로 남의 이목을 사는 것의 외로움과 불편함을 말하곤 했다. 팬아메리칸 비행기에서 내려 피츠버그 외곽 어느 주택 꼭대기 층의 셋방에 도착할 때 엄마 마음은 어땠을까. 두고 온 젖먹이가 눈에 몹시 밟혔을 것이고, 소아과 레지던트로 일하던 아빠의 퇴근을 기다리며 고립감을 느꼈을 것이다. 엄마는 사람들이 길에서 자신을 쳐다봤고, 그때마다 우리 속의 신기한 동물이 된 기분이었다고 말했다.

모든 게 낯설고 모두가 아는 것을 자기만 모르는 나라에서 생활인의 과제들을 해내는 것이 엄마에게 얼마나 힘든 일이었을지 나는 그저 상상만 할 뿐이다. 어떻게 세 아이를 공립학교에 등록하지? 거리 지도를 읽는 방법은? 각각의 과일, 채소, 고기 부위는 영어로 뭐라고 하나? 슈퍼마켓 정육점 주인이 "다음 손님?"이라고 할 때 뭐라고 말해야 할까? 아이들에게 어떤 옷을 입혀서 학교에 보낼 것이며 그런 옷은 어떻게 사나? 공과금은 어떻게 내야 하고, 수표장과 계좌 내역의 깨알 같은 글자는 다 무슨 뜻일까?

우리가 살던 롱아일랜드 교외에는 아시아인 가족이 거의 없었고, 동네의 한인 가족이라고는 우리가 유일했기 때문에 엄마는 그런 일들을 혼자 알아서 해결해야 했다. 아빠가 직장에, 우리가 학교에 가면 엄마는 매일 혼자였다. 엄마는 아침마다 우리의 점심을 쌌고, 학교버스가 우리를 태우고 떠나면 집에 돌아와 몇 시간 동안 집안일을 했다. 학교가 파하면 우리 셋을 차에 태워 방과 후 교습으로, 놀이 약속으로, 야구 경기로, 발레 리허설로 데려다 주었다. 엄마는 언제나 시간을 지켰고, 늦는 법이 없었다. 우리에 대한 엄마의 헌신은 완전하고 부단했다. 하지만 이는 엄마의 영어는, 적어도 가사 밖의 세상에서 쓰는 영어는 전혀 나아질 기회가 없었다는 뜻이기도 했다.

그 때문에 가끔 웃긴 일도 있었다. 내가 고등학교 2학년이었을 때였다. 나는 우리 집에서 몇 타운 떨어진 포트 제퍼슨에 있는 씨푸드 레스토랑(가족이 운영하는 곳이었는데 식당도 배 모양이었다)에서 버스보이로 일했다. 나는 팁을 모아서 데님denim 재킷을 살 작정이었고, 허구한 날 그 말을 했다. 마침내 충분한 돈이 모였다. 내가 쇼핑몰에서 돌아와 새 재킷을 입고 엄마에게 보여줄 때, 나는 엄마의 묘한 표정을 놓치지 않았다. 결국 엄마가 고백했다. 지난 몇 달 동안 엄마는 내가 "빌어먹을damn 재킷을 갖고 싶어! 빌어먹을 재킷을 사고 싶어!"라고 하는 줄 알았던 것이다. 엄마는 부모 앞에서 상소리를 하는 내게 실망했지만 잠자코 있었다고 했다. 엄마 생전에 우리가 적어도 1년에 한 번씩은 끄집어내 웃었던 이야기다.

하지만 언어 장벽은 재미보다 주로 답답함을 안겼다. 내겐 학교에서 배우는 많은 것을 집으로 옮겨올 방법이 없었다. 이는 때로 내가 나를 온전히 표현할 수 없음을 의미했다. 유머. 아이러니. 말장난. 각종 대중문화 코드. 다층적 혹은 이중적 의미가 있는 것들. 반대로 나와 엄마 사이의 언어 장벽은 어쩌면 우리의 유대를 강화했을 수도 있다. 엄마의 영어와 내 한국어를 보완하기 위해 우리의 눈과 입과 손이 개입했다. 나는 신중하게 단어 고르는 법을 익혔다. 무슨 말이든 명확하고 단순하게 했고, 그러는 내내 엄마가 내 말을 알아듣고 있는지 살폈다. 나는 눈으로 들었다. 오늘날까지도 나는 복잡한 미사여구나 수사법에 반감을 느낀다. 식자층의 회당에 온 것을 환영해요 따위의 말에는 거의 예외 없이 진실을 은폐하거나 우월의식으로 타인을 배척하는 속셈이 있다.

말, 눈, 입, 손. 나는 적어도 집에서는 엄마와 소통할 다감각적 방법을 찾았다. 하지만 바깥세상에서까지 항상 엄마를 도울 수는 없었다. 작은 모욕들이 매일 일어났다. 계산대 점원의 삐딱한 고개와 얇아진 입술. 엄마의 억양을 슬쩍 흉내 내는 대답. 심지어 내 '친구들'도 엄마에게 항상 친절하지는 않았다. 어느 날 엄마가 이렇게 말했던 것이 기억난다. "엄마가 오늘 하교 시간에 너를 기다리는데 네 친구가 엄마 발음을 가지고 놀리더라." 내가 말했다. "정말?" 다음 날 나는 그 친구를 따로 불러내 다시는 그러지 말라고 했다. 휴대전화가 없던 시절, 엄마는 자동응답기에 메시지를 남기곤 했는데, 내 하버드 룸메이트 중 한둘은 심지어 내 면전에서 엄마의 한국어 억양을 따라 할 정도로 생각이 없었다.

내가 열두세 살 때였다. 어느 날 바이올린 레슨이 끝날 시간에 엄마가 우리 집 빨간 볼보를 몰고 나를 데리러 왔다. 가을의 늦은 오후였고 하늘이 어두워지고 있었다. 내가 차에 탔지만 엄마는 나를 쳐다보지 않았다. 심지어 내가 자동차 라디오의 다이얼을 만지작대며 엄마가 좋아하는 라이오널 리치Lionel Richie의 노래 〈헬로Hello〉를 찾을 때에도 내게 눈을 돌리지 않았다. 모직 코트의 높은 칼라가 엄마의 얼굴을 가리고 있었다. 엄마는 길가에 댔던 차를 출발시켰지만, 나는 무언가 잘못됐다는 것을 알았다.

"엄마, 차 좀 세워봐." 내가 말했다. "엄마, 울어?"

"괜찮아." 엄마가 한국어로 말했다. 내가 감정 상태에 대해 물을 때 엄마가 으레 하는 대답이었다. 괜찮아. 이는 아무 일 없어, 별일 아냐, 신경 쓰지 마라는 뜻이었다.

"엄마 울고 있잖아. 무슨 일인데?" 엄마는 그제야 말했다.

나는 우리 집 농구대가 녹슬었다고 여름 내내 불평했다. 특히 경첩들 주변의 녹이 심했다. 엄마는 뭐라도 조치를 취할 생각으로 동네 철물점에 갔지만, 녹방지제나 방청제가 영어로 뭔지 몰랐다. 점원은 엄마에게 짜증을 냈고 언성까지 높였다. "뭐라는지 알아먹을 수가 없네, 녹뭐라고요?" 그는 엄마를 바보 취급했다. 엄마는 모욕을 흡수하는 데 익숙했지만, 이것은 도를 넘었다.

"엄마." 내가 말했다. "우리 그 철물점으로 가자. 지금."

당시 나는 레슬링부의 일원으로서 자신을 꽤나 세다고 느끼는 10대 소년이었다. 철물점에 도착해 차에서 내린 나는 상점으로 들어가 문제의 점원을 찾았다. 그는 성인 남자였고, 덩치가 내 두 배였다. 하지만 나는 남자에게 맞섰다.

"왜 그랬어요? 왜 우리 엄마 기분을 잡쳐놨어요? 아저씨 때문

에 우리 엄마가 울었어요. 진짜 묻겠는데 대체 왜 그 모양이에
요?"

남자는 격분했다. 그가 내게 욕을 했고, 나도 욕했다. 우리는 실
제로 주먹다짐 직전까지 갔다. 싸우는 소리를 들은 상점 사장이
무슨 일이냐고 물었다. 나는 상황을 말한 뒤 이렇게 덧붙였다. "부
끄러운 줄 아세요." 엄마를 방어하고, 엄마를 대변하고, 때로는 심
지어 엄마의 보디가드를 자처하는 것이 내가 자랄 때 맡은 역할
이었다.

역설적이게도 그 철물점은 사장도 직원들도 동유럽 이민자들
이었다. 어떻게 알았는지 모르지만 철물점 사장은 우리 집 전화
번호를 알아냈고, 그날 밤 전화해서 엄마에게 사과했다. 그는 문
제의 점원을 해고했다고 말했다. 그는 부끄러워했다. 본인의 인
생과 우리 사이에서 차이가 아닌 공통점을 본 사람이었다. 그는
상점에서 있었던 일은 자신의 사업 가치관과 무관하다고 이야기
했다.

널리 존경받는 의사라는 위상과 훌륭한 영어 능력을 갖춘 아빠
역시 그런 일들에서 완전히 면제받지는 못했다.

그보다 몇 년 전 우리 가족은 소형 보트로 낚시를 나갔다. 우리
이웃들 중에는 주말이면 롱아일랜드 해협에서 낚시를 즐기는 사
람들이 많았다. 이것이 아빠에게는 동화하기에 좋은 기회로 보였
을 것이다. 어느 화창한 주말, 우리 다섯 식구는 줄줄이 보트에 올
랐다. 종일 낚시하며 여유를 즐길 참이었다. 하지만 아빠는 보트

조종에 있어 초보였고, 항구를 벗어나자 당황해서 실수로 다른 보트를 살짝 들이받았다. "이 멍청아!" 배에 있던 두 남자가 고함쳤다. "너희 나라로 돌아가! 너희 같은 사람들은 여기 필요 없어! 키 잡을 줄도 모르는 것들이!"

여행은 망쳐졌다. 그날 바다에서 우리 삼남매가 엄마가 싼 김밥을 먹고, 작은 우산미끼를 물에 던져 블루피시를 유인하며 노는 내내 아빠는 말없이 혼자 앉아 있었다. 아빠의 슬픔은 남과 나눌 수도, 말도 표현할 수도 없는 것이었다. 아빠에게 고함쳤던 두 남자가 우리 보트 옆에 보트를 붙이고 사과했지만 아빠의 기분은 조금도 나아지지 않았다. 두 남자는 가족이 보는 앞에서 아빠에게 그런 말을 한 것이 특히 미안하다고 했다. 아빠는 그들의 사과를 너그럽게 받아들였지만, 얼굴은 여전히 슬프게 굳어 있었다. 그때 아빠는 자기 처지를 고립무원의 무방비 상태로 느꼈다. 세월이 흐른 뒤 아빠가 우리에게 말했다. 두 남자의 보트가 다가오는 것을 보았을 때 도와줄 사람 하나 없는 바다 한가운데서 그들이 우리를 해치러 오는 줄 알았다고.

아빠에게 있어 사람들을 돌보는 일은 의사로서의 일에만 국한되지 않았다. 돌봄은 아빠가 소아과 의원이라는 작은 사업체의 창업자로서 하는 일의 일부였지만, 사업 밖에까지 확장되는 일이기도 했다. 내가 어렸을 때, 어느 피자체인의 배달 보증 정책이 인기를 끌었다. 주문한 피자가 30분 이내에 도착하지 않으면 피자가 공짜였다. 그런데 그 여파로 과속 딱지와 자동차 사고가 무더기로 발생했고, 피자체인은 결국 이 정책을 폐지했다. 하지만 어린 내게는 이 무료 피자 보장이 현실판 비디오게임처럼 흥미진진했다. 형과 나는 시계를 보며 문가를 서성였고, 배달원이 길을 잃거나 주체를 못하거나 교통체증에 갇히기를 바라며 흥분을 누르지 못했다. 그러다 배달원이 1분이라도 늦으면 우리는 춤을 추면서 공짜를 주장했다.

이런 행동을 보고 아빠는 우리를 거실로 불렀다. "다시는 그러지 마라." 아빠가 엄중히 말했다. "몇 년 후에는 저 배달원이 너희일 수 있어. 저 배달원도 누군가의 아들이야. 너희가 그 사람의 부모라고 생각해봐. 아빠는 나중에 사람들이 너희를 그렇게 취급하길 원치 않아." 그리고 아빠는 배달원에게 팁을 두둑이 주곤 했다.

많은 남자들처럼 아빠도 취약한 모습을 보이는 것을 싫어했다. 하지만 보트 낚시를 갔던 날 못지않게 피자 배달의 교훈도 아빠의 실존적 걱정과 공포를 초상처럼 뚜렷이 보여주는 것이었다. 세 아이의 아버지이자 영어가 서툴러 자기보다 더 취약한 아내를 둔 남자의 초상. 어느 해 겨울 아빠가 심한 독감에 걸렸을 때 엄마아빠는 앞날에 대해 내놓고 조바심을 쳤다. 아빠가 돌아가시면 대책이 있나? 남은 가족은 어떻게 먹고살 것인가? 그런데 여동생이 태어나고 5년 후 막상 병이 난 것은 엄마였다.

엄마의 갑상선. 진단이 워낙 나빠서 포트 제퍼슨 병원에 있는 아빠의 동료들은 엄마의 사망 가능성을 배제하지 않았다. 아빠가 무슨 생각을 하는지 들리는 것 같았다. 아내가 죽으면 나는 어쩌지?

이 나라 전체에서 우리를 지킬 사람은 우리 식구뿐인데. 우리 다섯이 전부인데.

하지만 상황이 최악일 때, 외견상 평범한 사람들은 자신이 사실 얼마나 특별한지를 보여주는 경우가 많다. 엄마가 입원하고 회복하는 동안 우리를 돌봐준 이들은 아빠의 의원에서 일하는 젊은 이탈리아계 미국인 간호사와 그녀의 남자친구였다. 그들은 우리 아빠를 좋아했다. 그들은 우리 집에 와서 아이 보기를 자청했고, 우리에게 버거킹 스테이크 샌드위치를 숱하게 사주었다. 이 젊은 커플(남자친구는 플래그풋볼 팀에서 쿼터백으로 뛰는 건장한 청년이었다)은 엄마아빠가 미국을 세세히 이해하는 데 항상 도움을 주었다. 특히 아버지의 미국식 관용어 학습에 대한 공이 컸다. 예를 들어 아버지가 "캐럴, 웃기지 말아요 You're pulling my legs"라고 하면, 캐럴은 눈을 굴리거나 정정하는 대신 이렇게 말했다. "닥터 리, 다리를 둘 다 잡아당기면 자빠져요! 그래서 'pulling one's leg'라고 단수로 말하는 거예요." 그러면 아버지는 배꼽을 잡고 웃었다. 브롱크스의 할머니할아버지들처럼 캐럴도 항상 정겹고 관대했다.

엄마는 완쾌했다. 하지만 엄마의 입원은 우리 삼남매도 모종의 실존적 취약성을 안고 살아간다는 사실을 부각했다. 전쟁은 겪지 않았지만 우리에게는 트라우마가 있었다. 내가 유년 시절을 보냈던 집으로 우리 가족이 이사한 것은 여동생이 태어나기 1년 전이었다. 그전까지는 아버지의 소아과 의원에서 15분 거리에 있는 아파트에서 살았다. 형과 나는 빅휠Big Wheel(어린이용 세발자전거 –

옮긴이)을 타고 노는 와중에도 공기 중에 감도는 긴장과 불확실성을 감지했다. 돈 문제와 한국으로 돌아가야 할지를 둘러싼 논쟁이 이어졌다. 이 무렵의 어느 크리스마스에 나는 선물을 딱 하나 받았다. 양말 모양의 플라스틱 망에 든 사탕이었다. 당시는 부모님이 산타클로스나 크리스마스의 상업적 측면에 대해 잘 모를 때였다. 그리고 돈 걱정이 심할 때였다.

돌이켜보면 우리는 항상 결핍의 구름이 드리운 집에 살았다. 아버지의 소아과가 한가하면 당장 데프콘1(전쟁 돌입 경보)이 발령됐다. 하지만 그 편집증에는 현실적 근거가 있었다. 아버지의 환자 한 명이 아버지가 처방한 항균 비누가 자신의 아기에게 뇌 손상을 야기했다고 주장했다. 그녀는 비누 제조사를 고소했고, 아버지에게도 추가로 소송을 걸었다. 아버지는 어이가 없었다. 닥터 리는 제가 아는 소아과 의사들 중 가장 훌륭하고 배려 깊은 분이에요. 그 환자는 이렇게 말하던 사람이었다. 그랬던 사람이 왜 아버지를 고소했을까? 간단히 말해 아버지는 부수적 피해collateral damage(원래는 군사행동으로 인한 민간의 인적·물적 피해를 뜻하나, '고래 싸움에 새우등 터지는' 식의 피해를 의미하기도 함 - 옮긴이)였다. 아버지를 더욱 황당하게 한 것은 지역 의사 중 한 명이 그 소송 소식에 유난히 기뻐하는 기색이었다는 것이다. 만약 패소하면 아버지는 의료사고보험을 상실하고 더 이상 의료 행위를 할 수 없었다. 그렇게 되면 한국에 돌아갈 수밖에 없고 다른 의사들은 전리품, 즉 아버지 환자들을 나누어 가질 수 있었다. 항상 동료 의사들에게도 최대한 진료 기회를 보장해주려 애썼던 아버지에게 이는 끔찍한 배신이었다.

"불공평해." 아버지가 당시에 했던 말을 기억한다. 아버지는 파킨슨병으로 임종을 앞두고 있을 때도 같은 말을 했다. 아버지는 평생 열심히 일했다. 65세에 은퇴해서 엄마와 이 일 저 일을 하는 것이 아버지의 계획이었다. 그러나 아버지가 은퇴한 후 병이 아버지의 뉴런을 공격하고 몸을 고문하지 않는 날은 단 하루도 없었다. "이건 불공평해"라고 말하는 아버지의 목소리가 아직도 귀에 선하다.

아버지는 소송이 불러온 불확실성을 머리에 무겁게 얹은 채로 거의 15년이나 미국 사법 시스템에 질질 끌려다녔다. "유감입니다, 닥터 리. 하지만 이것이 이 나라에서 법 체계가 작동하는 방식입니다." 아버지의 변호사가 말했다. "우리는 여기서 버티지 못할지도 몰라." 나는 아빠가 엄마에게 이렇게 말하는 것을 몇 번이나 들었다. 소송은 얄궂게도 아버지가 파킨슨병 진단을 받던 시점에 기각되었다.

그 경험은 파괴적이었다. 패닉을 불렀다. 그리고 만성공포를 낳았다. 미국에서 수십 년간 성공적으로 삶을 구축한 후에도 언제든 모든 것이 우리 다섯의 발밑에서 무너질 수 있다는 두려움이 아버지를 괴롭혔다. 그랬기에 아버지의 소원은 내가 자신보다 안전하고 예측 가능한 삶을 사는 것이었다. 아버지가 의료과실 소송에서 직접 체득했다시피 성공과 돈은 삶의 불가피한 변동성에 대해 어느 정도까지만 방패 역할을 할 뿐이었다. 내가 하버드 로 스쿨 1학년을 마친 여름에 인턴십 자리를 구하지 못한 것도 아버지의 이런 걱정을 키웠을 것이 분명하다.

그 시기에 엄마는 세상에서 더욱 물러났다. 엄마는 때로 고치 속 누에처럼 자기 속으로 침잠했다. 엄마가 한인이 아닌 지인들과 함께 있었던 때를 떠올려보면 엄마는 그들 사이에 그저 서 있을 뿐이었다. 다른 사람들은 말하고, 웃고, 몸짓을 한다. 엄마는 항상 환하게 미소 짓고 있지만 엄마의 시선은 내면을 향해 있고, 한옆으로 떨어져 있다. 나는 학교에서 그런 눈들을 본 적이 있다. 선생님이 자기를 지목하지 않기를 바라는 아이들의 눈. 곤경에 처하거나 비웃음을 사고 싶지 않은 아이들의 눈. 나는 여기 없어라고 그 눈들은 말했다. 다른 무엇보다 엄마의 그 표정은 나를 몹시 아프게 했다. 내 마음은 '친구들'이 엄마의 억양을 흉내 내며 웃을 때보다도 더 아팠다.

그런데 내가 인생을 돌파하고 명성과 위상을 쌓아가면서, 내 부모를 함부로 대하는 사람들에 대한 내 분개심은 점점 다른 감정으로 변해갔다. 그것은 수치심이었다. 이제야 이것을 인정하자니 소름이 끼친다. 하지만 그 수치심은 세상이 내 부모를 대하는 방식에 대한 분노 및 보호욕구 같은 더 큰 물줄기들과 합쳐져 소용돌이쳤고, 결국에는 그 감정들을 따로 구분하기가 어려워졌다.

◆ ◆ ◆

돌이켜보면 내가 대학 때 한국어 수업을 듣고, 1학년 후 여름 방학 동안 서울 연세대학교에 다니기로 한 것도 부모가 우리에게 말해주지 않는 과거를 알기 위해서였다. 심지어 나는 외국인 학생들이 파티를 즐기는 기숙사 대신 이모 집에서 지냈다.

모든 나라의 문화에는 다른 나라의 말로는 쉽게 설명할 수 없는 정수精髓가 있다. 이를 이해하려면 해당 언어에 몰입하는 체험이 필요하다. 다른 언어들에서는 동의어를 찾을 수 없는 개념과 정서가 존재하기 때문이다.

한국어도 예외가 아니다. 한국 역사는 극복과 존립의 전형이다. 어쩌면 이 영향으로 한국어 표현들은 때로 매우 직설적이고 통렬하다. 한국인들에겐 생존자 정신이 있다. 하지만 동시에 같은 이유로, 이웃은 물론 생면부지의 남이라도 자기보다 어려운 사람에게 마지막 쌀 한 톨까지 나눠주는 인정이 있다.

한국에 있을 때 나는 이전에는 이해하지 못했던 내 일부를 마침내 이해하게 되었다. 그리고 마침내 그것을 일단은 나 자신에게, 그다음에는 남들에게도 설명하고 표현할 어휘, 즉 프레임워크를 얻었다. 나는 이 문화를 가장 잘 잡아내는 것이 한국의 정서 개념인 한恨과 정情이 창출하는 역동적 균형이라고 생각한다.

한은 풀 길도 끝도 없는 울분과 비애, 원통함과 억울함이 섞인 마음의 응어리 정도로 정의될 수 있다. 개인적인 한도 있고 집단적인 한도 있다. 가족마다 나름의 가족사에 얽힌 한이 있다. 한은 사람이 죽은 후에도 남고, 자녀와 손주에게 이어진다. 일종의 대를 잇는 트라우마다. 한은 함부로 놓을 수 없는 과거의 아픔이다.

감히 말하자면 한은 이민 정책에 업혀서 바다를 건너고 변이하기도 한다. 예컨대 내 부모를 비롯한 이민자들이 매일 감내해야 했던 존엄의 침해가 이에 더해진다. 철물점과 보트에서 있었던 일들이 내 부모와 그 자녀들의 한 대차대조표에 추가되었다. 혹시 내가 애슐리스튜어트 동료들의 영혼에서도 한을 알아본 것일까?

자연이 보여주듯 만물은 상반된 힘에 의해 균형을 이룬다. 한도 예외는 아니다. 한의 반대 면은 정이다. 정은 사랑, 공감, 온기, 연민, 우정에서 우러난 유대감을 말한다. 하지만 그 이상이다. 정은 상호의존, 상호공존, 공동체적 삶에 대한 일종의 언명이다. 정에 해당하는 단어는 영어에 없다. 다만 나는 이와 가장 가까운 말이 호의goodwill라고 생각한다. 이 의미에 대해서는 이 책의 뒷부분에서 다시 다룬다.

정. 그것은 핼러윈에 엄마가 우리 집 앞에 몰려올 동네 아이들을 위한 선물주머니를 큼직한 초콜릿바로 터지게 채우던 마음이었다. 엄마는 왜 그랬을까? 그 나이 때 전쟁 통에 피난 다니느라 그런 것을 먹어보지 못했기 때문이다. 이웃 청년이 해군에 입대해서 떠나게 되자 엄마는 그를 집에 초대해 갈비(소나 돼지의 갈빗살로 만드는 한국의 전통 요리로, 미국에서는 코리언 바비큐라 불린다)를 먹였다. 엄마는 작은 가정용 그릴을 가져다놓고, 국물이 빠지지 않게 알루미늄 호일로 단단히 싼 갈비를 그의 앞에서 직접 구웠다. 갈비는 너무 비싸서 우리도 자주 먹지 못하는 음식이었다.

정은 엄마가 우리에게 매일 싸주는 점심 도시락에 있었고, 엄마의 따뜻한 선물들에도 있었다. 털목도리, 포근한 스웨터, 눈 속에서도 떨지 않을 브이넥과 크루넥 내복. 겨울 코트, 엄지장갑, 모자(로스쿨 시절 내가 겨울에 얼어 죽지나 않을까 걱정됐는지 엄마가 사준, 회색 코끼리 같은 에디바우어Eddie Bauer 다운재킷은 지금도 내게 있다). 엄마의 정은 우리 집에 오는 모두에게로 확장되었다. 배관공이나 전기공이 수리 차 방문하면 엄마는 얼음물이나 차가운 스프라이트를 따른 큰 유리컵을 쟁반에 제대로 받쳐서 내왔다. 그러면 그들은 항상 놀라고 감사해했다.

정은 엄마가 나를 유치원에서 픽업해서 맥도널드에 데려갈 때도 생겼다. 우리의 주문은 항상 같았다. 나는 햄버거, 작은 감자튀김, 콜라(이때는 해피밀이 출시되기 전이었다). 엄마는 필레오피시Filet-O-Fish 샌드위치와 작은 커피. 누구든 하필 필레오피시를 고르는 이유가 뭘까? 나는 항상 궁금했다.

한국의 어법은 때로 날카롭고, 심지어 불퉁스럽다. 하지만 아량은 말이 아닌 행동에 있다. 밑바탕에 깔린 아량은 행동과 처신에서 우러난다. 정의 깊이는 한의 깊이와 맞닿아 있어서, 그 깊이로만 정해지고 가능해진다. 무엇을은 때로 신랄하지만 어떻게는 자애롭다. 한국 식당에서(적어도 진짜 한국 식당에서는) 종업원의 말이 다소 퉁명스러울 수 있다. 뭐 드실래요? 하지만 음식이 테이블에 올 때는 존경과 관심과 정성이 함께 제공된다. 중요한 것은 어떻게다.

어린 시절 우리 삼남매가 어떻게 하는지는 우리가 무엇을 하는지만큼이나 중요했다. 친구 엄마가 내게 아이스크림콘을 사주었다고 말하면 엄마는 내게 감사인사를 했는지 여부뿐 아니라 다른 것도 물었다. "공손하게 감사하다고 했어?" 내가 시험공부를 하고 있으면 엄마는 문간에서 나를 바라보며 "시험 준비 제대로 하고 있어?"라고 물었다.

한국어는 복잡하고 미묘하다. 대화 상대─또래, 연소자, 연장자─에 따라 대명사와 동사 어미가 달라진다. 경우에 맞는 어휘, 어미 활용, 어법을 구사해야 한다. 또한 언어적 소통은 종종 세심히 계획되고 구성된 신체적 동작들과 짝을 이룬다. 예를 들어 연장자에게 음료를 따를 때는 두 손으로 해야 한다.

엄마의 정은 항상 지극히 사적으로 느껴졌다. 하지만 그것이 정의 아름다운 특성이다. 정은 상대에게 보살핌 받는 기분을 준다. 내가 바이올린을 연주할 때 쓰는 목 지지대가 마땅치 않자 엄마는 나를 위해 분홍색과 흰색의 줄무늬 쿠션을 만들었다. 솜으로 채웠지만 사실 거기 든 것은 정이었다. 엄마의 손도 정을 전달했다. 엄마는 내가 배앓이를 하면 나직이 한국의 전래동요─엄마 손은 약손, 엄마 손은 약손─를 흥얼대며 내 배를 어루만졌고, 내게 속상한 일이 생기면 내 뺨을 토닥여주었다.

수년 후 내 창업 활동 시절, 엄마는 아들의 재정적 안녕을 걱정

하며 내 재킷 주머니에 20달러 또는 100달러 지폐를 슬쩍 넣곤
했다. 용돈이었다. 한국에는 윗사람이 아랫사람에게 주머닛돈을
찔러주는 관습이 있다. 용돈은 많은 돈은 아니다. 그저 아랫사람
의 걱정이나 고생을 덜어주고픈 마음의 표시다. 용돈은 주는 것만
큼이나 받는 사람이 어떻게 받고 쓰는지가 중요하다. 정을 통해서
용돈은 거래수단인 돈을 사회적 통화로, 즉 온기를 나누는 선물로
바꾼다. 이것이 엄마가 서비스 이용료나 레슨비를 낼 때 반드시
빳빳한 흰 봉투를 사용한 이유였다.

　아버지는 아버지대로 치료비를 내지 못하는 환자를 결코 외면
하지 않았다. 이것이 아버지가 정을 쌓는 방식이었다. 아버지가
은퇴한 후 환자들이 보낸 편지를 읽으며 나는 그들이 그 정을 체
감했다는 것을 알았다. 환자들과의 상호작용, 특히 여동생과의
관계에서 나는 아버지의 조용한 너그러움과 다정함을 보았다. 하
지만 아버지는 아들들에게 정을 표현하는 데 어려움을 겪었다. 아
니면 형과 내가 아빠의 정이 취한 형태를 인식하고 받아들이는
데 서툴렀는지도 모른다. 우리 삼부자는 서로 감정을 나눌 공동

의 언어나 프레임워크를 영영 온전히 개발하지 못했다.

자식이 자기보다 안전한 삶을 살기를 바라는 것은 너무나 당연하다. 우리 아버지도 마찬가지였다. 아버지가 그 많은 위험을 감수한 것은 결국 내게 위험을 감수할 기회를 주기 위해서였잖아요. 내가 아버지에게 자주 하던 말이다. 아버지는 내가 지나치게 위험을 무릅쓴다고 생각했다. 내 삶은 아버지를 불안하게 했다. 아버지는 내가 안락하게 살기를 원했지만, 나는 내 학벌이 내게 더 자유롭게 살아갈 용기를 주어야 한다고 생각했다. 학력은 해방하는 것이지 구속하는 것이 아니다. 이것이 내 생각이었다. 내 하버드 학위는 부모의 뒷바라지 덕분이었고, 나는 거기에 무한히 감사한다. 하지만 그것으로 무엇을 할지의 결정은 내 몫이었다. 사실 부모님은 나를 두고 자주 다퉜다. 그때마다 엄마는 이렇게 말했다. 여보, 괜찮아. 걱정 마. 그냥 놔둬.

내 인생에서 엄마 다음으로 정의 아름다움을 많이 가르쳐준 사람은 형 존이었다. 어릴 때 형과 나는 늘 붙어 다녔고, 온갖 것의 공범이었다. 형은 내게 모든 아이에게 필요한 정서적, 때로는 물리적 안정을 제공했다. 형은 내게 우리의 이민자 부모가 주지 못하는 종류의 안정을 주었다. 형은 나보다 네 살 많았지만, 앞서 말했다시피 다섯 살이 되어서야 엄마아빠를 만났다.

어느 크리스마스 아침, 형이 심하게 상처받았다. 동생 제니퍼는 그때 겨우 걸음마를 하는 아기였다. 형과 나는 여느 해처럼 일찍 일어나 거실 구석의 크리스마스트리를 향해 우당탕 뛰었다.

몇 해 전 부모님이 나를 불러 레드 헬리콥터에 대해 물었던 그 거실이었다. 트리 아래에 자기 선물이 딱 하나밖에 없는 것을 본 형의 실망한 얼굴이 지금도 기억난다. 형이 받은 선물은 '항공모함 공격Carrier Strike'이라는 보드게임이었는데 당시든 이후에든 누구도 들어보지 못한 게임이었다. 반면 내 선물은 한 무더기였다. 부모님은 형이 더 이상 산타클로스를 믿지 않으니 선물 수에도 연연하지 않을 것으로 판단했던 것이다. 잘못된 판단이었다. 형은 상황을 그렇게 받아들이지 않았다.

형은 크리스마스 아침 내내 울었다. 설움을 가누지 못하고 너무 심하게 운 나머지 코피가 흐르기 시작했는데 멈추지 않았다. 간호사인 엄마도 어쩔 줄 모를 정도였다. 결국 엄마는 크리스마스에도 환자를 보고 있던 아빠에게 전화를 걸어야 했다.

나는 상황을 숙연하게 지켜봤다. 내 형이자 영웅의 슬픈 모습은 내 마음을 아프게 했다. 형은 내가 여전히 산타클로스를 믿고 있다는 것을 알았기에 자신이 슬픈 이유를 말해주지 못했다. 다음 해에 나는 플라스틱 통에 동전을 모았다. 크리스마스 때 형에게 좋은 것을 선물하기 위해서였다. 12개월이 지났고, 크리스마스 몇 주 전 엄마가 나를 근처 레코드 가게로 데려갔다. 나는 〈천국으로 가는 계단Stairway to Heaven〉이 수록된 레드 제플린Led Zeppelin의 명반 '레드 제플린 4 Led Zeppelin IV'를 샀다. 크리스마스이브에 나는 앨범을 서툴게 포장해서 거실 트리 아래에 밀어 넣었다.

다음 날 아침 일찍 우리 두 형제는 이번에는 어린 여동생까지 데리고 트리를 향해 달렸고, 선물들의 포장을 뜯기 시작했다. 우리는 먼젓번 것에 신나 할 겨를도 없이 다음 선물로 손을 뻗었다.

"끝이야." 마침내 형이 말했다. 형이 대장이었다.

나는 고개를 저었다. "아니. 더 있을 것 같아ㅡ."

"아니. 끝났어. 더는 없어."

형은 내 선물을 보지 못했다. 레코드가 납작한 데다 트리 가지들에 가려져 있었던 것이다.

"어, 잠깐," 형이 말했다. "하나 더 있나 봐." 형이 천천히 포장지를 뜯었다. "이거 네가 주는 거야?"

"어, 응." 내가 말했다.

나는 그해 크리스마스를 절대 잊지 못한다. 그해는 우리 삼남매 중 누군가가 다른 누군가에게 선물을 준 첫해였다. 그때까지 크리스마스는 부모나 형제가 아니라 전적으로 산타클로스의 것이었다. 형은 손을 내밀어 나와 악수했다. 형이랍시고 짐짓 의젓하게 굴었지만 나는 형이 울컥했음을 알 수 있었다.

지금도 좁은 거실의 트리 옆에 앉은 우리 두 형제를 떠올리면 눈물이 난다. 그때 잠옷차림의 형이 품에 안고 있던 '레드 제플린 4', 지금까지도 그것은 내가 누군가에게 준 선물 중 최고의 선물로 남아 있다(그리고 지금까지 내가 받은 최고의 선물은 단연 레드 헬리콥터다).

보다시피 정은 강력하다. 정은 역동적이다. 살아 숨 쉰다. 하지만 그 생명력은 고통에서, 한에서 나온다. 형과 나는 함께 세상에 맞섰던 어린아이들이 더 이상 아니지만, 지금도 레드 제플린의 노래를 들을 때마다 나는 시공을 이동한다. 그리고 형이 꼬마 동생에게 준 사랑이 새삼 고마워진다.

◆ ◆ ◆

애슐리스튜어트의 기업 서사를 조각조각 맞춰가며 나는 내 역사와도 마주하게 되었다. 물류센터를 개조한 그 음울한 건물에서 나는 수년 동안 느끼지 못했던 강도의 명료함을 경험했다. 그곳은 여전히 혼돈의 공간이었지만, 나는 그곳에서 평화도 발견했다. 광란 속의 고요였다. 그 평온의 기저에는 상반된 것들이 공존하고, 나아가 번성할 것을 내가 허락한 자기허용이 있었다. 나는 한과 정, 고등학교 교사와 금융업자, 한인과 미국인, 그리고 궁극적으로 과거와 현재의 공생적 연계를 위한 공간을 열었다. 표면상 이질적인 A와 B가 만나 유기적인 C를 만든 것이다.

나는 그 관점에서 내 부모의 삶과 애슐리스튜어트의 직원 및 고객인 여성들의 삶에서 차이점과 유사점을 보았다. 특히 할머니와 엄마의 삶을 보았다. 또한 아버지의 실존적 두려움은 유치원에 와서 아들 친구에게 빨간 장난감 헬리콥터를 선물한 백인 홀아버지의 두려움과 크게 다르지 않았다.

나는 아내와 아이들로부터 수백 킬로미터 떨어져 있었다. 내 사회적 삶과 정체성은 불과 15킬로미터 거리에 있는 맨해튼의 레스토랑, 클럽, 오피스빌딩 들에 있었다. 하지만 맨해튼은 달처럼 멀게 느껴졌다. 나는 말 그대로 내 삶에서 동떨어진 곳, 설상가상 패색마저 더없이 짙은 상황에 있었다. 하지만 놀랍게도 앞서 말했듯 평화를 느꼈다. 깨달음을 느꼈고, 살아 있음을 느꼈다. 나는 현재를 느꼈다.

결국 엄마아빠는 당신들의 유일하고 실질적인 장기 금융자산, 즉 우리가 유년기를 보낸 집을 담보로 최대한의 대출을 받아 우리 셋 모두를 대학에 보냈다. 덕분에 우리는 빚 없이 졸업했다. 내 부모는 아무 재정 지원도 받지 못했다. 사실 의문이 든다. 만약 그들에게 신청 과정상의 복잡하고 세세한 사항들을 읽고 이해할 능력이 있었다면 지원 자격을 얻지 않았을까? 그랬다. 그들은 고달팠다. 하지만 그들의 삶은 진솔했다. 그들의 고통을 달래준 기쁨이 있었다면 그건 모두 그들이 창출하고 벌어들인 것이었다. 그들은 무시와 수모와 싸우면서 조엘 가족, 캐럴, 함께 이민 온 서울대 동문 등의 사람들과 우정도 쌓았다. 그들에게는 진짜 친구들이 있었다. 내 부모는 그들의 유년기와 성년기의 고통으로부터 우리를 보호하려 애썼다. 하지만 어쩌면 거기가 그들이 실수한 지점일지 모른다. 만약 그들이 과거를 더 많이 공유했다면, 선善과 더불어 추醜도 수용했더라면 어땠을까? 그랬으면 그들의 세 자녀는 자신의 복합적 현실을 더 잘 이해하고, 자기 몫의 고통을 헤치고 길을 닦는 데서 더 많은 기쁨을 찾지 않았을까? 애슐리스튜어트에서 혼자 지낸 첫 달이 내게는 오랜만에 처음으로 숨을 고르며 나 자신에게 관대해질 것을 허락하는 시간이었다. 나는 1965년 '이민 및 국적법'이 통과된 지 6년 만에 태어났다. 역사적으로 내 삶 같은 삶은 몇이나 될까? 내게는 롤모델이 얼마나 될까? 플레이북 같은 것은 없었다(물론 우리 중 누구의 삶에도 진정한 선행 사례나 가이드북은 없다).

애슐리스튜어트에 도착한 지 한 달 만에 나는 내가 무엇을 해야 할지 직감했다. 내 직감은 내게 갑옷을 벗으라고 명령했다. 그 순간까지는 그것이 얼마나 무겁고 버거운지 실감하지 못했다. 나는 내 안전지대에서 더 멀리 벗어나 모험을 떠나야 했다. 창고이자 본사인 그 건물 밖으로 나가야 했다. 그 건물에서 진실은 오직 파편으로만, 그것도 오해의 소지가 다분한 낡은 재무보고서들에만 존재했다. 나는 매장들로 나가 그곳 여성들과 많은 시간을 보내야 했다. 나는 그들이 내 할머니와 엄마와 무척 닮았으리란 것을 본능적으로 알았다. 전에 이사회의 형식적 방문 중 만났던 불만 고객과의 대화가 머릿속에서 계속 맴돌았다. 나는 전직 이사회 멤버나 사모펀드 투자가가 아니며 심지어 새로운 상사도 아닌, 제임스라는 사람 자체로 그들 앞에 다가가야 했다. 나는 갑옷을 벗었다. 그저 그들이 나를 나로 보고 받아주길 바랄 뿐이었다.

# 3장

# 미래

헬리콥터는
여섯 개 방향(상, 하, 좌, 우, 앞, 뒤)으로 날 수 있다.

이제 나는 내 과거와 화해하는 것이 내 미래를 이해하는 열쇠임을 알게 되었다. 그리고 내 미래가 내 역사의 영향을 받으리란 것도 알았다. 하지만 과거에 얽매이지 않겠다는 결심도 했다. 첫 번째 타운홀 미팅 이후 나의 현재는 무대 중앙에 있었다. 나에겐 오직 지금만이 존재할 뿐이었다.

나는 행동해야 했다. 내게는 장고長考의 사치를 부릴 여유가 없었다. 다만 흔히 그렇듯 가장 중요한 것들은 내가 하지 않은 것들, 내가 하지 않은 말들이었다. 불확실한 시기에는 무언가를 취하기보다 받아들이는 것이, 몸부림 대신 흘러가는 것이 최선일 때가 있다. 시간이 부족한 상황에서 나는 시간이 다른 방향으로 펼쳐질 공간을 만드는 데 집중했다.

　우리는 대개 공간을 물리적인 것으로 인식한다. 그렇게 조건화되어 있다. 직장에서의 공간은 오피스, 책상, 방으로 정의된다. 나는 나는 그들의 리더가 될 자격이 없다고 모두에게 말해놓고 이렇게 덧붙일 수는 없었다. 자, 이제 사장실로 안내해주시겠어요? 나는 가장 편하거나 가장 좋은 사무실을 차지하지 않았을 뿐 아니라 어떠한 사무실도 점하지 않았다.

　우리에게는 물리적 벽을 없애고 서로의 시야를 막지 않는 가구를 구입할 예산이 없었다. 그래서 나는 있는 것을 최대한 활용했다. 나는 2층 중앙에 있는 작은 커비(수납 등을 위한 좁은 공간 - 옮긴이)를 찾아냈고, 건물에서 가장 낮은 칸막이를 요청했다. 방탄유리로 된 출입문이 내려다보이는 곳이었다. 사람들은 아침저녁으로 출퇴근하면서 나를 볼 수밖에 없었고, 나도 그들을 놓칠 수 없었다. 커비 옆에는 저렴한 합판 소재의 작은 타원형 탁자를 놓아서 조촐하게 임시 콘퍼런스 '공간'을 만들었다. 이렇게 짜잔, 우리는 나름 당당한 중역실을 꾸몄다.

　이때 애슐리 동료들과 나눈 대화는 내가 지난 세월 엄마와 나눈 대화를 떠올리게 했다. 나는 주요 부서의 관리자들뿐 아니라 모든 사람의 말을 귀로, 그리고 눈으로 많이 들었다. 새로운 내 동료들이 차례로 타원형 탁자에 와서 앉았다. 일부는 호기심을 보였고, 일부는 그동안 무시나 조롱이 두려워 삼켰던 아이디어를 갖고 왔다. 나는 누구도 거부하지 않았다. 회의는 자연스럽고 자발적으로 이루어졌다. 나는 누가 용기 내어 나를 찾아오는지 주목했고, 그들에게 자리를 내주었다. 그들 대부분에겐 마음에 담아둔 것이 있었다. 자신을 괴롭히는 것. 털어놓고 싶고, 털어놓아야만 하는 것들. 그들은 마음을 쓰는 사람들이었다.

성함이 어떻게 되시죠? 담당하시는 일은? 제가 왜 여기 있다고 생각하세요? 왜 여기 계시나요? 왜 여전히 여기 계시나요? 어떤 종류의 음악을 들으세요? 재미로 하시는 일은요? 답변을 들으면서 나는 또 다른 함축적 질문들을 생각해냈다. 소크라테스식 문답법을 쓰던 우리 아빠가 된 기분이었다. 어떤 것에 능한가요? 성과에 진심으로 신경을 쓰나요? 새로 배울 의지가 있나요? 이미 배운 것을 잊을 의지는? 난관을 극복해본 이력이 있나요? 불신을 유보하고 열린 마음을 유지할 의향이 있는지? 모순을 수용할 마음은? 그리고 근본적으로, 저와 함께 도약할 준비가 되어 있나요?

그렇지만 선언과 성명이 필요할 때면 나는 평상시와 다른 음색과 음조의 목소리로 무게를 잡았다. 비록 회의실보다는 주방과 비슷한, 무장해제를 부르는 편안한 환경에서 이루어졌지만, 그 진술들은 명백한 중대성과 명료성을 띠었다. 이것은 새로운 시스템입니다. 내가 말했다. 그리고 덧붙였다. 백지에서 시작할 것이고, 다른 의도로 시작할 겁니다. 귀하의 반응은 귀하의 선택이며, 제 선택이 아닙니다. 불만이 있는 사람들은 흔히 스스로 그만두죠. 나는 그만두고 싶어 하는 사람들에게는 그렇게 할 시간과 장소를 제공할 생각이었다.

나는 바퀴가 삐걱대는 낡아빠진 화이트보드를 구내식당으로 밀고 들어가서, 회사가 가진 돈이 얼마나 적으며 그 돈이 어디에 어떻게 쓰이는지 모두에게 보여주었다. 이만큼은 임대료, 이만큼은 급여, 이만큼은 상품 매입 등등. IT팀의 누군가가 자신이 깨달은 바를 모두와 공유했다. 그는 흥분과 경악으로 커진 목소리로 회사가 구조상 매년 수백만 달러의 손실을 보고 있다고 설명했다. 나는 차분하게 웃었다. 중요한 것은 그런 결론이 나도 아니고 재무 관계자도 아닌 사람의 입에서 나왔다는 것이었다. 수치에 대한 공동 소유권이 형성되었다. 내 직감이 맞았다. 사람들은 패닉하기보다 오히려 안도했고, 움츠러드는 대신 난국과 대면했다. 비밀은 발설되었다. 은밀한 회의와 쉬쉬하는 목소리는 그동안 득보다 실을 야기했다. 하지만 이제는 과거지사였다.

공기 중의 긍정적 기운을 감지한 나는 그 기회를 놓치지 않고 말을 꺼냈다. 재정 상황에 대한 전례 없던 투명성이 불러온 활기가 아니었다면 좋게 받아들여지지 않았을 말이었다. 즉, 나는 내 다양한 발언과 각각의 어조가 전체적으로 어떤 분위기와 메시지를 조성하는지 치밀하게 의식하고 의도했다. "회사에서 거짓말을 하거나, 편법을 쓰거나, 훔치면," 나는 조용하고 사무적으로 말했다. "법이 허용하는 최대한의 처벌을 받게 될 겁니다."

나는 눈으로도 같은 메시지를 전했다. 가혹하거나 박정하게 들릴 수도 있다. 그러나 다시 말하지만 나는 이 회사의 험난한 22년 역사를 잘 알고 있었다. 거기서 끝도 아니었다. 동료들이 새롭게 출발할 권리를 방해하는 사람은 누구도 회사에 남을 수 없었다. 아무리 궁지에 몰려도 남들이 정보에 입각하여 선택할 권리를 고의로 망치는 것은 용납되지 않았다. 내 의도와 논리를 숨겨봤자 누구에게도 도움이 되지 않았다. 나는 완전히 투명했다. 회사 재무제표 공유라는 맥락에서 내 발언은 사람들이 다정함과 수학의 관계를 이해하는 데 도움을 주었다. 그날 구내식당에 있던 사람 누구도 재무성과에 미치는 행동의 중요성을 다시는 의심하지 않았다.

한 달이 지났다. 사내문화에 점진적이지만 명확한 변화의 조짐이 보이기 시작했다. 임시 콘퍼런스 공간이 의사결정의 새로운 중추로 부상하면서, 창문 없는 회의실은 무용지물이 되었다. 대개의 경우 최고의 아이디어는 이전에는 침묵에 길들여졌던 동료들에게서 나왔다. 나는 몇몇 새로운 리더들이 부상하는 것을 보았다. 그들에게는 열정과 희망, 실용적 스킬 세트와 구체적 아이디어가 있었고, 무엇보다 빈약한 자원으로 결과를 극대화할 방법에 대한 실전 경험이 있었다. 이는 사모펀드 업계 사람들 사이에서는 희귀하거나 망실된 것들이었다. 새 리더들은 대부분 1세대 또는 2세대 미국인이었고 젠더, 인종, 출신 국가, 민족이 다양했다. 그들은 기업가의 의미를 경영대학원이 아닌 경험과 삶을 통해 터득했다. 내 부모가 그랬던 것처럼.

그중 한 명은 브루클린에서 매일 두 시간 넘게 통근하는, 타마라라는 젊고 명석한 패션 구매 보조였다. 그녀는 타원형 탁자에 앉아 자신의 업무를 설명하던 중에 자신의 소질과 열정은 사실 마케팅에, 즉 소문내는 일에 있다고 말했다. 거의 여담처럼 말했지만 그녀는 적성을 살리지 못하고 있는 것이 명백했다. "당신은 마케팅일을 해야 해요." 내가 말했다.

"맞아요!" 타마라가 말했다. "저도 구매 보조로만 남고 싶지는 않아요!"

우리는 그녀의 패션 감각을 신생 마케팅 활동에 투입하기로 했다. 나중에 우리는 타마라가 애슐리스튜어트 옷을 입고 근무하는 모습도 촬영했다. "안녕하세요, 여러분," 타마라가 말했다. "타마라예요. 오늘은 이걸 입었어요." 타마라는 다 안다는 눈빛과 함께 빙글빙글 돌았다. 그것은 우리의 기업적 시련이라는 드라마 안의 드라마였다. 나중에 이 영상들은 다시 가동된 우리의 소셜미디어 채널들에 게시되었다. 우리 채널의 관리자는 미국 시골에서 자란 젊은 백인 여성이었다. 디지털 마케팅이라는 미지의 영역에 대해 경영진이 가졌던 두려움 탓에 그동안 그녀는 열외 취급을 받았고, 지면광고와 홍보전단의 잉크 아래 무력하게 눌려 있었다. 나중에 우리가 매장에 틀어놓는 음악을 업그레이드한 후엔 그녀의 도움으로 타마라의 감미로운 목소리가 매장 스피커를 타고 흘러나갈 수 있었다. 타마라는 기본적으로 애슐리스튜어트의 얼굴이자 목소리가 되었다.

우리에게는 새 인력을 영입할 시간도 돈도 없었기 때문에 나는 사내에서 인재들을 발견하는 것이 너무나 기뻤다. 사모펀드 업계에서 터득한 것도 지속가능한 해법들은 대개 내부에 있다는 것이었다. 대개는 실속이 스펙을 이긴다. 다만 이 회사의 경우에서 나는 두 명의 외부인을 영입했다.

첫 번째는 랜디였다. 반은 아일랜드인이고 반은 도미니카인인 랜디는 브루클린에서 비혼 어머니 손에 가난하게 컸지만, 결국 아이비리그 학위를 따고 일류 금융회사들을 거쳤다. 그는 보스턴 사모펀드회사에서 내 팀의 일원이기도 했다. "제가 도우러 갈게요." 내가 애슐리스튜어트에 근무한 지 2~3주 됐을 때 랜디가 선포했다. 그때부터 랜디와 나는 매일 아침, 점심, 저녁을 함께 먹었다. 우리가 섭취한 칼로리는 정확히 일치했다.

다음은 도나였다. 중국인 이민자의 딸인 도나는 맨해튼에서 투자은행에 다녔지만 일이 지겨운 전환기에 있었다. 도나와 나는 애슐리스튜어트의 자본 조달 과정에서 알게 되었다. 이때의 자금 확보 시도가 실패로 돌아가는 바람에 내가 난데없이 임시 대표가 되어 세카우커스에 등장한 것이었다. 어찌 알았는지 도나는 낌새를 채고 내게 연락했다. "인사도 할 겸 랜디와 내가 뭐하고 있나 구경하러 와요." 내가 다소 애매하게 말했다. 그러자 어느 날 도나가 호기심에 차서 우리 사무실에 나타났다. "여기서 뭐해요?" 그녀가 말했다. "장난이죠?"

사실 우리는 도나가 쓸 노트북을 미리 준비해놓았다. 도나는 타원형 탁자 건너 커비에 앉았고, 영영 떠나지 않았다. 그렇게 랜디와 도나가 합류하면서 나는 애슐리스튜어트의 세계에 월스트리트의 언어를 성공적으로 주입할 수 있었다. 사내에도 회계, 재무, 컴퓨터 시스템에 밝은 인재들이 있었지만 그들은 월스트리트의 전문용어와 분석적 접근법에 대한 경험과 지식이 부족했다. 랜디와 도나는 믿을 만한 통역사가 되어 허드슨강 건너 15킬로미터 밖의 월스트리트 현장에서 쌓은 실무 노하우를 이곳에 전달했다.

◆ ◆ ◆

새사람이 되는 것은 결코 쉽지 않다. 처음 등교했던 날을 기억하는가? 여름캠프는? 대학은? 내 엄마의 첫 이민생활은? CEO도 마찬가지다. 그에게는 동맹, 옹호자, 통역사가 필요하다. 그는 고립되기 쉽다. 하지만 한 사람이 모든 것을 바꾸기도 한다. 내게 일당백의 역할을 해준 사람은 지나였다.

지나는 이중언어를 구사하는 도미니카계 미국인이고, 자랑스러운 군인 출신 아들을 둔 비혼모다. 허튼소리를 들으면 바로 잡아내는 요령과 재주를 타고났고, 비공식 사무장이자 24시간 대기하는 이동 심리상담사로도 활약했다. 내가 도착하자마자 지나는 자신에게 역할이 하나 더 늘었음을 직감해냈다. 그것은 내가 입밖에 내는 대신 일부러 눈, 얼굴, 손으로 표현한 것들을 말로 옮기는 일이었다(지나와 우리 엄마와 나는 고급경영자 수준의 눈치를 위한 다감각 언어 과정을 함께 수료한 것이 분명했다). 지나는 또한 자청해서 내 보증인이 되어주었다. "그는 진짜예요." 나는 지나가 영어와 스페인어로 이렇게 말하는 것을 몇 번이나 들었다. "그는 진심이에요. 그러니까 각오하는 게 좋아요. 차분해 보인다고 방심하지 말아요. 그는 인정사정없어요."

지나의 응원에 힘입어 타운홀 미팅은 정규 모임으로 변했다. 특별한 형식은 따로 없었고, 분위기는 언제나 가벼웠다. 그중 한 미팅에서 나는 '세 다리 의자 the three-legged stool'의 교훈에 대해 말했다.

세 다리 의자는 유명한 비유다. 주로 기업의 상생경영을 말할 때 쓰지만, 이 개념을 확장해 개인의 삶에도 적용할 수 있다. 의자의 첫 번째 다리는 직장생활이고, 두 번째 다리는 가정생활이며, 세 번째 다리는 사회생활부터 취미생활까지 내가 '나로 존재하는' 자유시간에 하는 일이다. 이 세 다리는 결코 완벽한 수평을 이루지 않는다. 항상 셋 중 하나는 흔들리고, 기우뚱하고, 넘어질 듯 위태롭다. 하지만 다른 두 다리가 웬만큼 안정적이면 의자는 계속 서 있을 수 있다. 어떻게? 액션을 통해서. 균형은 사실 부단한 운동을 요하기 때문이다. 균형은 결코 정적이지 않다. 이 책에서 차차 말하겠지만, 그 액션이 우정이나 도움의 형태로 이뤄질 때면 균형은 놀라운 안도감을 준다.

"저는 이곳의 모든 분에게 앞서나갈 기회를 드리고자 합니다." 나는 새로운 동료들에게 말했다. "여러분의 직장생활 다리를 안정시키기 위해 제가 할 수 있는 모든 것을 다 할 겁니다. 재무성과를 약속드리진 못합니다. 그것은 우리의 공동 책임이니까요. 그럼 제가 어떻게 돕겠다는 걸까요? 저는 이 회사의 문화가 호기심, 정직, 관대함, 그리고 계속 배우려는 의지가 있는 사람들에게 보상하는 문화가 되도록 최선을 다할 겁니다." 나는 속으로 아이스하키의 플러스마이너스 점수에 대해, 그것을 이곳에 적용할 방법에 대해 생각 중이었다. 오래전 내 이력서를 의아하게 응시하던 투자은행 면접관들에게 말했듯 나는 다른 이들을 더 나아지게 해줄 사람들을 찾고 있었다.

당시 사람들에게 고등학교 수학시간의 악몽을 불러일으키고 싶지 않아 내가 하지 않은 말이 있다. 두 점이 선을 만들고 세 점이 면을 만드는 데는 그만한 이유가 있다. 선은 융통성 없고 단순하고 이분법적이지만, 면은 차원을 만든다. (둘은 족하고) 셋은 넘친다는 말이 있다. 맞는 말이기도 하고 틀린 말이기도 하다. 세 번째 아이, 세 번째 친구, 저녁 식탁의 세 번째 사람이 다른 두 사람 사이의 균형을 규정함으로써 상황을 개편하는 경우가 많지 않나? 둘이 파트너십이라면, 셋은 시스템이다.

회사의 핵으로 기능할 새로운 리더 그룹이 생겼고, 내 머릿속에는 이미 대략적이나마 서사가 형성되고 있었다. 이제 나는 내가 가야 할 곳으로 갈 자신감이 생겼고 채비도 마쳤다. 전국의 흑인 지역에 있는 매장들, 그리고 그곳에 있는 여성들에게 가야 했다. 나는 내 직관을 믿고 따라야 했다. 그것은 내 과거와 엄마와 할머니와 교차하는 직관이었다. 하지만 다른 문제가 있었다. 그리고 솔직히 그것은 나를 당황스럽게 했다.

재무적으로 무언가 앞뒤가 맞지 않았다. 회사의 대차대조표에 따르면 우리는 재고 과잉이었다(이에 대해서는 4장과 5장에서 자세히 다룬다). 우리에게는 '자산'이 넘쳤다. 그러나 초기 판매세가 정체되었고, 이제는 하락하고 있었다. 판매에 대한 점장들의 열성이 부족해요. 경영진이 내게 말했다. 우리가 아닌 그들이 문제예요.

수학을 싫어하거나 무서워하는 사람들도 매일 수치, 문서, 데이터테이블에 둘러싸여 살 수밖에 없다. 계좌 내역. 레스토랑과 주유소 영수증. 상위 10위 리스트. 이런 수치들은 사실 과거만을 반영한다. ATM에서 방금 인출한 20달러. 꽉 채워 주유한 자동차. 즉, 회계는 과거다. 하지만 주머니 속 구겨진 영수증보다 중요한 것은 애초에 그것을 있게 한 결정이나 행동이다. 그 결정들을 되돌아보면 미래를 바꾸는 일이 쉬워진다.

2~3주 동안 데님 패션 차림으로 나는 암만 봐도 납득되지 않는 수치들을 보고 있었다(몇몇 젊은 패셔니스타들로부터 놀림받은 후 나는 허리주름 면바지에서 데님 패션으로 업그레이드를 단행했다). 재고

가 이렇게 많고 회계장부상의 '자산'이 이렇게 많은데 왜 갑자기 매출이 정체된 것일까? 경영진은 내가 그 수치들의 연유, 즉 근본 원인을 이해하는 데 도움을 주지 못하거나 주려 하지 않았다. 사실 경영진은 부정적 판매실적이 지겹고 나쁜 소식에 신물이 나서 점장들이 매주 하던 피드백 전화도 없애버렸다. 그렇게 경영진은 알게 모르게 자신들을 진실과 단절시켰다.

나는 내게 제공된 회사 차량—닛산의 낡은 구형 회색 세단이었다—의 운전대를 잡았다. 이제 근본 원인을 찾아 나설 때였다. 재고는 남아돈다. 그럼 내가 보지 못하는 것은 무엇일까? 가장 불가사의한 수수께끼의 답은 때로 가장 뜬금없는 곳에서 나오기도 한다. 그것도 전혀 예상치 못한 때에.

◆ ◆ ◆

알다시피 나는 전에도 점장들을 '만난' 적이 있었다. 첫 번째 타운홀 미팅 직후에 나는 다시 비슷한 미팅을 잡았다. 두 번째는 콘퍼런스 콜을 이용했다. 기억하기 바란다. 당시는 와이파이가 없던 시절이었다. 줌도, 마이크로소프트 팀즈도 없었다. 사내 기술팀이 동원할 수 있는 최선의 도구는 다자릿수 직통번호를 사용하는 불가사리 모양의 구식 회의용 전화기였다. 몇 분의 잡음과 수차례의 신호음 끝에 점장들이 전화에 연결되었다. "저는 여러분을 믿습니다." 나는 통화를 끝내며 말했다. "그리고 여러분을 만나길 고대합니다. 매장을 아는 사람들은 제가 아닌 여러분이니까요."

의미심장한 침묵. 하지만 좋은 침묵이었다. 점장들은 전국에 흩어져 있었다. 우리는 얼굴을 맞대고 말하지 않았다. 하지만 그들은 이해했다. 이는 나를 포함한 모두에게 과감한 신뢰 행동이었다. 나는 직접 말하지 않고도 그들이 알아야 모든 것을 전달했다. 말은 없었지만 묵직한 암시는 있었다. 그것은 만약 점장들이 붕괴 직전이었던 회사의 실상을 고객에게 숨기지 않았다면, 애슐리스튜어트는 이미 10년 전에 폐업했을 거라는 사실이었다.

◆ ◆ ◆

나는 낡은 닛산 세단과 함께 엄청난 거리를 달렸다. 뉴욕, 뉴저지, 필라델피아와 그 주변의 매장들을 최대한 많이 방문했다. 매장 방문 후 이른 저녁이 되면 세카우커스로 돌아와 본사에서 자료를 검토했다. 추수감사절을 앞둔 무렵에는 비행기를 타고 더 멀리 있는 매장들로 갔다. 예컨대 댈러스, 애틀랜타, 디트로이트의 매장들. 모든 매장이 다 달랐다. 대개 흑인 여성인 점장들과 나의 상호작용도 그만큼 다양했다. 그들은 나를 보자 반가워하면서도 놀랐다. 과거의 회사 경영진과 고객 접점 직원들 사이에는 오래되고 깊은 골이, 우리 대 그들이 대치하는 골이 존재했다. 하지만 이제는 아니었다. 우리는 한 배를 탔다. 무엇보다 내 머릿속에 한 가지 패턴이 부상했다. 특히 한 매장은 첫 방문부터 그 본질을 잘 보여주었다.

브릭처치는 세카우커스에서 멀지 않은 뉴저지주 이스트오렌지시에 있는 지역이다. 그곳 주민의 약 90퍼센트는 자신을 흑인, 즉 아프리카계 미국인으로 인식한다. 브릭처치는 또한 미국에서 카리브해계 미국인의 비율이 가장 높은 지역 중 하나다.

애슐리스튜어트의 브릭처치 지점은 좁았고, 다소 낙후한 모습이었다. 황갈색 벽지, 누런 조명, 바닥 전제를 덮은 동물무늬 카펫. 어수선한 잡동사니들. 군데군데 카펫이 뜯긴 곳은 마스킹테이프를 죽죽 붙여 고정해놓았다. 금전등록기는 10년이나 된 것이었다. 하지만 매장은 마치 인기 많고 사랑받는 거실처럼 아늑하고 즐겁고 환영받는 분위기를 풍겼다. 점장 차리와 부점장 셸리 덕분이었다.

당시는 화상회의가 없던 때라 누구도 내가 신임 대표라는 것을 알지 못했다. 내가 매장에 미리 전화로 연락했을 때 안녕하세요, 제임스예요. 제 인상착의는 이렇습니다. 준비됐나요? 저는 한국계 미국인이고요, 보조개가 있고요, 키는 177센티미터쯤이고, 몸무게는 80킬로그램인데 계속 늘어나는 중입니다라고 말한 것도 아니었다. 셸리는 내가 정말 직원이 맞는지 확인하겠다며 장난스럽게 내 휴대전화를 보자고 했다. 우리 셋이 한담을 하고 농을 나누는 내내 셸리는 내 휴대전화를 만지작거렸다. 마침내 내가 말했다. "제가 그 제임스인 거 아시죠?"

차리와 셸리는 서로 더 이상 다를 수 없을 만큼 달랐지만 한 가지 공통점이 있었다. 그들은 사람들을 사랑했다. 그리고 서로를 깊이 챙겼다. 차리는 이 회사에 15년 근속 중이었다. 그녀는 다른 여성에게 자신감을 주는 것보다 행복한 일은 없다고 말했다. "누구든 매장에 들어올 때는 기분이 별로여도 떠날 때는 기분이 좋아져서 가요." 그녀가 말했다. "이 세상에는 '당신은 할 수 있어요. 당신이 최고야. 당신은 대단해요.'라고 말해주는 사람이 많지 않아요. 그런 말은 큰 힘이 돼요."

한편 셸리는 자칭 '불덩어리'였다. 그녀는 바베이도스에서 태어나 열두 살 때 미국에 왔다. 부친은 그녀가 열여덟 살 때 갑작스럽게 세상을 떴다. "그날 내 영혼의 일부를 잃었어요." 셸리가 말했다. 내 엄마처럼 그녀의 엄마도 간호사였다. 차리처럼 그녀도 평생 소매업에서 일했다. 눈에 넣어도 아프지 않을 자녀가 셋이었고, 뉴잉글랜드 패트리어츠New England Patriots(미국 프로미식축구 팀으로, 본래의 연고지가 보스턴이었음 - 옮긴이)의 팬이었다. 그녀는 내가 사는 곳이 보스턴 교외라고 하자 좋아하다가 톰 브래디Tom Brady(2000년 뉴잉글랜드 패트리어츠에 입단하며 데뷔한 프로미식축구 선수 - 옮긴이)와의 친분은 없다고 하자 크게 실망했다.

이유는 설명할 수 없지만 차리와 셸리를 만난 지 2초 만에 나는 우리 셋이 영원한 친구가 되리란 것을 알았다. 더 분명했던 것은 그들 사이의 애정, 존경, 사랑이었다. 그들 근처에 있는 것만으로도 기분이 좋아졌다.

이후 몇 시간 동안 나는 그들의 세계에 몰입했다. 누가 상점으로 들어오든 차리와 셸리는 그 사람의 이름을 알았다. 많진 않지만 두 사람이 모르는 고객도 있긴 했다. 그러나 그런 고객도 일단 매장에 들어오면 금세 그들을 "베이비"라고 부르며 자신의 금요일 저녁 계획을 이야기했다. 아들, 딸, 남자친구, 여자친구, 남편, 어머니, 아버지, 조부모, 손주. 차리와 셸리는 모든 사람의 모든 것을 아는 듯했다. 아들 둘을 혼자 키우는 고객. 결혼생활이 순탄치 않은 고객. 딸이 막 아기를 낳은 고객. 나는 드문드문 대화를 엿들었다. 아들 때문에 걱정이에요. 내일 밤에 뜨거운 데이트가 있어요. 다음 주에 면접이 있어요. 아빠는 많이 나았어요. 기억하고 계셨구나, 감사해요. 대화를 듣다가 나는 차리가 근처에 가족이 없는 고객이 입원한 경우 문병을 간다는 것을 알게 되었다. 알아도 놀랍지 않았다.

내가 떠나기 전에 차리와 셸리는 나를 뒷방으로 안내했다. 벽장이나 다락처럼 매장의 뒷방에도 대개 진실이 숨겨져 있다. 그곳에서 나는 세카우커스의 내 임시 사무실에서 스프레드시트를 들여다볼 때는 딱 꼬집어내지 못했던 것들, 일견 무관해 보이지만 사실은 문제의 원흉이었던 것들을 발견했다.

범인 중 하나는 운영 매뉴얼이었다. 망가진 바인더에 대충 모아놓은 두껍고 너저분한 종이 더미. 거기서 격주로 업데이트된 내용들이 쏟아져 나왔다. 보아하니 방학에 가욋돈을 벌어보려는 시간제 판매원을 포함해 모든 신입 직원이 그걸 앉아서 숙지해야 했다. 어이가 없었다. 나는 무작위로 몇 페이지를 훑어봤다. 이렇게 해라. 저렇게 해라. 이렇다면 저렇게 해라. 그것 역시 이런 식으로 해야 한다. 반드시. 그러지 않았다간. 다음에는, 그것을 하고, 입증해라. 확인해라. 우리에게 증빙을 우편으로 보내라. 그러지 않았다간! 이는 매장에서 일하는 모두의 행동을 통제하려는 권위적이며 고압적인 시도였고, 이 시도는 고객을 대하는 점장의 방식에까지 관여했다. 당연한 말이지만 그 운영 매뉴얼에는 입원한 고객을 문병하는 것이나 고객의 일 혹은 자녀의 안부를 묻는 것과 관련해서는 일언반구 없었다.

다시 말하지만 어이가 없었다. 이런 규정집을 목에 들이댄다면 어느 누가 직장에서 주인의식과 주도성을 가질 수 있을까? 그것은 터무니없이 비현실적이고, 믿기지 않을 만큼 오만했다. "실제로 이렇게 하는 사람이 있나요?" 내가 셸리에게 물었다. "매장이나 고객이 정말로 이 운영 매뉴얼을 가치 있다고 생각하나요?" 셸리는 내게 장난해요?라는 표정을 지어 보였다. "자— 보세요, 셸리." 나는 한심하기 짝이 없는 공문과 매장 공지를 찢어버렸다. 우리는 웃었다. 셸리가 가장 크게 웃었다. 하지만 내 속에서는 분노가 치밀었다.

재미있는 장면도 있었다. 허리주름 면바지를 졸업한 지 몇 주밖에 안 된 성인 남자가 여성 패션에 대한 벼락치기 특강을 듣는 모습을 상상해보라. 브릭처치 지점을 떠날 때의 나는 도착할 때와 다른 사람이었다고 자랑스럽게 말할 수 있다. 이제 나는 마릴린Marilyn(마릴린 먼로가 입어서 유명해진 원피스), **샤크바이트**shark-bite(원시시대 포식자가 한쪽을 왕창 뜯어 먹은 것처럼 생긴 원피스), 페플럼peplum(등판이 넓고, 넉넉한 '커버리지'를 제공하는 블라우스), **키홀** keyhole(다른 부위의 '커버리지'를 최소화하기 위해 가운데에 구멍을 뚫어 놓은 블라우스)의 차이를 알게 되었다. 이 모든 학습은 숫자에도 활기를 가져왔다. 재무제표가 말 그대로 내 머릿속에서 춤을 추었다. 레드 헬리콥터도 마찬가지였다. 레드 헬리콥터는 그 매장에서 제 하늘을 만났다.

다른 범인은 더 고약했다. 나는 애슐리스튜어트가 재고는 그렇게 풍부한데 매출은 빈약한 이유를 비로소 이해했다. 매장 뒷방에 검은색과 흰색의 캐미솔이 무더기로 쌓여 있었다. (그날의 나 같은) 초보의 눈에 캐미솔이란 블라우스나 스웨터 아래에 받쳐 입는 속옷 같은 것이다. 캐미솔은 다른 옷을 돋보이게 하려고 사는 것이지, 단독으로 기쁨 혹은 아름답고 주목받는 기분을 주는 옷이 아니다. 내 어림에 의하면 브릭처치 지점은 뒷방에 이런 평범한 캐미솔을 거의 1년 치나 쌓아두고 있었다. 이는 경영진이 저지른 자멸적 계산이었다. 그들은 대량 매입을 하면 개당 단가를 낮출 수 있으니 유리한 거래가 될 것으로 생각했다. 캐미솔 단가가 낮아졌다는 점에서는 맞는 생각이었지만, 뒷방에 쌓여 먼지만 모으는 '자산'에 현금을 묶어두는 것이 얼마나 재앙인지 대한 식견이 없었다는 점에서는 잘못돼도 한참 잘못된 생각이었다.

재무와 경제뿐 아니라 인생 전체를 관통하는 기본 원칙 중 하나가 기회비용이라는 개념이다. 기회비용은 가치 있는 무언가를 얻기 위해 포기해야 하는 것을 말한다. 우리가 어떤 선택을 한다는 것은 하나 이상의 다른 선택지를 포기한다는 뜻이다. 예를 들어 기말고사 전날 밤 친구들과 파티에 갈 기회가 생겼다. 당신은 놀러가지 않고 대신 공부한다. 덕분에 기말고사에서 좋은 성적을 거두지만 그것은 춤과 사교의 밤이라는 기회비용을 날린 대가다. 또는 당신이 매일 사 먹는 테이크아웃 샐러드의 가격을 합쳐보라. 그 돈이면 다른 것을 할 수 있었을까? 테이크아웃 샐러드가 그 기회비용의 가치가 있었나? 현명한 선택이었고, 가치 극대화에 성공했나? 기회비용 개념은 마음의 문제에도 적용된다. 내게는 월스트리트에서의 경력보다 메그와의 미래가 더 소중했고, 그래서 뉴욕에서 보스턴으로 이사했다.

캐미솔의 경우 경영진은 몇 달이나 팔리지 않고 먼지만 모으는 물품에 현금을 묶어두었다. 그러는 대신 그들은 캐미솔을 약간 높은 단가로 적정량만 매입해 빠르게 판매하고, 나머지 돈은 마케팅이나 고객 유인을 위한 상품에 투자했어야 했다. 더구나 잘못을 한 것은 경영진인데, 매출 목표를 달성하지 못했다며 비난은 점장들이 받았다. 과잉공급된 상품은 그들이 받을 보상에도 영향을 미쳤다. 회계팀은 캐미솔을 꿋꿋이 '자산'으로 기록했지만 실제로는 그 반대였다. 팔리지 않는 캐미솔은 악성 부채였다. 거기다 애초에 해당 캐미솔에 대한 매입 결정을 내린 사람은 점장들이 아니었음에도, 그들은 본사 경영진의 오판에 대한 책임을 지고 있었다. 문제는 손익계산서(매출)가 아닌 대차대조표(재고)에 있었다.

나는 고개를 내저을 따름이었다. 사모펀드 일을 하면서 나는 이런 부조리를 수없이 보았다. 경영대학원과 대중매체는 대개 손익계산서에 중점을 둔다는 것도 모르지 않았다. 손익계산서는 사업체의 일정 기간에 걸친 매출, 비용, 이득, 손실을 추적한다. 여기서는 낮은 단가가 멋져 보인다. 하지만 대차대조표는 사정이 다르다. 대차대조표는 특정 시점의 회사의 자산, 부채, 전체 자기자본을 보여준다. 이 관점에서 보자면 경영진은 현금을 사실상의 죽은 자산으로 바꿨다. 이해는 간다. 손익계선서의 매출액은 대차대조표의 생산성보다 훨씬 말하기 좋고 측정하기도 쉽다. 하지만 애슐리스튜어트는 막 마인드셋 전환의 기점에 있었다. 그것도 대대적인 전환을.

매장을 순회하는 동안 내가 브릭처치에서 경험하고 관찰한 상호작용은 다른 곳에서도 대체로 비슷하게 반복되었다. 뒷방에 숨겨져 있던 두려움과 캐미솔은 빠르게 안도, 조치, 결단, 건의로 바뀌었다. 다른 발견들 역시, 3500제곱피트(약 98평 – 옮긴이)의 매장에서 일어나는 일 중에 패션은 의외로 중요한 요소가 아닐 거라는 내 짐작이 옳았음을 증명했다. 내가 본 상호작용들은 옷과 쇼핑을 중심으로 일어나지 않았다. 그보다는 여러 세대의 여성들—엄마, 딸, 자매, 사촌, 이모와 고모, 할머니—의 삶에서 중요한 순간들에 대한 것이었다. 일요일이면 예배를 마친 가족들은 동네에 있는 애슐리스튜어트 매장에 들렀고 엄마나 아빠가 수표로 미지불 잔액을 갚았다. 많은 고객이 일주일에 두세 번씩 매장을 방문했고, 그들은 쇼핑백을 들고서든 아니든 기분이 좋아져서 떠났다. 자신의 결점이나 삶의 형편에 상관없이 누군가 자기편이 되어 자신을 응원한다는 것을 확인하고서 말이다.

풍요라는 단어가 계속 떠올랐다. 온기, 자애, 관대 그리고 다정함도 함께. 자꾸 떠오르는 다른 단어들은 성품, 책임, 리더십, 기업가정신이었다. 차리와 셸리를 비롯해 내가 일선에서 만난 여성들은 대부분 매장 관리자라기보다 소상공인이자 여관 주인에 가까웠다. 그들은 고객의 절친, 복심지우, 관계상담사, 인생 코치, 비밀을 지키고 가족사를 따라가는 사람이었다. 그들의 번호를 받은 사람들은 영업시간 이후나 주말에도 그들에게 전화를 걸곤 했다. 남편과 외출해요. 이 원피스 재고 있나요? 그 블라우스는요? 차리는 심지어 운전 중이나 가족과 함께 있을 때에도 자진해서 매장에 전화했다. 있대요. 그녀는 고객에게 다시 연락했다. 하지만 그 대가로 펩시를 가져오셔야 해요. 펩시 없으면 원피스도 없어요.

어떤 매장에서는 고객들이 점장을 그냥 '미스 애슐리'라고 불렀다. 차리와 셸리는 매장에서나 집에서나 똑같이 행동할 것이 분명했다. 또한 그들은 내게는 물론 고객들에게도 집에서처럼 행동할 것을 허락했다. 그렇게 함으로써 그들은 진정한 힘의 원천에 접근했고, 그 힘은 공통의 인간애를 따뜻하게 일으켰고, 그 인간애는 직장이라 불리는 장소의 모서리들을 둥글게 깎았다. 차리는 단골이 한동안 보이지 않으면 전화를 하거나 문자를 보내 별일 없는지 확인했다. 매장들 자체도 안전한 피난처였다. 오아시스, 커뮤니티센터, 동네 사랑방이었다.

정확히 언제인지 몰라도 그 첫 몇 달의 어느 시점부터 나는 회사를 애슐리 또는 그녀로 부르기 시작했다. 그녀는 실재했다. 그녀는 인간이었다. 그녀에게는 감정이 있었다. 이 회사를 향한, 그녀를 향한 과거 소유주와 경영진의 무신경한 태도를 보면서 기분이 나빠지지 않기란 힘들었다.

물론 나는 매장들에서 나쁜 리더십과 잇속뿐인 상호작용도 보았다. 내가 브릭처치에서 본 마법이 모든 매장에 있었던 것은 아니다. 다만 나는 좋은 것들의 사례를 충분히 보았다. 잠재력이 있었다. 우리 매장에 들어오는 고객들에게 모종의 변화가 생겼다. 그들은 편안함과 자신감을 얻었다. 그들은 자신을 보는 사람들, 본 것을 가치 있게 여기는 사람들 사이에 있다는 느낌을 받았다. 나는 긴장이 풀리는 그들의 어깨와 목을 보았다. 자신 있는 목소리, 당당한 걸음걸이, 깊고 호방한 웃음들. 공동체. 소속, 안전함. 눈을 감으면 한국 식품점에 있는 엄마의 모습이 보이고 목소리가 들렸고, 전후 한국의 고달픈 일상 속에서 잠시 휴식을 취하며 이웃들과 바닥에 쪼그려 앉아 한담하는 할머니가 상상되었다.

이런 상황과 순간들 속에서 레드 헬리콥터의 의미도 생생하게 살아났다. 나는 알았다. 나는 내가 무엇을 경험하고 있는지 알고 있었다. 가슴 속 이 느낌은 전에도 느낀 적이 있었다. 이 여성들이 나를 거부할 이유는 너무나 많았다. 그런데 그들은 정반대로 행동했다. 그들은 내게 그들의 안전지대를 보여주었을 뿐 아니라 거기 끼는 것을 허락했고, 내게 놀라운 선물을 주었다. 이 관대함에 직면하자 내 갑옷의 무게와 방어가 사라졌다. 그러지 않을 도리가 없었다. 내가 아닌 다른 사람이 되어야 하는 부담이 떨어져 나갔다. 나는 나 자신이었다. 매장 여성들은 나를 좋아했고, 나도 그들이 좋았다. 우리의 유대는 인간적인 유대였지 직함, 화려한 주소, 학력, 경력에 기반한 유대가 아니었다. 내 능력과 경험이 중요하고 유용했던 것은 사실이다. 하지만 결정적이지는 않았다.

우정과 신뢰는 허심탄회로 이어졌다. 나는 그 여성들과 가족 얘기를 많이 했다. 나는 그들에게 엄마에 대해, 그리고 아버지의 상태에 대해 말했다. 매장들에서는 심지어 몇몇 고객의 자녀와 마주치기도 했다. 내 첫 노스캐롤라이나 여행을 앞두고 아버지가 나를 메이시스 백화점에 데려가 옷을 사주었던 날이 생각났다.

당시 내 친구 중에 흑인은 없었다. 지인 중에는 있었지만 가까운 친구 중에는 없었다. 의식적 선택의 결과는 아니었고, 전적으로 지리적 위치와 근접성의 문제였다. 적어도 나 자신은 그렇게 여겼다. 여성들과 일해본 적도 많지 않았다. 사모펀드 업계에서는 여성 동료를 만나기가 쉽지 않다. 내가 몸담았던 보스턴의 엘리트 회사가 최초이자 유일한 여성 투자전문인을 고용할 뻔한 적은 있었으나, 결국 그 여성은 약혼자가 있는 뉴욕에 남겠다며 입사 결정을 번복했다. 당시 회의실의 전반적 태도는 이랬다. 봤지, 이게 바로 우리 같은 회사들은 여성 투자자를 고용하지 말아야 하는 이유야. 저들은 커리어를 진지하게 생각하지 않아. 하지만 다른 시각으로 보면 그 여성은 기회비용들을 따져본 후 우리 회사가 자기에게 그렇게까지 가치 있는 선택지가 아니라는 판단을 내렸을 뿐이었다. 그녀는 결국 뉴욕에 본사를 둔 일류 사모펀드 플랫폼에 일자리를 얻었다.

그랬다. 애슐리스튜어트는 구할 가치가 있는 안전지대였지만, 그 안전지대에 자금을 댈 실제 사업체는 이미 유명을 달리한 상태였다. 나는 농담 삼아 이 회사를 기막힌 비영리단체라고 불렀다. 금융사와 대형 로펌을 통해 자본을 조달받는 것도 쉽지 않았다. 금융계 투자자나 종사자 가운데 애슐리스튜어트의 고객층과 유

사한 사람은 극소수였다. 설사 유사한 삶을 경험한 사람이 있다
해도, 그것을 인정하거나 수용할 기개가 있을지는 의문이었다.

◆ ◆ ◆

가을이 겨울로 굳어졌다. 이때쯤 나는 매주 반복되는 여행에
익숙해졌다. 월요일마다 나는 보스턴 집에서 새벽 4시에 일어나
뉴어크로 가는 오전 6시 제트블루Jet Blue 항공 비행기에 올랐다.
연착을 제외하면 비행기는 7시 20분에 도착했다. 택시가 나를 세
카우커스 본사에 내려놓는 시각은 8시 15분이었다. 월요일에는
종일 본사에서 일했고, 화요일과 수요일에는 비행기를 타고 매주
다른 매장들을 방문했으며, 수요일 밤에는 본사로 돌아와 목요일
을 준비했고, 목요일 저녁 늦게는 메그와 아이들이 있는 보스턴
으로 날아갔다. 나는 언제나 한 손에 신발을, 다른 손에 벨트를 들
고서 헐레벌떡 마지막으로 비행기에 올랐다. 보안검색대를 통과
한 후 다시 착용할 시간이 없었다. 그렇지만 비행기를 놓친 적은
한 번도 없었다.
　세카우커스에서 랜디와 나는 매일 아침 던킨 드라이브스루에
서 커피와 초콜릿 프로스트 도넛을, 또는 본사 건물 밖에 있는 푸
드트럭에서 베이컨과 달걀과 치즈를 넣은 베이글을 사 먹었다.
그 푸드트럭을 제외하면 이른 아침 본사 주변의 인기척이라고는
전혀 없었다.

랜디와 나는 항상 가장 일찍 출근하고 가장 늦게 퇴근했다. 가끔 우리 동료 중 한 명이 통근의 고달픔을 불평하면 우리는 그저 대답 없이 웃기만 했다. 하지만 어떤 밤에는 피로감이 한꺼번에 덮쳤고, 그런 밤이면 나는 조용히 무너졌다. 대체 뭐 하고 있는 거야, 제임스? 어쩌자고 이걸 하겠다 한 거야, 이 천하에 멍청한 인간아! 특히 집에 가는 비행기가 폭풍으로 결항되는 바람에 정장 구두를 신고 세카우커스의 눈길을 터벅터벅 걸으며 저녁 먹을 식당을 찾아 헤맬 때는 더 그랬다. 하지만 대개는 상황의 어이없음에 굴복했다. 랜디와 나는 맥주를 마시면서 한 시간 동안 이마를 치고 웃어댔다.

11월 초까지 우리는 몇 가지 승리를 거두었다. 그중 첫 번째는 우여곡절 끝에 본사에 결성된 리더십팀 구성원 간의 유대감이었다. 경험 부족과 판단 착오의 순간들도 있었지만, 나는 이들이 회사를 살리기 위해 쏟는 성실한 노력과 진심 어린 의도에 늘 감사했다. 나는 내 팀을 사랑했다. 그들은 애를 썼다. 나는 그들을 미스핏 토이즈Misfit Toys(애니메이션 영화 〈붉은 코 순록 루돌프와 불량 장난감들의 섬Rudolph the Red-Nosed Reindeer and the Island of Misfit Toys〉에 나오는 캐릭터들로, 산타의 선물로 배달되기에 적합하지 않아 섬에 버려진 장난감들을 뜻함 – 옮긴이)라고 불렀다. 솔직히 그들이나 내게 이보다 제격인 이름도 없었다. 하지만 뭉쳤을 때의 우리는 억척스러운 미스핏 토이즈였다. 외부 전문가를 영입할 돈이 없었지만 우리는 우리 기술의 상당 부분을 재구성하는 데 성공했다. 또한 장차 새로 거듭날 전자상거래 전략을 위한 기반 시스템도 불과 몇 달 만에 설계했다. 그리고 참, 드디어 본사에 와이파이를 깔았다!

그다음 승리는 마케팅이었다. 콘텐츠는 문제가 되지 않았다. 우리에겐 콘텐츠가 넘쳤다. 고객과 점장들 사이의 상호작용이 곧 콘텐츠였으니까. 우리는 마치 생존 투쟁 속에서 유머를 담는 각본 없는 드라마처럼 마케팅에 접근했다. 즉, 상거래가 그어놓은 인위적 경계들과 정체성들을 흐릿하게 만든 것이다. 우리는 고객을 팀 동료로, 소비자들이 아닌 사람들로 대했다. 우리는 추수감사절을 불과 몇 주 앞두고 새로운 최첨단 전자상거래 플랫폼 구현을 완료했다. 비용은 현금으로 지불했다. 영리한(그리고 불가피하게 과감한) 할인 프로모션을 통해 수만 장의 캐미솔을 팔아 확보한 현금이었다. 우리는 이렇게 '죽은' 자산을 진정한 장기 자산으로 바꾸는 데 성공했다. (소매업계의 최대 대목인) 추수감사절과 블랙프라이데이를 앞두고 나는 보스턴 외곽의 한 애슐리 매장으로 차를 몰았다.

"저는 뭘 하면 될까요?" 내가 물었다.

"뭘 하실 수 있는데요?" 점장이 놀랐다. 나는 어깨를 으쓱하고 눈을 깔았다. 나를 최대한 활용할 방법을 생각하던 점장과 부점장은 내게 장신구류를 상자에서 풀어 진열장에 거는 일을 시켰다. 그들은 내 어설픈 작업 결과를 보고서 웃음을 참지 못했다. 따뜻하고 정다운 웃음이었다. 놀랍게도 그해 회사는 기록적인 추수감사절 주말 매상을 올렸다.

◆◆◆

하지만 승승장구였던 것만은 아니다. 우리는 다른 많은 부분에서 부족했다. 현실이 매일 우리의 뺨을 갈겼다. 각오는 했지만 역시 회사 사정은 내가 생각했던 것보다 더 나빴다. 나름 최악을 예상하고 왔음에도 그랬다. 추수감사절 매출이 역대 최고였던 것은 모두의 사기를 진작시켰지만, 그것이 지난 20여 년의 편법과 헛고생을 상쇄할 수는 없었다. 회사의 기초—뼈대, 배관, 보일러, 갈라진 시멘트, 헝클어진 전선—는 너무나 허술했고, 부실했다.

이전 몇 달 동안 나는 '자버jobbers'—사업체의 원치 않는 자재를 처분해주는 청산업자들—에게 창고의 고철과 선반 등을 있는 대로 팔았다. 급여를 지급하고 전자상거래 플랫폼 같은 프로젝트의 비용을 대려면 어쩔 수 없었다. 팔리는 것은 모두 내다 팔았다. 심지어 기록적인 추수감사절 매출도 씁쓸함을 안겼다. 재고를 너무 많이 파는 바람에 그 뒤로 이어진 연말 시즌에는 판매를 위한 재고가 충분치 않았던 것이다. 추수감사절 매출 덕분에 현금이 좀 돌긴 했지만, 미래 수익 창출을 위한 재고는 충분히 보충할 수 없었고 제작을 맡기기에도 너무 늦었다. 피드백 루프feedback loop(결과를 재투입해서 다시 결과를 만들어내는 순환 과정 - 옮긴이)가 깨졌다. 공급업체들은 그동안 너무 자주 데였던 탓에 우리에게 무엇도 외상으로 납품하려 하지 않았다. 그들은 피 냄새를 맡았다. 이 무렵 나는 아래층 로비를 순찰할 무장경비를 고용해야 했다. 대금 지불 지연으로 분노한 공급업체들의 잠재적 공격을 미연에 방지하기 위한, 고통스럽지만 필요한 결정이었다.

우리의 공급업자들은 대부분 소상공인이었다. 애슐리스튜어트의 평판도 최고는 아니었지만 그들의 평판 역시 경우에 따라서는 별반 좋지 않았다. 하지만 나는 그들에게 솔직했다. 시간이 지나면서 그 사업자들 중 다수는 나와 친구가 되었다. 우리 형편은 우리에게 편리한 지름길을 택할 것을 애걸했지만 우리는 진정성, 정직, 그리고 장기적 관계의 중요성 같은 것들을 잊지 않는 편을 선택했다. 다시 말해 지극히 취약한 상태에 있었음에도, 우리는 단기 부채 처리 문제가 신뢰 같은 중대한 장기 자산을 위협하는 일이 없도록 주의했다.

나는 공급업체들과 자리를 만들었다. "우리 회사의 과거 행태를 생각하면 저희는 여러분의 신뢰를 기대할 자격이 없습니다." 나는 인정했다. "하지만 이 시점부터 이 회사는 약속을 지킬 겁니다. 그리고 여러분께도 같은 것을 기대합니다." 결국 몇 년 후 우리는 업계 최고 수준의 결제조건을 얻게 되었다(이때의 결제조건이란 회사가 공급업체로부터 제공받은 서비스나 상품에 대한 대금 지급을 유예할 수 있는 기간을 말한다). 하지만 당시에는 현금으로 선불해야 했고, 나는 선불 요구에 대해 그들을 비난하지 않았다.

기존 재무보고 시스템의 인풋과 아웃풋을 믿을 수 없었기에 우리는 완전히 새로운 공식 세트와 보고 체계를 구축했다. 새로 만든 재무보고 시스템에서 가장 중요한 내역은 첫 번째 내역으로,

회사의 당좌예금계좌에 들고나는 현금흐름을 추적하는 단순한 모델이었다. 이는 개인 은행계좌로 치면 입출금 내역에 해당하는 것으로, 우리 모두가 일상에서 익숙하게 보는 기본 수학 같은 것이다. 복잡한 재무회계는 거짓말을 할 수 있지만, 현금은 결코 거짓말하지 않는다. 현금은 있거나 없거나 둘 중 하나다. 쓰거나 쓰지 않거나 둘 중 하나다. 그리고 현금을 쓸 때 대개 우리는 그것이 가능한 한 빨리 이윤과 함께 돌아오기를 원한다. 우리는 이 새롭고 단순화된 수치들을 주요 시스템에서 멀찍이 분리해 우리 팀에 투명하게 공개되도록 했다. 또한 의사결정이 현금 수준에 미치는 영향을 모두가 명확히 볼 수 있기를 원했다. 나는 모두에게 물었다. 왜 우리가 미로 같은 금융 시스템을 계속 믿어야 하나요? 그 시스템은 20년 동안 회사를 무익과 오명의 구렁텅이로 몰아간 행동 패턴을 키웠어요. 그런 시스템을 왜 계속 믿어야 하죠? 내가 물었고, 그들이 대답했다. 그러게요. 미래에 영향을 미치려면 이 점을 기억하자. 보고 양식이 변하면 행동이 변한다. 아주 간단한 이치다.

또한 이 무렵 우리는 기존 고위 임원들과 갈라섰다. 그때까지는 한 명을 제외하면 계약 종료나 해고가 없었다. 나는 진심으로 그들의 성공을 바랐다. 그렇게 되지 않는다면 어떻게 내가 6개월 계약 후에 훌훌 떠날 수 있겠는가? 하지만 몹시 유감스럽게도 나는 그들을 회사에 계속 있게 할 수가 없었다. 그들의 부정적 태도는 미스핏 토이즈가 만들어낸 동지애와 추진력에서 에너지를 빼앗았다. 내 관점에서 볼 때 그들은 잘못된 비즈니스 결정에 대해 책임질 마음이 없었고, 현금흐름 모델에 적나라하게 드러난 추한 진실을 인정하지도 않았다. 상황이 현실 인식에 기반한 즉흥성과 기민성을 요구할 때조차도 그들은 현실성 없는 격식을 고집했다. 마치 전문 경영인은 어떻게 처신해야 하는지에 대한 이미지가 있는 것처럼, 어떤 정형화된 대본이 있는 것처럼 말이다. 그들의 태도는 차리와 셸리의 자연스러운 진정성과 극명하게 대조적이었다. 이런 이유로, 애초의 내 직감이 적중한 것은 놀라운 일이 아니었다. 매장 여성들은 그 임원들을 꺼리거나 대놓고 겁냈다.

나는 기존 경영진 각각을 대면했고, 내가 그동안 전국을 돌며 관계에 투자한 시간에서 얻은 견해와 교훈을 직접 전달했다. 애슐리는 흑인 여성 중 특정 집단, 마땅히 받아야 할 존중과 가시성을 받지 못하는 여성들을 대변하는 브랜드였다. 내가 세상의 무시와 수모에 맞서 엄마를 옹호한 것처럼, 차리 같은 점장들은 옹호 세력이 변변치 않은 여성들을 보호하고 두둔했다. 그리고 기존 경영진의 믿음과 달리 애슐리스튜어트의 고객이 원하는 것은 그저 염가 캐미솔이 아니었다. 그들에게 보다 중요한 것은 패셔너블하고 몸에 딱 맞는 옷이었다. 그들은 통통 튀는 맵시를 원했고, 그것을 찾으면 기꺼이 비용을 지불할 의사가 있었다. 이봐요, 뭘 봐요? ― 우왓, 나 좀 봐!

요컨대 나는 그 고위 임원들에게 그들이 회사의 최대 자산을 분별하는 데 실패했으며 그것이 이유라고 말했다. 본사의 무능과 방치에 가까운 태만에도 그때껏 회사가 버텨낼 수 있었던 불가해한 능력의 정체, 그 근본 원인을 그들은 파악하지 못했다.

나는 그들에게 말했다. 흑인 여성이 대부분인 우리 고객이 찾는 가장 중요한 제품은 동지애, 안전, 자신감입니다. 숨을 쉬고, 갑옷을 벗고, 마침내 자신이 누구인지 보여줄 수 있는 편견 없는 공간 말입니다. 하지만 우리 매장 점장들부터 그런 대우를 받지 못하는데 어떻게 고객이 그 기분을 느낄 수 있겠어요? 그들이 귀하를 두려워하는 이유가 뭘까요? 매장 피드백 루프를 차단하신 이유가 뭡니까? 애슐리의 본질은 매장의 옷이 아니라 그런 관계들에 있습니다. 우리만의 '진짜 제품'은 그 관계고, 옷은 '명목상의 제품'일 뿐입니다. 어디를 보든 그 점이 보입니다. 귀하에겐 보이지 않나요? 느껴지지 않으세요?

나는 그들 각각을 면밀히 살폈다. 뒤늦은 인정의 표정들도 있었다. 하지만 충분하지 않았다. 그들은 본사 사무실이라는 감각 차단 탱크sensory deprivation tank(빛, 소리 등 모든 외부 자극을 차단하는 밀폐 공간, 또는 그런 심리적 고립 상태 - 옮긴이)가 자신을 속이도록 허용했다. 그들은 마법이 일어나는 장소나 순간을 본 적도, 방문한 적도 없었다(그들이 못한 것인지, 아니면 하지 않은 것인지는 이 시점에서 중요하지 않았다). 그것이 전적인 이유는 아니었지만 충분한 이유이긴 했다.

그래서 우리는 갈라섰다. 리더십 스포트라이트가 너무나 외롭게 느껴졌지만, 그 현실에 슬픈 와중에도 나는 미스핏 토이즈가 상황에 맞서는 모습이 자랑스러웠다.

◆ ◆ ◆

12월에 접어들 즈음 모든 것이 공식화되었다. 우리에게는 돈이 없었고, 그 점에 새삼 놀라는 사람도 없었다. 나는 회사와 모두의 세 다리 의자를 반복적으로 거론했다. 하지만 정작 내 삶이 얼마나 기우뚱하고 불안정한지 아는 사람은 랜디 외에 아무도 없었다.

나는 가족이 그리웠다. 내가 나쁜 남편, 나쁜 아빠로 느껴졌다. 어렸을 적 엄마아빠는 매일 온 식구가 함께 저녁 먹기를 고집했다. 아빠는 환아들을 보느라 늦게까지 일하면서도 저녁 식사 때가 되면 꼭 집에 와서 식탁에 앉았다. 이 점에서 나는 많이 부족했다. 아무도 내게 사모펀드의 화려함이 내가 원하는 것보다 더 많은 밤을 집 밖에서, 개성 없고 무작위로 선택한 호텔들에서 기업 오너나 경영진들과 어울리며 보내는 것을 의미한다고 말해주지 않았다. 현재까지는 문제없었다. 메그 덕분이었다. 우리는 6개월은 해볼 만하다고 합의했다. 내게 정말로 걱정되는 것은 결혼생활이나 아이들이 아니라 아버지였다.

아버지의 상태는 나날이 나빠졌다. 위독한 순간이 연이어 찾아왔다. 전화가 울리고, 내가 사무실을 박차고 나가 차로 한 시간 거리에 있는 병원이나 부모님의 작은 아파트로 달려가는 일이 반복됐다. 엄마가 아버지 뒷바라지를 도맡아 하고 있었다. 아버지를 씻기고, 화장실로 데려가고, 음식을 익히고 분쇄해서 아버지에게 경관 급식을 하고, 때맞춰 약을 먹였다. 동생과 나는 엄마에게 쉴 틈을 주기 위해 방문 간병인을 고용했지만 누구도 오래가지 못했다. 엄마는 주위에 남이 있는 것을 좋아하지 않았다. 엄마에겐 그것이 불편했다. 너무 사적인 상황이었던 것이다. 거기다 엄마는 훈련받은 간호사였다. 엄마는 그 점을 강조했다. 내 남편을 어떻게 돌봐야 하는지는 내가 알아.

아버지에게 파킨슨병의 첫 증상이 나타난 것은 내 결혼식 날, 내가 뉴욕에서 보스턴으로 이사 온 지 1년쯤 됐을 때였다. 우리 가족은 메그의 부모님이 성대하게 준비한 결혼식을 위해 노스캐롤라이나에 모였다. 장인어른은 아침 골프 라운드를 준비했다. 아버지는 원래 골프를 잘 쳤는데 그날 아침에는 공을 치는 데 애를 먹었다. "긴장되세요?" 내가 물었다. "아니, 괜찮아." 아버지가 말했다. 나는 아버지가 사교 환경에 위축된 탓으로만 여겼다. 아버지는 자신을 매튜로 소개했다. 아버지는 별일 아니라고, 걱정 말라고 했고, 나중에야 근육을 움직이기 어렵다고 인정했다. 당시 아버지는 61세였다. 그때로부터 12년이 흘렀다.

많은 남자들이 그렇듯 나와 아버지의 관계도 복잡했다. 형 존은 아버지의 뒤를 이어 의사가 됐기 때문에 둘 사이에는 그들만의 유대가 있었다. 형은 유용한 의학적 조언을 제공할 수 있었고, 부모님의 노후에 그 역할을 충실히 수행했다. 동생 제니퍼와 아버지는 또 다른 방식으로 친했다. 아버지는 남다른 마음씀씀이로 3대에 걸친 환자들에게 사랑받았는데, 제니퍼는 아버지가 환자들에게 보이던 애틋한 마음을 자기에게도 표현하게 하는 재주가 있었다. 나는 두 부녀가 함께 있는 모습을 좋아했다.

나는 의사도 아니었고, 딸도 아니었다. 부모님에게 내 직업은 전적으로 비실용적이었고, 내 일상은 오리무중이었다. 투자자. 죽어가는 사람에게 내가 무슨 도움이 되겠는가? 부모님에게 하버드 졸업은 성공과 동의어였다. 거기에 투자자는 돈, 지위, 성공을 상징했고, 따라서 금상첨화였다. 하지만 아버지가 병든 몸에 갇혀 있을 때 그 성공이 무슨 소용이란 말인가? 그런 의미의 성공을 추앙하는 세상은 애슐리를 짓밟으려는 세상, 10대 아이들을 목숨이 위험한 피자 신속배달에 동원하는 세상, 아버지를 의료과실 소송의 부차적 피해자로 만든 세상이었다. 그 소송은 아버지에게 생계수단을 빼앗아버리기 일보직전까지 갔고, 결국 기각되기 전까지 수년간의 노심초사를 안겼다.

그렇게 급하게 아버지가 있는 병실이나 아파트로 갈 때마다 나는 내가 도움이 될 기회를 바라며 시간을 보내다가 돌아왔다. 세 카우커스의 일이 아무리 터무니없이 많았어도 거기 더 있었어야 했다. 부모와의 언어 장벽은 상황을 더 악화시켰다. 생사의 상황에서는 의미가 더욱 중요해지는데 그것이 계속 소실되어갔다. 한국어로 답답하다는 속이 터지거나 숨이 막히는 기분을 뜻한다. 하지만 교통체증에 갇혔을 때나 기말고사를 치를 때 경험하는 기분과는 다르다. 답답하다는 흉통이나 익사 같은, 보다 본능적인 숨 막힘이다. 내가 레드 헬리콥터와 연관 짓는 훈훈한 아픔과는 판연히 다른 날카로운 통증이다. 나는 아빠가 겪는 불치의 고통을 덜어주려 끝없이 안간힘을 다하는 엄마를 보면서 답답함을 느꼈다.

죽어가는 아버지와 비틀대는 애슐리스튜어트를 보는 고통을 덜어준 것은 새로운 동료들, 특히 매장 여성들과의 유대감이었다. 내 머릿속에서는 과거가 현재에 재현되고 있었다. 단지 맥락과 사람만 다를 뿐이었다. 나는 차리와 셸리 같은 여성들과 함께하며 어린 시절의 순간들을 다시 살았다. 다만 유창한 영어로 내 엄마와는 한 번도 해보지 못한, 질감이 살아 있는 대화를 나누었다. 선물과도 같은 일이었다. 그들과 나는 내가 부모와의, 특히 아버지와의 대화에서 한 번도 접근해보지 못한 어휘들을 사용해 감정과 정서에 대해 이야기했다. 나는 이번엔 더 잘 해냈다. 지금의 내게는 어른 남자이자 세 아이 아빠의 인정과 공감이 있기 때문이었다. 차리와 셸리는 스펙을 모두 벗은 나를 받아주었다. 솔직히 말해 그 스펙을 입고서도 아버지가 나를 받아들일지 확신하지 못했던 때가 있었다. 파킨슨병 말기의 아버지에게 내가 해줄 것이 별로 없다고 느낀 또 다른 이유도 아마 그것이었을 것이다. 나는 내가 쓸모없다고 느껴졌다.

이 모든 이유로 나는 내가 이 6개월짜리 '구조' 임무에 충동적으로 나선 까닭을 마침내 또렷이 깨닫게 되었다. 내 머릿속의 하늘이 활짝 갰다.

◆ ◆ ◆

12월이 되자 부쩍 추워졌다. 세카우커스 전역에는 화환과 색전구 장식이 걸리기 시작했다. 내가 묵는 호텔도 로비 카운터에 후줄근한 트리 하나와 플라스틱 메노라 하나를 놓았다. 둘 다 왠지 나를 조롱하는 느낌이었다. 나는 아버지의 뺨을 때렸다는 할아버지가 생각났다. 인생이 잔인하게 느껴졌다.

우리는 실패했다. 아니, 내가 실패했다. 우리는 4개월 동안 여러 큰일을 해냈다. 하지만 너무 늦었고, 그것으로는 어림없었다.

사실을 말하자면 우리는 무일푼이었고, 겁먹었고, 지쳤다. 구조조정 고문단은 기회를 엿보고 있었고, 우리는 절룩이는 먹잇감이었다. 이런 회사에 곧 어떤 전면 공격이 개시될지 아는 사람은 랜디와 도나뿐이었다. 하지만 그들은 아직 실권이 없었고, 상대적으로 젊었다. 나는 무엇보다 차리와 셸리를 비롯한 일선 동료들에게 면목이 없었다. 그들의 노고와 헌신은 우리가 영업하는 지역사회에서 그동안 많은 호의를 창출했다. 하지만 20년이나 이어진 기업적 무능과 방만 후에 애슐리가 금융계에서 기댈 수 있는 호의는 없었다. 월스트리트가 이런 회사, 또는 미스핏 토이즈, 또는 '빵빵한' 인맥이 없는 차리와 셸리 같은 여성들에게 자금을 대기 위해 애쓸 리는 만무했다.

지나가 마지막 연말파티를 준비했다. 나는 생각했다. 비록 망하더라도 애슐리는 세상에서 우아하게, 감사해하며, 멋지게 퇴장한다.

연말파티는 브루클린 YWCA에서 열렸다. 브루클린 YWCA는 젠더기반폭력gender-based violence(가정폭력, 성폭행, 성적 착취, 명예살인 등 여성에 대한 물리적, 성적, 언어적 폭력을 포괄하는 용어 – 옮긴이)으로부터의 생존자들, 청소년, 이민자 여성들에게 100년 이상 피난처를 제공해온 곳으로, 타마라의 언니는 이곳의 임원이었다. 춥고 비 오는 밤, 나는 오랫동안 입지 않았던 정장 차림으로 파티에 참석했다(이 무렵 나는 월스트리트의 인맥들에게 자금을 구걸하는 중이었다). 이날의 모임은 화려함과 거리가 멀었다. 음식은 도넛 몇 상자와 가벼운 다과, 그리고 붐박스에서 나오는 댄스음악과 힙합이 전부였다. 그 파티는 YWCA 거주민을 위한 일종의 가족 행사였다.

우리는 이곳에 24박스의 상품 샘플을 기증했다. 생산 개시 전 제조업체들이 우리의 승인을 받기 위해 보낸 의류들이었다. 우리가 줄 수 있는 것은 그것밖에 없었다. 대신 우리는 무형의 공동 자산을 지역사회에 돌려주기로 했다. 그것은 우리의 시간, 우리의 마음이었다. 연말 연휴 시즌 초에 나는 판매실적 상위 40개 매장에게 각자 선택한 지역 자선단체에 250달러를 기부할 권리를 부여했다. 연말파티와 판매 경쟁, 이 두 가지는 이 불운한 회사를 22년간 지지해준 지역사회와 지역민에게 내가 감사하는 방식이었다. 한편 지나는 지역 소녀 두 명의 안타까운 소식을 들었다. 그들이 살던 아파트 건물이 최근 불에 타버렸다고 했다. 우리는 봄이 오면 통학용으로 쓰도록 소녀들에게 크리스마스 선물로 자전거를 사주었다.

감정이 북받치는 밤이었다. 나는 그저 묵묵히 있었다. 사람들의 채근을 받은 후에야 나는 동료들과 축하객으로 온 YWCA 주민들과 '워블the Wobble'과 '일렉트릭 슬라이드the Electric Slide'를 추었다. 너그러움, 움직임과 움직임, 그리고 기쁨과 슬픔이 한데 분출하는 순간이었다.

그러다 타마라가 내 손에 마이크를 밀어 넣었다. 모두가 CEO 특유의 상투적이고 진부한 익살을 기대했을 것이다. 하지만 그들의 예상은 빗나갔다. 공개석상에서는 처음으로 나는 모두에게 내 감정을 솔직히 털어놓았다. 나는 모두에게 감사를 표했다. "여러분은 제게 놀랄 만큼 관대했습니다." 내가 말했다. "여러분은 저를 판단하지 않았습니다. 저를 환영해주셨습니다. 제가 여러분을 본 것과 같은 방식으로 저를 보셨습니다. 저는 최선을 다했습니다. 우리는 최선을 다했습니다." 나는 웅얼웅얼 사과의 말을 한 뒤 고개를 숙이고 임시 무대에서 터덜터덜 내려왔다. 모든 것이 끝났음을 감지하고 많은 사람들이 울었다. 내가 돌아오지 않을 것으로 생각한 타마라는 특히나 속상해했다.

나는 애슐리에게 내가 줄 수 있는 모든 것을 주었고, 그 대가로 훨씬 많은 것을 얻었다. 나는 무언가 진짜를 찾고 있었다. 그리고 이제 그것을 발견했다. 그 여성들은 내게 나 자신을 돌려주었다.

나는 그들과 함께 있을 때의 내가 좋았다.

비가 계속 내리고 있었다. 랜디와 나는 택시를 타고 보스턴행 비행기를 타러 라구아디아 공항으로 달렸다. 허탈감이 밀려왔다.

우리가 4개월 만에 괄목할 발전을 이룬 것은 사실이지만, 헛된 희망을 쌓았던 나 자신이 한심했다. 나는 이렇게 생각했다. 그래, 분명히 내 돈줄 중 몇몇은 개입해서 도와줄 거야. 하지만 아무도 오지 않았다. 랜디와 도나만이 왔을 뿐이다.

"왜 그래?" 그날 밤 내가 휘청대며 집에 들어서자 메그가 물었다. 나는 한두 시간 동안 설명했다.

내 6개월짜리 계약이 끝나기까지는 두 달밖에 남지 않았다. 세카우커스로 돌아가봤자 무슨 의미가 있을까? 유일한 선택지는 애슐리스튜어트의 파산을 청산으로 전환하는 절차를 신속히 밟는 것이었다. 그것이 대출금 상환을 보장받는 최선책임을 아는 채권은행은 참을성을 바닥내가며 대기 중이었다. 청산 과정에 내가 꼭 있을 필요는 없었다. 보스턴에서 전화 몇 통으로 감독이 가능하기 때문이었다. 경험상 나는 청산이 어떤 대학살이 부를지 알고 있었다. 세카우커스가 아닌 보스턴에 있으면 거리가 참사의 현실감을 줄여줄 것이었다. 나는 다시 갑옷을 주워 입고, 지난 4개월을 대충 설명하고, 무관심이 선사할 안전한 고치에 틀어박힐 수 있었다. 나는 다시 책상 뒤에 앉고, 차리와 셸리와 지나는 다시 스프레드시트의 얼굴 없는 숫자들로 돌아가면 그만이었다. 거기다 투자은행들은 벌써부터 내게 연락해 시장에 새로 뜰 거래들에 대해 이야기하고 있었다. 경제학 용어로 그 4개월은 매몰비용sunk cost, 즉 회수할 수 없는 투자였다. 어쩌면 이제는 정말로 손을 털고 떠날 때였다.

그해 크리스마스 휴가는 별로 즐겁지 않았다. 나는 대부분의 시간을 생각에 잠겨 보냈다. 그때쯤 나는 다정함이 강함의 궁극적 형태이며, 다정함이 비즈니스에서 한층 더 깊은 역할을 해야 한다는 데 한 치의 의심도 없었다. 우리는 내 시스템의 실행 가능성을 두고 그저 변죽만 울려봤을 뿐이었다. 그 시스템은 억지스러운 업무상 요식과 용어에서 벗어나 실제 삶과 조화를 이루는 새로운 방식의 행동 유도와 성과 측정을 통해 다정함과 수학을 통합하는 것이었다. 나는 일견 각기 다른 수많은 삶과 이야기들이 한데 모이며 어떤 패턴들을 만드는 것을, 그 패턴들이 삶의 현재와 과거, 미래의 혼돈 속에 내재하는 하모니와 멜로디에서 명료함을 얻고 아름다움을 찾는 것을 보았다. 또한 레드 헬리콥터가 단지 내 유년기의 유치한 추억이 아니라는 것도 알았다. 그럼에도 나는 이를 외면하고 싶은 유혹을 느꼈다. 쉬운 길로 다시 합류하고 싶은 유혹. 내 용기는 바닥을 쳤다. 나는 이 슬럼프가 싫었다. 그때 메그가 이렇게 말했다. 그런 말은 당신답지 않아. 내가 아는 제임스는 끝을 보는 사람이야.

새해가 되자 랜디와 나는 세카우커스로 날아갔다가 낡아빠진 닛산 세단을 몰고 즉시 보스턴으로 돌아와 채권은행 팀과 회의를 가졌다. 그들은 우리가 파산 신청을 내고 구조조정 고문을 고용하는 조건으로 우리에게 돈을 조금 더 융통해주는 데 합의했다. 그들은 특정 고문을 지정했다. 알다시피 고문들이란 급여는 기업에서 받지만 주말에는 채권은행과 골프를 치는 것이 일이다. 알

만하지 않은가?

이는 끝의 시작이었다. 하지만 우리에겐 선택의 여지가 없었다. 나는 다정함을 믿었지만 수학을 피할 도리는 없었다. 파산은 확실했고, 청산도 불가피해 보였다. 다만 적어도 이 합의 덕분에 나는 일자리를 최대한 많이 보전할 방법을 강구할 두 달의 시간을 벌었다. 금융 용어로는 이를 옵션이라 부른다. 그리고 옵션에는 가치가 있다.

나는 우리가 무엇에 직면해 있는지 똑똑히 알고 있었다. 우리를 믿어줄 곳, 정확히 말하자면 가엾게 여겨줄 곳조차 없다는 것도. 더불어 나는 세상의 시스템들이 작고 레드 헬리콥터들에게 무슨 짓을 하는지 알고 있었다. 결국은 나 역시 그 시스템의 정회원이었으니까.

# 2막

# 돈

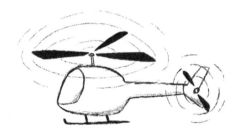

# 4장

# 주도성

헬리콥터는 비행기보다 조종하기 어렵다.

내 친구 조엘은 나를 익사 위기에서 구해주었을 뿐 아니라 얼마 후에는 내게 '너만의 모험을 선택해Choose Your Own Adventure'라는 동화 시리즈를 알려주었다. 이야기를 따라가면서 독자가 다양한 선택을 할 수 있는 동화책이었다. 그 선택에 따라 이동하는 페이지들이 달라지고, 이야기의 결말이 달라진다. 그중 한 권에서 내가 한 선택들은 나를 깊은 물속으로 이끌었고, 그곳에선 무시무시한 문어가 내 잠수함을 완파했다. 다른 선택을 했다면 아틀란티스를 발견할 수도 있었을 텐데! 아깝지만 어쩔 수 없는 일이었다. 이후 시간이 지나면서 그 책들은 점점 김이 빠졌다. 책의 페이지수가 한정되어 있어 결과가 예측가능해진 탓이었다. 하지만 아빠가 사준《이솝우화》처럼 그 시리즈도 나 같은 아동들에게 특정 시스템의 제약 내에서 선택과 주도성의 중요성, 그것이 결과와 기회에 미치는 영향을 가르치는 데 탁월한 기능을 했다.

오늘날에는 인터랙티브 비디오게임이 아이들에게 한층 현실적인 주도성 시뮬레이션을 제공한다. 각각의 플레이어는 다른 플레이어들의 끝없는 선택과 행동에 영향을 받고, 이는 외견상 무한히 많은 잠재적 결과들을 만들어낸다. 남들이 하는 일은 내가 하거나 하지 않는 일만큼 중요하다. 한 집단으로서 플레이어들은 시나리오들을 끝없이 공동 창작한다. 즉, 플레이어들의 행동과 반응은 그들이 끊임없이 선택해야 하는 시스템을 형성한다. 남들의 의도를 파악하고 자신의 의도를 분명히 하는 능력은 이 시스템에서 결과를 결정하는 중요 요인이 된다. 그럼에도 플레이어로서 우리는 여전히 자신에게 통제권이 있다고 여긴다. 비디오게임에서는 행위와 결과 사이의 피드백 루프가 간결하고 귀추가 명확하기 때문이다.

불행히도 삶에는 이런 간명함이 결여되어 있다. 현실에서의 우리 결정은 영향을 발현하기까지 오래 걸리고, 그 결과는 더 모호할 때가 많다. 인과관계와의 불분명함은 때로 체념이나 절망을 안긴다. 질서 부여를 위해 애쓰는 과정에서 때로 우리는 주도성이란 바람직하고 보람 있는 결과를 향해 정보 기반의 선택을 이어가는 것임을 잊는다. 주도성은 자신이나 남의 결과를 통제하고 보장하는 것이 아니다. 사실 대개의 경우 진정한 주도성은 우리에게 통제권이 없다는 이해에서 시작된다. 우리는 그렇지 않다고 믿고 싶어 하고, 직장생활에 대해서 특히 그렇다. 하지만 전문가들이 TV에서 뭐라고 떠들든 이는 사실이다. 그럼 가정생활에서는 어떨까? 글쎄? '중요한' 경기 도중에 갑자기 재주넘기를 하는 유치원 축구팀을 지도해본 사람이라면, 우리에겐 삶의 주도권이 생각만큼 많지 않다는 점을 알 것이다.

그렇다. 인간으로서 우리는 거대한 자연시스템에 속수무책으로 휘둘리는 작은 먼지에 불과하며, 대체로 자연계는 인간이 만든 규제나 규칙 따위에 아랑곳하지 않는다는 사실을 자주 잊는다(種종으로서나 개체로서나 우리는 자신을 서사의 중심에 놓기를 좋아한다. 그러나 앞으로 얘기하겠지만, 때로는 겸허히 행동하면서 서사의 중심에서 살짝 비켜나 한옆에 위치하는 것이 놀랍도록 '큰' 결실을 낳기도 한다). 이런 겸허한 관점이야말로 우리에게 인간이 만든 그 어떠한 위력적인 시스템에든 맞설 용기를 준다. 그것들을 지명함으로써 우리는 그것들이 단지 관습일 뿐임을 상기한다. 예컨대 조수간만이나 중력이나 달의 위상 변화와 달리 그것들은 불변하는 것들이 아니다. 그것들은 변통이 가능하다. 그것들은 구부러지고 바뀐다. 왜? 우리가 인공으로 만들어낸 것들이기 때문이다.

무엇이 주도성이고 무엇이 아닌지를 아는 것은 우리를 대상으로 확실성이나 전능이나 영속의 비약을 팔려는 이들에게 속지 않는 좋은 방어책이다. 삶은 예측을 불허하고, 무작위하고, 혼란스럽다. 이는 삶에 진정한 주도성을 행사하려면 때로 내려놓을 필요가 있다는 뜻이다. 진정한 주도성은 궁극적으로 어느 정도의 항복을 수반한다.

아마도 이것은, 우리 가족이 매년 여름 노스캐롤라이나 연안의 어느 울타리섬barrier island(파도와 조수에 의해 모래와 자갈이 해안과 평행하게 퇴적되어 형성된 해안 사구 – 옮긴이)에서 보낸 시간이 주도성에 대한 나의 이해에 중요한 역할을 한 이유일 것이다. 그 섬은 원초적으로 아름답다. 섬의 모양은 항상 변한다. 지금부터 수십 년 후 그 섬은 어쩌면 존재하지 않을 수도 있다. 그곳에는 인명구조원도 없다. 우리 아이들은 그곳의 숨은 격랑과 오후의 갑작스런 폭풍 속에서 수영과 서핑을 배웠다. 그곳은 내가 앞서 말한 겸허한 관점을 제공한다. 그곳은 내가 나와는 비교도 되지 않을 만큼 거대한 현상들에 속절없이 휘둘리는 존재임을 시원하게 보여준다.

이것이 그 울타리섬에 잊지 못할 추억이 많은 이유이기도 하다. 강렬한 깨달음과 주도성의 순간들. 한 예로 나는 그곳에서 메그에게 한쪽 무릎을 꿇고 청혼했다. 그리고 어느 여름, 나는 거의 같은 지점에서 내 맏아이의 얼굴이 일그러지는 것을 보았다. 인위적 규칙이 인간애라는 더 위대한 성향을 들이받고 깔아뭉갤 때 발생하는 불협화음을 직면한 아이의 표정이었다.

그때 재러드는 사촌들과 유리탁자에 둘러앉아 클래식 모노폴리게임을 하고 있었다. 재러드는 겨우 일고여덟 살이었지만 임대료를 계산하고, 특별소비세를 내고, 부동산을 사들여가며 게임을 잘 풀어나갈 줄 알았다. 아이는 집과 호텔의 건설비 측면에서 작은 부동산 카드들이 가지는 의미를, 그리고 임대료 상향 책정이 투자수익 회수에 미치는 영향을 이해하고 있었다. 그렇게 게임의 규칙을 알고는 있었지만, 재러드의 사촌들이 나이가 더 많기 때문에 나는 아이의 플레이를 느긋이 지켜보았다.

초반 라운드에서 재러드는 유일하게 독점을 행사했다. 아이의 돈더미가 불어났다. 나는 아이가 사촌들에게 몰래 돈을 주고 있다는 것을 알아차렸다. 그들이 파산 지경에 이를 때마다 재러드는 그들에게 화폐를 몇 장 건네거나 구두로 차용증서를 발행했다. 덕분에 그들은 보드를 계속 돌며 플레이를 이어갈 수 있었다. 재러드는 재미있어했다. 모두가 즐거웠다. 말하자면 거기에는 일종의 사회계약, 즉 '모두의 생존'이라는 목표를 위한 암묵적 호혜주의 합의가 있었다. '탈락'의 공포가 사라지자 모두가 번영을 누렸다.

그러다 나는 작은 소란을 감지했다. 속삭임과 킥킥거림. 얼마 안 가 재러드의 사촌들은 그중 맏형의 주도로 자기들끼리 부동산을 교환해서 독점 포트폴리오를 구축했다. 판세가 바뀌었다. 재러드의 현금 더미는 이내 초라하게 흩어진 1달러와 5달러짜리 지폐 몇 장으로 줄어들었다. 나는 아이가 주사위를 굴려 맏사촌의 독점 구역에 도착하는 것을 지켜보았다. 아이는 탁자 건너편에 희망의 눈빛을 보냈다. 내가 형을 도왔잖아. 형도 나를 도와주지 않을래? 하지만 도움은 없었다. 아이는 채무 변제를 위해 카드를 넘겨야 했다. 주사위가 몇 번 더 구른 후 재러드는 게임에서 탈락했다.

아이의 작은 말이 빈 게임박스 바닥에 힘없이 툭 떨어졌다.

어린아이의 얼굴이 일그러지는 것을 본 적이 있는가? 재러드의 볼이 떨렸고, 눈에 눈물이 고였다. 아이의 입에서 소리가 났다. 자신에게 화가 난 고함도, 패배에 심술이 난 울음도 아니었다. 그보다 더 비통한 소리였다. "아빠," 재러드가 목이 메서 말했다. "나는 그냥 계속 놀고 싶었어."

하지만 그게 다가 아니었다. 재러드는 어린아이의 논리와 자신의 과거 행동을 토대로 잘못된 가정을 했다. 우선 재러드는, 모노폴리게임의 설명서에는 없고 오직 실제 상황에서만 전달되는 모종의 보이지 않는 가능성들(예를 들어 담합)이 존재한다는 것을 비싼 대가를 치르고 배웠다. 하지만 내 생각에 아이를 가장 화나고 놀라게 한 것은 사촌들의 집단행동이었다. 사촌들은 여느 때는 재러드를 애지중지 귀여워했다. 하지만 그 공간과 시간에서, 그 게임의 무언의 규칙은 그들에게 평소와 다른 행동을 유도 혹은 허락했다. 사촌들에게는 그런 결정을 내릴 전적인 권리가 있었다. 나이 차이와 인생 경험의 차이에 따라 재러드와 사촌들은 승리의 의미에 대해서도 다른 관점을 가지고 있었을 뿐이다. 모노폴리게임이 만든 가상세계는 그 차이를 극적으로 드러냈다.

◆◆◆

연초에 랜디와 보스턴에서 열린 비상 채권은행 회의에 다녀온

후, 나는 미스핏 토이즈에게 우리가 플레이 중인 현실판 모노폴리게임에 대해 교육할 필요를 느꼈다. 그들은 은행 회의가 '잘' 진행된 덕분에 회사의 채권은행이 돈을 좀 더 융통해주고 숨 돌릴 틈을 주었다며 열광했지만, 내 침통한 얼굴을 보고선 그 회의는 결국 공식 사형선고일 뿐 다른 어떤 것도 아님을 빠르게 깨달았다. 그리고 나는 그날 그 울타리섬에서 봤던 것과 똑같이 일그러진 얼굴들을 보았다.

미스핏 토이즈도 침통해졌다. 이제 그들에게는 미국식 자본주의의 진실과 바싹 마주할 일만 남았다. 미지에 대한 두려움을 최소화하기 위해서 나는 그들에게 부실기업 투자와 파산법에 대한 벼락치기 특강을 제공했다. 우리의 상세 현금흐름 모델에 따르면, 현실적으로 봤을 때 3월 초가 되면 애슐리스튜어트는 급여를 지불할 돈도 없었다. 이는 우리가 다음 두 달을 파산 신청 준비에 바쳐야 한다는 뜻이었다. 회사의 역사와 평판을 고려해보면, 파산 신청이 접수되기 무섭게 법원은 구조조정 고문의 권고에 따르라는 결정을 내릴 가능성이 높았다. 그리고 채권은행의 압력에 따라 고문은 파산을 '코퍼스 전면 해체 방식'의 청산으로 전환할 것을 권고할 것이 뻔했다. 채권은행은 우리에 대한 관심이 없었다. 그저 대출금 회수를 원할 뿐이었다. 이것이 우리가 올라 있는 모노폴리게임 판의 규칙이었다.

미스핏 중 한 명이 두 가지 후속 질문을 했다. 여전히 이해가 안 돼요. 그렇다면 채권은행은 대체 왜 우리에게 몇 달러와 두 달을 추가로 던져준 거죠? 그리고 채권은행이 '자산기반' 대출기관이라는 것은 무슨 뜻인가요? 나는 대출이 자선 행위는 아니라고 설명했다. 채권은행이 자신의 최대 이익을 추구하는 것은 당연한 이치였다. 자산기반 대출기관은 다른 말로 하드머니 대출기관, 즉 특정하고 식별 가능한 자산을 담보로 잡고 대출을 해주는 기관이다. 자동차 대출 또는 흔히 모기지mortgage라 부르는 주택담보 대출을 생각해보자. 차용자가 대출 조건을 지키지 않으면 채권은행은 어느 시점에 자동차 또는 주택을 압류한 다음, 중개인을 선임하고 경매를 시행해 해당 자산을 현금화할 수 있다. 문자 그대로 청산liquidation은 자산을 '물처럼liquid' 유동성 있는 현금으로 바꾸는 절차를 뜻한다. 자산기반 대출기관이 우리에게 약간의 자금을 추가로 빌려준다는 것은 우리를 3월까진 연명하게 해주겠다는 뜻이었다. 3월이 되면 겨울 동면에서 깨어나는 쇼핑객들을 폐업 세일에 더 끌어들일 수 있었다. 다시 말해 봄철 쇼핑객으로 인한 수요 증가로 우리 재고의 가치가 상승할 때를 노리겠다는 것이 그들의 생각이었다. 나는 잦아드는 소리로 말을 맺었다. "이른바 자산이 우리의 최대 부채가 된 겁니다."

미스핏들은 이 역설을 제대로 이해하지 못한 눈치였다. 나는 더 자세하게 설명했다. 자산기반 대출기관들은 자기보호를 위해 엄격한 자산 감정평가 공식을 사용한다(이를 실제로 '인사이드 더 박스inside the box' 대출이라고 부른다). 이 공식은 수십 년간의 수많은 폐업 세일 거래에서 쌓인 방대한 감정평가 데이터를 기반으로 만들어진 것이며, 따라서 청산 절차에서 특정 자산의 현금 가치를 정확하게 예측해낸다. 과거에 수천만 명의 개인이 내린 각각의 구매 결정들은 하나의 숫자, 또는 하나의 백분율로 환원된다. 놀랍지 않은가? 이는 차용자가 자동차 담보 대출이나 모기지 대출의 조건을 이행하지 않을 경우, 어느 시점에 이르면 자산기반 대출기관이 수학적 확신에 기반한 판단을 내린다는 뜻이다. 지금 차용자의 자동차나 집을 압류해서 매각하면 대출금을 완전히 회수할 수 있겠다는 판단. 우리 경우에는 캐미솔, 페플럼 블라우스, 샤크바이트 같은 재고가 압류 대상이었다. 채권은행이 원하는 것은 그저 돈을 돌려받는 것이다. 자산기반 대출기관은 사실상 자산 자체에 돈을 빌려주는 것이지, 자산을 보유한 인물이나 사업체에게 빌려주는 것이 아니라는 뜻이다. 또한 이는 위기 상황이 왔지만 자산 가치가 워낙 높기 때문에 자산을 현금화해서 대출금을 뽑아낼 수 있을 경우, 채권은행은 굳이 해당 사업체를 유지하며 점증적 위험을 감수하느니 사업체를 즉시 청산하는 쪽을 택한다는 뜻이기도 하다. 이 경우 차용자에게 있어 자산은 얄궂게도 자산이 아니라 파국을 부르는 부채가 된다. 더 노골적으로 말하자면 사형 집행 영장이 돼버린다.

미스핏 토이즈는 이 현실을 받아들이기 힘들어했다. 그렇다면 우리가 지난 4개월 동안 운영 정비와 의사결정 능률화에 쏟은 온갖 고생은 20년 넘게 이어진 피해를 복구하는 데 아무 도움도 되지 않았다는 말인가요? "아뇨, 꼭 그렇지는 않아요." 내가 말했다. 우리의 결정과 조치들은 지난 가을 거의 확실시됐던 즉각적 청산을 막았고, 추가로 2개월의 선택 가치option value(지금은 사용 가치가 없지만 나중을 위해 보전하는 보험 성격의 가치 - 옮긴이), 다시 말해 자산 가치를 늘릴 60일의 시간을 벌어주었으니까요. 하지만 분위기는 더 무거워졌고, 얼굴들은 더 일그러졌다. 이제는 앞으로 닥칠 일들을 나열하고 설명할 순서였다.

나는 말을 이었다. 앞으로 일주일 후 한 무리의 젊은이들이 이 오피스의 복도들을 돌아다니게 됩니다. 대부분 정장을 입은 남자들이겠죠. 그들은 구조조정 고문단과 변호사들입니다. 그들은 튀지 않고 섞여 들기 위해 몹시 노력할 겁니다(실제로 나는 내 동료들의 불안감을 최소화할 요량으로, 그들이 오기 전에 미리 전화를 걸어서 정장 대신 데님 패션을 입고 와줄 것을 요청했다). 그들의 임무는 믿을 만한 (그리고 어느 정도 유효성이 입증된) 파산 준비 프로세스를 실행하고, 자산을 통째로 또는 갈가리 찢어서 인수할 입찰자들을 찾는 것입니다.

1월과 2월은 당연히 힘들었다. 우리 팀은 연료가 다 된 비즈니스를 억지로 굴리는 한편, 한 번도 경험해본 적 없고 몹시도 피하고 싶었던 프로세스를 준비해야 했다. 설상가상으로, 우리 팀은 그 프로세스가 자신들을 의료보장 없는 실직자로 만들 확률이 압도적으로 높다는 것을 알고 있었다. 그나마 투명하고 차분한 설명들이 크게 도움이 되었다. 자기비하 유머도 유용했다. 위기감이 지배하는 와중에도 항상 객쩍은 웃음의 순간들이 있었다.

여느 날처럼 야근을 하고 있을 때였다. 우리는 내 '중역실' 근처에 걸려 있던 L 사이즈의 녹색 인조가죽 조끼가 내게 딱 맞는 것을 발견했다. 또 다른 날에 남자 미스핏 토이즈 몇몇은 은행가 옷차림을 흉내 냈답시고 심하게 풀 먹인 요상한 패턴의 와이셔츠와 넥타이 차림으로 출근했다. 나는 그들을 잘 달래서 다른 옷으로 갈아입게 했다. 엄마가 내 통학용 옷을 사주던 중학생 시절이 생각났다. 내가 내 옷을 알아서 고르기 전이었다. 우리 모두 배꼽 빠지게 웃었다.

하지만 대개는 마음 아픈 날들이었다. 이 프로세스 후반에 나는 산업용 크기 온장고가 있는 구내식당에 모두를 모아놓고 '작업자 조정 및 재교육 통지법Worker Adjustment and Retraining Notification Act', 약칭 WARN법을 읽어야 했다. 100명이 해고될 위기에 있었기 때문에 이를 사전에 통지하는 것이 법적 의무였다. 변호사들은 내 손으로 60일 시한의 시작 버튼을 누르기를 원했다. 일반적으로 WARN법 통지는 우편으로 발송된다. 우리도 우편을 보냈다. 하지만 나는 이와 병행해 모두를 대면하고 직접 읽어주는 방법을 택했다.

당연한 말이지만 내 동료들은 겁에 질렸고 억울해했다. 그럼에도 나는 그들이 자신들에게 상황에 대한 일말의 주도권이 있다고 느끼기를 원했다. WARN법 통지문은 난해한 법률용어로 이뤄져 있다. 나는 그들에게 상황을 실감하게 해주고 싶었다. 그들은 최소한 그런 배려를 받을 자격이 있었다. 재러드에게 인지부조화를 야기한 모노폴리게임과 달리 지금은 게임 상황이 아니었다. 맞다. 그곳에 모인 모두에겐 회사에 일어난 일에 대한 책임이 어느 정도씩 있었다. 다시 말해 모두의 책임이었고, 이사회 의장이었던 나도 예외는 아니었다. 우리의 실패와 대책, 그리고 무대책은 애슐리스튜어트가 3년 만에 다시 맞은 파산이자 아마도 치명적일 파산의 원인이었다. 하지만 그렇다 해서 이것이 꼭 징벌적인 과정일 필요는 없었다.

나는 능동적이고 건설적인 질문이 줄줄이 이어지는 것에 놀라고 흐뭇했다. 첫 번째 타운홀 미팅과는 너무나 달랐다. 그때는 침묵만 흘렀다. 모두가 경영대학원 교과서에나 나올 법한 계층적 관리구조, 그리고 그것을 떠받치는 성문율과 불문율에 길들어 있던 탓이었다. 하지만 이번에는 사람들이 난국에 맞섰다.

이것이 다 무슨 뜻인가요? 파산제도는 어떻게 작동하나요? 그래서 나는 그들에게 설명했다. 지금의 내가 대학과 월스트리트의 학생들에게 수년째 가르치고 있는 내용과 다르지 않았다.

◆ ◆ ◆

인간이 만든 시스템이 다 그렇듯 미국의 파산제도 역시 원래의 의도를 중심으로 설계되었다. 우선 이 의도가 내장된 규칙들이 생겼고, 시간이 흐르면서 이 규칙들은 성문율과 불문율의 형태로 진화했다. 비디오게임과 다를 것 없다. 시스템에 실제로 생명을 불어넣는 것은 사람들이다. 먼저 그 의도부터 살펴보자.

만회나 재도전의 개념을 싫어할 사람이 있을까? 파산법은 개인이든 기업이든 차용자가 채권자 및 대출자와 새로운 협약을 구성할 수 있게 해주고, 그럼으로써 미래가 떠내려가거나 과거에 영원히 발목 잡히는 것을 막아준다. 실수는 누구나 한다. 채무자를 감옥에 보냈던 예전에 비하면 현재의 파산법은 크게 진일보한 것이다. 현실적으로 말해, 만약 창업했다가 여의치 않아 빚을 갚지 못할 경우 감옥에 가야 한다면 과연 기업가들이 창업을 하려 할까? 또한 채권은행 입장에서도, 때로는 기회비용과 매몰비용을 분석한 후 부채의 일부를 탕감해주는 것이 합리적인 조치일 수 있다. 그렇게 해서 대출금을 최대한 회수할 가능성이 생긴다면. 다시 말해 파산 시스템은 잠시 멈춤을 허용해 보다 냉철한 판단을 끌어내는 순기능을 한다.

그런데 파산제도에는 서열이 있다. 이 서열은 지극히 명확하다. 법적으로도 그렇지만 실무적으로는 더 그렇다. 사과를 가장 먼저 베어 먹는 이는 담보 대출자들이다(담보 대출은 특정 자산에 대한 법적 청구권이 있기 때문에 위험도가 가장 낮은 대출이다). 다음 차례는 무담보 대출자다. 이들은 특정 자산에 대한 청구권이 없는, 즉 고위험도의 대출을 감수한 채권자들이다. 통신 서비스와 부동산부터 캐미솔에 이르기까지 뭐라도 제공한 공급업체들이 여기 포함된다. 이들이 베어 먹은 후에도 남는 것이 있다면 그것은 회사 주주들에게 간다. 회사의 소유권과 그에 따른 이익은 애초부터 그들의 것이었기 때문이다.

구내식당에 침묵이 흘렀다. 그럼 우리는요? 여기 직원들, 여기서 일하는 사람들, 실제로 회사를 돌리는 사람들은요? 나는 설명을 이었다. 음, 여러분은 일종의 무담보 채권자입니다. 서열상 캐미솔 납품업체와 다를 바 없지요. 법에 의하면, 아무도 그렇게 생각하지 않겠지만, 직원들은 이론상 회사에 노동력을 대여한 것으로 간주됩니다(나도 안다. 미친 소리처럼 들린다는 것을).

"그것이 제가 여러분에게 WARN법 통지를 보내야 했던 이유입니다." 내가 말을 이었다. "그리고 그것은 회사를 상대로 퇴직금이나 지속적 의료보장을 청구할 권리가 여러분에게 없는 이유이기도 합니다. 우리의 경우 담보 대출기관 외에는 누구에게도 먹을 사과가, 즉 챙겨갈 돈이 남지 않아요. 이것이 변호사들과 구조조정 고문단의 결정입니다."

"이해가 되시나요?" 내가 물었다. "의류공급업체들이 현금 선불을 고집한 이유, 그렇게 하지 않았던 공급업체들 중 일부가 그토록 분노하고 불안해했던 이유, 제가 아래층 로비를 지킬 경비를 고용해야 했던 이유를 이제 아시겠죠?"

침묵이 이어졌다. 공평치 않아요. 방 전체가 보디랭귀지로 말했다. 글쎄요, 불행히도 그게 시스템이 작동하는 방식입니다. 이와 관련해 우리는 어디에 이야기해야 하나요?

나는 한숨지었다. 의료과실 소송에서 자신을 변호하느라 고생하던 아버지가 떠올랐다. 의회요. 내 내면의 목소리가 말했다.

나중에 소수가 모인 자리에서 미스핏 토이즈 중 한 명이 내게 물었다. 데님 패션 차림으로 사장실을 점유 중인, 저 유쾌하기 짝이 없는 젊은 남자들이 청구할 천문학적 수임료는 어떻게 되나요? 나는 이렇게 설명했다. 담보가 가장 많은 최우선 채권은행보다도 서열상 더 우위에 있는 집단이 있으니, 이른바 유산관리그룹estate administration이다. 파산 신청을 하면 회사가 마법에 걸린 것처럼 둔갑한다. 회사는 기이한 변태 과정을 겪는다. 이제 회사는 유산으로 불린다. 유산관리그룹은 보수를 받고 일한다. 보수도 없이 파산 절차를 진행하고, 인수대금 극대화를 꾀하고, 총체적 혼란을 막아줄 사람은 아무도 없다.

이 대목에서 미스핏 토이즈는 잘 차려입은 파견대 쪽을 힐끗 보았다. 이 코퍼스가 분배되는 날 가장 먼저 사과를 베어 먹을 이들은 저 유산관리인들, 그리고 그다음은 채권은행이었다. 집단으로서 미스핏 토이즈는 마침내 자신들의 신세를 깨달았다. 그간의 모든 피땀과 눈물에도 불구하고, 그들은 먹다 남은 사과 조각들이 땅에 떨어지길 캐미솔 납품업체와 같은 줄에서 기다리는 하찮은 무담보 채권자 처지였다.

이때 나는, 기업 파산제도가 아무리 불공평해 보여도 개인 파산제도가 개인 파산신청자들에게 하는 것보다는 훨씬 너그럽다는 말은 구태여 하지 않았다(사실 내가 받은 로스쿨 교육의 많은 부분에선 개인보다 기업으로 존재하는 것이 얼마나 유리한지가 강조되었다). 더구나 애슐리스튜어트의 경우에는 워낙 지불 능력이 없는 빈털

터리라서, 유산관리 전문인들이 상황을 질질 끌면서 프로세스를 연장해봐야 그들에게 떨어질 금전적 보상이 거의 없다는 말도 굳이 덧붙이지 않았다. 즉, 자산도 현금도 거의 없기 때문에 사망은 자비롭게도 신속히 이뤄질 예정이었다. 또한 실제로 파산은 법보다는 그 게임을 밥 먹듯이 하는 참가자들(채권은행, 변호사, 구조조정 고문) 간의 밀실거래와 협상으로 이루어진다. 그 참가자들은 함께 골프를 치러 다니며 자신들에게 상호이익이 되는 방향으로 일하고, 때로는 그 과정에서 직원들을 비롯한 무담보 채권자들을 희생시킨다.

하지만 나는 그런 점들에 대해 침묵했다. 미스핏 토이즈에게 정말로 필요한 것은 모노폴리게임의 실질적 규칙을 알아버린 재러드에게 내가 해준 것과 같은 위로의 말이었다. 그날 그 울타리섬의 유리탁자에 둘러앉은 재러드의 사촌형들이 그랬던 것처럼, 데님 패션 차림의 젊은 남자들은 그저 이 공간과 시간을 지배하는 시스템의 규칙을 따르고 있을 뿐이었다. 그들에게 화를 내는 것은 생산적인 에너지 사용이 아니었다. 우리는 우리가 통제할 수 있는 것에 집중할 필요가 있었다.

그 순간 나는 미스핏 토이즈에게 재러드와 모노폴리게임 이야기가 이 상황에 얼마나 기묘하게 맞아떨어지는지 말하고 싶은 충동을 느꼈다. 알다시피 모노폴리게임의 원조는 20세기 초 엘리자베스 매기Elizabeth Magie라는 여성이 고안한 지주게임Landlord's Game이다. 매기가 만든 원래의 지주게임에는 두 가지 버전이 함께 들어 있었다. 첫 번째 버전에서는 집단적 부를 효과적으로 극대화한 경우 플레이어 모두에게 보상을 해주었다. 반면 두 번째 버전에서는 다른 모두의 부를 싹쓸이한 플레이어에게만 보상이 주어졌다. 매기가 원한 것은 사람들이 두 버전 모두를 플레이한 다음 둘을 비교하고 대조하는 것이었다. 그렇게 매기는 동시대인들의 공생과 협동의 본능을 고취하고, 당시 커져가던 부의 불균형 문제를 지적하고자 했다.

그런데 운 나쁘게도 수십 년 후, 한 남자가 매기도 모르게 그녀의 지적 재산을 '개작해서' 게임회사 파커브라더스Parker Brothers에 팔아버렸다. 모노폴리라는 이름으로 출시된 이 게임은 오랫동안 엄청난 인기를 누렸고, 오늘날 약육강식의 살벌한 미국식 자본주의를 상징하기에 이르렀다. 엘리자베스 매기가 처음 발안한 것임에도 이 게임은 그 남자, 찰스 대로우Charles Darrow의 단독 발명으로 알려져 있다. 만약 당시 지주게임이 발매됐다면, 그래서 우리가 승리를 독점이 아닌 상생으로 보는 관점에 익숙해졌다면, 그래서 지금과 다른 맥락의 돈과 삶을 배우며 자랐다면, 우리의 비즈니스와 삶은 지금과 달랐을까?

하지만 나는 그 이야기를 꺼내지 않기로 했다. 재러드에게 그랬듯 나는 조용히 입을 다물었고, 내 오만상이 말을 대신하게 했다. 어떤 것들은 직접 경험으로 배우는 것이 더 효과적이다. 게다가 잠재 입찰자를 위한 프레젠테이션 준비에 들어가면 우리 팀이 상황을 파악하는 것은 어차피 시간문제였다.

◆ ◆ ◆

파산이든 아니든 회사가 금융자본을 확보하는 일은 개인이 이력서를 작성해 잠재 고용주들이 애매하게 모여 있는 구직 데이터베이스에 올리는 것과 매우 비슷하다. 더 그럴듯한 비유는 인터넷 데이팅 플랫폼에 자기 프로필을 등록하는 것이다. 나는 결혼한 지 오래돼서 그런 앱을 써본 적이 없지만, 믿고 들어주기 바란다.

먼저 데이팅 사이트, 즉 브로커를 찾는다. 회사의 경우는 투자은행이나 구조조정회사에 연락하는 것이 이에 해당한다. 브로커는 당신의 스토리를 가장 효과적으로 전달하기 위한 지침을 제공한다. 더 중요한 것은 잠재 구혼자들(회사의 경우는 잠재 인수자들)을 한데 모아 시장을 형성하는 것이다. 다음으로 브로커는 짧은 티저 프로필을 게시한다. 티저 프로필은 당신의 자산 중 구혼자들이 혹할 자산들을 골라서 자랑하는 2차원 서술이다(이때 프로필 사기는 금물이지만 어느 정도의 미화는 중요하다). 마지막으로 브로커는 반응을 집계하고, 데이트 일정을 잡고, 피치덱pitch deck—회사의 현재, 과거, 미래에 대해 심층적이고 자세한 소개를 담은 긴 프레젠테이션—을 작성한다. 브로커는 당신이 일을 망치지 않도록 챙기고, 이런 만남을 몇 차례 주선하고, 일이 순조롭게 풀릴 경우 당신을 결혼시킨다.

데이팅 사이트처럼 브로커도 결혼 성사 여부로만 성공을 측정한다. 그 결혼이 이혼으로 끝나는지의 여부는 그들 소관이 아니다.

그들이 얻는 금전적 보상은 당연히 얼마나 많은 결혼을 성사시키느냐에 달려 있다. 무차별적인 브로커를 **촙숍**chop shop(원래는 훔친 자동차를 분해해 부품을 팔아먹는 불법 장사꾼을 뜻함 - 옮긴이)이라고 부른다. 그들에게는 '특수 경우'를 맡을 동기도 시간도 없다. 이유는 간단하다. '특수 경우'에선 대개 구혼자가 많이 꼬이지도, 결혼이 수월하고 효율적으로 이루어지지도 않기 때문이다.

복잡한 문제가 또 있었다. 애슐리스튜어트의 브로커는 나처럼 전문 배경을 가진 사람이 회사의 실질적 운영자로 있는 상황에 익숙하지 않았다. 투자자로 일하면서 파산 절차를 배후에서 수없이 조종한 바 있는 나는 이 게임의 성문율과 불문율을 꿰고 있었다. 하지만 일반적인 기업 경영인은 그렇지 못하다. 거래 전문인들은 대개 열심히 일하는 시늉만 하면서 기존의 양식과 포맷과 프레젠테이션을 적당히 재탕하는 방법으로 수익 극대화와 작업 최소화를 추구하는데, 일반 경영인들은 이런 꼼수들에 익숙하지 않다. 반면 나는 너무 많은 것을 알고 있었고, 브로커 측의 전문인들이 표준 플레이북을 꺼내들자 그들과 격돌했다.

공평하게 말하자면, 어떤 회사든 열 페이지 안팎으로 자사의 이야기를 요약해내는 일은 매우 어렵다. 애슐리스튜어트처럼 파란만장한 역사를 가진 회사라면 더 그렇다. 거기다 말로도 설명하기 어려운 차리와 셸리와 고객들의 유대를 어떻게 숫자로 표현할 것인가? 내 거래 경험으로 봤을 때 우리는 특수 경우이며, 우리에게는 맞춤형 프로세스가 필요했다. 가장 어려운 부분은 회의를 잡는 것, 즉 첫 데이트였다.

나는 수석 구조조정 고문 및 수석 유산관리 변호사와 격렬하게 충돌했다. 내가 보기에 애슐리의 짧은 데이팅 프로필과 긴 피치 덱 모두에는 생동감이 없었다. 사모펀드 시절 지겹게 본 바 있는 표준 자료들 수천 개와 전혀 다를 바 없이 지극히 평범한 스토리였던 것이다. 그러나 평범함은 통하지 않는다. 특히 근 20년간 현상 유지에 급급하다가 망한 경우라면 더욱 그렇다. 누가 그런 사람을 첫 데이트 상대로 원하겠는가? 나도 싫다. 시장은 애슐리를 찾지도, 심지어 거들떠보지도 않았다.

은유적으로 말해 애슐리는 '상자'로 제시됐다. 상자 중에서도 관이다. 세카우커스. 플러스사이즈. 의류. 20년 넘게 존속. 부동산 임대차 계약들. 생명 징후가 얼마간 보이는, 새로 구현된 전자상거래 플랫폼. 이 상자는 애슐리의 정신, 활력, 인간미를 담지 못했을 뿐 아니라 우리 같은 회사에 관심 가질 만한 투자자들에게 우리의 진정한 자산, 즉 우리의 피어나는 사기와 지난 가을 이후 우리가 심은 변화의 씨앗들을 전혀 담아내지 못했다. 그것은 아직 수치로 보여줄 수 있는 것도 아니었고, 수치가 우리에게 딱히 유리하지도 않았다. 수치만 가지고 얘기하자면 우리는 이미 시체였다. 대신 우리는 스토리를 앞세워야 했고, 사람들이 잠시 멈추고, 주목하고, 시간을 투자해 거기 몰입하기를 바랐다. 애슐리에게 날아오를 공간만 주어진다면 미래는 애슐리의 편이라는 점을 우리는 잠재 투자자들에게 설득해야 했다.

자연에서는 정사각형이나 직사각형을 찾아보기 힘들다. 정사각형은 인간이 만든 형태다. 반듯하고, 정리돼 있고, 확장 가능하다. 정밀성을 요하는 것들에 좋다. 노스캐롤라이나의 그 울타리 섬은 반듯하고 정리된 것과 거리가 멀다. 어린아이들도 마찬가지다. 반면 사모투자펀드는 대개 깔끔한 칸들로 구성되어 있다. 의외인가? 그 칸들은 부실, 성장, 벤처다. 부실기업에 투자하는 사모펀드회사는 창의성과 비전으로 승부하지 않는다. 대신 현금흐름 극대화를 위한 비용절감과 재무구조 조정에 몰두한다. 파산 절차 주변에는 이런 부류의 투자사들이 하이에나처럼 어슬렁댄다. 한편 성장 기업과 벤처 기업에 투자하는 사모펀드회사는 현금흐름에 중점을 두기보다 미래지향의 아이디어와 비전을 지원한다. 이런 부류의 투자사들은 부실 상황을 피한다. 흙탕물에 숨은 진주를 찾아 손을 더럽히기보다 처음부터 새로 판을 짜는 것을 선택하는 것이다.

나는 엘리트 사모펀드회사를 그만둔 뒤 고전하던 스타트업에 합류했다가 실패를 맛봤다(아참, 그때 우리 집의 낡은 스윙세트는 결국 교체했다). 그 후 나만의 투자 플랫폼을 시작했고, 그것을 파이어파인 그룹으로 명명했다. 나는 거시 비전을 지원하는 일이 벤처 투자자들의 전유물이어서는 안 된다고 생각했다. 방향성과 용기와 비전이 심히 결여돼 있는 기존 기업에 벤처 마인드셋을 도입하면, 맨땅에서 시작하는 데 따른 운영상의 리스크 없이 막대한 재무수익을 창출할 수 있다. 그나저나 회사란 무엇일까? 회사는 상품과 서비스의 교환을 위해 사람들이 한데 모여 구성한 허구의 공간이다. 이는 기업도 사람과 다르지 않다는 뜻이다. 그곳에는 상황이 가장 암울해 보일 때조차 항상 가치 있는 무언가가 있다. 이와 어울리게도 메그가 지은 파이어파인이라는 이름은 자연의 사물에서 따온 것이었다.

어떤 솔방울은 산불로 인해 주위가 파괴된 후에야 씨앗을 뿌린다. 씨앗을 감싼 두꺼운 송진 덕분에 이 솔방울의 씨앗은 산불에서 살아남는다. 산불 열기에 송진이 녹으면 그제야 솔방울이 벌어져 씨앗이 방출된다. 역설적이게도 여느 때 이 접착성 송진은 씨앗을 가둬두기 때문에 소나무의 번식을 막는 방해 요소다. 자산이 부채가 되는 경우가 있듯이, 이처럼 그 반대의 경우도 있다. 삶의 변곡점에서 상황을 다른 관점으로 바라볼 용기를 낸다면, 나의 최대 부채는 때로 자산이 되기도 한다. 관점 전환에는 그 어떤 비용도 전혀 들지 않는다. 물은 생명 유지에 필수적인 요소지만 때때로 사람들은 거기 빠져서 죽기도 한다. 그런가 하면 익사

위기는 다시 숨 쉴 기회가 되기도 한다.

이런 미묘한 다변성은 우리 삶 전반에 작용한다. 하지만 신속하고 간소하고 정형화된 매각 프로세스를 지향하는 구조조정회사의 욕망에는 걸림돌이었다. 사실 그들만의 잘못이 아니었다. 월스트리트의 전통적 관점은 애초에 플러스사이즈 흑인 여성과 자산이라는 말을 동일시하지 않았다. 더구나 우리에게는 이렇다 할 재무실적이 없었기에, 그 상황에서 우리에게 필요한 것은 주목을 끌 만한 비전이었다.

"이렇게는 안 됩니다." 내가 구조조정회사에 말했다. "효과 없어요. 이 상자를 들고 돈을 구걸하라고요? 내 생각은 달라요. 다른 관점으로 갑시다."

제임스, 당신은 그냥 당신의 차선을 지켜요. 이렇게 말하고 싶었으나 그들이 참았다는 것을 나는 알 수 있었다. 긴장은 한없이 고조됐고, 최고위 구조조정 고문은 미스핏 토이즈 중 일부와 돌아가며 면담해서 이 상황에 내가 꼭 필요한지 묻는 지경에 이르렀다. 미스핏 토이즈는 고문을 어이없는 눈으로 쳐다봤다. 우리가 조성한 업무 환경을 어느덧 좋아하게 된 데님 패션의 젊은이들도 마찬가지였다. 꼭 하고 싶은 말이 있다. 사실 시간이 지나면서 이 젊은이들은 절차를 조정하고 시간을 벌어 청산을 막아보고자 자신들이 할 수 있는 최선을 다했다.

구조조정회사는 그대로 절차를 밀고 나갔고, 거시 비전이 결여된 매우 표준적인 티저를 수백 명의 잠재 인수자들에게 발송했다. 탐색 차원의 대면 회의에 관심을 보인 건 그중 소수뿐이었다.
그 가운데에는 애슐리스튜어트의 최초 설립자도 있었는데, 그는
어느 날 오후 회사에 나타나 복도들을 이리저리 배회하며 추억을
더듬었다. 우리 세카우커스 사무실을 유일하게 두 번 이상 방문
한 잠재 인수자는 팀 없이 단신으로 온 어느 싹싹한 청년뿐이었
다. 청년은 시간을 들여 우리의 이야기를 들었고, 특히 미래에 대
한 거시 비전을 이해해주었다. 하지만 그에게는 투자금도, 투자
를 위해 확보한 금융자본도 없었다. 지나가 내온 음식을 그 청년
이 3인분, 4인분씩 먹는 것을 보며 우리 상품기획팀 팀장은 입술
을 깨물었다. 우리는 그만큼 돈에 쪼들렸다.

◆ ◆ ◆

　매각 프로세스가 실패한 이유는 여러 가지였다. 브랜드는 고
객의 사랑을 받았지만, 이 회사의 비즈니스에 대한 월스트리트의
평판은 지독히 나빴다. 최근의 긍정적 실적은 너무 적었고, 시기
면에서도 너무 늦었다. 더구나 거듭 말했듯 이번 파산은 3년 만의
두 번째 파산이었다. 소매업은 변덕스럽고 마진 낮은 사업이라는
사실도 악재였다. 소매업 중에서도 패션은 끝없이 변하는 취향과
관점의 영향을 받기에 시장 변동성이 높고 경쟁이 치열하다. 거
기다 내가 녹색 인조가죽 조끼를 입어봤던 무렵은 아마존, 월마
트, 코스트코, 타깃 같은 유통 거물들이 전국에 무수히 복제되는

쇼핑몰에 업혀 나태하게 성장해온 백화점들과 전문점들의 시장 점유율을 통째로 먹어치우던 때였다. 그리고 그 쇼핑몰들은 이제 여기저기서 문을 닫기 시작했다.

하지만—아무 드라마틱한 표현 없이 말하겠다—냉정하게 봤을 때 프로세스가 실패한 데는 다른 이유들도 있었다. 우리에게는 구조조정 상황을 받아들일 벤처 타입의 투자자들이 필요했다. 그렇게 거시적이고 창의적으로 생각하는 투자자들이 극소수나마 실제로 나타나긴 했지만, 그들 모두는 우리를 단박에 묵살했다. 그들이 본 것은 이제 막 온라인에서 성장하기 시작한, 망해가는 도심 쇼핑몰에서 낙후 매장을 운영하는 의류업체였다. 애슐리의 고객층은 그들에게 생소한 인구집단이었고, 그들이 거기서 혁신의 잠재를 엿보기는 불가능에 가까웠다. 결과적으로 그들은 이 기회를, 특히 우리 매장들을 단칼에 거부했고 대신 경영대학원을 갓 졸업한 사람들이 참신한 '기술 주도 파괴'를 파는, 웃길 만큼 수익성 없는 전자상거래 스타트업에 투자했다.

인간으로서 우리는 상자(여기서뿐 아니라 이 책 전반에서 자주 등장하는 상자box는 창의와 혁신을 제한하는 경직된 사고방식이나 기성 기준을 의미함 - 옮긴이), 프로세스, 직선에 너무 익숙해진 탓에 때때로 숨을 고르고, 잠시 멈추고, 우리가 보지 못하고 있을 것들을 찾아보기를 등한시한다. 천체물리학과 양자물리학이 증명하듯 인간은 세상에 존재하거나 발생하는 일의 대부분을 일상에서 볼 수도 이해할 수도 없다. 하지만 우리는 사실을 망각한다. 더 나쁘게는 성급함, 피로, 질서에 대한 집착으로 인해 움직임과 변화가 삶의 핵심이라는 것을 잊고 미지의 것을 수용하려 들지 않는다.

이런 상황에서, 나는 문제의 큰 부분을 차지했다. 당신이 잠재적 입찰자라면 내가 당신의 사무실에 나타났을 때 어떻게 반응했을까?

안녕하세요, 제임스입니다. 제가 사모펀드 업계에 종사하던 시절에 귀하를 뵌 적이 있습니다. 몇 년 전 귀하와 저는 같은 골프 4인방에 속해 있었죠. 저는 최근 이 회사에서 생애 최초로 상근직 CEO로 일하며 장족의 발전을 이끌어냈습니다. 귀하가 필요로 하는 만큼 회사에 남아 영구적 해법을 찾을 때까지 도와드릴 의사도 있습니다. 압니다. 저는 패션 감각이 의심스러운 한국계 미국인입니다. 이제 애슐리스튜어트에 대해 말씀드리겠습니다. 애슐리는 주로 흑인, 플러스사이즈, 중위소득층, 여성을 대변하고 고용합니다.

일단 계속해보자.

회사의 내력은 귀하와 제가 아는 대로입니다. 본사는 세카우커스에 있는 음산한 창고 건물에 자리하죠. 과거 수치들에는 신경 쓰지 마십시오. 과거 실적은 미래 성과의 지표가 되지 못하니까요! 저희는 다른 알고리즘을 사용해 다른 관점으로 결과를 측정하는 새로운 운영 모델을 설계했습니다. 외부 컨설팅 없이 벤처형 운영 계획을 수립했죠. 이 계획에 따라 저희는 장차 미스핏 토이즈 팀(이들이 회의 중에 보이는 다소 파격적인 행동에는 개의치 마세요)의 주도로 본사를 이전하고, 100개 이상의 물리적 서버를 가상화하고, 비쇼핑몰 매장들 중심으로 매장 기반을 정비하고, 감성적 전자상거래 경험을 창출하기 위해 테크놀로지를 재구축할 예정입니다. 또한 제 투자 실적을 자세히 살펴보시면 아시겠지만, 저는 여러 차례 운영 임원을 겸임한 바 있습니다. 그중 한 회사에서는 창립 단계부터 참여해 최종적으로 10억 달러에 육박하는 가치평가액을 달성하기도 했지요.

얼떨떨한 표정들. 한두 사람의 히죽거림. 하지만 분위기는 나아지고 있다.

저희가 이 모든 것을 할 수 있는 이유요? 자연에서 발견되는 혼돈을 보다 면밀히 모방한 조직구조를 새로이 구축했기 때문입니다. 말하자면 통제된 혼돈이죠. 여기서의 진짜 제품은 패션이 아닙니다. 유대감. 인간애. 미국의 가장 좋은 부분이죠. 하지만 제가 역사 및 문학 전공자로서 얻은 패턴에 대한 통찰에 따르면, 이런 감성은 향후 해가 갈수록 점점 더 공급이 부족해질 것입니다. 그런 의미에서 저희 매장을 방문해보실 것을 제안합니다. 제 제안을 받아주시겠어요?

약간의 과장어법이 사용되긴 했으나 이 발언들의 요지는 내가 실제로 한 말과 다르지 않다. 하지만 첫 번째 티저를 집중 투하한 결과로 우리가 얻은 것은 사실상 아무것도 없었기에 나는 이판사판의 굴욕적인 구걸 투어에 나섰다. 거듭난 애슐리스튜어트는 봉인된 씨앗이 풀리기만 하면 멋지게 부상할 준비가 되어 있었다. 하지만 모두의 눈에는 오직 산불만 보였다. 애슐리는 스스로가 될 기회를 얻으면 매장뿐 아니라 기업으로서도 번영할 수 있었다. 그리고 믿어달라. 나는 다정함을 섣불리 언급하지 않았고, 그럴 생각조차 없었다. 다정함과 자연법칙과 수학의 관계가 저평가됐다는 내 믿음에 대해서 또한 마찬가지였다.

독자의 짐작처럼 온 세상이 다시 한번 거부권을 행사했다. 데이팅 시스템은 실패했다. 우리 프로필의 조회수는 형편없었고, 초기의 어설픈 커피 미팅 중 그 어느 것도 두 번째 데이트로 이어지지 못했다. 돈도 없이 와서 우리 음식을 모두 먹어치운 남자를 제외하면.

세상의 금융 시스템이 내린 판결은 사실상 만장일치였고 확정적이었다. 그것은 애슐리스튜어트는 살아 있는 것보다 죽는 것이 더 가치 있다는 것이었다.

투자자 입장에서 나는 그 거절들을 이해했다. 나도 한때는 그 잠재 투자자들의 자리에 있었다. 돈이 상자들에 보관되고 할당될 때 상상력이 꽃피기란 어렵다. 하지만 몇몇 거절에는 내가 감정을 누르고 무시하기 어려운 측면이 있었다. 그것은 내 어릴 적 기억을 건드렸다. 잡채. 메노라. 클레멘트와 마틸다. 아버지가 부차적 피해자였던 의료과실 소송.

어떤 투자사들은 애슐리스튜어트의 인구학적 생소함을 지적했다. 그들에게 애슐리스튜어트는 직접 경험이 아니었다. 그게 잘못은 아니다. 하지만 인류 공동의 경험―예컨대 누구에게나 중학교 시절이 있고, 사기 진작이 필요한 친구가 있다―이라는 주장을 떠나서 생각해보자. 만약 투자자들 가운데 이 특정 인구집단(여성이나 흑인, 혹은 여성이자 흑인)에 속하는 사람이 거의 없다면 어떻게 될까? 언제나 숫자만이 중요해요, 제임스. 돈에는 감정이 없어요. 아니, 나는 이 말이 틀렸다고 분명히 말할 수 있다. 패션 브랜드, 모델 에이전시, 미디어 기업에 대한 허영 투자vanity investment(투자자의 이미지나 명성 향상, 자부심 충족을 위한 투자 - 옮긴이)를 정당화하기 위해 재무예측이 조작되는 경우가 얼마나 많은지 아는가? 쉽게 말해보자. 그런 회사들을 소유하면 사교생활과 데이트 전망이 눈부시게 개선된다. 생각해보라. 두말할 것도 없이, 아무리 냉철한 투자자라도 언제나 숫자만이 중요한 경우는 매우 드물다.

가장 속상했던 것은 단 한 명의 잠재 인수자도, 심지어 대면 프레젠테이션을 위해 본사를 방문한 극소수조차도, 불과 몇 킬로미터 떨어진 브릭처치 지점으로 차리와 셜리를 만나러 가자는 내 제안을 받아들이지 않은 점이었다. 회계는 역사와 같다. 즉, 과거다. 그들은 미래 가치가 있는 유일한 것―우리의 관계들, 즉 우리의 사회자본social capital(공동체 구성원 간의 협업을 가능하게 하는 인간 관계망, 사회규범, 신뢰 등 - 옮긴이)―을 볼 기회를 거부했다. 그런 것은 당연히 재무제표에 나타나지 않는다. 심지어 친구와 지인의 경우에도, 내가 동일한 초대를 했을 때 그들이 말한 것보다는 말하지 않은 것, 그들이 표정이나 어투로 전한 것이 더 컸다. 말했다시피 나는 엄마 덕분에 무언의 언어를 꽤 유창하게 읽는다. 그들은 내가 아는 사람들이다. 그리고 그들 모두는 내 초대를 거절했다.

◆ ◆ ◆

그해 겨울의 두 달 동안, 주말마다 나는 쌓여가는 거절의 근본 원인에 많이 생각했다. 그 시기의 매 주말, 우리 가족은 내 대학 룸메이트의 가족과 함께 경치 좋은 뉴햄프셔에서 스키를 탔다. 세카우커스의 살풍경과는 딴판인 곳이었다. 아이 셋을 키우는 일과 수년간의 빡빡한 출장 일정은 내게서 세 다리 의자의 다리 하나를 앗아갔다. 누구나 가장 잃기 쉬운 취약한 다리였다. 즐거운 제임스, 취미가 있는 제임스. 돌이켜보면 내 생각이 가장 명료했던 때는 헤드폰으로 〈본 투 런Born to Run〉을 들으며 모굴스키를 다시 익힐 때였다. 사실 이건 놀랄 일이 아니다(나는 롱아일랜드 사람이고 브루스 스프링스틴은 뉴저지 출신이지만, 갇힌 우리—상자들—에서 뛰쳐나오고 싶은 열망은 한마음이었다). 또한 한눈 팔 새 없이 현실을 직시하게 하는 데는 눈 더미 널린 얼어붙은 땅만 한 데가 없다.

온 세상이 애슐리스튜어트의 면전에서 문을 탕 닫았다. 그리고 내 면전에서. 세상은 나를 '사모펀드맨'이 아닌 다른 사람으로 볼 준비가 되지 않은 걸까? 그들이 나를 흑인 여성 대상 사업체의 믿음직한 리더로 보지 않는 것은 분명했다. 그 자리에 내가 얼마나 어울리는지 아는 이들은 미스핏 토이즈와 매장 여성들뿐이었다. 그들은 내게 내 이력서, 스펙, 생김새에서 풀려나 자유로워질 것을 허락했다. 그리고 내겐 그 점이 더없이 고마웠다.

나는 이런 생각이 들었다. 우리는 학생들에게 고용법과 돈에 관한 기본 규칙과 규범을 가르치지 않은 채 그들을 성년의 바다로 던져버린다. 그렇지 않은가? 미국 생활의 사회적 짜임을 만들며 서로 얽혀 돌아가는 인공 시스템들의 다수는 여성을 염두에 두고 설계되지 않았다. 그런데 플러스사이즈 흑인 여성은 더더욱 낄 데가 없다면? 우리 엄마는 더더욱 해당이 안 된다면?

잠재 투자자들 대부분은 애슐리스튜어트라는 이름을 들어본 적조차 없었다. 이것이 과연 우연일까? 그리고 말이 나왔으니 하나 더. 가난한 도심 지역일수록 플러스사이즈 패션 의류에 대한 수요가 높은데, 이런 수요 패턴은 애초에 왜 생겨났을까? 내 고찰에 따르면 그 답은 여러 시스템의 교차점에 있었고, 우리 뇌에 뿌리를 두고 있었다. 설명하자면 이렇다.

우리 매장은 대부분 중하위 소득층의 거주지에 위치해 있었다. 이런 지역은 대개 소란스럽고, 혼잡하고, 재정 지원이 부족하고, 녹지가 적다. 역사적으로 그중 일부는 일부러 그 목적으로 구획되었다. 식료품점이 거의 없는 탓에 이런 곳에선 건강에 좋고 영양가 있는 식품을 구하기가 어렵고, 구할 수 있어도 비싸다. 우리 매장의 다수가 위치한 이런 지역을 정책 입안자들은 **식료품 사막**food desert

이라고 부른다. 좋은 식품에 대한 접근성만 떨어지는 것이 아니다. 보스턴에 있는 내 예전 근무처들과 달리 우리 매장들의 수도, 전기, 가스 같은 기본 서비스도 걸핏하면 말썽을 부렸다. 이는 내가 CEO로서 직접 경험한 일이다. 고장 나면 수리도 항상 훨씬 오래 걸렸다.

계속 이야기해보자. 식료품 사막에 살면 스트레스가 많다. 인체는 스트레스로 인한 활성 증가에 대비할 포도당을 요한다. 이곳 주민들은 주로 패스트푸드점과 편의점에서 저렴하고 생화학적 고도 가공식품을 소비함으로써 이 니즈를 충족한다. 이런 식품들은 칼로리, 당, 염분, 트랜스지방 함량이 높다. 자연히 이곳 주민들은 체중이 늘고, 다수가 플러스사이즈에 이른다. 그들은 이제 비만과 더불어 당뇨병, 고혈압, 심장질환 같은 성인병에 걸릴 위험이 높고, 기대수명은 낮다. 의료비와 건강보험료가 증가한다. 그리고… 그들은 몸에 맞는 옷이 필요해진다.

나는 확신한다. 그 6개월 동안 내가 동료라 불렀던 이들은 그 모든 시스템들이 어떻게 모여서 행동양식과 경제적 결과에 영향을 미치는지, 어떻게 주도성을 허무는지 제대로 알지 못했다. 하기야 누군들 알겠는가? 우리 중에 웰니스, 인지과학, 금융, 경제, 법인법 같은 시스템들의 상호연계성에 대해 제대로 배워본 사람이 몇이나 될까? 그 시스템들이 어떻게 침묵 속에서 공모해 우리 일상에 영향을 미치는지에 대해서라면 우리는 더더욱 깜깜하다. 적어도 내가 다닌 공립학교의 가정家政 수업은 캐서롤 조리법에 심하게 치중돼 있었다. 세상에는 행복과 인간 뇌에 대한 정보가 넘치지만, 대개는 이론에 그칠 뿐 돈과 일의 실질적 언어와 규칙에 기반하지 않는다. 성인이 되어서야 무지하고 종종 겁먹은 상태로 돈에 처음 노출되면 우리 중 누구라도 돈과 건전한 관계를 맺기 어렵다.

시간이 지나면서 나는 이 지식을 차리, 셸리, 지나를 포함해 최대한 많은 동료들과 나누려 최선을 다했다. 내 엄마가 그랬듯 그들 대부분은 자신이 직면한 문제에 대해 전혀 모르거나 그것을 설명할 말을 알지 못했다. 또한 내 엄마처럼 그들 역시 소모감과 자격지심이 드는 것에 대해 자신을 탓하는 경향이 있었다. 나는 그 점에서 그들의 성품에 더욱 탄복했고, 그들의 지식이 늘어감에 따라 자신감도 함께 증가하는 것을 보았다. 자기 삶을 둘러싼 시스템들을 식별하고 진정한 주도성을 행사할 능력이 생긴 데 따른 결과였다.

스키 리프트에 타면 생각을 많이 하게 된다. 왜냐하면… 달리 할 일이 없기 때문이다. 그곳에서 나는 전해 여름 세카우커스에 오기 전 나를 괴롭혔던 만성권태의 이유도 비로소 분명히 짚어낼 수 있었다.

성인이 된 후 대부분의 시간을 나는 무의식적으로 두 종류의 규칙, 규범, 행동기대치, 가치관을 가지고 살아왔다. 직장인 제임스와 가정인 제임스. 각각은 내게 상이한 방식으로 행동하기를 촉구했다. 본질적으로, 일하는 제임스는 내가 로스쿨에서 배운 모든 법인법의 보호를 받는 아바타이자 도플갱어다. 직장인으로서 우리 모두는 기본적으로 아바타다. 기업 또는 조직으로 불리는 법적 구성체의 지분을 소유한 이름 모를 주주들을 대신해 행동할 것을 지시받는 아바타다. 아바타까지는 아니어도 분명 우리는 집에 있을 때와는 다른 사람이다.

대부분의 시간에 우리는 분열된 자아를 인식하지 못하고 산다. 다만 기술발전 및 연중무휴 24시간 근무문화로 인해 일상과 업무의 이 인위적 구획을 지키는 것이 점점 어려워지고, 이는 현대인이 시달리는 불편감과 불안감의 원인이 되고 있다. 예를 들어 당신이 잠옷 차림으로 거실에서 아이들에게 배려와 품성에 대한 그림책을 읽어줄 때 업무용 노트북이 당신의 일거수일투족을 추적하는 장면을 상상해보자. 뱃속 어딘가에서 섬뜩한 불협화음이 울리지 않는가? 기업들이 캠퍼스에서 대학생들에게 신용카드 신청서와 카지노 광고전단을 뿌리는 것을 볼 때는 어떤가? 왠지 소름이 돋지 않는가? 그때가 바로 당신이 타고난 직관적 페어플레이 정신이 발동하는 순간이다. 우리 마음에는 크든 작든 알람이 있다. CEO의 보수와 근로자 평균 실소득의 격차가 태산처럼 벌어지는 것을 볼 때, 나는 우리 마음의 적어도 일부는 그 상황을 곱지 않게 바라볼 것이라 생각한다.

하지만 우리는 그저 어깨만 으쓱하고 지나간다. 우리는 자신이 그런다는 것을 인지하지 못한 채 주도성을 포기한다. 우리는 그저 터벅터벅 걸으며 말없이 생각한다. 나 혼자 이렇게 느끼는 걸까?

내가 이상한 사람인 걸까? 이 말을 꼭 하고 싶다. 당신만 그런 것이 아니다. 그럼 우리가 무엇을 어떻게 해야 하죠? 당신이 반문한다. 세상에는 우리가 따라야 할 규칙이 있어요. 원래 그런 거예요. 그렇지 않다. 그리고 이 말도 꼭 하고 싶다. 우리 각자는 자신의 직감을 믿어야 한다. 우리에게 주입되는 거짓 동화들은 우리의 과거 속에 숨은 진실들을 은폐한다. 하지만 그 진실은 불붙은 솔방울 속 씨앗처럼 우리가 자신을 찾아내길 기다린다. 그러나 우리는 점점 무감각해져서 우리는 부정확한 이야기들을 받아들이고, 인위적 법칙들을 마치 조석간만 같은 불변의 법칙인 양 따른다. 사실 그 법칙들은 점점 더 소수가 되어가는 특권층에게만 유리한 관례에 불과하다. 우리 모두는 모노폴리게임이 찰스 대로우의 단독 창작이라는 거짓을 사실로 받아들였다(기억하자. 그 게임은 엘리자베스 매기의 아이디어이자 발명품이지만, 널리 유통되는 거짓 서사 때문에 여전히 대로우가 원작자 대접을 받고 있다). 우리는 유니콘 기업, 무일푼에서 거부가 된 사람, 복권 당첨자 같은 개별적 특이 사례들에 열중할 뿐, 기록적인 CEO 보수 수준이나 주식 소유의 불균형, 금융자산의 격차에 대해서는 무심해졌다. 우리 시대는 지역사회 간의 빗장이 길어지고, 지역 시민단체에 대한 참여도가 악화되는 시대다. 공립학교 교사들도 점점 자신이 가르치는 곳에서 거주할 형편이 되지 못한다. 우리를 묶는 유대의 끈들은 닳아 해지고 있다. 대개 이사회는 (그리고 암묵적으로는 CEO도) 직원의 이익이나 공익이 아닌 오직 주주의 이익에 대해서만 '수탁자의 신의성실 의무fiduciary duty(개인이나 조직이 다른 개인이나 조직의 이익을 우선적으로 고려할 의무 - 옮긴이)'를 진다. 하지만 우리 중 이런 주주우선주의 관례에 의문을 제기하는 사람은 거의 없다. 우리는 자본주의의 기반이 항상 주주우선주의였다는 지배적 주장을 기계적으로 따라 할 뿐이다. 하지만 알고 보면 주주우선주의는 1973년, 그러니까 미국 정부가 금본위제를 폐기하고 국제통화제도를 일방적으로 뜯어고친 지 2년 후에 처음 등장한 교리에 불과하다. 즉, 내가 태어난 해이기도 한 1971년에 미국 달러는 금과의 수학적 관계가 아닌 오직 신용에만 의지하는 사회적 구성물이 되었다.

이로써 과거를 제대로 들여다보는 것은 우리를 제한하거나 우리에게 두려움을 조장하는 일이 아닌, 우리를 엄청나게 해방하는 길임이 분명해졌다.

◆ ◆ ◆

그래서 나는 이어폰을 오렌지색 배낭에 넣고 뉴햄프셔의 스키 슬로프에서 내려와 세카우커스로 돌아왔다. 때는 2월 말로, 애슐리스튜어트의 파산 신청까지 채 3주도 남지 않은 시점이었다. 다시 말하지만 우리는 온 세상에 손을 벌렸고, 적극적 입찰자는 아무도 없었다. 그동안 우리는 '계속기업 스토킹호스 입찰자 going-concern stalking horse bidder'도 물색했다. 이는 인수 후 사업을 종료하고 회사를 분할 매각하기보다 영업을 계속할 의도로 회사 자산을 인수하려는 입찰자를 뜻한다. 일종의 가격 하한선, 최저 입찰가로 생각하면 된다. 스토킹호스 입찰은 회사가 파산 중에도 평소처럼 재고를 사고팔고, 직원을 유지하고, 사업 활동을 유지하게 해준다. 애슐리스튜어트는 죽는 것보다 살아 있는 것이 더 가치 있다고 믿는 입찰자가 한 명이라도 있다는 것을 세상에 공표할 수만 있다면 다른 나그네쥐들(입찰자들!)을 끌어들여 더 많은 돈을 모을 수도 있었다. 하지만 아무도 나타나지 않았다.

모든 것이 끝난 후 랜디와 나는 술집에 갔다. 랜디가 내게 생일 축하 맥주를 한 잔 샀다. 어쩌면 두 번째 잔도. 그때 아마 나는 멍하니 허공을 보고 있었던 모양이다. 랜디는 덩치가 컸다. 나는 그의 커다란 손이 내 어깨에 얹히는 것을 느꼈다. "유감이에요, 보스." 그가 말했다. 랜디는 이것이 무엇을 의미하는지 알고 있었다. 회사의 이력을 고려할 때 스토킹호스 없이 파산에 들어간다는 것은 곧 사형 선고였다. 상황은 급속히 통제불능 상태가 될 것이었다. 그것은 청산을 의미했다.

나는 지치고, 우울하고, 화가 났다. 그 감정들이 한꺼번에 몰려왔다. 6개월이 헛되게 지나갔다. 온 세상은 우리의 계획을 거부했고, 우리의 수학을 조롱했고, 우리의 미래 예측을 비웃었으며, 우리의 본사 동료들 및 매장 점장들과 고객들의 유대에 단 한 푼의 금전적 가치도 두지 않았다. 내게는 말할 것도 없었다.

"이제 우리 어떻게 할까요, 보스?"

사실 내게는 계획이 있었다. 나는 애슐리스튜어트 안에 잠겨 있는 씨앗을 꺼내는 방법을 알고 있었다. 물론 실행 위험도는 높았다. 하지만 랜디도 나도 지난 6개월 동안 우리가 경험한 것을 모르지 않았다. 우리에겐 애슐리의 비전, 사업계획, 팀에 대한 확신이 있었다. 오늘날 이 이야기를 할 때 나는 가슴과 머리를 차례로 가리키며 말한다. "나는 여기에 확신이 있었고, 6개월 뒤에는 여기에도 확신이 생겼습니다." 문제는 CEO로서 내가 법적으로 난감한 입장에 있다는 것이었다. 나의 유일한 법적·수탁자적·직업적 책임은 유산의 가치를 극대화하는 것이었다. 내 책임은 차리와 셸리를 위한 것도, 애슐리가 속한 지역사회의 여성들을 위한 것도 아니었다. 이런 이해상충 때문에 내가 설립한 투자 플랫폼인 파이어파인 그룹은 선도 입찰자가 될 수 없었다. 사실 나도 그렇게 하고 싶지 않았다. 내가 원한 것은 일을 끝내고 집에 가는 것이었다. 나는 인수금을 극대화하고 애슐리에게 새 집을 찾아주는데 최선을 다하겠다는 약속으로 6개월 계약직에 서명했다. 내가 이사회, 새 동료들, 특히 내 가족과 맺은 협약에는 그 이상의 어떤 일도 포함되지 않았다. 하지만 문제는 애슐리에게 새 집이 없다는 것이었다.

다음 날 나는 당시 한 사모펀드회사에 파트너로 있던 내 친구 스티브에게 전화를 걸었다. 스티브가 수년 동안 내게 해온 말이 있었다. 너와 거래하고 싶어. 기회를 찾아봐. 하지만 그동안 나는 적당한 기회를 찾지 못했고, 그가 가져온 아이디어를 계속 거절했다. 나에게는 '최고의 투자는 대개 하지 않기로 선택한 투자였다'

는 장인어른의 현명한 조언이 있었다. 대차대조표에 올릴 자산을 선택할 때는 극도로 신중해야 한다는 뜻이었다. 스티브와 나는 서로를 믿었다. 그는 내가 원칙과 우정을 희생하면서 쉽고 빠르게 돈 버는 일에 나설 사람이 아님을 잘 알고 있었다. 원칙과 우정은 우리 둘이 가장 중시하는 장기 자산이었다.

거절이 쌓여갈 때부터 나는 구조조정 고문단에게 스티브를 입찰 과정에 포함시킬 것을 강력히 건의했다. 그 결과 스티브는 일이 결국 이렇게 될 경우에 대비해 미리 명목상의 기업실사를 수행했다. "기회가 왔어." 내가 스티브에게 말했다. 전화기 반대편에선 침묵이 흘렀다. "이게 그거야?" 마침내 스티브가 말했다. 전화를 끊기 전에 우리는 스티브가 실사를 계속하는 데 합의했다. 3월 초에 파산 신청을 한 후 일주일쯤 지나 더는 아무도 찾아오지 않을 것이 확정됐을 때, 스티브의 회사가 스토킹호스 입찰자로 등록했다. 그들 관점에서 본 근본적인 투자 논리는? 그들은 나를 믿었다. 그들은 나를 지지했다.

나는 내심 다른 입찰자가 나타나 스티브의 입찰을 누르기를 바랐다. 그렇게 되면 나는 깨끗한 양심으로 집에 돌아가 이전의 사모펀드 정체성 및 그것이 제공하는 모든 안정을 되찾을 수 있었다. 직장인 제임스와 가정인 제임스가 뚜렷이 구분되는 세상에서 말이다. 나는 스티브에게 연락하지 않고 그대로 청산이 진행되도록 놔둘 수도 있었다. 하지만 내 안의 투자자는 우리가 제시한 미래 비전을 진심으로 믿었다. 그리고 무엇보다, 내 안의 인간성은 내게 미스핏 토이즈와 매장 여성들에게 약속한 것을 지키라고 말했다. 지난 가을 매장을 돌아다니던 내게 그들은 물었다. 우리와 끝까지 함께 갈 건가요? 나는 그때마다 고개를 끄덕였다. 그럼요. 끝까지 가봅시다.

4월 말 최종 파산 경매에서 청산회사들만 나타나는 것을 보고서 나는 다리가 풀렸다. 스티브의 회사는 결국 경쟁 없이 경매에서 이겼다. 그 회사는 중립적인 제3자 입찰자였기에, 이제는 세계 최고 수준의 투자자들이 가입해 있는 파이어파인 그룹도 유의미한 투자를 할 수 있게 되었다.

◆ ◆ ◆

그래서 내가 신나고 흥분한 채 주먹을 불끈 쥐고 사방을 뛰어다녔을까? 세상과 하이파이브하고 〈본 투 런〉을 부르면서? 아니, 그 반대였다. 나는 침울했다. 랜디와 도나는 남들은 모르는 정도까지 그 이유를 알고 있었다. 그들은 나를 월스트리트에서, 고공 비행하는 사모펀드의 맥락에서 만난 사람들이었다. 그들은 내가 사모펀드 정체성과 거기 따라붙는 교육적 배경 및 사회적 위상의 모든 표식을 내려놓았다는 것을 알고 있었다. 우드 패널 회의실, 뷔페식 점심, 로펌과 투자은행 들이 주최하는 페블 비치 골프 여행의 전망도 사라졌다. 주도성을 행사하는 것은 때로 매우 고통스럽다.

이제 더는 "6개월이면 끝이야"가 성립하지 않았다. 나는 더 이상 이것이 내 실제 인생에서 벗어난 일시적 우회로인 척할 수 없었다. 지금부터는 선택가치의 문제가 아니었다. 갑자기 모든 것이 현실이 되었다. 이제는 말이 아닌 행동으로 보여야 할 때였다. 메그 및 세 아이와 너무 많이 떨어져 지내는 것을 감수해야 하는 일이었고, 지금부터는 진짜 돈과 진짜 평판이 걸릴 일이었다. 내 친구들은 내게 거액의 판돈을 걸었고, 애슐리스튜어트 동료들은 내게 의지하고 있었다. 안전망은 사라졌다.

오해 없길 바란다. 우리가 결국 실패하더라도, 적어도 회사는 살아남아 미스핏 토이즈와 차리와 셸리와 지나를 포함한 1000명 이상의 일자리를 좀 더 오래 유지할 수 있었다. 나는 이 점에서 적지 않은 위안을 얻었다. 하지만 장기 계획은 성공을 장담할 수 없었다. 기억하자. 주도성을 발휘한다 해서 원하는 결과가 수학적으로 보장되는 것은 아니다. 그러나 내 투자자들이 재정적 손해를 바라고 내 비전을 지지한 것 또한 아니었다. 그럼 '내' 입장은? 그렇다. 파이어파인 그룹도 이 회사에 상당한 소수지분이 있었다. 하지만 세상의 관점으로 봤을 때, 나는 이제 두 번이나 파산한 회사의 회장이자 CEO이자 CFO이자 최대 개인 주주였다. 그 회사는 도심 저소득층 지역의 흑인 여성들에게 플러스사이즈 옷을 파는 회사, 불과 6개월 전만 해도 와이파이가 되지 않던 회사였다. 그것이 내 명함의 내용이었다. 내 모든 달걀은 이 너덜너덜한 바구니 하나에 담겨 있었다. 심호흡해, 제임스.

돌이켜보면 내가 처음 세카우커스에 도착한 이래, 선례와 관례의 방어벽 뒤에 숨어 주도성을 회피하려 했던 경우는 여러 번 있었다. 하지만 그 6개월 동안 내 신념과 용기가 자라났다. 내 인생 이야기에서 직장인 제임스와 가정인 제임스 중 누가 주역을 연기할지는 오로지 내 결정에 달려 있었다. 불확실성을 받아들이는 데 따른 해방감은 덤이었다. 한때는 온 세상이 애슐리스튜어트를 외면했다. 그래서 뭐?

세카우커스에 처음 왔을 때 나는 내가 무엇을 추구하는지 온전히 알지 못했다. 아마도 현실, 진정성, 더 나은 버전의 인간성, 더 나은 나였을 것이다. 나는 인지부조화에 지쳐 있었고, 재정적·기술적 연결을 위해 진정한 유대를 희생하는 데 신물이 났다. 더는 아바타가 되고 싶지 않았다. 돌아보면 아버지의 건강 악화도 이 결정에 한몫했다. 생사의 문제 앞에서는 게임, 게임 전략, 자신을 본연의 인간성에서 멀어지게 하는 게임화된 시스템들에 허비할 시간이 없다. 나는 현실에서 도망치기보다 그리로 달려가고 싶었다. 그리고, 맞다. '현실'은 항상 고통스럽다. 정과 한이 그렇듯, 기쁨과 고통은 결코 동떨어져 있지 않다. 또한 나는 배려나 공감이 내 능력이나 총기를 막지 않는다고 믿었다. 막기는커녕 그것들은 오히려 나를 더 유능하게, 더 똑똑하게 만들어주었다. 나는 어릴 적 본능적으로 믿었던 바로 그 배짱을 다시 느꼈다.

그때나 지금이나 나는 우리를 우리 본연의 성품에서, 자연과 인간애의 상식에서 밀어내는 규칙과 규범은 장기적으로 결국 실패할 것이고, 우리에게 실패를 안길 것이라 믿는다. 나는 다른 방식으로 일할 작정이었다. 그리고 그 방식은 수많은 스프레드시트와 공식들 뒤에 갇혀 있던 창의성과 음악적 감각을 필요로 한다.

나는 결정했다. 끝까지 함께 가기로.

# 5장

# 균형

헬리콥터는 공중에 머물러 있을 수 있다.
바람이 없을 때, 무게와 항력의 합은 추력과 양력의 합과 같다.

거래가 마무리되고 며칠 후, 나는 회색 접이의자들과 산업용
크기 온장고가 있는 음울한 구내식당에 모두를 불러 모았다. 내
첫 번째 타운홀 미팅, 그리고 가슴 아픈 WARN법 통보가 있었던
바로 그 장소였다. 하지만 이번에는 달라서 어쩐지 다른 곳처럼
느껴졌고, 온장고조차 묘하게 정겨워 보였다.

나는 노트북을 가져다 의자 중 하나에 올려놓고 내가 좋아하는
비틀즈 노래 〈태양이 뜬다Here Comes The Sun〉를 틀었다. 나는 아무
말도 하지 않았다. 모두들 그저 듣기만 했다. 나는 한때 극복 불가
능해 보였던 역경에 맞서 우리가 함께 만들어낸 이 아름다운 순
간을 모두와 한자리에서 음미하고 싶었다. 이 노래는 아이처럼

천진하고 낙천적인 멜로디로 길고 외로운 겨울 이후의 소생, 명료성, 희망에 대해 이야기한다. 분노나 원망에서 풀려난 새로운 시작. 한에서 태어난 정.

물론 내 속에 의심이 없지는 않았다. 심지어 두려움도 있었다. 하지만 그것은 좋은 유형의 두려움, 용기를 진작하는 두려움이었다. 예전 같으면 자기의심과 노심초사에 싸여 있었을지 모르겠으나 이번에는 그렇지 않았다. 이유는? 앞서 7개월 동안 내가 경험한 것이 진짜임을 알기 때문이었다. 어떤 스프레드시트도 미스핏토이즈, 지나, 차리, 셸리, 나 사이의 진정성이나 유대감을 담아낼 수 없었다. 어떤 투자은행 피치덱도 나의 과거와 한인 부모의 삶이 내가 이 비즈니스의 잠재와 진가를 알아보는 데 어떤 영향을 미쳤는지 설명할 수 없었다. 정직한 자산관리사라면 시장을 능가하기란 불가능에 가깝다고 말할 것이다. 하지만 여기에 중요한 단서가 있다. 그것은 시장이 **효율적**일 때(금융 용어로 '효율적 시장'이란 모든 정보가 가격에 즉시 반영되어 시장 가격이 자산의 실제 가치를 정확하게 나타내는 상태를 뜻함-옮긴이)의 얘기다. 그런데 이 경우에는 기존의 시장 지표들이 포착하지 못하거나 포착하지 않는 데이터 포인트가 많았다. 일단 시장은 사람들 및 그들 각각의 과거가 예상치 못한 방식으로 수렴하고 결합해서 만드는 새로운 미래의 가치를 인식할 수 없었다. 시장의 과거 데이터 중 전례 없는 연합의 힘을 예측할 데이터는 없었다. 하지만 시장과 달리 나는 온전히 현재에, 거기가 아닌 여기에 있었다. 나는 책상 뒤에 앉아 있지 않았다. 그리고 그 덕분에 나는 그들이 오직 과거만 볼 때 미래를 보았다.

〈태양이 뜬다〉가 끝나갔다. 나는 주도성과 다정함이 밀접히 결부돼 있다는 것을 알고 있었다. 하지만 그 지식을 제대로 전달할 언어는 아직 내게 없었다. 아마 그래서 본능적으로 그 노래를 내 대변자로 삼지 않았나 싶다. 우리의 겨울은 길었지만 점점 덜 쓸쓸해지는 겨울이었다. 우리 모두는 독자적으로 참여를 선택했다. 동시에 우리 각자는 이 일이 성공하려면 나머지 모두가 필요하다는 것을 알고 있었다. 우리 중 누구도 주도성을 포기하지 않았다. 덕분에 우리에게는 '집단 사고'가 아니라 진정한 공동 신뢰로만 얻을 수 있는 기민성, 즉 변동에 대한 신속한 대응력이 생겼다. 얼마 후 개인적 비극으로 가득한 일주일을 보낸 뒤에야 나는 이런 인간적 기본 자질들이 우리 비즈니스와 내 삶에 얼마나 중요한지 온전히 이해하고 감사하게 되었다.

우리 팀은 지쳐 있었고 재원도 부족했다. 하지만 성공을 위해서는 우리가 함께 창조하고 실제로 살아가는 현실을 믿고 육성해야 했고, 나는 우리 팀이 그렇게 할 수 있게끔 영감과 리더십을 계속 제공해야 했다. 인공 시스템과 구상들 중 다수는 그동안 이 회사와 고객과 직원에게 전혀 유리하지 않았다. 우리가 할 수 있는 것은 우리 매장들과 내 임시 중역실 주변에서 조용히 실천되고 있는 핵심 가치들을 우선시하고 충실히 지키는 것뿐이었다. 우리는 그야말로 전사적으로 남들의 인식, 견해, 가치판단에 휩쓸리는 것을 멈추고, 대신 우리 특유의 아름다운 노래를 불러야 했다. 우리가 어떻게든 이것을 해낸다면, 나는 우리가 애슐리스튜어트의 미션에 충실한 동시에 월스트리트의 성공 기준도 달성할 것으로 확신했다.

세상을 바꾸겠다는 야망은 우리에게 없었다. 하지만 결국은 세상이 놀라서 벌어진 입과 눈으로 우리를 보게 되었다. 주머니에 손을 넣고 어깨를 으쓱하고 상냥한 미소를 지어 보이면서, 우리는 우리를 의심했던 이들을 포함한 모두를 축하 자리에 초대했다. 물론 그렇게 되리란 것을 이때의 나는 몰랐다. 명시적 확률이 우리 편이든 아니든 나는 우리를 믿었다. 또한 할 일이 산적해 있다는 것도 알고 있었다.

애슐리의 상황은 지극히 단순하고 정직한 해법을 필요로 했다. 즉, 비즈니스를 인간애라는 '자연법칙'에, 우리가 아이 때부터 기억하는 상식과 앎에 더욱 부합하게끔 운영해야 했다는 뜻이다. 세상은 그 상식과 지식을 부패시키고 왜곡하려 들며, 그것을 기억하고 믿는 이들을 미친 사람 취급한다. 하지만 우리는 그것을 핵심 가치와 원칙으로 삼았다. 그런 다음 그 가치와 원칙들을 왜곡이 아니라 증폭하는 데 우리의 지식(기업회계, 마케팅, 기술, 조직이론 등)을 적용했다.

다시 말해 우리는 인간이 만든 시스템들에 휘둘리는 대신 그것들을 우리에게 맞게 구부리는 데 집중했다. 우리는 우리 생태계에 있는 사람들에게 깊이 마음을 썼고, 그것을 인정하는 데 전혀 부끄러워하지 않았다. 우리는 가정의 가치가 직장에 스며들게 했고, 그럼으로써 업무상 고충의 근본 원인과 비용을 일부 없앴다. 우리는 오로지 현대판 모노폴리게임만 하는 대신 지주게임의 두 가지 버전을 모두 익히고 그 사이에서 역동적 균형을 찾는 일에 도전했다. 우리에게 허용된 활주로가 매우 제한적이었기에 당시의 급선무는 긍정적 현금흐름을 창출하는 것이었다. 우리는 이 필요에 전면대응하는 동시에, 브릭처치 지점의 '안전지대'를 대대적으로 복제한다는 더 큰 비전을 고수했다. 우리는 실수와 미비점을 인정하는 한편 탁월함을 고집했다. 그리고 전반적으로는 균형 유지에 최선을 다했다.

어디서부터 시작해야 할까? 우리는 처음으로 돌아갈 필요가 있었다. 말 그대로의 처음으로. 신경과학자들에 따르면 아이들은 천부적 학습자이며, 상상력과 창의로 가득한 타고난 시스템싱커다. 적어도 성장기에는 그렇다. 그러다 성인이 되면 앞서 우리가 논한 상자들 속에 서서히, 하지만 확고하게 놓인다. 그렇지만 나를 포함해 그날 구내식당에 있던 모두는 한때 어린아이였다. 우리가 다시 시작할 수 있다면, 그래서 특정한 것들을 배우거나 혹은 반대로 이미 배운 것을 소거할 수 있다면, 애슐리가 성공할 가능성은 충분했다.

◆◆◆

그럼 나는 어떻게 모두에게 주도성 수용을 가르쳤을까? 어린 아이의 급진적 상식과 호기심으로 생각하는 방법, 배움을 소거하는 방법, 20년이나 적자에 있었던 회사를 수익성 있는 회사로 돌리는 방법은? 웃어도 좋다. 나는 레모네이드 스탠드와 T계정(기업회계의 중심 프레임워크)을 이용해 모두에게 그 모든 것을 가르쳤다. 그런 다음 거기에 재무와 행동과학의 몇몇 핵심 원리를 뿌렸다. 좋은 소식이 있다. 이 내용의 대부분을 사람들은 이미 직관적으로 알고 있었다. 알베르트 아인슈타인Albert Einstein은 직관적 사고는 신성한 선물인 반면 이성적 사고는 충직한 하인과 같다고 했다. 과학과 수학을 이용해 진리를 발견하고 전달하는 데 뛰어났던 인물이 이야기한 것이니 믿어도 되지 않을까?

이 장에서 다룰 내용을 사업(또는 인생)의 시작이나 전환을 위한 역동적 프레임워크로 생각해주길 바란다. 재미있고 직관적으로 풀어보겠다. 설명이 끝나고 나면, 여러분은 몇 가지 핵심 원칙만 적용해도 비즈니스의 (그리고 어쩌면 인생이라는 비즈니스까지도) 궤적을 바꿀 수 있음을 깨달을 것이다. 그러려면 주도성을 발휘해서 자산과 부채를 의도적이고 정확하게 밝혀야 한다. 특히나 집어내야 하는 것은 기업의 회계규정 때문에 추적하기 어려운 자신과 부채다. 앞서 봤듯 때로 자산은 부채로 바뀌는가 하면, 그와 반대되는 경우도 있다. 이런 가변성을 수용하려면 진정한 기민성

이 필요하다. 사실 변화가 날로 가속하는 지금 세상에서는 기민
성이야말로 대차대조표상의 가장 중요한 자산일 것이다.

그렇다면 어떻게 시작하는 것이 좋을까? 먼저 간단한 복습을
해보자.

첫 번째는 레모네이드 스탠드lemonade stand(미국에선 아이들에게 경
제관념을 가르치는 방법의 하나로 동네에 작은 가판대를 마련해 직접 레
모네이드 등의 음료를 만들어 팔게 하는 관습이 있는데, 이때의 가판대를
칭하는 표현임-옮긴이). 이는 뚜렷한 이해당사자들이 실제 지역사
회에 설립한 소규모 비즈니스를 말한다. 실제 사람들은 실제 돈
을 지불하고 그 대가로 설탕, 레몬, 과육, 물의 혼합물이 담긴 작
은 컵을 받는다. 운이 좋으면 그 안에 질질 녹는 각빙도 하나 들어
있다. 레모네이드 스탠드의 수학과 운영은 명백히 자본주의에 기
반하나, 어른들 세계의 그것과는 차이가 있다는 것을 모두가 본
능적으로 안다. 이윤과 투자수익은 레모네이드 스탠드에서도 중
요하다. 하지만 그만큼 또는 그보다 더 중요한 다른 고려사항과
제약들이 있다. 예를 들어 대개의 레모네이드 스탠드에서는 다소
'열등한' 제품을 팔지만 (사실 레모네이드가 미치도록 맛있어서 사는
것은 아니지 않나?) 동네에서 가장 깐깐한 이웃이라 해도 그 때문에
성내며 돌아와 환불을 요구하지는 않는다. 원조 모노폴리게임의
두 가지 버전을 기억하는가? 레모네이드 스탠드는 업무 행동과 일
상 행동이 경계 없이 공존하는 일종의 하이브리드 공간에서 운영
된다. 다시 말해, 직장인인 당신과 가정인인 당신 중 축축한 컵에

| 가치 있는 것 | 자금 조달 방법 |
|---|---|

| 단기<br>자산 | 단기<br>부채 |
|---|---|

········· 1년

| 장기<br>자산 | 장기<br>부채 |
|---|---|
| | 자기자본(주주지분) |

자산 = 부채 + 자기자본
(A)      (L)      (E)

밍밍한 음료를 담아 파는 꼬마에게 1달러 지폐를 건네는 사람은
누구일까? 내 생각에는 둘 다다.

두 번째는 T계정. T계정은 대차대조표를 구성하고 표현하는
기본 프레임워크인데, 그 모양이 대문자 T를 닮아서 이렇게 일컫
는다. 대차대조표의 목적은 특정 시점에서 회사의 자산assets, A, 부
채liabilities, L, 자기자본equity, E을 요약해 보여주는 것이다. 그러면
분기별, 연도별 비교가 용이해진다. 회계에서 자산이란 대차대조
표상의 소유주에게 미래 가치를 창출해줄 것으로 기대되는 재원
혹은 소유물이다. 자산은 T계정의 왼편에 자리한다. 기대수명이
1년보다 긴 자산들은 따로 묶어 장기 자산으로 지정한다.

T계정의 오른편에는 자산에 대한 대금을 어떻게 지불했는지
기록한다. 지불 방법은 두 가지다. 언젠가 당신이 상환해야 하는

자금(부채)으로 지불하거나, 당신에게 완전한 소유권이 있는 자금(자본)으로 지불하거나. TV를 새로 샀다고 치자. TV 구입비용은 어떻게 조달했는가? 부채(앞으로 갚아나가야 하는 신용카드 빚)로 샀는가, 아니면 자기자본(미래 상환 의무가 없는 자금)을 늘려서 샀는가? T계정에서 왼편에 있는 금액들의 합계는 오른편 금액들의 합계와 항상 일치해야 한다. 즉, 균형이 맞아야 한다는 뜻이다. 시간이 지나면서 자산을 사고팔거나, 부채를 상환하거나, 현금 유입(소득)보다 더 또는 덜 지출해서 부채 또는 자기자본을 축적하면 그에 따라 T계정의 합계도 오르내린다. 이해되는가? 왼편과 오른편은 회계원칙상 균형을 유지해야 한다는 점을 기억하자. 이를 피할 방법은 없다.

T계정에 대해 알아둘 사항이 두 가지 더 있다. 첫째, 비즈니스의 T계정은 공식을 이용해 그 가치를 거의 정확히 액수로 정량화할 수 있는 자산, 부채, 자본만을 반영한다. 다시 말해 무형의 인간적 자산(충성도, 웰니스, 유대감 등과 상표권이나 저작권 같은 영업자산)은 대개의 기업 대차대조표에서 일반적으로 누락된다. 둘째, T계정은 전적으로 자기자본—오너십 그룹, 즉 주주들—의 관점에서만 구성된다. 일반적 대차대조표는 주주가 실현한 손익을 반영할 뿐, 같은 생태계에 속한 이해당사자(근로자, 공급업체, 사회 전체)의 손익은 반영하지 않는다. 예를 들어 근로자의 웰빙은 금액으로 정확히 측정할 수 없을 경우 대차대조표에 드러나지 않고, 설사 드러난다 해도 주주의 관점에서 나타난다. 즉, 근로자의 웰빙

이 자기자본(주주지분)에 미치는 영향만 따지는 것이다. 따라서 만약 확정연금처럼 정량화가 가능한 미래 의무가 직원들에게 긍정적인 영향을 미친다 해도 그것은 부채로 분류된다. T계정은 오로지 주주, 즉 지분소유자의 입장에서 구성되기 때문이다.

내가 이를 장황하게 논하는 이유가 있다. 기업회계규정을 인생 평가를 위한 유일한 프레임워크로 여기면, 비록 액수로 측정할 수는 없지만 전인적全人的 균형에 큰 역할을 하는 자산과 부채를 놓치기 쉽기 때문이다. 기업회계규정대로 할 경우 이렇게 정량화하기 힘든 자산과 부채는 인생의 T계정에 나타나지 않는다. 업무용 어휘가 현대인의 삶을 점점 더 잠식하고 있는 세태를 생각할 때, 이 점에 특히 유념해야 한다.

애슐리스튜어트에서 우리는 레모네이드 스탠드의 규칙과 기

업회계 및 기업행동의 규칙을 조화시키기 위해 노력했다. 그 노력의 일환으로 정규 기업회계규정으로는 추적되지 않는 인적 자산과 부채가 감안되게끔 하는 문화 및 운영표준을 수립했다. 다시 말해, 우리는 외부에 우리의 재무 수치를 법이 명시한 대로 보고했지만, 내부적으로는 열 살 아이의 레모네이드 스탠드에 보다 부합하는 행동 규준과 측정 방법을 채택했다. 그렇게 함으로써 우리가 원하는 결과를 달성할 방법과 과정에 스스로 책임을 지는 주도권을 행사했다.

## 레모네이드 스탠드 설립

### 1단계: 무엇이 제품인가?

레모네이드 스탠드 설립은 이론상으로는 쉽지만 실제로 실행하려면 겁이 난다. 어릴 적 기억을 떠올려보자. 자신을 길에 내놓고 취약한 상태에 있기란 쉽지 않다. 그랬다가 누구도 나를 응원하러 오지 않으면? 다른 애들이 와서 놀려대면? 여기서의 핵심은 실제 레모네이드는 명목상의 제품일 뿐, 진짜 제품은 당신이라는 점이다.

　내가 모두에게 〈태양이 뜬다〉를 들려준 것을 기억하는가? 이를 레모네이드 스탠드 용어로 표현하자면, 그때 나는 손글씨로 새로 쓴 '애슐리 레모네이드' 배너를 펼쳐 든 셈이었다. 그때 구내식당에 있던 모두는 그 이면의 뜻을 알고 있었다. 그에 쐐기를 박기 위해, 노래가 끝난 뒤 나는 첫 번째 타운홀 미팅에서 던졌던 질문들을 다시 던졌다. 질문은 이렇게 시작했다. "우리는 무엇을 제공합니까?"

이에 대한 대답으로 들은 것은 안전, 자신감, 우정 같은 말들이었다(여기까진 좋아, 라고 그때 나는 생각했다). "이 회사의 실적에 대한 책임은 누구에게 있나요?" 이것이 내 두 번째 질문이었다.

"우리 모두요."가 대답이었다.

"그럼 우리가 이것을 할 방법은요?" 내가 물었다.

"다정함과 수학으로!" 그들이 대답했다.

"좋아요. 진전을 보이고 있군요!" 내가 말했다.

나는 이것이 대수롭지 않은 성과인 척했지만, 사실 모두의 관점 변화는 7개월 동안 매일 의도적으로 노력한 결과였다. 마인드셋의 변화는 과정이지 한순간의 깨달음이 아니다. 이 변화는 실제였다. 나는 모두에게 발언할 공간, 숙고할 사실, 결론지을 시간을 주었다. 이제 그들의 주도성을 발휘할 적절한 환경이 조성되었다. 주도성을 행사할지 말지는 그들의 몫이었다. 내가 들은 대답들은 획일적인 것도, 암기된 것도 아니었다. 사람들은 경험한 대로 말했다.

관점이 새롭게 변하자 거기서 다른 변화들이 흘러나왔다. 내가 그들에게 이 생태계는 플러스사이즈의 흑인 여성인 애슐리를 중심으로 돌아가며, 이 여성은 내 엄마를 많이 생각나게 한다고 말했을 때 누구도 움찔하지 않았다. 우리의 레모네이드 스탠드에서 이 여성은 더 이상 타자他者가 아니었다. 다시 말하지만, 통계에 따르면 미국 여성의 과반이 플러스사이즈다. 같은 맥락에서 나는 고등학교 교사 출신의 사모펀드 운용자 제임스였다. 그럼 미스핏 토이즈는? 음, 그들은 누가 뭐래도 적격이었다.

이 세상의 중심에는 매장들이, 차리들과 셸리들이, 그리고 그들이 고객들과 형성한 관계가 있었다. 각 매장은 실제 레모네이드 스탠드였다. 본사는 그들을 대변하고 지원했으며, 그 반대의 일은 없었다. 이 진리는 이전 경영진들이 최일선의 여성들로부터 배우기는커녕 그들에게 지나치게 권위적인 규칙을 강요했던 것이 얼마나 근본적인 패착이었는지를 실감하게 했다. 우리는 댐을 해체해서 물줄기들이 보다 자연스럽게 흐르게끔, 반대 방향이지만 궁극적으로는 '옳은' 방향으로 흐르게끔 했다.

여태껏 우리가 겪은 바를 모두 겪었음에도 낡은 것을 버리고 새로운 관점을 채택 및 체화해 그 기저의 리듬에 몸을 맡기기를 거부하는 이가 있다면, 누가 되었든 그 사람은 더 이상 이 회사에 남을 수 없었다. 그런 사람들이 누구인지도 금세 명백해졌다. 그들은 과거에 너무 얽매여 있었다. 그들은 따라오지 못했다. 그들은 물에 뜨는 대신 에너지를 낭비하며 몸부림쳤다. 나는 물에 빠진 사람이 어떤 모습인지 안다는 것을 기억하기 바란다. 결국 내가 세카우커스에서 열었던 첫 번째 타운홀 미팅의 참석자들 중 약 60퍼센트만이 회사에 남을 기회를 부여받았다.

## 2단계: 공간

레모네이드 스탠드를 차리기 위한 다음 단계는? 이제는 길가의 한 지점을 골라 탁자를 놓아야 한다. 하지만 우리가 배웠듯 공간은 단순한 물리적 점유를 넘어서는 영향을 미칠 때가 많다. 기억하는가? 내 임시 중역실을 둘러싸고 일어난 신선한 역동이 기존의 (인위적) 서열을 서서히 무너뜨리는 동력이 됐다. 보스턴의 내 삶과 정체성으로부터 물리적 거리를 둔 일 또한 내가 내 과거와 새로운 방식으로 재접속할 공간을 제공했다. 두 경우 모두에서 공간의 변화는 관점과 사고의 전환을 촉진했다.

그래서 파산 절차를 거칠 때 내가 가장 먼저 한 일 중 하나는 본사를 이전하겠다는 뜻을 유산관리그룹에 전한 것이었다. 모두 태워버려요. 나는 동료들에게 강조했다. 오직 두뇌, 열린 마음, 새로운 관점… 그리고 노트북만 가져와요. 이제 이 회사는 형식과 내용 모든 면에서 스타트업입니다. 지나는 모두에게 개인 물품 수납용 작은 상자를 주었다. 이때 우리는 이미 데이터를 클라우드에 올리기 시작했고, 이로써 공간에 대한 물리적 정의로부터 더욱 자유로워졌다. 먼지 앉은 서류 캐비닛과 사물함을 포함해 실패와 방치를 상기시키는 모든 물리적 잔재들은 뒤에 남았다. 우리는 산업용 크기의 온장고와도 작별을 고했다. 그 온장고는 오늘날까지도 생각나고, 생각나면 웃음이 나고, 때때로 그립다.

우리는 근처에 있는 낮은 오피스빌딩의 꼭대기층에 새로 레모네이드 스탠드 본사를 차렸다. 회색의 4층짜리 밋밋한 건물이었다. 전에 비해 훨씬 작은 데다 낡은 월스트리트 거래소처럼 생긴 장소였지만, 우리 관점에서는 그곳이 상대적으로 산속 리조트처럼 느껴졌다. 게다가 그곳엔 가구들이 남아 있었다. 그 전리품들 중에는 행운을 예고하는 듯한 (직사각형이 아닌) 둥근 회의탁자도 있었다. 장기근속자인 임원 한 분은 사무실 창밖에 막힘없이 펼쳐진 일몰 풍경을 바라보며 눈물을 쏟았다. 신변 안전에 대한 두려움을 토로해서 내가 결국 무장경비를 고용하겠다고 결심하게 만든 임원이었다.

"믿을 수가 없어요." 그가 말했다. "우리가 겪은 일들을 생각하면 이건 기적이에요."

나는 그가 그 순간을 음미하도록 그냥 두었다. 하지만 내 마음속 목소리는 여기엔 어떤 기적도 개입하지 않았다고 말했다. 그때까지 우리가 지나온 길에는 어떤 자산이 가치 있고 어떤 것이 그렇지 않은지에 대한, 일련의 매우 신중한 결정들이 깔려 있었다. 주도성, 상상력, 안전, 독창성 그리고 자신감. 이런 자산들은 어느 기업의 대차대조표에도 명시적으로 나타나지 않는다. 그것들을 수용함으로써 우리는 가장 값진 자산은 물리적 자산이라는 마인드셋에서 벗어날 수 있었다. 재무적 관점에서 우리는 물리적 점유 공간을 줄여 연간 수백만 달러의 비용을 절감했다. 비생산적인 물리적 자산을 부채로 인식하고, 그것을 우리 자신과 회사 운영에서 떼어내는 조치들을 취했기에 가능한 일이었다.

새로운 본사에서 나는 예전에 썼던 책상과 매우 흡사한 책상

하나를 찾아내 거래소를 굽어보는 곳에 배치했다. 예전 본사에 있었던 '중역실'과의 유일한 차이는 지나가 내 책상 바로 뒤의 가짜 벽에 차리를 비롯한 점장들의 사진을 걸어놓은 것이었다. 그 여성들의 대부분은 세카우커스에서 수백, 심지어 수천 킬로미터 떨어진 곳에 있었지만 그 점은 중요하지 않았다. 비유적으로 말해 그들은 나와 함께 있었다. 내가 애슐리를 대표해 결정을 내릴 때, 나는 그들이 내 어깨 너머로 지켜보기를 원했다. 지나와 나는 달콤쌉쌀했던 브루클린 YWCA 연말파티 사진도 벽에 걸었다. 그 사진은 그런 일이 적어도 내 재임 기간에는 두 번 다시 일어나지 않을 거라는 각오의 표명이었다.

짜잔, 이렇게 우리는 새로운 '공간'에 새로운 '탁자'를 폈고, 전국에 포진한 실제 레모네이드 스탠드들을 지원하기 위한 준비를 마쳤다. 모든 매장을 유지할 수는 없었기에 결국 우리는 쇼핑몰에 입점해 있던 매장들 대부분을 폐점했다. 심지어 근근이 수익이 나던 매장들도 정리했다. 쇼핑몰은 작위적이고 인간미 없는 곳이었다. 상거래 분위기만 있고 지역에 대한 뿌리는 약했다. 그후 우리는 남은 115개 매장(파산 과정에서 50여 개 매장이 정리됐다) 중에서 해당 지역과 지역민에 잘 녹아 있는지에 중점을 두어 90개 매장을 선정했다. 또한 매장 정리로 일터를 잃은 동료들에게 남은 90개 매장 중 한 곳으로 옮길 것을 권하는 등, 자격 있는 직원들을 유지하기 위해 최선을 다했다.

전반적으로 이 정리 과정은 내가 내 T계정도 간소화, 명료화하는 계기가 되었다. 나는 오랫동안 내가 갑옷(스펙, 학위, 터프가이 이미지 같은 것들)을 자산으로 착각하고 있었음을 깨달았다. 나는 그것을 안정과 혼동했다. 하지만 아니었다. 그것은 불안정이었다. 이 잘못된 안정감을 내 T계정에서 원래 자리인 부채 쪽으로 옮겨 놓은 후에야 나는 그것을 처분하고, 내 에너지를 진정한 자산 창출과 육성에 투자하는 조치를 취할 수 있었다. 내게 있는 모든 자산과 부채를 재평가함으로써 나는 내 인생의 주인이 누구인지 상기했다. 그것은 나다. 당신 인생의 주인이 당신이듯이.

### 3단계: 리더십팀 구성

비즈니스가 다 그렇듯 레모네이드 스탠드도 숙련된 손들과 목소리들이 한 팀으로 합심, 협력해야 잘 작동한다. 당신 외에 스탠드에 리더십을 제공하는 이는 누구일까?

우리가 아이였을 때라면 논리적 첫 단계는 친한 친구들, 또는 적어도 충실한 지인들에게 전화를 거는 것이 될 수 있다. 하지만 모두 알다시피 중요한 것은 우리의 인맥을 친구나 지인이 보증하는 사람들로 확장하는 것이다. 궁극적으로, 이렇게 결성된 핵심 팀원들은 말이 아닌 행동을 통해 자신의 패기를 증명한다. 그들은 비가 쏟아지기 시작해도 우리 곁에 남는다. 그들은 거래상의 이유, 금전적인 이유 때문이 아니라 순전히 거기에 있기를 원하기 때문에 있는 이들이다.

이 핵심 리더십팀의 구성원이 네 명이라고 치자. 레모네이드 스탠드 운영은 긴밀한 협업을 요한다. 자신을 따돌리거나 못살게 구는 아이, 부정적이거나 밉살스럽거나 자기 잇속만 차리거나 매사 잘난 척하는 아이와 일하고 싶은 아이는 아무도 없다. 누구나 스탠드에서 나처럼 열과 성을 다해 일할 파트너를 원한다. 심지어 나와 전혀 닮은 데 없고 처음 보는 아이라 해도 그 아이가 동업자의 역할을 충실히 수행한다면 받아들일 수 있다. 1달러짜리 지폐와 잔돈을 보관하는 플라스틱 용기를 선뜻 믿고 맡기기 힘든 사람과는 함께 일하지 않는 것이 좋다. 그렇지 않나? 이런 기본 교전수칙을 공유하는 데는 굳이 두꺼운 매뉴얼이 필요치 않다.

물론 우리는 성인이다. 그러나 우리의 업무 환경이 사교 클럽이어야 한다는 뜻은 아니다. 오히려 그 반대다. 내가 말하려는 바는 기본적 불문율의 사회계약이 반드시 공유되어야 한다는 것이다. 그 사회계약은 내가 로스쿨과 사모펀드에서 배운 난해한 기업법을 초월하고, 내가 대학에서 배운 인문학에 뿌리를 둔다. 그것은 회사 자체가 아닌 동료들이 부과하는 것이지, 홍보용 보도자료나 미디어 광고를 위해 고안된 기업 강령이 아니다. 나는 기본적 인간애와 인간답게 대우받을 권리는 반드시 공평하게 분배되어야 한다고 믿는다. 이는 우리가 직장이라고 부르는 세상에서도 마찬가지다. 지나치게 철학적인 이야기로 들릴 수도 있겠다. 하지만 여러분 내면에 있는 열 살짜리 아이에게 물어보고, 그 아이가 뭐라고 하는지 들어보자. 아마도 이렇게 말하지 않을까? 공평한 게 공평한 거지. 그렇다면 권위 있는 위치의 사람들은 책임을 면제받기보다 오히려 더 많이 져야 한다. 리더십은 상이 아니다. 리더십은 의무다. 따라서 부담으로 느껴져야 맞다.

◆◆◆

애슐리스튜어트에서 우리는 팀을 구성할 때 이 점을 명심했다. 그것은 생각보다 쉬운 일이었다. 모두에게는 새로운 시스템에서 플레이할지의 여부를 결정할 7개월의 시간이 주어졌다. 우리는 고숙련 인력이라 해도 연을 끊는 데 미련을 두지 않았고, 수익성 있는 매장이라 해도 새로운 미래를 함께 상상하는 데 관심 없는 팀이 관리하는 곳이라면 거기서 손을 떼는 데도 주저하지 않았다. 우리는 부정적 태도, 즉 미래 재구상의 능력이나 의지가 없는 것을 대차대조표의 진정한 부채로 여겼다. 회계규정상의 분류는 중요하지 않았다. 그런 잉여 중량을 떠안고 비행하기에는 에너지 비용이 너무 높았다. 실제로 이 부채를 없애자 우리의 자기자본 가치는 늘어났다.

원래의 미스핏 토이즈는 자연스럽게 제1기 리더십팀이 되었다. 하지만 본사 이전 후에도 우리는 팀으로서의 진화를 멈추지 않았다. 첫 8개월 동안 우리는 격무에 시달렸다. 야근을 거듭하며 뼈 빠지게 일한 몇몇 리더들은 사무실 크기나 간식 제공 같은 사소한 것들에 대해 계속 불평했다. "누가 나 좀 이해시켜줘요." 내가 마침내 말했다. "여러분은 지금 자기 사무실에 대해 불평하고 있는데, 여기 사람들 대부분은 사무실 자체가 없어요. 정말 실망이에요. 그동안 그 고생을 같이 하고도 이래요?" 하지만 무슨 이유에선지 어떤 이들은 불평을 멈추지 않았고, 그것이 그들 및 다른 이들의 업무 성과에 지장을 주기 시작했다.

얼마 후 내 인내심에 한계가 왔다. "그거 알아요?" 내가 말했다. "여러분에게 딱 맞는 사무실을 찾았어요. 밖의 주차장에 있더군요. 두 군데 중 어디를 원하는지 월요일에 알려줘요." 때로는 주차장 사무실이 최선의 선택이라고 판단한 개인이 회사와 정말 결별하기도 했다.

나는 점장들에게도 본사 리더들에게 했던 것과 같은 연설을 했다. 그들에게 또한 동일한 기준이 적용될 거라고 말이다. 그들은 대개 안도했고, 심지어 흥분하기도 했다. 그들은 내 연설이 구식 불가사리 전화기로 했던 첫 번째 콘퍼런스 콜과 일치한다고 말했다. 저는 여러분을 믿습니다. 매장을 아는 사람들은 제가 아닌 여러분이에요. 매장은 여러분의 레모네이드 스탠드입니다. 여러분의 최선의 판단을 이용하세요. 우리는 우리대로 여러분을 지원하기 위해 뭐든 할 것입니다. 이제 가서 여러분의 팀을 꾸리세요. 레모네이드 스탠드는 재미있다. 재미는 책임과 상충되지 않는다. 두려울 때 재미를 느끼는 이는 아무도 없다. 여러 조직문화 연구는 동지애와 유머가 '생산성'에 필수임을 보여준다. 두려움이 '투쟁-도피 반응 fight or flight reflex(긴급 상황 시 우리 몸에서 자동으로 일어나는 생리적 각성 상태로, 문제에 맞서거나 도망가기 위해 교감신경계가 신체 기능을 높이는 자동 반사를 뜻함-옮긴이)'을 야기해 창의성, 관대함, 이성적 사고를 사실상 짓누른다는 것은 잘 입증된 과학적 사실이다. 이는 우리가 처음 레모네이드를 팔았던 어린 시절부터 직관적으로 알았던 사실이기도 하다.

### 4단계: 신뢰, 여유, 예비성

레모네이드 스탠드에서 책임은 대체로 어떻게 분배될까? 다양한 강의에서 만나는 기업임원들에게 이 질문을 던지면 그들은 처음엔 논리적 방식으로 역할 할당에 나선다. 한 아이가 레모네이드를 따르는 일을 맡고, 다른 아이는 동네에서 잠재 고객을 찾아다닌다. 내가 네 명의 아이 중 누가 돈 관리를 할지, 즉 누가 플라스틱 용기에서 달러와 센트의 출납을 맡을지 물어보면 임원들은 대부분 선뜻 대답하지 못하다가 이렇게 말한다. 우리 모두요. 그럼 넷 중 누가 CEO 또는 보스냐고 내가 이어서 물으면 항상 누군가 어이없는 표정으로 답한다. 레모네이드 스탠드에는 보스가 따로 없다고 말이다.

사실이다. 그렇지 않나? 열 살짜리 아이들 입에서 CEO나 보스라는 단어를 듣는 일은 드물다. 나는 임원들에게 우리 내면의 깊은 곳에는 모두가 동등하다는 느낌이 자리하고 있으며, 결코 완전히 없어지지 않는다고 상기시킨다. 솔직히 남 밑에서 일하는 것을 정말로 좋아하는 사람이 어디 있겠는가? 그렇기에 차지한 리더십과 주어진 리더십 사이에는 결정적인 차이가 있다. 공식 대차대조표에는 절대 나타나지 않지만, 주어진 리더십은 리더 본인이 아닌 모두의 부응을 통해 창출된 회사 자산이다. 해당 집단은 주도성을 행사해서, 특정인이 CEO일 때 집단이 더 좋게 기능한다는 결론을 내린다. 하지만 그 결정이 주도성을 양도한다는 의미는 아니다. 집단으로서 그들은 여전히 주도권을 소유한다. 같은 논리로, 남들의 주도적 수용 없이 차지한 리더십은 자산이 아니라 오히려 회사의 부채다.

돌이켜보면 내가 내린 가장 중요한 결정 중 하나는 애슐리스튜어트의 모두에게, 내 과거 실적과 스펙이 내게 이 회사를 이끌 자격을 주지는 않는다고 말한 것이었다. 내 동료들은 내 리더십이 과연 따를 만한 것인지, 함께할 가치가 있는 것인지 스스로 결정할 수 있었다. 나는 누구에게도 내 직함, 학력, 직업적 스펙을 내세워 내 리더십을 강요하지 않았다. 기억하는가? 오히려 나는 사람들에게 내가 그 일에 얼마나 한심하리만치 부적격한지를 털어놓았다. 어떤 이들은 그 말을 나약함이나 낮은 자존감의 증거로 오해했다. 하지만 내게는 정반대였다. 나는 권위 입증을 위한 훈장이나 배지 따위가 내게 필요치 않음을 알고 있었다.

대신 나는 그 권위를 분배했다. 비즈니스가 어떻게 돌아가는지에 대한 전반적 이해를 모두가 갖게 한 것이다. 나는 첫날부터 내임기가 유한하며, 내 목표는 내가 이 회사에서 불필요해지는 것임을 분명히 했다. "이것은 애슐리의 책입니다." 나는 이렇게 말하곤 했다. "멋진 해피엔딩이 기다리고 있을 이 책에서 우리는 그저 한 장章일 뿐입니다." 특정 직급에 이르려면 레모네이드 스탠드 전체가 어떻게 통합적으로 기능하는지 이해하고 있음을 증명해야 했다. 물론 레모네이드를 만들어 파는 일이 반도체 생산이나 양자물리학 실험실 운영 같은 수준의 전문화를 요구하지는 않는다. 그렇다 해도 어느 산업에서든 회사는 직원들이 비즈니스 운영을 최대한 광범하게 이해하기를 원하지 않을까? 직원들은 자신의 업무가 회사의 혁신과 수익성에 어떻게 기여하는지 관심을 갖고, 또 그 호기심이 격려와 보상을 받는 환경이 되어야 하지 않을까? 어느 회사든 직급을 불문하고 그렇게 생각하거나 생각하려는 사람을 고용하고 싶지 않을까?

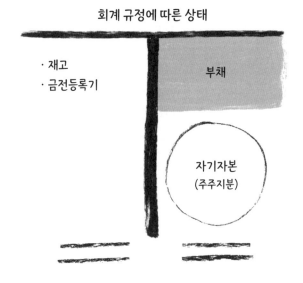

회계 규정에 따른 상태

· 재고
· 금전등록기

부채

자기자본
(주주지분)

우리는 분명히 그런 동료들을 원했다. 그리고 내가 예전 본사의 임시 중역실에서 처음 몇 주 동안 사람들에게 그런 개방형 질문들을 던진 이유도 그것이었다. 그 대화를 통해 우리는 여유 slack(편의, 여분의 시간과 공간, 관용)와 예비성redundancy(백업, 예방책)처럼 가치평가가 어려운 자산을 창출했다. 교차기능훈련cross-functional training(다양한 직능의 사람들이 모여 서로의 지식과 관점을 공유하며 융통성 있게 협업하는 훈련 – 옮긴이)을 통해서는 조직에 여유와 예비성을 창출했다. 덕분에 사람들은 휴가 갈 때나 아이가 아픈 날 마음 편히 쉴 수 있었다. 부서와 직능을 규정하는 경계가 희미해지자 권태감은 줄어들고 협업이 활성화되었다. 이는 나를 포함한 어

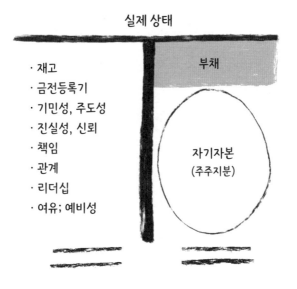

실제 상태

· 재고
· 금전등록기
· 기민성, 주도성
· 진실성, 신뢰
· 책임
· 관계
· 리더십
· 여유; 예비성

부채

자기자본
(주주지분)

느 누구도 단독으로는 회사를 인질로 잡을 수 없음을 의미했고, 그 결과 의사결정뿐 아니라 보상도 더 균등하게 분배되었다. 정보 독점은 공포와 결핍 문화의 징후다. 하지만 우리는 그렇지 않았다. 우리는 정보 공유자들을 격려하고 그들에게 보상했다.

이 점을 분명히 해둬야겠다. 내 말은 직장에서 전문화를 없애야 한다는 뜻이 아니다. 다만 자신의 비즈니스와 삶이 어떻게 돌아가는지에 대해 다방면에 걸쳐 이해해야 하는 것 역시 정한 이치라는 뜻이다. 오직 한 가지에만 능할 뿐, 그것이 더 크고 넓은 시스템과 어떻게 엮여서 돌아가는지를 모른다면 어떨까? 그것은 시시각각 변하는 고용시장의 예측 불가능한 변덕에 자신을 맡기는 고위험 고수익 전략이다. 이는 오늘날 인공지능 가속화 시대의 대학 입학사정관들이 특히 유념해야 할 문제다. 수십 년 전만 해도 학교들은 '다재다능한 학생'을 찾았지만, 오늘날 많은 학교들은 단일 과목에 극도로 특화된 지원자들을 찾고 선발한다. 각기 한 가지에 특화된 동기생들을 한데 모으면 종합적이고 다재다능한 학급이 만들어질 거라는 논리다. 그러나 내 생각을 말하자면 항상 그렇지는 않다. 더구나 단선적 직능들의 경우 점차 기계가 사람을 대체하고 있다. 이런 세상에서 나는 인문학 전공자로 배운 비판적 사고에 대해 점점 더 뿌듯함을 느낀다.

레모네이드 스탠드의 자금 조달에 관한 다음 단계로 넘어가기 전에 언급해둘 것이 있다. 재정적 관점에서 봤을 때 레모네이드 스탠드 설립의 처음 네 단계에선 비용이 전혀 들지 않는다. 지금까지의 주된 일은 자산과 부채를 재정의하고 식별하는 일이었다. 이 판단은 아이 특유의 풍요로운 마인드셋이 있던 시절의 우리가 지금보다 직관적으로 채택했던 사고방식과 행동규범을 바탕으로 한다. 이 마인드셋은 어른이 된 지금도 우리 안에 남아 있다. 우리가 그것을 묻어두었을 뿐이다. 마치 내가 레드 헬리콥터를 묻은 것처럼. 애슐리스튜어트의 경우 세상은 융통성 없는 회계규정을 적용해서 T계정을 그렸다. 그리고 T계정은 조금만 유심히 살피면 쉽게 볼 수 있는 수많은 자산을 간과하고 (상당히) 저평가했다.

## 레모네이드 스탠드의 자금 조달

### 1단계: 자금과 소유권 확보

레모네이드 스탠드에는 밑천이 든다. 장사에 필요한 물품을 구입해야 하기 때문이다. 설명의 편의를 위해 레모네이드 장사의 하루치 밑천이 20달러라고 가정하자. 이 돈은 어디서 나올까?

기업 임원들에게 이 질문을 던지면 그들은 대개 두 가지 해법

중 하나를 제시한다. 네 아이 모두 자기 돼지저금통을 뜯어서 5달러씩 투자하거나, 아니면 각자의 부모로부터 5달러씩을 받아내거나.

각 팀은 공동으로 20달러를 모아 레모네이드 스탠드에 투자할 자금(금융자본)을 조성한다. 이는 빚이 아닌 자기자본이다. 레모네이드 스탠드가 재무 레버리지financial leverage(타인의 자본으로 자산 매입 자금을 대는 것 - 옮긴이), 없이 시작한다는 뜻이다. 재무 레버리지는 빚을 뜻하는 전문 용어다. 즉, 이들에게는 갚아야 할 대출도, 부채도 없다. 왜일까? 각자의 부모들이 5달러씩 주었고 그들은 '종잣돈', 즉 초기 투입 자본의 반환을 요구할 가능성이 매우 희박하기 때문이다. 나는 내 학생들에게 즐겨 강조한다. 그때 여러분이 엄마아빠에게서 받은 5달러는 여러분이 평생 다시 보기 힘든, 가장 쉽고 후한 '가족 친지' 자본이다. 행여 소유권을 전혀 요구하지 않는 투자자를 만나면 내게도 꼭 알려주기 바란다!

일반적으로 각 팀원은 나머지 팀원들도 전체 파이에 공평한 몫을 기여해야 한다고 여긴다. 여기서는 그것이 아이 한 명당 5달러다. 매우 공평하다. 이렇게 하면 참가자 전원의 적극적인 참여를 보장할 수 있는데, 비즈니스 용어로는 이를 스킨인더게임skin in the game(본인이 자기 자금을 직접 투자하고 위험을 감수하는 상황 - 옮긴이)이라고 한다. 우리는 애슐리에서 이를 직간접적으로 제공하려 노력했다. 설명하자면 이렇다.

♦♦♦

나는 스티브의 회사와 파이어파인 그룹뿐 아니라 미스핏 토이즈에게도 돼지저금통의 돈에 해당하는 자기자본을 투자할 기회를 주었다. 그들 스스로 얻은 자격이었다. 더욱이 그들은 비즈니스 전반을 익히 알기 때문에 위험 부담을 공정하고 식견 있게 판단할 수 있었다. 다시 말해 그들에게는 투자 결정에서 진정한 주도성을 행사하기 위한 정보와 이해가 있었다. 또한 나는 이사회의 승인을 받아, 스톡옵션 발행을 통한 지분소유권을 소수에게 추가로 부여했다. 스톡옵션은 미리 돼지저금통을 깨서 선행 투자할 것을 요구하지 않고, 일정 시간이 지난 후에 소유권을 부여한다. 우리의 험난한 여정 탓에 우리사주제도employee stock ownership plan, ESOP를 제대로 평가하고 실행할 형편이 되지 못했다는 것이 오늘날까지 내게 남은 큰 회한 중 하나다.

그렇지만 우리는 지분equity이라는 단어를 보다 포괄적으로 해석하기 위해 최선을 다했다. 주식 소유는 분명 재정적으로 엄청나게 중요한 일이지만, 그것만이 유일하게 유의미한 소유 형태는 아니다. 주식을 소유하지 않은 이들은 자신에게 어떤 주도권도 없다고 느낀다. 그들의 기여나 활동은 중요시되지 않는다. 주도성의 기본 원칙은 자기 행동에 대한 소유권이다. 우리는 이를 식별하고 보상하기 위해 많은 노력을 기울였다. 일례로 전사 차원에서 우리는, 건강보험을 포함한 여러 보험의 비용은 개개인이 날

마다 행한 선택과 행동이 합쳐진 결과임을 알리는 데 힘썼다. 즉, 해마다 우리의 공동 행동과 보험 갱신 요율 사이의 연관성을 보여주면서 그 점을 의식적으로 강조했다. 매장 차원에서는 매출 기반 보너스 정책에서 벗어나 레모네이드 스탠드의 오너들에게 보다 적합한 비非매출 목표와 요건을 포함하는 방향으로 현금보상 시스템을 조정했다. 예컨대 특별 보너스 지급 결정을 위한 성과지표들은 매장 리더가 매장의 대차대조표를 얼마나 잘 관리했는지에 근거했다. 거기에는 재고(캐미솔을 기억하자) 같은 유형 자산뿐 아니라 직원 유지, 지역사회와의 관계, 성품 같은 무형 자산도 포함되었다. 이 보너스 정책은 CEO 시티즌십 어워드CEO Citizenship Award로 불리게 되었고, 수상자는 '오너처럼 행동하고, 좋은 친구가 되고, 좋은 멘토가 돼라'라는 원칙을 체현하는 이들이었다. 현금 보너스는 특정 매장의 '주가' 상승을 추적하는 방법이기도 했는데, 이에 대해서는 6장에서 다시 이야기하기로 한다.

## 2단계: 사업 투자금 이용

종잣돈으로 20달러를 모은 뒤 아이들은 그 돈으로 무엇을 할까? 논리적인 답은 준비물(컵, 레몬, 설탕 등)에 투자하는 것이다. 편의상 단순한 숫자를 사용하겠다. 나름 시장성 있는 레모네이드 한 컵을 만드는 데 (컵에 드는 비용까지 포함해) 50센트가 든다고 가정하자. 그럼 이 팀은 40컵(20달러÷50센트)을 생산할 수 있다. 고객에게 한 컵당 1달러를 청구하고, 생산한 것을 모두 판매하면 아

# 레모네이드 스탠드 경제학

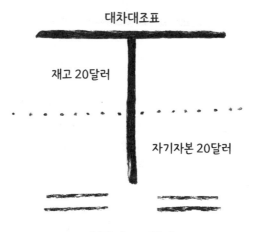

대차대조표

재고 20달러

· · · · · · · · · · · · · · · · · · ·

자기자본 20달러

20달러 = 20달러

이들은 40달러(40컵×1달러)의 매상을 올리게 된다. 다시 말해 (20달러를 40달러로 만들었으니) 돈을 두 배로 불리는 것이다. 시장성 있는 레모네이드의 생산비용이 20달러였으므로, 이 팀의 총수익—실제 명목상의 제품, 즉 레모네이드로 얻은 수익—은 깔끔하게 20달러다.

이는 시장성 있는 레모네이드 한 컵을 생산하는 데 직접적으로 기여하지 않는 비용이 있을 경우 총수익이 낮아진다는 뜻이다. 가령 탁자와 의자 같은 장기 자산에 돈을 쓸 작정이라면, 그것이 레모네이드를 파는 데 있어 장기적으로 얼마나 가치 있을지 오래도록 진중하게 생각하는 것이 좋다. 또한 인건비도 없고(네 아이

## 레모네이드 스탠드 경제학

### 손익계산서

| | |
|---|---:|
| 매출 | 40달러 |
| 빼기: 매출원가 | 20달러 |
| 총수익 | 20달러 |
| 빼기: 인건비 | 0달러 |
| 빼기: 마케팅 | 0달러 |
| 빼기: 임대료 | 0달러 |
| 빼기: 기타 비용 | 0달러 |
| * 순수익 | 20달러 |

**\* 세금은 없다고 가정함!**

들은 무급 오너들이다), 마케팅 비용도 없고(아이들에겐 이미 펠트펜과 색판지가 있었고, 길에 유동인구도 많았다), 임대료도 없기 때문에(인도는 공짜다) 전체 순수익은 총수익과 같다. 요지는 이렇다. 마케팅 비용 등, 시장성 있는 레모네이드 생산에 직접 기여하지 않은 모든 지출은 총수익과 순수익을 감소시킨다.

◆ ◆ ◆

물론 성인들 세상에서는 상황이 다르다. 임대료를 내야 하고, 비즈니스가 하루 이상 지속되고, 매일 매상을 유지할 만큼 유동

인구가 충분하지 않고(따라서 마케팅 비용이 든다), 회사에 고용된 모두가 오너는 아니다(따라서 인건비가 발생한다). 말이 길어졌는데 짧게 줄이자면 이렇다. 성인 세상의 회사에서는 **총수익이 순수익과 같지 않다.** 총수익이 고정적일 때 순수익을 극대화한다는 것은 주주 관점에서 볼 때 인건비, 마케팅, 임대료 등의 기타 비용을 최소화하겠다는 뜻이다. 손익계산서에서 인건비는 광고비나 임대료 같은 비용들과 나란히 적히는 또 하나의 비용일 뿐이다. 따라서 리더들은 시각적 자극에 넘어가 '인건비'가 자기 동료들을 뜻한다는 사실을 잊기 쉽다.

◆ ◆ ◆

레모네이드 스탠드 경제학의 핵심 교훈은 일차적 중요성이 대차대조표에 있다는 것이다. 소유하지 않은 것을 판매할 수는 없다. 다시 말해 대차대조표의 자산이 손익계산서를 주도하는 것이지 그 반대가 아니다. 가격을 어떻게 책정하든 레모네이드는 가진 만큼만 판매할 수 있다.

또한 레모네이드 스탠드는 중요한 것은 자산의 양이 아닌 질이라는 것을 상기시킨다. 어느 시점이 되면 레모네이드는 맛이 가기 시작한다. 컵 자체가 축축해져서 흐늘대고, 음료는 미지근해지고 밍밍해진다. 탁자에 컵이 너무 많으면 엎지를 위험이 크기에 때로 컵을 탁자 아래에 보관하기도 하는데, 시간이 지나면서 이 처량한 작은 컵들은 총수익이 대폭 낮아지는 가격에 팔리거나 심지어 손실로 처리된다.

캐미솔을 기억하자. 캐미솔은 레모네이드와 많이 다를까? 천만에다. 우리 점장들이 캐미솔 판매에 얼마나 애를 먹었는지 생각해보라. 레모네이드 용어로 말하자면 그 캐미솔은 '맛이 갔다.' 점장들은 그 캐미솔을 요청한 적이 없었음에도 그것들을 처리할 책임을 떠안았다. 그럼 현금을 몽땅 그 캐미솔에 투자하기로 결정한 책임은 누구에게 있었을까? 당시 본사는 회계규정에 따라 해당 캐미솔을 대차대조표에 자산으로 기록했다. 하지만 나는 해당 캐미솔을 악성 부채로 인식했다. 그렇다면 부채가 있을 때 해야 할 일은? 처분하는 것이다. 그것도 최대한 빨리! 행동의 변화는 작은 인식 변화, 즉 정신적 재분류만으로 가능해진다. 놀랍지 않을 수 없다. 무언가를 '자산'으로 지칭하면 묘하게도 현상에 안주하게 되고 그것을 제거하는 데 대해 저항감을 갖게 된다(여러분 집에 있는 잡동사니, 특히 차고나 지하실에 쌓여 있는 것들을 생각해보자. 그것들은 자산인가, 아니면 사실상 부채인가? 자, 창고세일을 할 때가 되었다. 대처분의 거사를 치르면 필요 공간이 적어지고, 이는 생활비 절감으로 이어진다).

비즈니스와 삶 모두에서의 기본 원칙 중 하나는 구매 후에 가치가 높아지는 자산은 매우 드물다는 것이다. 있다 해도 그 경우는 투자라 일컫는 것이 더 적합하다. 그 밖의 모든 것은 재정적으로 봤을 때 두 번 다시 동일한 가치를 갖지 못한다. 설사 회계사들이 자산으로 부르는 것이라 해도 말이다. 그러니 모든 자산이 투자는 아니라는 점을 기억하자. '자산'의 상당수, 특히 늦은 밤에 홈쇼핑 방송을 보거나 휴대전화에서 디지털 광고를 클릭하다가 획득한 것들은 사실 자산보다 부채로 보는 편이 맞다. 투자자는 일반적으로 시간 경과에 따른 가치 상승의 잠재력이 있는 자산을 소유하는 반면, 소비자는 일반적으로 시간이 지나면 가치가 떨어지는 '자산'을 소유한다. 우리는 투자자가 되어야 한다.

애슐리에서 나는 최대한 많은 이들에게 레모네이드 스탠드의 교훈을 가르쳤다. 당연히 사람들은 곧바로 이해했다. 그들은 직관적으로 답을 알고 있었는데 특히 자산 매입 결정에 대한 책임이 누구에게 있는지, 누가 책임져야 할지에 대해서 그랬다. 당연히 이 인식은 어떤 결정에 대해 누가 그리고 얼마나 보너스를 받아야 하는지에 대한 재고로 이어졌다.

설명하자면 이렇다. 이제 레모네이드—컵의 디자인과 수량, 레몬과 설탕의 배합 등—에 대한 책임이 본사에 있다는 점은 모두에게 확연해졌다. 그렇다 해서 점장들이 책임을 면제받는다는 뜻은 아니었다. 어떤 날은 미적지근한 레모네이드를 최선을 다해 팔아야 한다. 특히 엄격하게 점장의 책임인 것들이 있었다. 그들은 어떤 결정이 현장에서 효과적이고 어떤 것이 그렇지 않은지에 대해 본사와 실시간으로 소통해야 했다. 전임 경영진이 애슐리 점장들과 본사 사이의 피드백 루프를 끊어버렸던 것을 기억하는가? 이제는 그 피드백 루프도 열정적으로 복원되었다.

이런 대차대조표 우선주의 마인드셋은 운영상의 기민성도 창출한다. 탁자 위에서 오래 대기하다가 맛이 가버리는 컵을 줄이는 유일한 방법은 컵의 입출고 프로세스를 가속화하는 방향으로 운영의 묘를 발휘하는 것이다. (컵을 쏟거나 엎는 일 없이) 이를 더 신속하고 효율적으로 수행할수록 레모네이드는 더 신선하게 유지되고, 더 많은 컵을 더 높은 가격에 팔 수 있으며, 보관비도 줄어든다. 이러면 일단 얼음이 녹을 새가 없다. 그렇다. 우리는 기술, 그리고 몇몇 실용적 수학 공식과 물류 시스템 개선의 도움을 받았다. 하지만 모든 것은 캐미솔의 경우와 같은 낭패를 반복하지 않겠다는 우리의 집단 의지에서 시작되었다. 이를 위해서는 매출(손익계산서)을 논하기 전에 우리가 소유한 것(대차대조표)부터 논해야 한다는 것 또한 우리는 알고 있었다.

이 논리로 보면 내가 사무실 대신 책상을 쓰고, 닛산의 낡은 회사 차를 몰고, 과시용 물품에 회사 돈을 쓰지 않은 이유가 명백해진다. 기업회계규정에서는 그런 물품에 지출된 현금이 모두 자산으로 잡힌다. 더 근사한 회사 차를 모는 것이 나를 더 훌륭한 팀원으로 만들까? 그런 지위 상징들을 포기함으로써 우리는 더 시장성 있는 컵들을 매입하는 동시에 더 많은 컵을 만들어 팔게 해줄 인력이나 기술에 장기적 투자를 할 수 있었다. 그에 따라 더 많은 총수익을 창출하게 되었고, 나아가 급여 인상 같은 일들을 실현할 수 있었다.

나는 동일한 논리를 점차 '나'라는 비즈니스에도 적용했다. 여기서는 용어들이 약간 달라진다. 내 개인 손익계산서에서의 매출은 급여로 불린다. 그리고 내 '컵'에 드는 비용에는 시간, (신체적·정신적) 건강, 통근비용, 기타 기회비용(급여를 버느라 포기한 가족과의 시간이나 추구하지 못한 꿈 등)이 들어간다.

나는 내 '매출'을 위한 '비용'을 최소화하는 데 매진했고, 동료들에게도 그렇게 하기를 권했다. 이 문제는 내 25회 대학 동창회에서 뚜렷해졌다. 그곳에서 나는 소득은 많지만 대차대조표는 가난한 사람들을 많이 만났다. 이건 무슨 뜻일까? 우선 사기가 아닌 이상 대차대조표는 거의 거짓말을 하지 않는다. 대차대조표는 궁극적 진실을 말한다. 대차대조표는 당신이 번 돈을 어떻게 썼는지 연대기적으로 보여주는 역사 기록이다. 그 기록은 당신의 가치뿐 아니라 당신의 가치관도 반영한다.

예컨대 당신이 허영에 이끌려 장기 자산에 대해 현명하지 못한 결정을 내린다고 치자. 설명의 편의상 그것을 고급 차로 가정하자(다수의 물건이나 취미가 될 수도 있다). 당신은 그것을 미치도록 원하진 않는다. 다만 남들은 다 그것을 가지고 있다. 당연히 회계사는 당신이 구입한 것을 자산이라 칭한다. 하지만 정말 그럴까? 오히려 부채가 아닐까? 이제 당신은 자동차 값을 치르기 위해 자녀와 보내는 시간, 건강, 인간관계, 자유 같은 비가시적이고 장기적인 무형 자산들을 포기해야 하지 않나? 진정한 가치를 창출하지 않은 것에 왜 돈을 쓰는가? 그보다는 미래 가치를 창출하는 것에 그 돈을 투자하는 편이 낫지 않을까?

기업회계의 한계와 더불어 실물 항목을 중시하는 우리의 편향은 이러한 어리석은 결정이 야기하는 진짜 비용을 은폐한다. 반면 비가시적 인생자산들은 측정불가한 것으로 간주되고, 그 결과 일반적인 대차대조표의 그 어디에도 나타나지 않는다. 이 때문에 인적 자산의 변동은 우리의 손익계산서(또는 계좌 내역)에 영향을 미치지 않고, 우리도 그것을 추적하지 않는다.

앞서 말한 고급차의 가격이 10만 달러라고 가정하자. 소득세까지 감안하면 자동차 값을 치르기 위해 당신은 15만 달러를 더 벌어야 한다. 이 '자산'은 이제 전에 없던 행동 패턴을 조용히 야기한다. 당신은 급여는 더 높지만 주말도 없이 일해야 하는 곳으로 일자리를 옮긴다. 스트레스는 늘고, 운동할 시간은 없고, 식구들은 당신의 얼굴을 보기가 힘들다. 이 모든 것의 비용은 얼마일까? 비가시적 인생자산들이 대차대조표의 실제 항목이라고 상상해보자. 당신은 회계규정에 따라 정직하게 이 자산들의 가치를 감가상각할 수밖에 없고, 그 비용은 당신의 손익계산서에 반영된다. 즉, 당신은 15만 달러를 더 벌고 있다고 생각하지만 사실상 추가소득은 생각보다 훨씬 적다. 비가시적 인생자산들의 가치가 하락해 소리 없이 발생하는 비용 때문이다.

잠깐만, 거기서 끝이 아니다. 상황은 계속 악화된다. 단기적으로야 실제 현금비용을 야기하지 않는다 해도, 이런 인생자산의 장기적 악화는 결국 대대적인 비용을 일으키는 경우가 많다. 이혼이나 삼중우회수술triple bypass surgery(관상동맥 우회술의 일종 – 옮긴이)의 현금비용은 얼마나 될까? 그러니 한번 생각해보자. 당신의 목표는 굳이 필요하지 않았던 자동차의 구입 대금을 치를 15만 달러를 추가로 버는 것이다. 하지만 돈을 더 벌다가 체중이 20킬로그램 늘고 배우자 및 자녀들과 소원해진다면, 더 적게 벌면서 애초에 그런 고급차를 사지 않는 쪽이 더 잘 사는 것 아닐까?

### 3단계: 레버리지

레버리지라는 단어를 들으면 우리 대부분은 그것의 재무적 의미를 떠올린다. 가령 내 집 마련을 위한 담보 대출, 크리스마스 선물 구매에 쓴 신용카드 빚, 연방재정의 적자확대를 막기 위한 정부의 국채 발행 같은 것들 말이다. 사실 재무 레버리지 자체에는 아무 문제가 없고, 영리하게 사용하면 이는 놀라운 투자 도구가 될 수 있다. 타이어 잭이나 외바퀴 수레의 지렛대 효과를 생각해보라. 레버리지는 노력을 증폭하는 수단이 된다. 부채는 미래를 현재로 빨리감기 해준다. 즉, 우리에게 시간을 당겨준다. 더 좋은 집으로 옮기거나 헌 차를 새 차로 바꾸고 싶지 않은 사람이 있을까? 크리스마스 선물로 자녀에게 '항공모함 공격' 보드게임보다 더 좋은 것을 사주고 싶지 않은 부모가 있을까?

하지만 오해 없길 바란다. 일단 부채가 당신의 대차대조표에 등재되고 나면, 당신은 그것을 갚아야 한다. 갚지 않으면 애슐리 스튜어트의 경우에서처럼 비용들이 발생하고, 그 비용 중에는 신뢰 상실도 있다. (신용이 없으면 신용거래가 아닌) COD<sub>cash on deliv-</sub>

cry(물품을 인도받는 시점에서 물품 대금을 현금으로 지불하는 방식 - 옮긴이) 거래를 해야 한다. COD는 재미없다. 무장경비를 고용해서 로비를 순찰하게 하는 것도 그렇고.

앞서 말했듯 레모네이드 스탠드는 대개 100퍼센트 자기지분으로 움직인다. 그래서 레모네이드 스탠드 시뮬레이션에서 나는 임원팀들에게 재무 레버리지가 아닌 다른 형태의 레버리지에 집중할 것을 권한다. 그런 것들로는 우선 마케팅 레버리지가 있다. 예컨대 자기 목소리를 활용하는 마케팅은 어떨까? 마케팅 전략을 논할 때 임원팀들이 예외 없이 이야기하는 것은 친구들 집을 돌며 광고를 하는 방식이다. 입소문 마케팅은 진정한 레버리지다. 게다가 돈도 들지 않는다! 이 레버리지는 당신을 신뢰하는 인맥이 있을 때만 유효하다. 둘째, 운영 레버리지도 있다. 예컨대 교차기능훈련을 통해 구성원 간 협업이 원활하고 각자가 주인의식을 갖고 일하는 환경은 엄청난 운영 레버리지를 창출한다. 예컨대 댄은 화장실에 가야 하고, 레이첼은 개를 산책시키러 집에 가야 하는 상황이 발생해도 아무 문제없다. 관건은 무형 자산(즉 신뢰, 여유, 예비성)이다. 마케팅 레버리지와 운영 레버리지 모두, 그것의 가용성 여부는 대차대조표에 무형 자산이 있는가에 달려 있다. 기록을 하든 안 하든, 당신의 과거 신뢰성과 평판은 당신의 대차대조표에 지워지지 않는 잉크로 쓰여 있다.

애슐리의 경우 비록 회계규정은 우리의 깨끗한 새 출발을 선포했지만, 회사의 비즈니스에 대한 부정적 평판은 여전히 우리의 대차대조표에 질질 묻어 다녔다. 대차대조표에서 그 얼룩, 그 부채를 지울 수 있는 것은 결국 시간과 좋은 처신뿐이었다.

레모네이드 스탠드처럼 우리에게도 재무 레버리지는 없었다. 당연했다. 명예롭지 못한 우리 역사를 아는 그 어느 은행이 우리에게 대출을 주었겠는가? 우리는 6개월이 더 지난 다음에야 새로운 신용한도를 받을 수 있었다. 그마저도 예전의 보수적 자산 기반 대출 공식에 따라 책정한 것이었다. 은행은 우리의 운영이 아닌 우리의 재고에게 대출을 주었다. 4장을 읽은 독자는 그것이 시사하는 바를 알 것이다. 은행은 여전히 우리를 신뢰하지 않았다. 즉, 우리에게 유형 자산 이상의 자산이 있다고 믿지 않았다. 하지만 우리는 실적이 너무 좋았기 때문에 그 신용한도를 이용해 대출을 받을 일이 없었다. 그 사실을 우리 재무보고서에서 최소 한 달에 한 번씩 강조하는 것이 나의 큰 낙이었다.

우리는 처음부터 레모네이드 스탠드 유형의 레버리지에 집중했다. 돈으로 살 수 없는 종류의 레버리지. 우리 팀은 돌아가는 사정에 밝고, 놀랍도록 의욕 넘치고, 모두 힘을 합해 한 방향으로 움직이는 개인들의 집합이었다. 브루클린 YWCA 연말파티 사진은 우리의 가치체계, 회복력, 결의를 일깨우고 증폭시키는 역할을 했다. 그리고 우리는 대개의 경영대학원이 간과하는 또 다른 형태의 재무 레버리지에 상당히 빠르게 접근했다. 당연한 말이지만 그것은 월스트리트의 금융자본보다는 동네 앞길의 레모네이드 스탠드에 있는 사회자본과 더 밀접하게 연결된 것이었다.

파산 후 첫 6개월 동안 나는 의류공급업체부터 기술서비스업체까지 이르는 우리 협력업체 모두와 만났다. 그들에게 나는 6개월 전 온 세상의 금융시장이 거부했던 사업계획과 비전을 제시했다. 다음의 말도 덧붙였다. 이전 회사의 과거 행동에 대해 사과드립니다. 지금의 이 회사는 법적으로나 실질적으로나 새로운 회사입니다. 제가 과거에 대해 사과하는 것은 이번이 처음이자 마지막입니다. 앞으로 저희는 제가 방금 설명한 바와 일치하는 방식으로 회사를 운영하겠습니다. 저희는 여러분도 똑같이 해주실 것으로 기대합니다. 아니면 저희는 다른 곳과 거래할 수밖에 없습니다. 그런 다음 나는 그들에게 더는 COD 방식 결제를 하지 않겠다고 했다. 나는 그들에게 우리의 깨끗한 대차대조표를 보여주었다. 시작 단계로 내가 요청했던 지불 기간은 1~2일이었는데, 내 재임 기간 동안 이 1~2일은 45~75일로 늘어났다. 기업회계 T계정에서는 이런 미지급 금액들이 '외상매입금'이라는 제목하에 '단기 부채'로 분류되지만, 나는 항상 그것들을 우리가 창출한 최대 자산의 증거로 여겼다. 그 자신은 신뢰였다. 공급업체들이 우리를 신뢰하기 시작했다. 이렇게 일시적으로 보유하며 사용이 가능한 지급 준비금을 '플로트float'라고 한다. 이 플로트 덕분에 우리는 자본을 추가로 유치하지 않고도 사업성장의 밑거름을 댈 수 있었다. 주주지분을 늘린다는 것은 소유권을 포기하고 이사회에 잠재적 훼방꾼을 들인다는 것을 의미했다.

개인적으로 메그는 나뿐 아닌 애슐리 관계자 모두에게 또 다른 형태의 사회자본 레버리지를 제공하고 있었다. 나는 매주 월요일부터 목요일까지 집을 비웠다. 아이들을 차로 데리고 다니고, 집 안일에 참여하고, 보건교사의 응급전화를 받는 일을 하지 못했다. 메그는 그 일들을 혼자 해내는 동시에 알츠하이머병 치료 연구를 지원하는 비영리기금의 과학 포트폴리오 관리자로 일했다. 지나의 헌신 또한 있었다. 그녀는 내 막바지 공항 활극에 항상 간을 졸였고, 가족과 떨어져 지내는 내 처지를 늘 안타까워했다. 가족에게 보상 없는 레버리지를 제공하고, 직장에서도 자신이 하는 일에 비해 시세보다 낮은 급여를 받는 여성은 비단 메그만이 아니다. 재무 관점에서 이는 이치에 맞지 않으며, 여성과 남성 모두가 이를 알아야 한다.

### 4단계: 성공의 정의

레모네이드 스탠드 시뮬레이션을 끝낼 때 나는 경쟁 팀들 모두에게 다음의 두 가지 질문을 던진다. 조건이 모두 동일하다면 어떤 열 살짜리들 팀이 승리할까요? 열 살 아이들에게 승리는 무엇을 의미할까요? 그러면 팀들은 숙고 후에 대부분 같은 답을 내놓는다. 더 많은 친구들과 더 재미있는 시간을 보냈고, 그날 동네에서 전보다 더 좋은 평판을 얻은 팀이 승자입니다. 이보다 더 맞는 말이 있을까?

누구도 제품 품질을 기준으로 동네 스탠드에서 레모네이드를 사지 않는다. 그런 사람은 아무도 없다. 레모네이드 값으로 내는 1달러에는 과거로의 링크, 미래를 향한 인사가 담겨 있다. 그 거래 너머에서는 지속적 가치를 가진 무언가가 창출된다. 동네 레모네이드 스탠드가 자아내는 친근함과 친밀감은 실질적이고 점증적인 자산을 창출하고, 그 자산은 해당 동네의 공동 T계정에 올라간다. 이웃 모두는 그 레모네이드 스탠드의 덕을 본다. 모두가 승자다. 사회자본이 금융자본과 결합해서 이른바 긍정적 외부효과positive externality(특정인의 행위가 의도와 상관없이 남들에게도 좋은 영향을 주지만 그에 따르는 보상은 없는 상황을 말하며, 외부경제라고도 함 – 옮긴이)를 만들어낸다. 내 엄마가 용돈을 줄 때 썼던 빳빳한 봉투가 그랬던 것처럼.

그럼 성공은 어떻게 정의해야 할까? 이론적으로는 레모네이드 장사로 얻은 40달러의 매출이 탁월한 성과라는 데 이의의 여지가 없다. 우리는 수익을 극대화했다. 모두가 행복하다.

---

### 고급 레슨

그런데 40달러라는 금액은 더 높아질 수도 있었다. 예컨대 만약 아이들이 값은 나중에 치르겠다고 약속하고 레모네이드 재료를 외상으로 가져왔다면? 그런 다음 핫한 주식에 20달러를 24시간 동안 투자했다면? 하지만 이번 논의에서는 원래의 (그리고 탁월한) 40달러 매출을 고수하기로 하자.

---

하지만 현실에서는 심지어 우승팀도 40달러의 매출을 올리기 어렵다. 이런 상황을 가정해보자. 우리도 레모네이드를 좀 마셨고, 우리의 목표는 친구들과 즐거운 시간을 보내는 것이기도 했

다. 우리는 돈 버는 것과 재미있는 시간을 보내는 것의 균형을 원했다. 우리에게는 긍정적 관계로 하루를 마무리하는 것이 정말 중요했고, 그래서 우리는 레모네이드를 사람들에게 공짜로 주기도 했다. 좋은 일이다. 그럼 이 사업에 자금을 댄 사람들(세상의 엄마아빠들)은 이러한 성공의 정의에 동의할까?

자금 제공자 입장에서도(이 예시에서는 부모가 여러 면에서 실질적 주주다), 사회적 규범과 기대는 절대 가벼이 볼 문제가 아니다. 만약 공동으로 번 20달러를 비디오게임에 쓴다면? 매출을 40달러로 극대화하는 데는 성공했지만 이웃 노인에게 욕설을 하고, 친구들을 괴롭히고, 잔디에 냅킨과 컵이 널려 있는데 치우지 않았다면? 그랬다가는 혼이 난다. 이처럼 회계사의 대차대조표에는 보이지 않는, 총수익이나 순수익에는 반영되지 않는 결과도 있다. 하지만 그런 문제들은 어떻게든 추한 머리를 들게끔 돼 있다. 가령 다음번 주민 모임 같은 곳에서 말이다. 그러니 조심하자! 오죽하면 경제학에도 이런 경우를 지칭하는 용어가 있다. 부정적 외부효과negative externality는 어떤 상품의 소비나 생산이 타인에게는 비용을 야기하지만, 막상 잘못을 저지른 당사자의 재무제표에는 반영되지 않는 상황을 일컫는다. 예를 들어 오염을 생각해보자. 레모네이드 스탠드는 사회규범과 시장규범 사이의 어디쯤에서 운영된다. 따라서 부정적 외부효과를 만든 사업주(열 살짜리 아이들 네 명)는 추가적 집안일, 외출 금지, 또는 부모의 자금이 필요한 다음번 좋은 아이디어에 대한 단호한 묵살 등의 형태로 어떻게든 그 대가를 치르게 된다.

애슐리에서 우리는 레모네이드 스탠드의 이 마지막 교훈에 유념했다. 우리는 재정적으로 지속가능하면서, 사업의 성공이 우리 매장들의 지역사회에 긍정적 외부효과를 창출하는 사업모델을 구축하는 데 심혈을 기울였다. 이는 우리에겐 어떻게 하는지가 무엇을 그리고 왜 하는지만큼, 어쩌면 그보다 더 중요하다는 뜻이었다. 그게 아니면 이 모든 일이 무슨 의미를 갖겠는가? 보스턴의 직위로 복귀하고픈 내 안의 자기본위 성향을 압도한 것은 옷을 팔겠다는 불타는 욕망이 아니었다. 내가 진짜로 관심 있었던 것은 진짜 제품이었다. 나는 진짜 제품을 위해 수학적으로 지속가능한 기반을 만들고자 명목상의 제품(샤크바이트, 마릴린, 페플럼)에 대해 배워야 했다. 한 고객은 우리를 돕고 싶다며 옷걸이 반납을 제안했다. 그것은 그저 어느 옷가게에 대한 걱정 때문이 아니었다. 우리는 유대, 자신감, 우정, 공동체에 기반한 긍정적 외부효과를 공동으로 창출하고 소유했다. 이는 내가 첫 번째 타운홀 미팅에서 했던 말들이자 우리 매장들에서 보고들은 무형의 자질들이었고, 모두 기업회계규정의 대차대조표에는 없는 것들이었다.

앞서 말했듯 내가 본 바에 따르면 우리 매장들은 지역민에게 피난처 역할을 하기도 했다. 차리에게 있어 매장은 병원에 입원한 외로운 노인 고객들을 방문할 이유가 되었고, 셸리에겐 구매 여부와 상관없이 매장을 나서는 모든 고객에게 매일 긍정의 기운을 처방하는 공간으로 기능했다. 그럼 월스트리트는 애슐리의 레모네이드 스탠드가 싫었던 걸까? 글쎄, 월스트리트가 모든 것을 다 알지는 못했다. 그들의 회계규정은 이 비즈니스의 탁월함과 그것이 우리에 대해 말하는 바를 포착하기에 역부족이었다. 이 비즈니스가 그때껏 살아남을 수 있었던 것은, 기업회계의 임의적 규정이 조장하는 고약한 기업행동이 자신과 고객의 관계에 영향을 미치는 것을 허용하지 않았던 차리 같은 여성들의 강인함 덕분이었다. 우리는 살기 위해 일해야 했지, 그 반대는 아니었다. 그러기 위해 우리는 기업회계규정에서 벗어나야 했고, 우리의 인생자산을 보다 가시적이고 추적 및 측정이 가능하게 만들어야 했다.

생각해보면 내심 나도 내 T계정을 과소평가하고 있었다. 스티브만 해도 그렇다. 그는 나를 믿었다. 그는 내가 수년 전 엘리트 사모펀드회사를 그만둔 배경을 알고 있었다. 그것이 그가 나를 신뢰한 이유 중 하나였다. 당시 고통스웠던 단기 부채는 사실 장기 자산이었다. 내 부모가 메노라를 샀던 사연 같은 괴롭고 씁쓸한 어릴 적 기억들도 마찬가지였다. 내게 그런 경험이 없었다면 이 회사는 이미 오래전에 청산되었을 것이다. 내가 애슐리의 부채를 자산으로 바꾸는 일에 집중하던 때, 내가 나의 부채로 인식했던 것 중 상당수도 같은 변형을 거쳤다. 그런 맥락에서 나는 메인주에서 메그를 껴안고 이렇게 말했던 날을 잊을 수 없다. 나는 왜 안 되는데? 그래, 내가 모델 계약을 제안받을 만한 얼굴은 아니야. 나는 고등학교 교사였고, 학자금 대출도 산더미처럼 늘어나는 중이야.

메그는 웃음을 참지 못했다. 장난해? 그게 최선의 대사야?

그때는 내 마음을 표현할 말이 떠오르지 않았다. 떠올랐다 해도 내 안에 있는 미래의 금융인은 이런 말로 로맨틱한 순간을 망쳤을 것이다. 내 대차대조표에는 네가 볼 수 없는 자산들이 있어. 그것들이 보다 구체적으로 드러나려면 시간이 좀 걸릴 뿐이야. 다행히 나는 입을 다물었고, 다행히 메그는 내 첫 데이트 신청을 받아들였다.

나만 그런 것이 아니다. 기억하자. 대차대조표는 우리 모두에게 있다. 그것은 삶의 총합이다. 잘 살아온 삶의 대차대조표는 대개 보거나 만질 수 없는 자산으로 가득하다는 점도 기억하기 바란다. 우리의 평판, 우정, 추억. 이런 자산들 사이의 역동적 작용은 자유와 기쁨을 창출한다. 그중 어느 것도 돈으로 살 수 없다. 따라서 그것들은 회계사들이 고안한 하나의 단선적 법칙으로 환원될 수 없다. 우리는 그것들을 지출이 아닌 행동을 통해 축적한다. 그것들은 시간, 에너지, 마음의 투자다.

부모를 여읜 사람은 고인의 유품을 정리하는 마음이 어떤지 안다. 이 자산들의 대부분은 금전적 가치가 없다. 소중하고 애틋하지만, 우리에게 많은 감정을 불러일으키지만, 그것들은 그저 물건에 지나지 않는다. 낡히고 낡아빠진, 재판매 가치가 거의 없는 물건들. 하지만 그 소지품들에 정이 담겨 있다면 거기에 가격표를 붙이거나 그것들을 내버리는 일은 불가능하다. 궁극적으로, 잘 산 인생의 유일하고 실질적인 척도는 죽을 때 어떤 애도를 받는지가 아닐까. 또한 다년간의 사모펀드 경험에 따르면 기업회계만을 삶의 T계정에 적용할 경우, 이 자산은 당신의 대차대조표에 영원히 뜨지 않는다.

## 마무리

우리가 청산의 위기에서 기적적으로 벗어난 지 6개월이 흘러 내 첫 타운홀 미팅의 1주년이 됐을 때, 우리의 대차대조표는 깨끗했다. 그동안 우리는 관계를 재설정했다. 우리의 미래지향 공동 목적에 더 이상 부합하지 않는 사람들과 계약들을 정리하고, 앞으로 올 것들—새로운 아이디어, 새로운 동료, 새로운 고객—을 위한 자리를 만든 것이다.

남은 사람들은 이 회사에서는 플러스사이즈 흑인 여성인 것이 '부채'가 아닌 자산임을 명확히 아는 이들이었다. 우리 사무실과 매장 밖에서는 이것이 사실일 수도 아닐 수도 있었다. 세상은 그 사실에 의구심을 표하는 평결을 내렸다. 하지만 우리는 회사 내부와 근접 생태계에선 신념체계를 바꾸는 데 성공했다. 더 넓은 생태계도 이 신념에 동의하고 그에 따라 행동해 줄지는 내 통제권 밖의 일이었다. 하지만 CEO로 있는 한 나는, 우리가 명목상의 제품을 위해 진짜 제품을 희생하는 일이 결코 없도록 내가 할 수 있는 최선을 다할 작정이었다.

◆ ◆ ◆

그해 여름의 가족여행은 결국 아버지와 함께하는 우리의 마지막 가족휴가가 되었다. 그 휴가 중 어느 날의 아버지는 파킨슨병 증상이 두 시간 정도 기적적으로 가라앉은 덕에 100퍼센트 원래의 아버지로 돌아왔다. 우리는 심지어 카드게임도 했다. 아버지에게 나는 그동안 있었던 모든 일을, 내가 배운 모든 것을 말하고 싶었다. 아버지가 자신의 작은 비즈니스를 운영하고 삶을 영위해온 방식에서 내가 얼마나 많은 영감을 얻었는지도. 하지만 그것은 실현되지 못했다.

돌봄에 대한 내 부모의 가치관을 내 삶의 방식에 접목하는 것은 오랫동안 내게 난제였다. 그런데 내가 시험대에 올랐을 때 내 부모의 가치관, 돌봄의 가치관은 굴복을 거부했다. 그리고 그 덕분에, 그럼에도가 아니라 그 덕분에 애슐리스튜어트는 재정적으로 대박을 내고 있었다.

애슐리스튜어트 매장들처럼 아버지의 소박한 소아과 의원은 롱아일랜드 주민의 삶과 하나의 짜임으로 엮여 있었다. 돈독하게 묶인 지역사회와 지역사업체는 서로에게 책임을 진다. 반면 내가 평생 봐왔듯, 대형 레모네이드 스탠드들은 부정적 외부효과를 만들어내도 세상이 합당한 책임을 묻는 일 없이 눈감아준다. 책임을 묻기는커녕 우리는 그들의 규모와 '혁신'에 혀를 내두르기 바쁘다. 두 가지 다 실질가치의 창출보다는 통화정책의 돈줄에 기댄 것이라는 사실을 간과한다. 그리고 어떤 이유에선지 우리는 계속 그들에게서 레모네이드를 산다. 소셜미디어 플랫폼들이 그렇듯, 때로 그들은 우리로부터 돈을 받는 대신 사생활과 데이터 같은 정의하기 힘든 자산을 가져간다. 우리도 속으로는 안다. 거기에는 숨은 비용이 있다는 것. 특히 다음 세대가 그 대가를 치러야 한다는 것. 우리 공동의 T계정에는 장기 부채가 막대하게 쌓이고 있다. 어쩌면 이것이 우리 뱃속을 갉는 기분 나쁜 느낌의 진짜 원인일지 모른다. 우리는 안다. 우리 모두가 공범이라는 것을.

모노폴리게임의 기원을 잊은 것처럼, 한 세대를 지나오며 우리는 금융자본과 사회자본은 애초부터 별개였다고 믿기로 작정한 모양이다. 왜와 어떻게는 원래 이윤동기와 상관없으며, 돈을 버는 것만이 예나 지금이나 중요하다고 믿는 듯하다. 공공기관이 경제에 봉사하는 것이지 그 반대는 아니라고, 미국은 기업이지 나라가 아니라고.

◆ ◆ ◆

앞으로 나아갈 방법은 무엇일까? 첫째, 우리 혼자서는 이 모든 사회문제를 해결할 수 없다. 그래서 나는 우리가 통제할 수 있는 것에 집중하기로 다짐했다. 나는 마침내 내게 직관을 믿을 것을 허락했다. 어린 시절의 옳고 그름에 대한 감각, 하지만 나이 들면서 세상이 가하는 외부 검증의 압박에 억눌려 있던 그 감각을 풀어주기로 한 것이다. 나는 자유를 느꼈다. 또한 자유로워지려면 남들에게 헌신해야 한다는 역설을 마침내 체득했다. 내가 강해진 느낌도 들었다.

하지만 벽장이나 뒷방을 치우는 것과 행동을 근본적으로 바꾸고 새로운 습관을 심는 것은 다른 얘기다. 나쁜 습관은 좀처럼 죽지 않는다. 말은 쉽지만 실천은 어렵다. 우리는 경계를 늦추지 않아야 했다. 우리의 재탄생 후 첫 6개월 동안 나는 다정함이라는 단어에 집중했다. 그것은 우리 대차대조표의 모든 부분에 반영되고 스며들었다.

나는 이제 의심의 여지 없이 확신했다. 매일의 운영 활동과 의사결정 과정에 다정함을 지속적으로 통합하는 것, 그것이 우리의 앞날을 여는 열쇠였다.

# 6장

# 통합

꼬리날개 메커니즘이 없으면
헬리콥터는 빙글빙글 돌기만 한다.

내가 다정함을 대체할 다른 단어를 찾기 위해, 마땅한 단어를 생각해내려고 무진 애를 썼다는 점을 알아주기 바란다. 다른 한편으로는 우리가 애슐리스튜어트에서 겪은 모든 것을 생각해보건대, 나와 그야말로 생사의 싸움을 함께 했던 내 동료들은 다정함이 무엇인지 이해한다는 합리적 확신도 있었다. 그들은 그것을 몸소 실천했고, 거기에 몰입했다. 하지만 다정함에 지속성이 있을까? 다정함에 확장성이 있을까? 다정함이 우리의 수익을 유지하고 견인할 수 있을까? 또한 언제부턴가 나는 회사를 동료, 고객, 공급업체로 이루어진 근접 생태계 너머의 바깥세상과 다시 연결할 필요를 느꼈다. 그렇다면 우리의 활동을 지근거리에서 본 적 없는 미래의 동료와 사업파트너들에게 다정함은 무엇을 의미할까?

알다시피 다정함을 대중문화는 감상적으로 다루고, 비즈니스
계는 무시한다. 운동화와 멜빵바지 차림의 야무진 아이들이 운영
하는 레모네이드 스탠드에서는? 문제되지 않는다. 하지만 어른
세계의 직장에서는? 문제가 된다. 거기서 필요한 것은 갑옷이다.
다정함은 민망하고 촌스럽다. 다정함 중심의 커리큘럼이 전 세계
경영대학원들을 장악하고 있는 것도 아니다. 그런데 그건 왜일
까? 다정함이 비즈니스에 효과가 없다고 증명된 적은 없다. 다정
함은 본질적으로 하나의 숫자로 환원되기를 거부하고, 따라서 상
관관계와 인과관계 분석이 어렵기 때문일 것이다. 아니면 다정함
이 부적절하게 정의되고 있기 때문이거나.

아무리 궁리해도 내게는 더 나은 단어가 떠오르지 않았다. 사랑
정도를 제외하면 하나도 없었다. 그러나 사랑은 다정함과 통하지
만 동일하지는 않다. 사랑은 친밀하고 사적인 것인 데 비해 다정
함은 생면부지 남과도 나눌 수 있다. 다시 말해 다정함은 사랑보
다 확장성이 훨씬 높다.

그럼 다정함을 어떻게 정의할 수 있을까? 쉽지 않은 문제다. 다
정함은 특정 상자에 들어가지 않는다. 명사지만 동사이기도 하
다. 다정함은 행동이다. 다정하다. 다정하기. 아마도 이것이 문제의
일부일 것이다.

우선, 지난 수세기 동안 몇몇 비범한 지도자들—누구를 말하
는지 짐작이 갈 것이다—이 다정함의 철학에 입각해 세상을 바꾸

는 사회운동을 전개해왔다는 점에 주목하고 싶다. 다정함은 초월적이다. 18세기 계몽주의 시대에 장-자크 루소Jean Jacques Rousseau 와 애덤 스미스Adam Smith 같은 철학자들이 당시로선 급진적이었던 자율과 자유시장 같은 개념을 제시하는 한편 다정함에 대해 공개적으로 논했다. 기원전 5세기경에 쓰였지만 지금까지 전 세계의 군사 지휘관과 비즈니스 리더들이 열독하는 고대 중국의 병법서《손자병법孫子兵法》도 다정함과 연민을 리더십의 핵심 요소로 언급한다. 이래도 다정함이 나약하거나 부차적인 것일까? 그렇지 않다면 오늘날 다정함이 자주 무시당하고 오해받는 이유는 무엇일까?

이에 답하기 위해 먼저 다정함이 아닌 것에 대한 합의부터 시도해보자. 다정함은 착한 것이 아니다. 다정함은 유명한 범퍼스티커 문구[미국에서 자동차 범퍼 스티커 등에 많이 등장하는 표어 중 하나가 'Practice Random Acts of Kindness(무작위 선행을 하자)'임 – 옮긴이]와 달리 무작위의 것이 아니다. 다정함은 우연히 일어나지 않는다. 다정함은 자기희생도 아니다. 그렇다면 다정함은 무엇일까? 다정함은 의도적이다. 단호하면서도 유연하다. 다정함은 흐르는 물처럼 망설임 없이 꾸준하다. 다정함은 단순한 선의를 넘어서는 특정 방식으로 작동하고 행동할 것을 사람(또는 조직)에게 요구한다. 적어도 표면적으로는 자기이익에 반하는 방식으로 행동할 것을 촉구하기에, 다정함은 우리에게 용기와 믿음의 도약을 요구한다.

생각해보면 다정함은 근본적으로 하나 이상의 생명체와 한 번

이상의 교류를 수반한다. 아마도 그것이 게임이론가들이 다정함을 전략의 하나로 다루는 이유일 것이다. 다정함은 개인에 대한 투자이고 시스템에 대한 투자다. 다정함은 일종의 '보답'에 대한 기대를 암시하지만, 이때의 '보답'은 비非거래적이다. 따라서 다정함은 어느 정도 미래에 대한 희망과 낙관에 기반한다. 이러한 교류가 한 번 이상 이루어지는 과정에서 명백한 교환가치(가령 레모네이드 한 컵 가격인 1달러) 이상의 가치가 창출된다. 나는 이 가치, 이 모호한 자산, 이 긍정적 외부효과를 가장 잘 표현하는 단어가 호의라고 생각한다.

가치가 창출됐다는 것은 어떻게 알까? 그것이 받아들여지는 방식으로 알 수 있다. 혼자서는 가치창출이 불가능하기에 파트너나 상대가 필요하다. 당신의 무엇을과 어떻게가 실제로 가치를 창조했는지의 여부를 결정하는 것은 그 타인들이다. 다시 말하지만 다정함은 교류다.

그런데 그래서 까다롭다. 다정함이 만들어내는 가치는 무형이다. 그것을 느껴야 한다. 그리고 감지해야 한다. 단지 시력뿐 아니라 인간의 모든 신체적·정신적 능력을 이용해야 한다. 가슴에 훈훈하게 퍼지는 아픔에 대한 감수성이 있어야 한다. 현재에 집중해야 한다. 따라서 다정함을 창출하고 받는 최선책은 갑옷을 거의 입지 않는 것, 다시 말해 취약해지는 것이다.

다정함의 미묘한 의미를 가장 잘 포착한 것이 뒤집힌 고슴도치에 대한 비유가 아닐까 한다.

말하자면 이렇다. 내 아이들이 어렸을 때의 일이다. 하루는 아이들이 고슴도치를 반려동물로 키울 생각을 했다. 나는 아빠로서 마땅히 해야 할 조사에 착수했고, 고슴도치도 구제역에 걸리는 동물임을 알게 되었다. 그다음으로는 고슴도치가 싱크나 욕조에 발라당 떠 있고, 주인이 고슴도치의 보드라운 배를 살살 씻어주는 짧은 동영상을 여러 개 보았다.

"얘들아, 여기 좋은 삶의 교훈이 있다." 내가 아이들에게 말했다. 그렇게 말하는 내 말투가 내 아버지의 그것과 똑같다고 생각했던 기억이 난다. "배는 드러내고, 등의 따가운 가시털은 숨기고서 살려고 노력해봐."

"근데 그러면 사람들이 뾰족한 막대기로 배를 찌르지 않을까, 아빠?"

"그래— 때로는 그렇지. 하지만 그럴 땐 막대기를 빼서 찌른 사람에게 돌려주고, 그 사람 눈을 똑바로 바라보며 차분하게 물어보렴. '그걸로 제 배를 찌를 의도였나요?'라고 말이야." 너무 게임이론가의 말처럼 들릴까봐(나는 게임이론가가 아니니까!) 덧붙이지 못한 것은 다음과 같다. 이제 그들의 의도를 파악했으니 너의 다음 행보를 조정하고, 너의 다정함을 약점으로 착각하지 않는 사람들로 주변을 채워봐.

결국 우리는 고슴도치를 키우지 않기로 했지만, 고슴도치의 가장 두드러진 특징 중 하나는 우리 머릿속에 깊이 각인되었다. 고슴도치는 판연히 다른 양면을 가지고 있다. 하나는 부드럽고, 다른 하나는 단호하다. 마치 다정함처럼.

다정함의 마지막 요소이자 결정적 요소가 내게 명확해진 것도 이 무렵이었다. 근본적으로 다정함은 다른 생명체가 자신의 주도성을 행사하도록 돕는 것이다. 어릴 때 좋아했던 선생님이나 코치로부터 받은 영향을 생각해보자. 그들은 아마 당신이 미처 알지 못하고 있었던 당신의 잠재력을 보았을 것이다. 그들은 당신이 그것을 보도록 독려했고, 그 보답으로 당신은 그들을 위해 최선을 다했다. 당신은 그들을 실망시키는 일을 견딜 수 없었지만, 더 중요한 것은—그들도 당신에게 말했겠지만—자기 자신을 실망시키지 않는 것이었다. 그리고 당신이 기대에 미치지 못했을 때 그들은 당신을 용서했다. 거기에는 관용이 있었다.

내게 다정함이란 차리가 브릭처치 지역의 병원에 들러 한동안 보지 못한 고령 고객들을 문병한 것이었다. 다정함은 랜디가 보스턴의 삶을 보류하고 나를 도우러 세카우커스로 와준 것이었다. 다정함은 지나가 동료들을 위한 비공식 상담 세션을 마다하지 않은 일이었다. 그들의 행동은 결국 그들에게도 긍정적인 결과를 가져왔을까? 그랬다. 그래야 마땅했다. 다정함은 결코 자신을 깎아먹거나 약화시키지 않는다. 남들의 주도성 수용을 돕는 과정에서는 대개 자신의 주도성도 찾게 된다.

그럼 수학은 이 모든 것과 어떻게 연관될까? 먼저 한 가지 분명히 해둘 것이 있다. 수학은 과학이다. 수학은 구조, 질서, 관계에 대한 학문이다. 수학은 돈을 다루지 않는다. 수학은 회계가 아니다. 비즈니스의 전유물이 아니다. 수학은 인간이 만든 것이 아니다. 내 관점에서 수학의 원리와 속성은 발견된 것이지 발명된 것이 아니다. 내 생각에 수학은 자연에 속한다. 달의 위상 변화, 밀물과 썰물, 중력, 고슴도치, 그리고 다정함과 소속이 같다. 자율, 그리고 앞서 말했듯 계몽주의 철학자들은 자유시장 같은 개념을 개진함으로써 당대 독자들의 주도성 발견을 도왔다. 대의민주주의와 경제학의 토대를 닦는 과정에서 그들이 다정함에 대한 성찰에 많은 시간을 쓴 것은 우연이 아니다. 인간은 주도성을 갈망한다. 다정함은 주도성의 교류를 수반한다. 그리고 수학은 그 교류에서 정량화가 가능한 부분을 정량화한다.

아마도 이것이 내가 첫 번째 타운홀 미팅에서 다정함과 수학이라는 말들을 불쑥 꺼낸 이유였을 것이다. 나를 포함한 전 직원이 표면상의 자격과 예의를 모두 박탈당할 위기에 처하자 그 혼돈 속에 남은 것은 진실뿐이었다. 비인간적 비디오게임 같은 기업환경에 갇혔을 때 유일한 탈출로이자 최선의 해결책은 자연질서를 복구하는 것이었다. 다정함과 수학이라는 말들은 마음 깊은 곳에서 나왔다. 그곳은 직관과 인간성의 장소였다.

그렇기에 다정함과 수학으로 비즈니스를 이끄는 것은 본질적으로 사람들 사이에서 그리고 사람들을 위해서 재화와 서비스가 교환되는, 보다 자연스러운 공간을 만드는 일이다. 인위적 범주와 제약은 적어지고, 흐름과 균형은 많아지고 좋아져서 기민성이 향상되는 평형 상태를 도모하는 것이다. 이런 이유로 나는 다정함과 수학으로 이끄는 것이 장기적으로 더 큰 가치를 창출한다고, 이해관계자들뿐 아니라 사회에도 더 많은 가치를 제공한다고 믿는다. 그 과정에서는 기쁨도 늘어난다. 자신뿐 아니라 주변 사람들의 에너지에서도 기쁨을 느끼게 된다. 그것은 비즈니스 관례들을 삶의 초월적 진리들과 혼동하지 않게끔 당신을 다잡는다. 회계는 기업 간 비교를 쉽게 하는 유용한 보고 도구다. 하지만 책임에 대한 정확한 척도, 즉 타인에 대한 우리 의무와 관련된 진정한 성적표는 되지 못한다. 종래의 대차대조표는 살아 숨 쉬는 사람들 사이에 존재하는 자산들의 가치를 절대 포착하지 못한다. 보상은 그저 급여만을 의미하는 것이 아니다. 그랬던 적은 없다. 웰빙과 배움을 높이는 지출은 긍정적 수익을 창출하는 투자다. 하지만 회계규정은 이를 비용으로 처리할 것을 강제한다.

나도 안다. 우리는 재무성과를 내야 한다는 엄청난 압박을 받는다. 특히나 우리를 압박하는 것은 손익계산서의 성과지표들이다. 그래서 우리가 다정함과 수학을 어떻게 애슐리스튜어트의 운영과 구성에 통합했는지 몇 가지 예로 설명하겠다. 레모네이드 스탠드에서 했던 것처럼, 우리는 일단 모든 것을 모두가 공감하고 이해할 수 있는 작고, 더 단순한 조각들로 나눴다. 우리는 회계사와 재무제표가 지출을 구성하는 방식을 빼닮은 박스형 조직도에 얽매이는 대신, 보다 자연스러운 삶(직장인이 아닌 가정인으로서)의 행동들의 흐름에 따랐다. 그런 다음에 그 단순한 진리들을 하나의 동적 시스템으로 통합했다. 그 시스템의 목표는, 때로는 무의식적인 방식으로, 우리가 원하는 장기적 가치창출 행동을 강화하는 것이다. 운영에 다정함을 접목함으로써 우리는 일반적 기업 회계 T계정에는 포착되지 않는 자산들을 '현금화'할 수 있었고, 이는 대안적 측정 도구들을 개발할 필요로 이어졌다. 마지막으로 우리는 그 성과들을 추적하고, 이를 기업회계 표준 규정에 따라 우리의 재무 시스템에 충실히 반영했다. 이제부터 몇 가지 예를 살펴보자. 다만 이것들이 단선적이지 않으며, 상호강화를 위해 의도되었다는 점은 기억해두자.

## 단도직입과 투명성

첫 번째 타운홀 미팅에서 내가 동료들에게 했던 말을 기억하는가? 만약 회사에서 거짓말을 하거나 편법을 쓰거나 뭔가를 훔치는 사람이 있다면 법이 허용하는 최대한의 처벌을 받게 될 것입니다. 기억하자.

다정함은 착한 것이 아니다. 다정함은 직접적이고, 강력하고, 경계를 늦추지 않고, 부정적 외부효과를 만들거나 타인의 주도성을 방해하는 이들을 가벼이 여기지 않는다. 그다음에 나는 한국계 미국인 남자인 내 얼굴과 촌스러운 허리주름 면바지를 가리키며, 애슐리스튜어트를 이끌 사람으로선 내가 가장 부적격자일 거라고 덧붙였다. 그리고 내가 우리 대차대조표에서 비생산적 자산들을 찾아내 현금화해서 급여를 대려면 모두의 도움이 필요하다는 당부로 말을 맺었다. 정말이지 이보다 더 단도직입적이고 투명할 수 있을까?

같은 맥락에서 나는 사실과 다르고, 우회적이고, 모호하고, 두루뭉술하고, 교활하게 느껴지는 모든 것을 회사에서 제거하는 일에 바로 착수했다. 본사 이전 시 맨 먼저 없앤 것 중 하나는 이전 창고에 설치돼 있던 CCTV와 감시장비였다. 그것들의 주 목적은 매장 감시인 듯했다. 도난 방지에 힘쓰는 것과 사람들을 믿지 못해 염탐하는 것 사이에는 가늘지만 비교적 명확한 선이 있다. 우리는 그 감시 시스템을 지원하는 비싼 계약도 파기했다. 새로운 보안 수단을 마련하긴 했으나, 본인의 안전보장을 위해 점장이 요청한 매장에만 설치했다. 저는 여러분을 믿습니다. 내가 불가사리 전화를 이용한 첫 번째 콘퍼런스 콜에서 점장들에게 했던 말이다. 나는 진심이었다. 사람들은 상황에 부응했고, 진정한 주도성에 따르는 책임을 받아들였다. 그렇게 하지 않거나 할 수 없는 사람들은 떠날 것을 요구받았다. 그렇게 처분할 것을 처분함으로써 우리는 수백만 달러를 회수해 더 현명하고 수익성 있는 투자를 했고, 동시에 업계 평균을 훨씬 밑도는 슈링크shrink(도난으로 인한 재고감소를 뜻하는 소매업 용어다) 수준을 달성했다.

말 그대로든 비유적으로든, 누구도 숨을 수 없었다. 나부터 그랬다. 내 책상은 모두가 보는 곳에 공개 전시돼 있었을 뿐 아니라 서랍도 없었다. 모두는 언제든 내게 접근할 수 있었다. 하고 싶은 말이 있나요? 불만사항인가요, 멋진 아이디어인가요? 얘기해봅시다. 나는 법적 보호, 참모진, 설문지, 또는 과도한 자의식 뒤에 숨을 마음이 전혀 없었다. 나는 우리 고객들, 그리고 매일 매장에서 그들을 맞는 여성들과 동격이고자 했다. 우리 여정에 초대받지 못한 50여 명의 본사 직원 중 대다수는 연공서열을 우월함으로 착각한 관리자급 직원이었다.

또 하나의 투명성 영역은 데이터였다. 불완전한 정보로 어설피 무장한 동료들이라면 자신의 결정을 100퍼센트 책임질 거라 기대할 수 없었다. 따라서 내 동료들은 나에 대해서뿐 아니라 우리 회사 레모네이드 스탠드의 운영 전반에 대한 모든 데이터에 접근할 수 있었다. 컵의 개수부터 임차 및 마케팅 비용, 총급여액, 심지어 전기사용료에 이르기까지 모두.

단, 조건이 있었다. 사람들은 데이터 이용이 그들의 성과 향상에 도움이 된다는 것을 행동과 조치로 보여주어야 했다. 그렇지 않으면 굳이 시간과 에너지를 투자해 데이터 가용성을 확보할 이유가 무엇이겠는가?

놀랄 것도 없이 애슐리스튜어트는 성과 피드백을 매일 공유했다. 매년 한두 번이 아니라 매일, 결과가 좋든 나쁘든 대면으로 말이다. 우리는 비즈니스에 나쁜 결정과 인간적으로 나쁜 결정을 구분하려 항상 최선을 다했다. 잘못된 비즈니스 결정에 대한 피드백이 전달될 때는 따뜻한 눈이 엄한 말을 상쇄했다. 누구도 결과를 보장할 수는 없지만, 평가에 이르는 사고과정은 통제가능하다는 점을 기억하자. 분명히 말하지만 어떤 이들은 그 많은 피드백을 쉽게 받아들이지 못했고, 어떤 이들은 책임감과 지속적 배움을 중시하는 우리 환경을 불편하게 여겼다. 그런 식으로 일할 수 없는 사람들은 떠났다. 그 일은 다정하게 일어났다. 그들은 손을 떼는 쪽으로 주도성을 행사했다. 남은 집단에게도 떠나는 그들에게도 그것이 좋은 일임을 알았기에 나는 그들이 잘되기를 바랐다.

왜 나는 다른 많은 CEO들처럼 그저 연례 인사고과를 '실시'하는 선에 그치지 않았을까? 지나치게 의례적인 성과평가는 기업적 고안이기 때문이다. 그것은 실제가 아니다. 항상 직접적이거나 유용하지도 않다. 그것은 문제를 키워서 곪아 터지게 하고, 협업을 방해하고, 회사가 해고 대상자 파일을 구축하는 흔한 방법일 뿐이다. 그런 건 사양한다. 나는 영향력과 성장을 원하는 사람들을 유도하고 유지하는 문화를 육성하는 데 주력했다. 우리는 서로를 위해, 그리고 애슐리를 위해 매일 더 나아져야 했다. 연례 성적표의 명령 때문이 아니라 우리가 원했기 때문이었다. 일부 전문가들은 이를 내적 동기에 기반한 성과문화라고 부른다. 이는 다정함의 확장에 딱히 유리한 요인이야 아닐지 몰라도, 우리의 역발상적 접근법을 강력하게 만든 요인이었다.

뇌과학 연구 중에는 옥시토신, 도파민, 세로토닌이 직원과 고객의 경험 및 충성도에 미치는 긍정적 영향을 다루는 연구가 제법 많다. 창의성, 공감, 관대함의 상호작용에는 뇌의 다양한 영역이 관여한다. 뇌의 가용 열량이 한정적일 때, 투쟁-도피 반응을 촉발하는 두려움은 뇌가 갖는 고부가가치 기능을 위한 열량을 축내는 것밖에 되지 않는다. 일에서나 삶에서나 마찬가지다. 다정함은 과정에 보상하고 결과의 불확실성을 인정하는 직접적이고 개방적인 문화 형성의 촉매이자, 두려움과 거기 따르는 낭비에 대한 해독제다. 직관적으로 이해되지 않는가?

## 휴머니티 주식회사

나는 내가 가장 취약해져 있던 시기에 우리 매장에서 차리와 셸리 같은 여성들로부터 받은 관대함과 환대를 결코 잊지 못한다. 또한 몇몇 격분한 공급업체 때문에 신변의 안전을 우려하는 동료들을 진정시키려 무장경비를 고용해야 했던 일을 생각하면 지금도 마음이 괴롭다. 자연히 아버지가 겪은 보트 사건과 내가 10대 시절 겪은 비슷한 실랑이들이 떠올랐지만, 그중 어느 것도 목숨을 걱정할 상황은 아니었다.

매슬로의 욕구체계Maslow's hierarchy of needs에 대해 여러분도 들어봤을 것이다. 미국 심리학자 에이브러햄 매슬로Abraham Maslow가 1940년대에 제창한 이 개념은 인간 행동의 동기에 대한 다양한 가설 중 하나일 뿐이지만 경영학 교과서에 빠지지 않고 등장한다. 욕구 계층이라는 복잡한 내용을 눈에 확 들어오는 피라미드 도식으로 깔끔하게 요약한 것이 주효했다. 그 피라미드의 맨 아래층에는 인간의 생리적 욕구, 즉 생존과 직결된 음식, 물, 잠에 대한 욕구가 있다. 그 위는 안전과 보안에 대한 욕구, 그 위는 사랑과 동료애 및 우정에 대한 사회적 욕구다. 사회적 욕구 위에는 자존감과 타인의 인정에 대한 욕구가 있고, 피라미드 꼭대기에는 자신의 잠재력을 최대한 발휘하고픈 자아실현 욕구가 크리스마스트리의 별처럼 자리한다. 이 계층구조에 대한 일반적인 해석은 이렇다. 사람들은 하위 욕구가 충족되기 전에는 상위 욕구를 추구할 수 없다. 즉, 게임쇼의 진행 과정처럼, 피라미드를 오르는 여정은 단선적이다. 아래 단계에 점등하고 벨을 울려야 다음 단계에 도전할 자격을 얻게 된다.

나는 항상 이 피라미드 모형을 시대에 뒤떨어지고, 계급주의적이며 오만한 발상이라 여겼다. 또한 이 모형은 행동과학의 타당성으로 위장한 매우 위험한 메시지를 전달한다. 음식, 물, 잠, 안전, 보안이 결핍된 개인들은 우정이나 사랑을 누릴 자격이 없단 말인가? 물류센터의 말단 직원이라면 인간 존엄성이 무시되는 근로 환경에 있더라도 기본 욕구가 충족되는 것에 만족해야 할까? 내 사모펀드 시절에 비해 애슐리스튜어트에는 '피라미드의 바닥'에서 확실성 낮은 삶을 사는 동료들이 상당히 많았다. 하지만 그것은 주도성 욕구가 나나 동료들에게 덜 중요하다는 의미는 아니었다.

그래서 우리는 프레임워크를 버리는 대신 그것을 구부려서 비선형으로 만들었다. 우리가 T계정을 구부렸던 것처럼. 대개의 사람들이 그렇듯 애슐리 구성원들도 생활비를 벌고, 자녀를 안전하게 지키고, 노후를 위해 적게라도 저축하려 애쓰며 아등바등 산다. 이 고군분투 속에서도 그들이 잠재력을 최대한 실현할 수 있을까? 그들을 돕는 바람직한 첫 단계는 사람들이 자기 삶에 영향을 미치는 다양한 시스템을 인식하도록 돕고, 그것들이 어떻게 작동하는지 설명해주는 것이었다. 설사 그 시스템들이 당장의 업무와 직접적 관련이 없더라도 말이다. 사람은 살기 위해 일하는 것이지 그 반대는 아니니까.

타운홀 미팅은 계속 이어지며 우리 해법의 일부가 되었다. 지나가 타운홀 미팅을 정규 행사로 만들자고 제안했을 때 나는 크게 찬성했다. 자유분방한 교실과 즉흥적 TV쇼를 합친 분위기의 타운홀 미팅은 얼마 안 가 우리의 일상적 업무 리듬의 일부가 되었다. 거기서 우리는 삶, 돈, 그리고 기쁨의 여러 요소들을 논했다. 많은 동료들이 열정적으로 반응했다. 출근하는 게 꼭 돈 받고 학교에 다니는 기분이에요!

물론 일은 일이다. 우리 모두는 마감기한과 싸우고 스트레스와 고통의 시기들을 지난다. 하지만 일이 반드시 끔찍하고 비참할 필요는 없다. 반드시 걱정근심의 끝없는 원천일 필요도 없다. 이상적 직장은 모두가 가르치고 배우고 탐구하며 호기심과 즐거움을 느끼는 곳, 활기와 아이디어가 가득한 교실과 비슷한 곳이고, 또 그렇게 될 수 있다. 관건은 우리가 이에 동의하는지의 여부다. 졸업장을 받은 후에도 배움은 멈추지 말아야 한다. 애슐리에서 우리는 동료들의 일반교육general education(다양한 주제와 학문에 걸쳐 기초 지식을 습득하는 포괄적 교양 교육 - 옮긴이)에 투자했다. 그들은 직원이 아닌 개인으로서 교육을 받았다. 다시 말해 그들은 이를 이용해 더 나은 산업의 더 나은 회사에 취업할 수도 있었다. 이런 환경은 오히려 직원유지율을 높이고, 구인 및 채용에 따른 마찰비용friction costs(생산성 감소, 인력 채용을 위한 비용과 시간, 기업 평판에 대한 악영향 등을 포함해 인력 이탈로 발생하는 손실 - 옮긴이)을 낮추는 데 직접적으로 기여한다. 이는 경영학 학위가 없어도 뻔히 알 수 있는 사실이다.

덧붙일 사항이 있다. 실제로 매슬로 본인은 자신의 이론을 피라미드 형태로 제시한 적도, 그것을 의도한 적도 없었다. 당연히 그의 저술은 보다 총체적이고 복합적인 욕구 전개 방향을 개진한다. 이 오해를 바로잡기 위한 최근 연구에서 밝혀진 바에 따르면 이 유명한 피라미드 모형을 처음 그린 사람은 어느 경영컨설턴트라고 한다. 그럼 그렇지. 놀랍지도 않다. 모노폴리게임의 기원이 야기와 묘하게 닮았다는 느낌이 들지 않는가?

# 길을 밝히다

정직과 투명성이 인간애와 교차할 때 일어나는 선순환 피드백 루프의 또 다른 예는 전구에 대한 것이다. 그렇다. 전구. 사소하고 따분한 이야기일 것 같지만 그렇지 않다.

뉴저지주 브릭처치 지점 매장의 전구들—어둡고, 더럽고, 간헐적으로 깜빡이는 노란 불빛들—은 나를 미치게 했다. 그 전구들이 내는 분위기는 차리와 셸리가 만드는 꾸준히 밝은 따뜻함과 어울리지 않는 것을 넘어 아예 정반대였다. 그 형광전구들은 옷과 매장을 칙칙하고 후져 보이게 할 뿐 아니라 깨지기도 쉬워 매장 직원이 부상을 입는 주원인이었다. 하지만 하이테크 전구보다 가격이 저렴했고, 그 때문에 회사는 계속 그 전구를 구입했다. 이전 경영진은 조명을 손익계산서의 비용으로 보았고, 나는 그것을 대차대조표의 투자로 보았다.

어둑한 매장에서 일어날 수 있는 모든 불상사를 생각해보라. 테이프로 고정한 러그에 걸려 넘어지는 고객들. 전구가 나갈 때마다 뒷방에서 무거운 발판사다리를 끌고 나와 뒤뚱대는 사다리에 오르는 점장. 하이힐로 사다리 위에 서 있는 여성들. 감이 오는가? 모든 매장의 전구를 효율적인 신식 LED 전구로 바꾸자 초기 투자비용은 더 들었지만 중대한 안전 문제가 해소됐고, 18개월 만에 비용도 회수되었다.

자, 흥미로웠던 것은 여기서부터의 일이다. 로라 누메로프

Laura Numeroff의 동화책《생쥐에게 쿠키를 주면If You Give a Mouse a Cookie》에서 주인공 소년은 생쥐에게 쿠키를 주었다가 몇 시간 동안 연쇄적으로 귀찮은 일을 겪는다. 쿠키를 주자 생쥐는 목이 마르다며 우유를 요구하고, 이후 엎지른 물, 손톱가위, 빗자루 등으로 인한 재난들이 인과의 사슬을 타고 끝없이 일어난다. 이 이야기의 교훈은 우유에 대한 쥐의 욕구를 소년이 예상했어야 한다는 것이다. 그런데 우리 경우에는 새 전구가 의도치 않은 긍정적 결과들을 줄줄이 만들어냈다.

우선 밝아지고 좋아진 전구가 매출 증가로 이어졌다(조명에 따라 옷이 얼마나 달라 보이는지 아는 사람은 알 것이다). 더 많은 매출이란 더 많은 현금을 뜻했고 더 많은 현금은 곧 더 많은 보너스를, 더 많은 보너스는 더 행복한 동료들을 의미했다. 순수익의 증가는 우리가 기술 업그레이드에 박차를 가할 수 있다는 의미였다. 마침내 우리는 매장들에 와이파이를 설치했고, 이어 점장 각각에게 아이패드를 제공하기에 이르렀다. 그게 뭐?라 할 수도 있겠다. 흔해 빠진 게 아이패드 아니야?

음, 아이패드의 주요 기능 중 하나는 고성능 카메라다. 점장들은 구식 금전등록기 앞에 붙어 있을 필요에서 해방됐을 뿐 아니라 매장의 특별한 순간들을 사진으로 기록할 수 있게 되었다. 이에 따라 우리가 다음으로 한 일은 시범 시행을 거쳐 최대한 많은 매장에 스텝 앤드 리피트step and repeat를 보낸 것이었다.

스텝 앤드 리피트는 행사장에 브랜드 노출을 위해 임시로 세우는 사진 촬영용 배경이다. 시상식 전후에 그 앞에서 포즈 취하는 연예인들을 많이 보았을 것이다. 우리는 점장들에게 그것을 탈의실 옆에 설치하게 했다. 고객들은 우리 로고가 프린트된 스텝 앤드 리피트 앞에서 셀피를 찍었고, 점장들도 이 모습을 아이패드에 담았다. 고객은 구매를 고려하는 블라우스를 입고 사진을 찍어 소셜미디어 팔로어들과 공유했다. 다시 말해 이는 무료 광고였다. 고객들이 회사를 무료로 홍보해주는데 군이 마케팅에 돈을 쓸 이유가 있을까? 우리는 이렇게 군은 마케팅비용을 더 나은 의료 혜택 등 동료들의 업무 외적 니즈를 해결하는 데 투자할 수 있었다. 생쥐에게 쿠키를 주면 과연 별일이 다 생긴다.

이것이 기업 T계정의 장기 자산 범주에 스텝 앤드 리피트와 LED 전구가 등장한 내막이다. 수익이 나타나는 방식은 다양하다. 투자 이면의 의도를 알지 못하는 관찰자의 눈에는 해당 수익이 어떻게 발현했는지 잘 보이지 않는다. 우리 경우에는 다정함과 수학이 결합해 아무도 보지 못했던 곳에서 수익을 일으켰다.

## 사람들을 위한 혁신

우리는 자본주의 최악의 함정들로부터 동료들을 보호하는 데 부단히 집중했고, 그 노력의 일환이 소프트웨어에 대한 투자였다. 파산에서 벗어난 이후 이뤄진 첫 번째 대규모 투자이기도 했던 그 소프트웨어는 적절하게도 인사정보 시스템이었다. 회사 역사상 처음으로 전 직원은 자신의 일정과 삶에 대해 가시성 및 약간의 통제권을 갖기에 이르렀다. 그들이 로그인과 로그아웃을 하고 회사 공지를 받을 수 있게 된 덕에 이제 종이 일정표는 과거의 유물이 되었다. 이 소프트웨어는 모두에게 전사적 소통을 가능하게 했고 이는 결속력과 동시성, 유대감을 강화했다. 하지만 우리가 이 소프트웨어 패키지를 선택한 진짜 이유는 따로 있었다. 이제 우리는 비밀번호로 보호되는 직불카드로 급여를 지급하는 것이 가능해졌다.

당시까지만 해도 은행계좌가 없는 동료들은 계좌를 통한 급여 수령이 불가능했기에 실물 수표로 급여를 받아야 했다. 그것을 주머니에 넣고 다니는 것은 안전 면에서 문제가 있었는데 이제야 해결된 것이다. 또한 새로 도입한 직불카드는 고율의 수수료를 떼는 수표 환전소에 갈 필요도 없애주었다. 초기에 나는 모두에게 말했다. "저는 여러분에게 떼돈을 드리진 못합니다. 우리는 부유한 대기업이 아니니까요. 하지만 최소한 우리가 지급한 금액만큼은 지킬 수 있게 해드리겠습니다." 기술 업그레이드와 더불어 나는 은행계좌가 없는 동료들이 새로운 지급 옵션을 인지하고 이용하게 하는 데 집중했다. 나는 이 일을 몸소 열정적으로 추적하고 시행했다. 이제 우리의 급여비용은 직원들이 실제로 수령하는 금액을 정확히 반영하게 되었다.

나는 어린 시절을 떠올렸고, 정보를 독점한 개인이나 시스템이 사람들의 주머니에 손대는 많은 방식들을 생각했다. 지나치게 징벌적인 부도수표 수수료, 연체료, 초과인출 수수료, 이자율 인상 등을 통해 이 나라에서 가장 취약하고 가장 정보가 부족한 인구 집단에게서 교묘하고 능란하게 돈을 뜯는 사람들. 이들은 자본주의의 가장 추악한 부분 중 하나다(대학 캠퍼스에서 카지노를 광고하는 사람들도 잊지 말자). 나는 아버지에게서 들은 이민 초창기 이야기를 떠올렸다. 당시 아버지의 지갑에는 400달러밖에 없었다. 아빠는 그중 일부를 공항에서 카메라를 사는 데 썼다. 미국에서의 새 삶을 담은 사진들을 엄마에게 보내기 위해서였다. 엄마는 형을 임신 중이었고, 아직 한국에 남아 있었다. 레지던트 과정을 밟을 피츠버그에 도착한 아버지는 택시를 타고 하숙집으로 향했다. 택시기사는 바가지요금으로 아버지에게 40달러나 더 받아냈다. 아버지는 명절 때마다 이 이야기를 했다. 아버지는 자신을 찾아온 환자들을 외면하지 않고 늦게까지 일할 때도 그 생각을 했을 것이다. 언어도 모르는 낯선 나라에 막 도착한 취약한 젊은이를 알겨먹는 택시기사? 말이 돼? 모두가 동의할 것이다. 주도권이 없는 사람들로부터 돈을 뜯는 것은 절도나 다름없다.

나는 자기 잇속만 노리지 말자는 일반적 견해를 고객 대응 방식에 적용하려 애썼다. 매장 방문 시 나는 만약 고객이 신용한도에 근접해 있을 경우에는 추가 구매를 권하지 말라고 점장들에게 넌지시 당부했다. 그리고 이렇게 덧붙였다. 물론 그들의 돈이고, 그들의 결정이긴 하지만….

나도 안다. 모든 것은 한 끗 차이라는 걸. 하지만 그런 게 바로 균형 잡기다. 나중에 나는 같은 이유로 선구매 후지불Buy Now, Pay Later 결제 방식의 도입을 거부했다. 내 생각에 그것은 무분별한 소비를 부추기고, 우리가 이루려는 바의 맥락에서 봤을 때 바람직하지 않은 방식이었다. 그렇지만 나는 자기 잇속만 챙기는 고객으로부터 우리 회사, 특히 매장 일자리를 보호하는 데도 주의를 기울였다. 우리는 소매업계 전반의 추세를 거스르며 '무료 반품'이나 '무제한 무료 배송'을 거부했다. 그리고 이에 대해 문의하는 사람들에게는 전자상거래 판매의 전체 비용에 콜센터, 주문 처리, 배송, 반품, 마케팅의 비용이 포함된다고 설명했다. '무료' 서비스들은 결국 모두에게 비용을 야기했다. 우리에겐 수익성 없는 레모네이드를 팔 생각이 없었다. 나는 우리 매장에서 쇼핑하는 여성들에게 묻곤 했다. 만약 그런 혜택들이 회사를 폐업으로 내몬다면 그게 다 무슨 소용이겠어요? 나는 그들에게 원가를 설명한 뒤 이런 질문으로 말을 맺었다. 여기 매장에서 직접 구매해 차리와 셸리를 지원하는 것이 어떠세요?

훨씬 나중에는 누구도 피할 수 없었던 위기가 닥쳤는데, 바로 코로나19였다. 팬데믹 초기 며칠, 몇 주 동안 내 최우선순위는 동료들의 건강과 안전이었다. 코로나19가 저소득층, 플러스사이즈, 흑인 및 히스패닉, 최일선 서비스 근로자 등 사회 취약계층 구성원들에게 유난히 가혹한 영향을 미쳤기에 더 그랬다. 봉쇄 조치가 떨어지자 우리보다 규모가 크고 재정자원이 많은 기업들은 그

즉시 시간제와 정규직을 가리지 않고 매장 직원의 대다수를 해고하거나 휴직 처리했다. 하지만 나는 그동안 이사회 승인을 받아, 시스템에 예상치 못한 충격이 있을 경우에 대비해 우리 대차대조표에 현금을 충분히 쟁여두었다(이런 완충장치를 가질 형편이 되기까지 애슐리는 점잖게 말해 먼 길을 왔다. 비상자금의 중요성은 돈은 막상 필요할 때면 없다는 불변의 진리에 근거한다). 이 비상금은 우리가 직원들을 유급 고용 상태로 최대한 오래 유지하게 해주었고, 덕분에 회사는 매장이 다시 문을 열 때까지 연속성과 유대감이라는 생명줄을 잡고 있을 수 있었다. 경영진 전원은 자발적으로 자신들의 급여를 삭감했다. 나는 매장에 고객 명단을 제공할 것을 경영진에게 지시했다. 그것으로 점장들은 단골들에게 연락해 안부를 확인하고, 코로나19에 대한 허위 정보가 아닌 실제 정보를 전할 수 있었다. 이 조치가 다소 충격적으로 들린다면, 레모네이드 스탠드의 규칙을 생각해보기 바란다. 공평한 것이 공평한 것이다.

다시 말해 인간애에 기반한 상식적 결정이, '기업과 경영진은 어느 경우에도 수익을 최우선시해야 한다는 개념을 포함한 융통성 없고 정체된 규칙들을 이겼다. 당연한 말이지만 우리에게는 규칙을 위한 규칙이 거의 없었다. 우리는 본사와 매장에 있는《전쟁과 평화》두께의 운영 매뉴얼을 주간지 정도로 간소화했다. 말이 되지 않거나 심히 권위적인 규칙은 없앴고, 정말로 확대 적용할 가치가 있는 운영 절차만 골라 표준화했다. 신뢰, 안전, 주도성을 중시하는 기업문화를 위한 일반교육과 직업훈련에 투자했고, 이는 소프트웨어 코드로 뚝딱 복제할 수 없는 기민성과 여유와 유연성을 만들어냈다. 기술투자는 명목상의 제품뿐 아니라 진짜 제품의 전달도 강화하는 것이어야 했다. 우리는 혁신을 겉멋과 결부 짓는 함정에 빠지지 않았고, 대신 혁신은 다정해야 한다고 주장했다(다정한 혁신은 종종 최고의 혁신이 된다).

마지막으로 기민성과 여유에 대한 고찰을 하나 더 보태자면 이렇다. 내가 CEO로 있던 시기에 우리는 예기치 못한 죽음을 많이 겪었다. 이는 우리 고객의 인구학적 구성과 무관하지 않았다. 나도 나중에 직접 경험하게 됐지만, 가족을 묻는 일에는 많은 비용이 든다. 동료가 가족의 죽음으로 과도한 경제적 부담을 겪는다는 소식이 들리면 우리는 장례비에 보태도록 조용히 애슐리 명의로 소정의 수표를 보냈다. 누군가 이것이 엄밀히 말해 규정 위반이라고 하면 나는 고개를 갸우뚱하며 물었다. 정말요?

## 우리라는 집단

위험은 삶의 상수 중 하나다. 절대적 확실성은 있을 수 없지만 시간, 돈, 사회자본을 어떻게 투자할지에 대한 최선의 결정을 도모할 수는 있다. 그 방법은 위험과 수익 사이의 관계를 이해하는 것이다. 주가는 이론상 무작위적이며, 좋든 싫든 인생도 그렇다. 갑작스럽고 예측불가한 일들이 늘 일어난다. 지하실이나 다락에 숨어 지내는 방법으로 대응할 수도 있겠지만, 우리 대부분은 그러지 않는다. 위험을 줄이고 희석하는 최선책은 강한 팀의 구축임을 우리는 직관적으로 안다. 우리는 그렇게 누군가의 가까운 친구, 직장 동료, 팀원 등이 된다.

생물학자는 개미, 벌, 박쥐, 나무의 군집 생태를 비롯해 자연 곳곳에서 일어나는 협력 행동을 관찰한다. 사람들도 협력한다. 물론 인간은 자기 본위의 동물이다. 살아남아 자기 유전자를 후대에 전하려는 우리의 본능은 인정사정없다. 하지만 잠시 생각해보면, 가장 기본적 조직 단위인 가족도 개인의 니즈와 집단의 니즈의 역동적 상호작용에 성공 여부가 달려 있는 일종의 협동조합이다. 주류 매체에서 많이 다루지는 않지만, 협동 능력이 우리 종種의 핵심 생존 메커니즘 중 하나였음은 과학적으로 잘 입증된 사실이다. 우리는 '적자생존'이라는 문구에 홀려 또 하나의 지나친 일반화에 빠졌고, 우리에게 다정함이라는 역설적 본질도 있다는 점을 망각했다.

이런 공동 위험 분담을 때로는 상리공생mutualism이라고 부른다. 상호의존으로 양방이 이익을 얻는 관계라는 뜻이다. 비즈니스에서의 상생은 유지는 물론이고 실현도 지극히 어렵다. 직장에서의 행복에 대해 회사가 성가신 설문—귀하의 자택에 있는 키보드와 마우스의 움직임을 우리가 모니터하는 대가로 무료 팝콘과 명상실을 제공하는 건 어떠신가요?—을 자꾸 보내는 이유도 어쩌면 이것일 것이다. '인적자본human capital(인간의 지식, 기술, 창의성 등을 경제적 가치가 있는 자본, 교육이나 직업훈련 등을 통해 경제적 가치를 높일 수 있는 자본으로 보는 개념 – 옮긴이)' 문제는 대개 인사부서에서 처리하는데, 이 부서는 (많은 인사 전문가들이 참담해하듯) 직원의 옹호자보다는 기업 실책의 방패막이 역할을 요구받을 때가 많다.

내가 봤을 때 이 은밀한 상생의 역학을 가장 잘 포착하는 산업은 보험업이다. 그렇다. 나쁜 일은 모두에게 무작위로 일어난다. 하지만 평균의 법칙law of averages(동전을 여러 번 던질수록 앞면과 뒷면이 나오는 결과가 1:1에 수렴하듯, 시도 횟수가 증가하면 결과가 이론적 평균값에 가까워지는 현상 – 옮긴이)에 따라, 여러 인생이 모이면 그런 사건이 해당 인생에 미치는 비용과 치명성은 줄어든다. 자동차 보험을 예로 들어보자. 많은 이들의 삶을 한데 합친다는 것은 모두가 위험을 분담하고, 더 낮은 보험료를 내고, 예기치 않은 손실로부터 자신을 보호하는 것을 의미한다. 나는 애슐리스튜어트에서 보험에 집착했다. 다정함이 실제 행동에 영향을 미친다는 것을 내가 나 스스로에게 수학적으로 증명할 수 있는 부분이기 때문이었다.

전구, 사다리, 하이힐을 기억하는가? 직장 내 부상에 대해 많은 기업들은 동일한 방식으로 대응한다. 직원이 다친다. 기업은 회사 외부에서 끝없는 법적 절차를 진행한다. 마침내 산재보험회사는 기업이 청구한 금액을 지불한다. 많은 기업들이 산재보험료와 연간 보험료 인상액을 비즈니스 수행의 불가피한 비용으로 취급한다. 그리고 그걸로 문제가 해결된 듯 더는 신경 쓰지 않는다.

하지만 CEO로서 나는 누군가 직장에서 다친다는 생각 자체를 참을 수 없었다. 심지어는 역겹기까지 했다. 레모네이드 스탠드를 운영하던 중 당신이 떨어뜨린 얼음이나 닦지 않은 물에 동료가 미끄러졌다고 상상해보자. 누구의 잘못인가? 맞다. 당신의 잘못이다. 물론 사고는 일어나기 마련이다. 하지만 사고방지를 위한 노력을 다하고 있지 않다면 그것이 불가피한 일인 척할 자격이 없다. 예전에 아빠가 현관에서 피자 배달원의 도착 시간을 재고 있던 나를 발견하고 혼냈다. 나는 그때의 꾸지람을 영감으로 삼았다. 우리 회사도 다른 회사들과 동일한 법규와 보험 청구절차에 따라 움직였다. 다만 우리는 사고를 근본 원인의 관점에서 보았다. 즉 우리는 모두가 행동을 바꾸도록 유도했고, 새로운 행동방식을 규준으로 만들었고, 그다음에 정책 변경을 통해 이를 공식화했다.

산재보험 청구의 범위와 수준을 모니터할 책임은 내가 직접 맡았다. 나는 모든 사건을 검토했다. 내 동료들도 누군가 다칠 경우엔 내가 첫 번째 또는 두 번째 통보 대상이라는 점을 숙지했다. 나는 부상이 대개 잘못된 절차에서 비롯된다는 것을 알고 있었다. 물론 진짜 사고도 분명히 존재한다. 하지만 잘못된 절차들은 이미 알려져 있고 해결가능한 부채다. 회계규정은 이런 무형의 불확실한 미래 부채를 회사의 대차대조표에 올리라고 요구하지 않는다. 그렇지만 산재보험 사건들과 청구 수준은 유의미한 척도가 되어지 않을까? 우리는 모두에게, 특히 매장 관리자에게 동료의 안전을 우선시할 것을 요구했다. 근로자의 안전은 부채나 비용이 아닌 자산이었고, 그렇기에 반드시 보장되어야 했다. 사람들은 이에 적극 동의했고, 실천했다.

결과적으로 애슐리는 모든 보험통계표actuarial tables(수십 년에 걸쳐 수천만 명의 행동을 추적한 방대한 과거 데이터로, 보험업계가 미래 결과 예측에 이용한다)를 박살냈고, 급기야 산재보험사로부터 최고 수준의 안전 등급을 받았다. 우리의 청구율과 사고율은 심하게 높던 수준에서 놀랄 만큼 낮은 수준으로 떨어졌다. 우리 회사의 둥근 회의탁자에 둘러앉아 있던 통계 전문가들의 놀란 얼굴이 지금도 기억난다. 그들은 이렇게 물었다. 어떻게 하신 거죠?

우리가 어떻게 했냐고요? 다정함과 수학으로 했지요. 내가 대답했다(실은 "우리는 사람들을 진심으로 챙깁니다. 그리고 탁월한 운영은 다정함과 수학을 통합하지요. 더불어, 남들이 과거를 참고하는 동안 우리는 미래에 살았습니다"라고 말하고 싶었다). 나도 안다. 보험사로부터 우수업체 인증을 받는 것은 오스카상이나 그래미상을 받는 것과 다르다는 것을. 하지만 장기간에 걸친 우리 공동의 노력은 인정을 받았고, 나는 그 점이 못 견디게 뿌듯했다. 그것은 우리 사회계약의 실현이었고, 아울러 별도의 재정적 이익도 창출했다.

이제 우리는 낮은 위험군에 속했다. 이는 연간 보험료를 적게 낸다는 의미였다. 여기서 굳은 돈 덕분에 우리는 소매업계가 점점 더 어려워지는 상황에서도 점장들에게 성과에 기반한 임금 인상을 시행할 수 있었다. 보험료 절감의 공신들은 결국 점장들이었고, 그 돈의 정당한 주인 또한 그들이었다.

## 실질가치의 창출

인생에서는 요란하고 화려하고 부산한 사람들이 주목받는 경향이 있다. 안타깝지만 직장문화도 이런 행동을 보상하는 것 같다. 그러나 진정한 가치창출자(그리고 진정한 가치창출)를 찾기란 지독히도 어렵다. 이것이 뱅가드Vanguard 같은 진보적 자산운용사들이 개인들에게 최소한의 수수료를 내고 광범위한 인덱스펀드index fund(주식시장이 장기적으로 성장한다는 전제 하에 시장평균수익 달성을 목표로 포트폴리오를 구성하는 펀드 – 옮긴이)에 저축을 투자할 기회를 제공하는 이유다. 그렇다. 시장을 이기는 것은 그만큼 어렵다. 오죽하면 시장평균 이상의 수익을 낸 투자에 금융계가 알파alpha라는 근사한 이름을 붙이겠는가. 즉, 알파 투자는 같은 위험도일 때 동종 그룹보다 높은 수익을 내는 투자다. 세상에는 자신이 시장보다 똑똑하다고 주장하는 사람들이 있는데, 나이가 들수록 나는 이런 이들을 점점 더 멀리한다.

하지만 드물긴 해도 알파 기회는 분명히 존재한다. 알파를 창출하는 방법들 중 비용 대비 효율적인 한 가지는 부채로 인식된 것을 자산으로 전환하는 것이었다. 나는 그렇게 믿었고, 그 믿음으로 파이어파인을 시작했다. 평균의 법칙을 이기는 유일한 방법은, 말하자면 다른 연못에서 정보에 입각한 새로운 방식으로 낚시를 하는 것이다.

우리의 경우 나는 애슐리의 진정한 가치가 우리의 관계들에 있다고 확신했다. 차리, 셸리, 그들 고객 사이의 관계들 말이다. 옷은 옷일 뿐이고, 패션은 변덕스럽다. 따라서 내 임무는 우리 회사에서 묵묵히 진정한 변화를 만드는 사람들을 알아보는 시스템을 설계하고, 그들에게 최대한 품위 있는 방식으로 인정과 자신감을 주는 것이었다. 그리고 그런 다음엔 그들에게 길을 내주는 것이었다. 40년 전 내 친구의 아빠가 유치원 수업에서 했던 것처럼.

회사에 있을 때나 보스턴의 집에 있을 때나, 나는 정기적으로 (또한 무작위로) 매장 점장들에게 전화를 걸었다. 안녕하세요, 제임스예요. 어떻게 지내요? 전화를 받는 입장에서는 처음에 당황스러웠을 수 있다. 왜 전화했지? 내가 무슨 잘못을 했나? 그들은 허둥지둥 최신 매출 수치를 대곤 했다. 하지만 그들은 곧 내 전화에 익숙해졌다. 그들은 내가 절대 판매실적을 묻는 전화를 하지 않는다는 것을 알았다. 그거야 내가 이미 알고 있으니까! 그리고 그때쯤엔 점장들도 내가 근본 원인에 집중한 가치창출을 추구한다는 점을 알게 되었다. 우리 각자의 내면에 있는 열 살짜리 아이 또한, 매출은 착실한 기초 준비의 결과이지 근본 원인이 아님을 안다. 필요한 재고는 받았나요? 나는 그들에게 물었다. 적합한 사람들을 채용하고, 우리의 원칙에 대해 교육하고 있나요? 그리고 가장 중요한 질문이 이어졌다. 잘 지내요? 별일 없죠? 다시 말해 나는 그들 매장의 대차대조표와 그들 개인의 대차대조표를 합친 그림에 대해 묻고 있었다.

잘 지내요? 별일 없죠? 간단한 질문이다. 하지만 그들이 풀어놓는 보물상자는 언제나 내게 발전의 영감을 주었다. 우리는 의사

소통 자체가 달라졌다. 차리를 예로 들어보자. 오래지 않아 그녀는 내게 이메일을 보내기 시작했다. 매출액을 알리기 위해서가 아니라 안부를 묻거나, 의미 있는 접객 경험이나 고객 반응에 대해 이야기하기 위해서였다. 한번은 내게 이메일로 업무협조 요청을 하기도 했다. 민관 파트너십 가능성을 타진하기 위해 공무원들과 약속을 잡았는데 그날 내가 시청에 동행할 수 있는지 묻는 내용이었다. "물론이죠." 내가 답했다. 회의 당일 관계자들이 나타났을 때 나는 차리를 소개한 후 그녀에게 "지금부터는 당신이 맡아요"라고 속삭였다. 차리는 몹시 놀랐지만, 공개연설을 싫어하는 사람치고는 놀랄 만큼 잘 해냈다. 이후 차리와 셸리와 나는 지역 식당에서 점심을 먹으며 회의 결과에 대한 의견을 나눴다. 그 자리에서는 처음으로 셸리의 아이들을 만나기도 했다.

내게 CEO 시티즌십 어워드라는 상을 제정할 영감을 준 사람이 바로 셸리였다. 후보자를 지명할 자격은 애슐리의 모두에게 있었다. 후보 추천 기준은 세 가지였다. 오너처럼 행동하는가? 좋은 친구인가? 좋은 멘토인가? 해당 분기에 매출 기록을 갈아치운 점장이라 해도 만약 팀의 사기(이직률), 안전(발판사다리와 하이힐!), 기민성(뒷방에 쌓인 캐미솔)을 진작하고 유지하는 행동을 보이지 않았다면 그에겐 수상 자격이 없었다. 반면 매출은 부진했어도 장기 무형 자산을 창출하는 행동을 보인 점장이라면 수상 가능성이 있었다. 수상자에게 지급되는 현금 보너스는 매장 직원에게 수여되는 단일 상금으로는 최고액이었다. 하지만 상금만큼, 어쩌면 그보다 더 중요한 것은 명예였다. CEO 시티즌십 어워드의 첫 번째 수상자는 셸리였다. 이 결과에 놀란 사람은 셸리 본인뿐이었고, 이는 그녀가 적격임을 재차 증명했다.

수상자 발표 당일 차리는 셸리에게 본사에 함께 갈 것을 고집했다. 두 사람은 함께 앉아 잡담하며 웃음꽃을 피웠다. 몇 분 후 나는 방에 모인, 그리고 콘퍼런스 콜에 연결된 사람들에게 수상자의 특징을 말하기 시작했다(당시 나는 보스턴 집에서 전화로 시상식에 참여했다). "저거 너잖아." 셸리가 계속 차리에게 속삭였다. "내 말이 맞지? 너라니까!" 셸리에게는 자신의 상사이자 절친인 차리가 수상하는 것보다 더 기쁜 일은 없는 듯했다. 다음 순간 나는 셸리를 호명했다. 셸리는 눈물을 터뜨리며 떨리는 손으로 얼굴을 덮었고, 곧이어 사람들의 포옹에 파묻혔다. 그중 가장 크고 따뜻한 포옹은 차리가 해준 것이었다.

그날 밤을 나는 결코 잊지 못한다. 셸리가 자신의 상사이자 친구인 차리를 응원하던 모습, 차리 외에는 세상 그 누구도 CEO 시티즌십 어워드를 받지 못할 거라 확신하던 모습을. 그리고 내가 셸리를 호명하자 이번에는 그 누구보다 차리가 환호했다. 나는 우리 모두가 옳은 일을 했다는 생각이 들었다. 우리 시스템은 진정한 가치창출자들을 응원하고 그들에게 보상하고 있었다. 회사 전체는 물론 우리의 소셜미디어에 접속한 고객들도 이 교류를 목격하고 동의했다. 나는 세 다리 의자 중 직장생활 다리에 관한 내 다짐에 충실하고 있었다.

# 뒤집힌 고슴도치의 기쁨

내 경험상 사람들은 직장에서 주눅이 드는 경향이 있다. 성공할 수 없게, 혹은 더 나아가 실패하게끔 설정되는 것보다 더 고약한 일이 있을까? 이에 선행하는 질문이 있다. 대체 어떤 상사나 회사가 의도적으로 공포스러운 문화를 조성할까?

소수의 소시오패스를 제외하면 대개의 리더는 고의적으로 그렇게 하지 않는다. 하지만 일부러 시간을 들여 여기서 내 의도는 무엇인가?를 고민하는 보스도 거의 없다. 대신 그들은 의식적으로나 무의식적으로 효과적 리더십의 특징이라고 믿게 된 것을 모방한다(모자를 펄럭이며 말을 달리는 카우보이나, 명품 플리스 조끼를 입고 줌으로 대규모 해고를 지휘하는 기술 '천재'를 떠올려보라).

맞다. 나도 안다. 위기의식과 압박감이 단기적으로 높은 성과를 내기도 한다. 하지만 비상 상태가 오래 유용할까? 공포가 몸을 압도해서 투쟁-도피 반응을 일으키고 있는데 그 와중에 자기 일에 최선을 다하고 미래지향적인 관점을 유지할 수 있을까? 뇌과학은 이에 매우 단호히 '아니오'라 답한다. 나도 소심한 사람이 아니다. 나도 동료들에게 높은 성과를 기대한다. 나도 이기고 싶다. 다만 단기와 장기의 균형을 유지하는 방식을 원할 뿐이다. 이를 위해서는 간헐적 에너지 폭발과 더불어, 꾸준한 실행을 구동하는 동시에 상상력 발휘를 위한 시간과 공간을 만들어줄 일상적 리듬도 필요하다. 공포와 상상력은 바람직한 조합이 아니다. 새벽 두

시에 악몽에서 깨기 좋은 조합이다.

이런 이유로 나는 여유와 기민성의 조합이 창의와 혁신을 일으키는 안전한 환경을 만들고자 했다. 나는 모두에게 가시털은 숨긴 채 보드라운 배를 드러내고서 발라당 누운 고슴도치가 될 것을 장려했다. 노래방 파티나 단체 댄스나 피크닉 게임은 우리가 함께 놀고 즐길 또 다른 기회였다. 내가 동료들을 세카우커스의 레드랍스터에 데려갔던 원점회귀의 순간들도 마찬가지였다. 우리 고객들이 졸업식 디너 장소로 애용하곤 하는 그곳에서 우리는 무료 체다 비스킷을 잔뜩 먹었다. 타마라는 비스킷은 김이 날 정도로 뜨거워야 한다고 우겼고, 그때마다 우리는 배를 잡고 웃었다. 해마다 추수감사절 무렵에 열리는 지나의 포트럭 파티는 이제 유명 행사가 되었다. 맨해튼의 사업파트너들까지도 초대줄 것을 요청했고, 집에서 만든 별미와 함께 나타났다.

여기서 유념할 점이 있다. 안전은 집에서의 생활행동에 배어야 하듯 수학에도 내장되어야 한다. 우리는 '안전'을 더욱 잘 측정할 지표들을 개발해 회사의 성과지표에 포함시켰다. 앞서 말했듯 보험은 다정함과 수학이 결합해 상생효과를 내는 좋은 사례다. 그런데 다정함과 수학이 상호보완적으로 작동하는 방식이 또 하나 있다.

유명한 금융 용어 중에 포트폴리오 다변화, 다른 말로 위험분산이라 일컫는 것이 있다. 주식과 채권은 만기(지불시점), 변동성(가격변동의 폭), 수익률(매년 주주에게 배당되는 금액), 그리고 금융시장연동성(가치가 시장지수들과 함께 움직이는 정도)에 따라 위험 수준이 제각기 다르다. 캐미솔, 샤크바이트, 마릴린, 페플럼이 주식이나 채권과 많이 다를까? (내가 잘 몰라서였을 수도 있지만) 나는 아닐 거라 생각했고, 그래서 옷의 '포트폴리오' 다변화를 위한 '공식' 리스트를 작성했다. 예컨대 캐미솔은 가격변동성, 그리고 수익의 시장연동성도 낮아 상대적으로 안전한 투자다. 캐미솔의 요구수익률, 즉 매출총이익은 패션을 선도하는 미니스커트에 비해 많이 낮을 수밖에 없다. 패션 리스크를 고려해보면 미니스커트는 단기에 높은 수익을 내야 한다. 내 생각에, 캐미솔이 저위험 채권이라면 최신 유행 미니스커트는 고위험 벤처캐피털 투자에 해당했다. 더 중요한 점은, 우리의 포트폴리오는 각각의 패션 선택에서 완벽함을 요구하지 않았다는 것이다. 다만 이 다양한 선택들이 전체 포트폴리오에 어떻게 부합하는지는 반드시 고려해야 했다. 결과적으로 이 접근법 덕에 상품기획팀은 개별 실수에 대한 두려움이 줄어들었고, 신명과 창의성이 증진했다.

그러던 어느 날 그 일이 일어났다. 내 생각엔 당연히 일어날 일이었다. 온 세상이 거부한 파란색 원피스를 상품기획팀 직원 한 명이 매입했는데 한 벌도 팔지 못한 것이다. 그 옷을 원하는 고객은 단 한 명도 없었다. 그 직원은 겁을 먹고 위축되어버렸다. 나는 모두가 지켜보는 가운데 그 파란색 원피스를 살펴보았는데, 내 눈에는 그 옷이 그다지 흉해 보이지 않았다. 하지만 미스터 허리주름 먼바지인 내가 무엇을 알겠는가? "이게 그렇게 이상해요?" 마침내 내가 묻자 모두가 웃었고, 해당 직원이 가장 크게 웃었다. 단발성 실패는 공식의 일부일 뿐이었다. 그 파란색 무도회 원피스는 완전히 망할 확률이 높은 벤처 투자였다. 수학은 이런 일의 발생을 예상했다. 수학은 불완전성을 참작했다. 수학은 인간애를 허용했다. 더 중요한 것은 그 실패에서 배운 무언가를 미래의 의사결정에 반영하는 것이었다.

그것은 전환점이었다. 기억하기 바란다. 의도적으로 나는 애슐리의 성패를 두 번 다시 어느 한 사람이 좌지우지할 수 없는 시스템을 설계했다. 모든 사람들은 당연히 탁월함을 원한다. 완벽은 물론 불가능하다. 완벽 추구는 모두를 불안에 몰아넣는다. 감시장비, 두꺼운 업무 매뉴얼, 어둠 속에 쌓여 있던 캐미솔 더미가 사라진 것처럼, 두려움도 더는 우리 세상의 일부가 아니었다.

다정함은 인간이 만든 어떤 규칙, 범주, 시스템을 초월하는 하나 또는 일련의 행위다. 다정함은 수학 원리나 자연과학 법칙과 동급으로 심오하다. 나는 이런 법칙들을 모방하고 구현하는 조직이라면 지속가능한 성공을 창출할 가능성이 월등히 높다고 굳게 믿는다.

◆ ◆ ◆

그해의 연말파티는 축하 분위기였다. 왜 아니었겠는가? 우리는 매출과 수익성에서 모든 기록을 깼다. 심지어 깨끗하고 기민한 대차대조표로 그것을 달성했다. 이는 앞으로의 실적도 악성 재고 등의 과거에 구속받을 일이 없다는 뜻이었다. 최고의 순간은 아직 오지 않았어. 나는 생각했다. 나는 동료들의 얼굴에서 그 미래를, 노래방 무대에 오르고 댄스 플로어에 나가는 그들에게서 자신감을 보았다(참고로 지나의 사내 연말파티에서는 원래 알코올이 한 방울도 제공되지 않았다. 이를 지적한 외부 손님들이 있긴 했으나, 기쁨을 끌어내거나 두려움을 몰아내는 데 굳이 흥분제는 필요치 않다고 이야기하면 그들도 알아들은 얼굴로 끄덕였다). 내 투자자들은 열광했고, 이런 소식은 내가 돈을 구걸하며 자본시장을 돌던 시절 우리를 단칼에 거절했던 몇몇 금융업자에게도 흘러 들어갔다.

효과가 있네요, 제임스? 당신 팀이 이걸 해냈어요. 어떻게 한 거죠?

내 대답은? 다정함과 수학으로요. 나는 다정함에 대해 공개적으로 언급하기를 더 이상 주저하지 않았다. 나의 대답은 이렇게 이어졌다. 재무 관점에서 비용이 전혀 들지 않는 사회자본에 대한 투자는 보람 있을 뿐 아니라 초대형 재정 수익으로 이어집니다. 이걸 믿는 게 왜 그렇게 어려운 거죠? 유일하게 드는 비용은 시간과 인간애뿐이다. 아니, 비용은 어쩌면 틀린 표현일지 모른다. 그보다 더 맞는 말은 투자다. 요즘 다정함이라는 시류에 편승하려는 리더들이 자주 놓치는 것이 있다. 그들은 수학, 회계, 운영 또한 그런 다정함과 보조를 맞춰야 한다는 점을 이해하지 못한다. '다정함의 날Kindness Day' 같은 것은 없다. 적어도 내 생각에는 없다. 다정함은 마인드셋, 말하자면 매일 작동하는 운영 상태다. 이를 위해서는 T계정을 재고하고, 원인과 결과에 대한 광범하고 장기적인 전망을 수용해야 한다.

투자자는 내부수익률internal rate of return, IRR이라는 지표로 투자성과를 측정한다. 내부수익률은 투자자가 일정 기간 동안 투입한 금액 대비 산출액을 통해 그들이 연간 얼마를 벌었는지를 백분율로 알려준다. 가령 레모네이드 스탠드가 20달러의 투자금을 5년 동안 40달러로 불렸다면, 이때의 내부수익률은 약 15퍼센트다.

그렇다면 이제 투자자는 그 '투자액'의 일부를 사회자본으로 대체하는 것이 현명하지 않을까? 이것이 스타트업 창업자들이 늘 하는 일이다. 그들은 물물교환 방식으로 웹사이트 디자인이나 법률상담 등을 해결한다. 사실 우리도 그렇게 했다. 우리가 공급업체들의 신뢰를 얻은 덕에 그들은 지불 기한을 연장해주었고, 덕분에 우리는 현금을 더 오래 보유할 수 있었다. 만약 20달러 대신 15달러로 레모네이드 스탠드를 다시 론칭하고 투자자들에게 5년 동안 마찬가지로 40달러를 돌려줄 수 있다면, 수학적으로 내부수익률은 전보다 훨씬 높아진다(사실상 약 22퍼센트로 뛴다). 이 장에 있는 운영 사례 대부분은 아주 적은 재정 투자로 강력한 수익을 창출해낸 것들이다. 한 발 더 나아가, 만약 다정함이 투입액은 줄여주는 동시에 산출액은 높여주는 운영 시스템을 만든다면 어떨까(이것이 보험료 인하, 직원 보유율 및 고객 유지율의 증가, 법적 분쟁의 감소, 매출증대, 마케팅 지출의 생산성 향상으로 이어진다면)? 이 경우 내부수익률이 사실상 얼마나 더 높아질지 상상해보라. 이쁜 아니다. 더 중요한 것은 (기민성, 여유, 예비성의 증대가) 그런 수익을 달성하는 데 따르는 위험을 대폭 줄여준다는 점이다. 여기서 끝이 아니다. 사회자본 창출은 재무수익이 포착하지 못하는 보편적이고 건설적인 영향, 즉 긍정적 외부효과를 회사 밖에까지 만들어낸다는 사실을 잊지 말자. 긍정적 외부효과는 끝없는 나선형 패턴을 통해 직원, 고객, 지역사회로 퍼지면서 계속 수익을 창출한다.

그리고 다정함의 또 다른 마법적 특징은 돈과 섬뜩한 유사성을 보인다는 것이다. 즉, 다정함도 열린 피드백 루프로 작동한다. 이에 대해 설명해보겠다.

대개의 시스템은 대개의 자연물들이 그렇듯 평형과 항상성을 추구한다. 사실 이는 균형을 뜻하는 고급 어휘들이다. 그 상태에 도달하기 위해, 열린 피드백 루프들과 닫힌 피드백 루프들 사이에선 역동적인 상호작용이 일어난다. 열린 피드백 루프는 변화를 증폭시키는 반면, 닫힌 피드백 루프는 시스템을 평형 상태로 되돌린다. 일례로 인간 뇌의 목표는 자기조절이다. 즉, 신체의 열량 니즈와 에너지 니즈를 반복적으로 예측함으로써 안정적인 생존 상태를 유지하는 것이다. 반면 출산은 옥시토신 분비와 근육 수축을 수반하는 일련의 생물학적 변화를 촉발한다. 출산은 변화의 궁극적 예이며, 매우 고통스럽다(이에 대해선 메그에게 물어보자). 변화는 열린 피드백 루프를 필요로 한다. 이를 알면 '변화는 때로 고통스럽다'라는 말의 의미를 보다 분명히 이해할 수 있다. 뇌는 우리를 보호하기 위해 변화와 반대 방향으로 작동해 우리가 이미 알고 있는 상태로 되돌리려 한다. 따라서 변화를 위해선 이 순환을 깨야한다. 이를 실천하는 한 가지 방법은 어린 시절의 자아를 체현하는 것, 다시 말해 모를 권리를 부여받고 그 권리에 대한 적극적 실험과 진화를 장려받았던 시절의 자신으로 돌아가는 것이다.

돈은 복리로 무한히 증가할 수 있다. 적어도 이자율이 양수로 유지되는 한은 그렇다(무한히 늘어나는 것이 또 있다. 바로 신용카드 빚이다. 작용하는 수학 원리는 동일하다. 다만 이 경우엔 내가 아닌 남에게 유리하게 작용할 뿐이다). 복리의 수학은 부가 부를 낳게 한다. 이런 의미에서 돈은 자연의 평형 또는 항상성 원리를 거스르는 신기한 자산이다. 이것이 알베르트 아인슈타인이 복리를 일컬어 세계의 여덟 번째 불가사의라 한 이유일 것이다. 다정함에 대해서도 같은 말을 할 수 있지 않을까? 적어도 내 생각에는, 한 번 이상의 다정한 행동 또한 돈처럼 그 영향이 무한히 늘어날 수 있다. 그렇다면 다정함과 돈의 열린 피드백 루프를 따르고, 나아가 그것을 촉진하는 방식으로 삶을 살고 비즈니스를 하는 편이 좋지 않을까? 수학은 그렇게 하라고 말한다.

◆ ◆ ◆

이런 전략들은 애슐리의 부활 이후 첫 15개월 동안 구체화되었다. 당시 나는 전년도에 비해 상황이 얼마나 달라졌는지를 주로 생각했다.

우리의 일들은 잘 풀리고 있었다. 흐름이 좋았다. 우리의 재무 지표들에서는 녹색 싹이 트고 있었고, 지나가 조직한 파티들에서는 패기가 넘쳐흘렀다. 하지만 이 장에서 논한 구조적이고 유익한 행동변화 중 일부(예컨대 산재보험과 CEO 시티즌십 어워드)가 완전히 꽃피우기까지는 몇 년이 더 걸릴 예정이었다. 다정함과 수학은 알다시피 장기적인 전략이다. 어느 정도는 즉각적 만족도 있지만, 긍정적 행동변화가 복리로 늘어나 재무제표에서 존재감을 드러내기까지는 시간이 걸릴 수 있다. 일례로 보험료 감소는 과거와 현재의 행동 패턴에 대한 미래의 보상이다. 기업회계는 일반적으로 과거를 돌아보는 프레임워크라는 점을 기억하자. 현재에 충실하되 미래에 눈을 두자. 비즈니스와 삶 모두에서.

하지만 모두 알다시피 시간은 누구의 의지에도 따르지 않는다. 시간은 평정을 잃지 않는다. 그리고 나는 곧 시간이 내 삶에 비극을 불러오리란 것을 까맣게 몰랐다. 그로 인해 내 비즈니스와 사생활이 예기치 않게 하나로 수렴하리란 것도, 애슐리의 대차대조표와 내 개인적 대차대조표에 숨어 있던 무형의 자산들이 내가 예상도 기대도 못한 방식으로 고통스럽지만 보람 있게 유형화하리란 것도 전혀 알지 못했다.

# 브리지

# 7장

# 호의/영업권

잠자리는 지구에 3억 년을 살았다.

첫 번째 타운홀 미팅 이후 거의 2년이 흘렀다. 쉬지 않고 일한 23개월이었다. 법적 사망이 거의 확실한 상태였던 애슐리스튜어트가 세상의 예상을 뒤엎고 부활한 지는 15개월이 지났다. 우리는 청산을 피했다. 우리의 기업문화는 가시적, 비가시적으로 바뀌었다. 그리고 재무성과는 경이로웠다.

애슐리는 단지 굴러가는 정도가 아니었다. 우리는 대박을 터트렸다. 그것도 우리보다 몸집이 크고 가용자원이 많은 전통적 경쟁자들에 맞서 얻은 결과였다. 더불어 우리는 우리 자신의 기대도 깨부쉈다. 사실 더 중요한 건 후자였다. 우리는 운영 재개 첫 1년 만에 정상 궤도에 올랐고, 회사 자산 전체에 대해 유산관리그룹에 지불한 금액보다 더 많은 세전 순수익을 기록했다. 이는 전례 없는 결과였고, 투자자라면 누구나 군침을 삼킬 만한 것이었다. 특히 이 브랜드의 이전 버전이 매년 대규모 적자를 냈다는 점을 생각하면 더 그랬다. 이 시점까지 우리의 근접 생태계—동료들, 공급업체들, 임대인들, 고객들—밖에서는 우리가 무엇을 했고, 또 그것을 어떻게 해냈는지 알지 못했다.

하지만 슬슬 말이 나기 시작했다. 공동의 노고가 낳은 열정, 교감, 성공이 자연스럽게 뿜는 에너지를 꾹꾹 묻기란 쉽지 않다. 무엇을과 어떻게의 이야기는 업계에 퍼지기 시작했다.

그렇지만 우리는 언론을 피했다. 나는 우리가 우리 자신을 앞서가는 것을 원치 않았다. 우리가 얼마나 멀리 왔는지는 우리 본사와 매장들을 둘러보는 사람 누구든 알 수 있었다. 사실 모를 수가 없었다. 매장 모두에는 세련된 천장 조명이 새로 설치됐고, 점장들은 이제 아이패드로 업무를 보았다. 우리는 심하게 낡은 러그를 교체하는 작업도 시작했고, 칙칙한 진갈색 브랜드 로고를 발랄한 진분홍색으로 바꿨다. 이런 소소한 투자 외의 피상적 변화에는 돈을 거의 쓰지 않았다. 우리는 추하고 취약한 외관에 광택을 더하는 허울뿐의 기업 재설계가 아닌, 진짜 변화를 만들고 있었다. 좋은 것은 항상 내부에서 나온다. 지나는 본사에서 꾸준히 기념행사와 친목모임을 열었고, 덕분에 내가 처음 브릭처치 지점을 방문했을 때 느꼈던 따뜻한 기백이 이제는 본사에도 넘쳤다. 베이비샤워 파티가 부쩍 많아져 포트럭 파티와 노래방 파티가 순서를 양보할 정도였다. 나는 소신을 깨고 산업용 크기 온장고의 소형 버전에 대한 구매를 승인했다.

그런데 왜 내 삶의 세 다리 의자는 그렇게 기우뚱한 느낌이었을까? 솔직히 나는 지쳐 있었다. 육체적으로도 정신적으로도 기진맥진한 상태였다. 내 책임 중 일부를 다른 이들에게 할당하고 그에 합당한 보상을 했음에도 내가 맡고 있는 일은 너무나 많았다. 나는 2년 동안 가족과 떨어져 미친 수준의 장시간 근무를 소화했다. 동료들이 좋았지만 그들이 가족을 대신할 수는 없었다. 보스턴에서 뉴어크로의 왕복 여행, 사업 운영에 따르는 스트레스, 낯선 숙소로 터벅터벅 향하는 밤이 매주 고단하게 이어졌다. 숙소의 낡은 매트리스와 딱딱한 베개는 아침의 목 통증을 심화시켰다. 나는 이 고단하고도 익숙한 루틴에 끌려 다녔다.

그해 여름, 언제나처럼 다사다망한 한 주를 보내고 보스턴으로 돌아왔던 어느 목요일 밤이었다. 내게 전화가 왔다. 인생이 아름답고 경이로울 수 있는 만큼 잔인하고 냉혹할 수도 있다는 것을 사무치게 일깨워준 전화였다. 내 세 다리 의자가 뒤뚱댄다는 것을 알고 있었지만, 세 다리 모두 내 밑에서 부러지기 일보 직전일 줄은 미처 몰랐다. 내 동생 제니퍼로부터 전화가 걸려왔던 그때 나는 식탁에 앉아 있었다. 동생과 엄마는 아버지를 호스피스로 데려가는 중이었다. 급히 가방을 꾸려 내 차로 향하던 내 눈에 울고 있는 아이들이 들어왔다. 그들이 알아야 할 모든 것은 내 표정이 이미 말하고 있었다.

♦♦♦

그즈음 아버지는 어느 때보다 힘들어하고 있었다. 파킨슨병은 무자비하다. 이 병의 궤도는 악화일로밖에 없다. 상황이 너무 심각해진 탓에 아버지가 전문 요양시설에서 한 달 정도 보낸 적도 있었다. 엄마는 간단히 말해 한계점에 달했다. 24시간 간병으로 탈진해 휴식이 필요했던 것이다. 당시 아버지는 병든 몸에 갇혀 의사소통 능력을 잃어버린 상태였으나, 나는 아버지가 요양시설에 들어가는 것에 얼마나 격노했는지 알고 있었다. 바닥에 자빠져 있던 아버지의 링거 거치대가 그 분노를 증명했다. 우리가 어렸을 적 아버지는 자신이 그런 시설에 들어가는 데 동의할 일은 죽어도 없을 거라고 몇 번이나 말했다. 하지만 아버지의 파킨슨병 투병 막바지에서, 특히 그 병의 예상치 못한 진행 속도 앞에서 우리에게는 선택의 여지가 없었다. 그저 단 하루뿐이었음에도 아버지가 그곳에서 밤을 보내야 했다는 점은 지금까지도 내 속에 풀리지 않는 회한으로 남아 있다. 아파트로 돌아온 뒤 아버지의 상태는 급속도로 악화됐고, 엄마는 결국 호스피스에 전화를 걸었다.

호스피스. 내게는 생소한 단어였다. 한국에서는 연로하거나 병든 부모를 집에서 돌보는 것을 자식의 도리로 여긴다. 나는 간호사들에게 순진한 질문들을 쏟아냈다. 이런 치료법을 고려해보셨나요? 그런 증상에는 저런 약이 효과적이지 않을까요? 그들의 선선한 표정은 내게 모든 것을 이야기해주었다. 그리고 나는 마침내 납득했다. 아버지가 그곳에 있는 것은 치료가 아닌 임종을 위해서임을.

호스피스를 경험해본 아들딸은 그곳이 얼마나 아름답고도 슬픈 장소인지를 안다. 거기에서는 시간이 느리게 응고하는 것 같지만, 남은 일을 매듭지어야 한다는 절박감도 고조된다. 아버지의 호스피스 병실은 신성한 공간이었고, 얇은 경계thin place(물리적 세계와 영혼의 세계 사이의 경계를 뜻하는 표현으로, 죽음의 편재성을 다룬 루카스 나스Lucas Hnath의 희곡 〈얇은 경계The Thin Place〉에서 비롯된 것인 듯함 - 옮긴이)였고, 매일의 제단이었다. 간호사들은 친절하고 세심하며 노련했다. 하지만 나는 사랑하는 사람이 죽는 것을 지켜보는 것이 처음이었다.

내가 죽음과 싸우지 않게 해다오. 우리가 어릴 때 아버지가 하던 말이었다. 그때 아버지는 의사로서만 이야기했을 뿐이었다. 하지만 위장에 급식관을 꽂고 운신 능력을 모두 잃은 상태에서도 그 말은 빈말이었다. 아마 아버지 자신도 놀랐을 것이다. 몸이 부서지고 힘이 다했을지언정 삶에 대한 의지는 대양조석처럼 끈질길 수 있다.

나는 그 첫 주말을 아버지 병상 옆에 있는 리클라이너 소파에서 보냈다. 아버지의 몰골은 말이 아니었다. 입술은 트고 갈라졌고, 목소리는 모기 소리만 했다. 하지만 아버지는 내가 옆에 있다는 것을 알고 있었다. 나는 아버지에게 사랑한다고 말했고, 아버지도 내게 사랑한다고 말했다. 부자지간이 으레 그렇듯 내가 어렸을 때는 우리도 그 말을 자주 하지 않았다. 아버지가 잠깐 잠들었을 때 여동생은 최근 아버지와 둘이 나눈 대화를 내게 전했다. 그에 따르면 아버지는 더 재미있게 살지 못한 것이 한스럽다고 했다. 나는 아버지에게서 따뜻함과 사랑을 끌어내는 제니퍼의 능력에 항상 감탄했다. 아버지는 환자들에게 보였던 그 사랑을 아들들에게 표현하는 데는 어려움을 겪었다. 공평하게 말하자면 아버지의 인생은 쉽지 않았다. 아버지는 아버지의 최선을 다했다. 나는 아버지가 할아버지에게서 따귀 맞았던 일을 생각했다. 어쩌면 결국은 한이 너무 많은 것인 듯했다. 그리고 우리 관계에서는 내가 더 잘했어야 할 부분들이 있었다.

아버지가 자는 것을 곁눈으로 지켜보면서, 나는 애슐리스튜어트에 대해 〈하버드 비즈니스 리뷰Harvard Business Review〉에 기고할 글의 초안을 잡기 시작했다. 편집자들은 애슐리의 비약적 성공을 설명하는 비즈니스 기사를 요청했지만 나의 글은 어느덧 아버지를 위한 추도사가 되었다. 내가 지난 2년 동안 무엇을 했는지, 이 회사가 어떻게 아버지의 가르침을 증명했는지를 아버지에게 전하는 글이 된 것이다. 나를 그 글을 아버지에게 읽어주었다. 아버지가 들었는지는 알 수 없었다. 내게 그 글은 일종의 사과였다.

아버지의 호스피스 병실에서 지낸 지 며칠 지났을 때, 내 휴대전화가 울렸다. 메그였다. 보스턴아동병원 응급실에서 전화를 건 메그는 평소와 달리 가라앉고 겁먹은 목소리였다. 내 아버지의 상태가 얼마나 위중한지 알기 때문에 최대한 미루다가 전화한다면서, 메그는 막 여덟 살이 된 우리 막내 릴라가 여름캠프에서 심각한 사고를 당했다고 말했다. 릴라는 캠프 활동 중 어떤 기구에 올라가다가 땅에 떨어지면서 머리를 부딪쳤다. 아이는 구급차로 지역 병원에서 보스턴아동병원 응급실로 이송됐고, 메그는 진단 결과를 기다리고 있었다.

응급실 의료진은 부상의 실상을 파악하는 데 어려움을 겪었다. 정확히 무슨 일이 있었나요? 어느 높이에서 떨어진 거죠? 릴라의 부상은 8세 아동에게 맞는 클라이밍 운동 중 일어날 사고로 보기 힘든 수준의 심각한 충격을 암시했다. 캠프가 전화로 보고한 내용은 릴라의 언니오빠가 본 바와 일치하지 않았고, 메그는 캠프 관계자 누구에게서도 분명한 답변을 듣지 못했다. 돌이켜보면 그들은 치료에 필요한 질의에 임하는 대신 이미 법률자문에 따라 방어태세로 일관하고 있었다. 요점은 내가 가능한 한 빨리 집에 가야 한다는 것이었다.

나는 차에 올랐고, 다섯 시간 넘게 보스턴으로 달려 이른 아침에 병원에 도착했다. 릴라를 맡은 외과의를 보자마자 나는 더 이상 참지 못해 눈물이 터졌다. 나는 내 딸아이의 불투명한 예후 때문에 울었고, 임종을 앞둔 내 아버지 때문에 울었다. 릴라의 담당의인 이민 1세대 페르시아인 외과의사를 보니 아버지가 더 생각났다. 그는 내 아버지처럼 온화하고 점잖고 따뜻했다.

릴라는 수술실로 들어가고 있었다. 의료진은 아이가 머리를 오른쪽이나 왼쪽으로 1센티미터만 더 비껴 부딪혔더라면 사망했거나 영구 뇌손상을 입었을 거라고, 운이 좋았다고 했다. 아이는 치아 대부분이 빠졌고, 턱이 두 군데 골절됐다. 릴라는 말을 하지 못했다. 심한 뇌진탕으로 인한 뇌외상이 있는지는 알 수 없었다. 한 간호사는 릴라의 치아들이 유치인 것도 불행 중 다행이었다고 말했다. 릴라의 턱을 제대로 맞추기 위해 의사들이 릴라의 사진이 필요하다고 해서 나는 2주 전에 찍었던 딸아이의 사진을 꺼냈다. 사진 속 릴라는 치아를 드러내며 활짝 웃고 있었다.

해당 여름캠프는 우리 지역의 비영리단체 중 하나였다. 캠프는 사고 정황에 대한 진짜 또는 믿을 만한 설명을 우리에게 제공하지 않았다. 캠프 웹사이트에 접속해본 나는 그 캠프 이사회의 의장이 유명 사모펀드회사의 젊은 상무이사인 것을 발견하고선 깜짝 놀랐다. 내가 일하고 있던 회사에 지원해 나와 인터뷰했던 적이 있는 사람이었다. 당시 나는 자연스러운 겸손함을 갖춘 그가 마음에 들었다. 업계 관행에 따라 나는 그에게 술을 샀는데, 나중에 그가 내게 전화를 걸어 쑥스러운 듯 내 차에 자기 가방을 놓고 왔다고 말했던 것이 기억났다. 우리는 그에게 채용 제안을 했지만 거절당했다. 후에 그는 내게 사과 전화를 했고, 나와 진정 어린 교분을 나눴다고 말했다.

릴라가 수술실에서 나오기를 기다리며 나는 그날 밤을 떠올렸다. 캠프는 우리를 피한다 해도 그는 분명 내게 연락할 거라고 생각했다. 하지만 아무 소식도 없었다.

메그와 릴라는 병원에 남았다. 일주일은 더 입원해 있어야 하기 때문이었다. 머리 부상 악화를 막기 위해 릴라는 유동식만 섭취하며 어둠과 정적 속에서 회복기를 보내야 했다. 다음 날 아침 나는 다른 두 아이인 재러드와 그레일린, 그리고 우리 개 조지를 데리고 뉴저지로 돌아갔다. 조지를 여동생 집에 맡긴 뒤 우리는 병원으로 갔고, 간호사들을 도와 구강용 면봉으로 아버지의 입술과 혀를 적셔주며 그날을 보냈다. 재러드와 그레일린이 할아버지에게 쓴 짧은 편지들도 큰 소리로 읽었다. 할아버지는 강해요('할아버지'는 한국어로 썼다). 할아버지는 게임 골프를 잘 치셨어요! 아이들은 게임이 아닌 진짜 골프를 칠 만큼 건강했던 시절의 할아버지를 본 적이 없었다. 나중에 우리는 그 편지들을 아버지의 관에 넣었다.

◆ ◆ ◆

아버지는 그 주말에 돌아가셨다. 험하고 불안정한 죽음이었다. 여동생, 엄마, 내가 아버지 옆을 지켰다. 밀워키에 있는 형은 자기 환자들을 수술하고 있지 않을 때면 전화를 걸어 우리와 함께했다. 아버지는 몹시도 더 많이, 더 오래 살고 싶어 했다. 하지만 파킨슨병은 아버지에게서 세월과 희망과 계획을 앗아갔다.

누군가 사망하면 남은 이들은 무엇을 해야 할까? 그에 대해 내가 아는 것은 하나도 없었다. 명문 학위들도 아무 소용없었다. 동생과 엄마도 나와 마찬가지였던 터라 누구에게 전화를 해야 할지, 시신은 어떻게 해야 할지, 어느 장례사에 연락해야 할지, 주정부 행정 절차는 어떻게 밟아야 하는지 깜깜했다. 엄마는 상황을 이기지 못하고 눈물을 쏟았다. 방금 남편을 잃은 사람더러 해야 할 일 체크 리스트를 만들라고? 어느 시점에서 제니퍼와 나는 엄마에게 밤샘을 맡기고 슬그머니 방을 나왔다. 오랜 세월 쉼 없던 간병의 끝이었다. 엄마에게는 남편과 단둘이 조용히 있을 시간이 필요했다.

실무적 일들의 처리뿐 아니라 우리는 아버지의 장례식에 한국의 의례나 전통을 얼마나 어떻게 적용할 것인지도 결정해야 했다. 14년 전 결혼식 전날 디너에서 메그와 나는 화려한 비단으로 지은 한국의 전통 혼례복을 입었다. 한복 차림의 메그는 무척이나 아름다웠다. 우리 부모님이 선물한 한복을 입은 장모님도 마찬가지였다. 양가 부모님은 함께 메그에게 대추를 던져주었다. 다산의 축복을 상징하는 한국의 전통 의식이었다. 신부가 한복 치마로 대추를 많이 받을수록 자녀를 많이 낳는다는 의미가 있었다(백여 개의 대추 중에서 메그는 약 아흔 개를 받았고, 결과적으로 아이 셋을 낳았다). 한국적 요소는 우리 결혼식 당일에도 한몫을 했다. 성대한 남부식 결혼식에는 집에서 만든 그리츠grits(미국 남부의 전통 옥수수죽 – 옮긴이)와 집에서 담근 김치가 어우러졌다. 밤이 깊어지자 우리의 유대인 친구들은 즉흥적으로 호라hora(루마니아와 이스라엘의 전통 무용 - 옮긴이)을 추며 메그와 내가 앉은 의자를 들어 올렸다. 그 이후 두고두고 내 인생의 하이라이트로 남을 순간이었다.

아버지가 운명한 지 한 시간도 안 됐을 때 내 휴대전화가 울렸다. 릴라의 병실에서 메그가 건 전화였다. "혹시 아버님 방금 돌아가셨어?"

"응." 내가 놀라움을 감추지 못했다. "어떻게 알았어?"

"그냥 알았어."

과학자의 마음을 가진 변호사인 메그는 명석하고, 실증을 중시하고, 분석적인 사람이다. "이 말 하려고 전화했어. 일주일 만에 처음으로 릴라가 안정됐어." 메그가 말했다. "더는 아프다고 안 해. 심지어 웃기까지 했어." 의료진도 릴라에게 지속적 인지 손상은 없을 테니 안심하라고 했다. 메그가 잠시 뜸들이다 말했다. "아무래도 아버님 덕분인 듯해. 릴라에게 왔다 가신 것 같거든. 아이가 괜찮은지 보러 오셨나 봐."

나도 미신은 그리 믿지 않는다. 우리 둘은 모두 말을 잃었다. 우리는 그냥 알았을 뿐이다. 마침내 육신에서 해방된 아버지가 릴라를 돌보러 오셨다. 어쨌거나 아버지는 소아과 의사였고, 평생 아이들을 돌보며 살았다. 죽음 후에도 아버지는 아이의 고통을, 특히 막내 손주의 고통을 덜어주는 일을 놓을 수 없었다.

설명하기 어려운 일들이 더 있었으니 참고 들어주길 바란다. 아버지가 임종한 호스피스 병실은 202호였는데, 내가 태어났을 당시 엄마아빠가 살았던 브롱크스 아파트의 호수와 같았다. 한국에서 할머니 손에 자랐던 시절, 형이 좋아했던 놀이터 비행기의 꼬리번호도 202였다. 엄마의 생일도 2월 2일, 즉 202였고, 내 생일은 2월 20일이다. 물론 이는 단순한 우연의 일치일 수 있다. 다만 내가 말할 수 있는 것은, 릴라의 수술실 번호가 2번이라는 사실이 내게는 큰 위안이 되었다는 사실이다.

◆ ◆ ◆

릴라는 계속 호전되다가 마침내 완전히 회복했다(오히려 그 어느 때보다 튼튼하고 씩씩해졌다!). 이는 좋은 소식이었다. 그리고 나쁜 소식은 여름캠프가 계속 우리를 무시한다는 것이었다. 메그와 나는 격분했다. 그러다 여름이 끝나갈 무렵 우편으로 법적 문건 한 통이 도착했다. 여덟 살짜리 우리 딸아이에게 일어난 사고와 관련된 일체의 사실을 시간 순으로 차근차근 기술한 공식 문서였다. 우리가 읽기에 그 문서는 미묘한 비난조로 릴라에게도 과실이 있음을 암시했다. 또한 릴라에 앞서 클라이밍을 성공적으로 완료해 동생에게 자신감을 준 릴라의 언니 그레일린에게도 책임이 있다는 투이기도 했다. 그러나 캠프는 캠퍼들이 머리를 다쳤을 경우의 프로토콜에 그들이 왜 따르지 않았는지, 왜 즉시 구급차를 부르지 않았는지, 왜 메그에게 릴라가 그저 작은 상처만 입었다고 말했는지에 대해서는 일언반구도 없었다.

우리는 사고 당시 릴라를 포함한 캠퍼들이 높은 기둥에 붙은 금속 스테이플을 사다리처럼 밟고 올라가는 '리드 클라이밍lead climb-ing'을 하고 있었다는 사실을 처음으로 알게 되었다. 문서가 말하지 않은 것, 그래서 메그와 내가 여전히 몰랐던 사실은 리드 클라이밍이 경험 많고 잘 훈련된 등반가들을 위한 고위험도의 활동이란 점이었다. 이 활동에서는 올라가는 사람, 즉 클라이머와 안전 로프를 담당하는 사람 사이의 정교한 협응이 요구되고, 작은 실수 하나로도 클라이머가 최대 20피트(6미터 – 옮긴이)에서 추락할 가능성 또한 존재한다. 외상의 심각성을 의아하게 여겼던 의사들의 궁금증은 이로써 풀렸다. 그런데 애초에 왜 여덟 살짜리 소녀가 지역 데이캠프에서, 초보자용 톱로프 클라이밍만을 위해 설계 및 점검된 코스에서 리드 클라이밍을 하고 있었단 말인가? 이런 중요 문제에 대해서는 캠프의 문건에 어떤 설명도 없었기에 우리 스스로 답을 찾아야 했다. 결국 우리는 컨설턴트를 고용할 필요를 느꼈다. 그들은 예외 없이 이런 말로 대화를 시작했다. 여덟 살짜리 캠퍼에게 리드 클라이밍을 시키는 세상은 없습니다. 이건 누구나 아는 겁니다.

상황이 이러했음에도 캠프 이사회 의장이자 사모펀드 상무로부터는 여전히 아무 연락이 없었다. 메그와 나는 격분했다. 결국 장인어른이 나서서 해당 사모펀드회사의 최고위 파트너 중 한 명에게 전화를 걸었다. 그 파트너는 수년간 내게 멘토 역할을 한 인물이기도 했다. 널리 알려진 사실은 아니지만, 메그의 부친은 업계 거물들 사이에서 비공식 고문이나 다름없었다. 그 젊은 친구는 이 일을 제대로 처리하고 있나? 장인어른의 질문은 질문이 아니었다.

질책을 받아서였는지, 캠프 이사회 의장은 그로부터 며칠 만에 내게 이메일을 보냈다. 그와 나는 지역 호텔의 로비에서 만났다. 내가 들어섰을 때 그는 이미 그곳에 와 있었다. 나는 아무 말도 하지 않은 채 그저 그를 응시하기만 했고, 그의 눈에는 눈물이 차올랐다. 로비 전체에서 다 보이는 그곳에서 말이다. 뒷날 그는 사실상 메그와 내가 성사시킨 것이나 다름없는 전체 이사회 회의에서 흐느껴 울었다.

나는 한동안 아무 말 없이 그를 곤혹스런 상태로 두었다. 그런 다음 말했다. "왜 이렇게 됐어요? 왜 이렇게 변한 겁니까? 업계가 그렇게 만들었나요? 사모펀드가? 어떻게 내게 전화하지 않을 수가 있어요? 사고가 나자마자 바로 했어야죠. 릴라는 여덟 살이에요! 우리를 위로하는 걸 넘어 의사들의 질문에 답할 성의조차 없었던 건가요? 생각이 있어요, 없어요?"

그는 울기 시작했다. 그러다 입을 열었다. 그는 자신도 공감이 가능한, 그리고 남들을 깊이 배려하는 사람이라고 했다. 더불어 자기 또한 클라이밍 경험이 많기 때문에 리드 클라이밍에 대해 듣자마자 이번 일은 온전히 캠프 측의 잘못이란 걸 알 수 있었고, 보험회사와 CEO의 안일한 대처 방식에 더 반발했어야 했음에도 그러지 못했다고 했다. 자신이 싱글맘의 아들로 자란 것을 알지 않느냐고 하면서, 그는 자신의 가치관과 이상이 나의 그것들과 전혀 다르지 않다고 말했다. 심지어 자신 역시 나처럼 대학 졸업

후 고등학교에서 가르친 적이 있다는 점을 기억해달라고도 했다.

나는 그저 그를 바라보기만 하다가 고개를 저었다. 그리고 이런 말을 남긴 뒤 자리를 떴다. "이 일을 바로잡으세요."

세상은 좁았다. 캠프 이사회 중에는 그 사람 외에도 내가 막연하게나마 아는 이가 한 명 더 있었던 것이다. 그녀 또한 보스턴 사모펀드 업계의 젊은 일원이었다. 메그와 나를 만난 자리에서 그녀는 우리를 똑바로 쳐다보지도 못했다. "제임스, 저는 여기서 아무 힘이 없어요." 그녀가 중얼거렸다. "저는 그저 회계를 돕고 있을 뿐이에요."

그뿐 아니었다. 이사 중에 변호사가 있었는데 알고 보니 우리 가족을 진료하는 치과의사의 시누이였다. 그 치과는 사람들이 내 아버지의 소아과에서 느꼈던 종류의 친밀감을 주는 곳이었다. 메그가 처음에 응급실에서 급히 전화했을 때 전화상으로 릴라의 턱 골절을 진단하면서 메그에게 즉시 세계적 수준의 구강외과 의료진이 있는 보스턴아동병원으로 옮기라고 말해준 이도 그 치과의사였다. 이 세 번째 이사는 집에서 한소리 들었는지 우리에게 미미한 사과를 내놓았다. 다시 읽어보니 저희의 법적 대응에 마음이 상하셨을 수도 있다는 생각이 듭니다.

메그와 나는 깊은 한숨을 내쉬었다. 하고 싶은 말과 행동이야 많았지만, 결국 우리는 릴라와 우리가 겪은 일을 다른 아이나 가족이 겪지 않도록 조치하는 데 집중했다. 그래도 황당함을 떨치기는 어려웠다. 영리를 추구하는 행동규범이 자선단체를 지배하면 생기는 부작용으로 이보다 더 적나라한 사례는 없었다. 외관에 속지 말자. 거기에는 레모네이드 스탠드도 없었다. 메그와 내가 아이의 여름캠프에 책임을 물을 엄두라도 낼 수 있었던 것은 우리가 특권층의 세상에 산다는 증거였다. 우리에게는 하버드 로스쿨 학위 두 개와 재정적·사회적 자본 등 이 일에서 어떤 식이든 긍정적 외부효과를 끌어낼 만한 각종 레버리지가 있었다. 모든 형태의 레버리지, 만약 어린 시절의 나나 애슐리스튜어트 여성의 자녀, 혹은 이 세상 대개의 사람들에게 이와 똑같은 일이 일어났다면 장담컨대 그 어떤 정의도 없었을 것이다. 우리는 캠프가 지역사회의 중요 자원 중 하나임을 알고 있었고, 캠프를 고소함으로써 그 자원을 없애고 싶진 않았다. 결국 그 일은 우리의 소송 제기 없이도 캠프 전반에 걸쳐 안전수칙 관련 절차들이 변경되는 것으로 일단락되었다.

◆ ◆ ◆

아버지의 장례식은 그다음 주 수요일에 뉴저지에서 열렸다. 릴라가 아직 여행할 만한 상태는 아니었기에 릴라와 메그는 참석하지 못했지만 재러드와 그레일린은 나와 함께 있었다. 나는 일주일 휴가를 내면서 지나에게 아버지와 릴라의 일에 대해 말했으나, 회사에는 알리지 말 것을 지시했다. "그냥 짧은 휴가를 갔다고만 하세요." 그럴듯하지 않나? "언제 갔는지 모르게 금세 올게요."

나는 꿈속을 떠다니는 상태로 아버지의 경야經夜에 임했다. 나와 제니퍼는 아버지가 좋아했던 노래들을 모아 조문객에게 들려주었다. 경야에 온 사람들은 주로 아버지의 대학 친구들, 의대 동기들, 골프 친구들, 부모님과 비슷한 시기에 미국에 온 한인 이민자들이었다. 롱아일랜드 시절 아버지의 환자였던 이들도 장례식장 근처에 사는 분을 대표로 보내 조의를 표했다. 내 어린 시절 친구인 조엘도 왔다. 익사 위기의 나를 구했던 조엘의 엄마도, 우리 아버지를 늘 챙기며 미국 생활의 요령을 알려주던 조엘의 아빠도 함께였다. 아버지 소아과의 젊은 간호사였던 캐럴도 자리했다. 우리 엄마가 입원해 있을 때 우리 남매를 살뜰히 보살펴주었던 캐럴은 이제 10대 아들을 둔 엄마가 되어 있었다. 메그와 릴라가 오지 못하는 것을 알게 된 장인은 노스캐롤라이나에서부터 날아와 우리를 물심양면으로 도왔고, 내 몇몇 대학 동기도 와주었다. 기본적으로, 내 인생 전체는 뉴저지의 이 평범한 장례식장으로 모이고 있었다.

내가 영원히 잊지 못할 일은 그다음에 일어났다. 방을 돌며 조문객들에게 감사 인사를 하던 중 눈을 들었을 때, 나는 애슐리스튜어트 본사 직원 전체가 집결한 듯한 광경과 마주했다. 지나는 침묵하라는 내 명시적 지시를 무시한 것이 분명했다! 어느덧 그들은 다른 조문객들과 섞여 프런트테이블에 놓인 사진 앨범을 넘겨 보거나 아버지가 은퇴한 후 환자들로부터 받았던 카드와 편지들을 읽고 있었다.

나는 혼란스러운 감정 상태로 환영사를 했다. 너무 경황이 없어 눈앞에 있는 조카의 이름도 떠올리지 못할 정도였다. 그다음에는 여동생, 형, 엄마와 나란히 서서 조문을 받았다. 사람들이 한 명씩 우리 앞을 지나가며 애도를 표했다. 겨우 정신을 부여잡고 있을 때 갑작스러운 어떤 에너지의 약동, 소란한 움직임이 느껴졌다. 새로운 조문객들의 도착을 알리는 신호였다.

유행의 첨단을 보여주는 착장의 흑인 여성들이 막 장례식장으로 들어와 조문 줄의 맨 끝에 섰다. 자신감 넘치는 옷차림과 대조적으로 그들은 자기가 올 곳에 왔는지, 환영받는 곳에 있는지에 대한 확신 없이 안절부절못하는 표정이었다.

그들은 점장들이었다. 그들이 나타났다. 퇴근 후 곧바로 조문을 온 것이었다. 차리의 인솔하에. 차리는 우리 엄마를 끌어안고 몇 마디 나눈 후 내 앞에 섰다.

"차리, 여기는 웬일이에요?" 내가 말했다.

"어머, 제임스! 내가 여기 아니면 어디 있겠어요?" 차리는 다른 점장들 몇 명과 카풀을 해서 장례식장까지 한 시간 거리를 달려왔다고 설명했다. 그들은 내 아버지를 기리고 나를 위로하기 위해 이곳에 왔다. 차리가 내 손을 꽉 잡았다.

"왜 아버지 일을, 또 딸의 일을 아무에게도 말하지 않았던 거예요? 제임스, 이게 말이 돼요? 우리가 알아내서 찾아오지 않을 거라고 단 일 초라도 생각했다면 오산이에요." 차리의 말에 나는 참고 있던 눈물이 터졌고, 그러자 차리도 울었다. "아버지는 아들이 얼마나 자랑스러우셨을까요. 당신도 그걸 꼭 알기를 바라요. 알고 있죠?"

울음을 멈출 수가 없었다. 나는 모두의 앞에서 울었다. 온 세상이 이 방에 있어. 나는 생각했다. 우리는 다섯이 전부가 아니었어. 현재. 과거. 끝없이 진화하는 미래. 모든 연령, 인종, 민족, 언어가 거기 있었다. 마치 인간 포트럭 같았다. 2년 전 세카우커스에 도착했을 때 나는 이 회사를 이끌 준비가 전혀 되어 있지 않았다. 내가 들어선 곳은 생소한 세계였다. 동시에 그 세계에서는 친근함과 환영과 긍정이 느껴졌다. 이제 모든 것이 반전되었다. 내가 예상치 않게 얻은 동료들은 이제 내 세상으로 들어왔다.

나중에 엄마는 차리를 포함한 애슐리 동료들과 어떤 이야기를 나누었는지 말해주었다. "훌륭한 아드님을 두셨어요, 미세스 리." 동료 한 명이 이렇게 말했고, 엄마는 정말로 내가 회사에서 항상 엄마 얘기를 했는지, 정말로 그 여성들의 성품이 엄마를 생각나게 한다고 말했는지 물었다고 했다.

항복은 하나의 과정이다. 내 셈이 맞다면(알다시피 내게는 수학이 중요하다), 나는 2년 전 가졌던 첫 번째 타운홀 미팅 이후 여러 번을 항복했다. 각각의 항복은 매번 마지막 것인 양 느껴졌지만 그 어느 것도 마지막은 아니었다. 그날 나는 마지막 갑옷 조각을 내버렸다.

당시 나는 마흔 넷이었다. 이전 수년간 나는 자문했다. 무엇이 진짜일까? 나는 진짜를 추구했고, 추적했고, 밤낮으로 생각했다.

내가 알았던 것은 그것이 사람들과 인간애와 막연히 연결돼 있다는 것, 어린 시절 레드 헬리콥터의 기억과 막연히 연결돼 있다는 것뿐이었다. 그런데 이제 보니 진짜는 이 방에, 내 주위에 있었다.

애슐리스튜어트의 여성들은 나를 아이언맨, 지치지 않는 스트리트파이터라 불렀다. 하지만 그날 그들이 찾아온 사람은 그 제임스가 아닌, 나였다.

최종 항복은 그날과 그 후 몇 주, 몇 달에 걸쳐 일어났다. 아버지가 돌아가신 후에야 비로소 나는 아버지가 내게 품었던 모든 포부로부터, 특히 아들이 질서 있고 예측가능하며 안정적인 삶을 살길 바랐던 오랜 소망으로부터 벗어날 수 있었다. 아버지의 기대는 때로 내게 서럽고 원망스런 기분을 안겼다. 아버지는 위험을 더 많이 감수했잖아요. 아버지 덕분에 내가 더 많은 위험을 감수할 수 있게 됐잖아요. 부지불식간에 나는 아버지에게 지속성과 안정성이 얼마나 절실한 문제인지에 대해 무신경했다. 아버지가 의사 집안 출신이고, 어릴 때 참혹한 전쟁을 겪었으며, 한국에서 얻은 명문대 학위를 사실상 찢어버리고 고향을 떠나 낯선 나라에서 새 삶을 시작했다는 사실을 잊고 살았다. 아버지가 내 삶에 가장 원했던 것은 아버지의 삶에서 빠져 있던 것이라는 사실을 나는 잊고 살았다. 그것은 안정이었고, 소속감이었다.

금융과 사모펀드는 아버지에겐 깜깜한 외계였다. 더구나 이전 2년 동안 나는 플러스사이즈 흑인 여성들에게 옷을 팔았다. 내 진정한 의도가 무엇인지, 미국에서 엄마아빠가 겪은 일들이 내게 얼마나 영감을 주었는지 몇 번씩 설명해도 아버지는 이해하지 못했다. 혹은 이해하지 않으려 했다. 언어 장벽은 우리의 소통을 어렵게 만들었다. 우리에게는 이런 화제를 나누기 위한 공통의 프레임워크가 없었다. 왜 나는 상자 안에서 사는 것에 동의하지 못했을까? 자식과 손주의 성공 및 안정은 애초에 아버지가 미국으로 건너온 최대 이유가 아니었던가?

환자들을 위해서라면 아버지는 언제나, 심지어 그들이 돈을 내지 못할 때도 필요한 것 이상을 했다. 자식의 치료비를 감당할 형편이 아닌 사람들에게 돈을 내라고 할 수는 없어. 아버지는 우리에게 엄숙하게 말했다. 환자들도 아버지가 그들에게 해준 일을 절대 잊지 않았다. 아버지가 은퇴한 후에도, 그리고 돌아가신 후에도 우리 가족은 아버지의 예전 환자들에게서 카드와 편지를 받았다. 내용은 늘 같았다. 우리는 아버님이 우리에게 베푸신 일을 결코 잊지 못합니다.

여기서 가장 역설적인 부분은 무엇일까? 아버지는 사실 안정과 소속감을 누렸다. 아버지의 경야가 그 증거였다. 또한 아버지는 용감했다. 작지만 독립적으로 자기 비즈니스를 운영했다. 지역에 일자리를 창출했고, 세 자녀를 대학에 보냈으며, 많은 이의 삶을 구하고 풍요롭게 만들어주었다. 아버지가 60번째 생일 파티에서 프랭크 시나트라의 노래 〈마이웨이My Way〉를 부를 때는 가족 친지 모두가 따라 불렀다. 호스피스에 들어가 죽음을 앞두고 있던 아버지 옆에서 나는 그 노래를 틀고 또 틀었다. 나는 아버지가 그 노래를 듣기를, 또 자기 방식의 인생을 고집하는 미스터 리가 아버지 한 명만은 아니라는 걸 알기를 바랐다.

아버지 환자들이 보낸 편지를 살펴보니 다른 기억들도 머릿속에서 춤을 추었다. 컨트리 송을 부르던 아버지의 바리톤 목소리. 아버지가 썼던 애프터쉐이브 로션의 향기. 아버지가 식당 종업원 등 제대로 감사받지 못하는 서비스 제공자들에게 두둑이 남겼던 팁. 아버지가 야구배트를 들고 있던 모습. 배트의 3분의 1지점을 움켜쥐었던 아버지의 손가락. 아버지가 좋아했던 게리 쿠퍼Gary Cooper와 그레이스 켈리Grace Kelly 주연의 1952년 영화 〈하이 눈 High Noon〉. 그 영화에서 마을 사람들은 겁에 질려 집으로 숨지만, 주인공들은 악당에 맞서 마을을 지키겠다는 약속을 지키고 정의를 구현한다. 환자가 있으면 아버지는 일요일에도 진료를 봤다. 너와집처럼 생긴 아버지의 작은 의원 옆에는 이탈리아 음식점이 있었는데, 일요일 진료가 끝나면 그곳에서 테이크아웃 음식을 선물처럼 사들고 와 우리를 신나게 하는 것이 아버지의 낙이었다.

추억과 함께 다채로운 이야기들도 떠올랐다. 아버지가 어릴 때 살던 한국의 소박한 시골. 아버지는 그곳의 공기와 땅이 거미와 호랑이와 잠자리로 그득했다고 말했다. 심지어 아버지는 잠자리를 쫓아다녔고, 그것이 어딘가에 앉으면 집게손가락을 들어서 처음에는 천천히, 다음에는 엄청 빠르게 돌리며 살금살금 다가갔다. 그것이 잠자리의 예민한 시력을 역으로 이용해 잠자리에게 최면을 거는 방법이라는 게 아버지의 말이었다. 아버지는 잠자리가 현기증으로 정신이 없을 때 손가락 사이로 양 날개를 잡아 그것을 집으로 데려갔다. 나도 우리 롱아일랜드 집의 진입로와 뒷마당에서 잠자리들에게 몇 시간이나 이 기술을 시도해봤지만 전혀 효과가 없었다. 그때 흥분과 애정에 찬 눈길로 웃음을 애써 참으며 창밖을 내다보는 아버지의 모습이 지금 보이는 듯했다.

잠자리 이야기는 사실일까? 사실인지 꼭 알아야 할까? 어쩌면 이는 아빠와 나 사이의 미스터리로, 혹은 농담으로 남겨두는 것이 나을 것 같다. 하지만 아버지 세대의 다른 한인들도 비슷한 이야기를 하는 것을 들은 적이 있다. 어릴 적에 잠자리 뒷다리에 실을 묶어 작은 연처럼 하늘에 날리곤 했다는 이야기였다. 아버지로부터 들은 이야기 중에는 손발톱을 밤에 깎으면 뱀이 나온다는 것도 있었다. 사실일까? 아니면 절반쯤만 사실? 혹은 아예 사실무근? 그 답은 모르는 것으로 만족하려 한다.

아버지가 돌아가신 후 나는 내게 허용한 관용을 아버지에게도 허용했다. 내게 허용한 만큼, 어쩌면 그 이상으로. 시간이 지나면서 나는 아버지가 어떤 사람이었는지 더 깊고 넓게 이해하게 되었다.

아버지가 돌아가시고 몇 년 후 나는 불쑥 엄마와의 디즈니월드 여행을 계획했다. 그레일린과 릴라도 데려갔다. 우리 넷은 널찍한 스위트룸에 함께 묵었고, 매일 거한 아침을 먹었고, 멕시칸 스트리트 콘을 한 입씩 나눠먹으며 엡콧Epcot(플로리다주 올랜도의 디즈니월드에 위치한 테마파크-옮긴이)에서 며칠을 보냈다. 하지만 먹고 즐긴 것보다 더 기억에 남는 것은 엄마가 한 말이었다.

어느 아침, 엡콧에 간 우리 넷이 모노레일에서 내려 걷던 중의 일이다. 문득 걸음을 멈춘 엄마는 거대한 주차장을 훑어보더니 갑자기 울기 시작했다. "왜 그래요?" 혹시 엄마가 몸이 안 좋은 건가 싶어 겁난 내가 물었다. 하지만 이유는 딴 데 있었다. 엄마는 내게 어렸을 때 온 가족이 디즈니월드에 갔던 두 번의 여행을 기억하냐고 물었다. "결코 쉽지 않은 여행이었어." 엄마가 말했다. 항공료와 숙박비를 아끼기 위해 아버지는 우리에게 피로를 숨기며 24시간을 내리 운전했다. 그리고 엡콧에서 차로 한 시간 떨어진 곳에 있는 모텔에 도착해 체크인할 때쯤에는 너무 지친 나머지 서 있는 것조차 힘들어했다. 다음 날 아빠는 우리를 다시 엡콧으로 데려가 거대하고 혼잡한 주차장에 주차를 했다. 그날 우리는 모노레일을 타지 않고 걸어서 이곳저곳을 다녔다.

눈물이 엄마의 뺨을 타고 흘렀다. "그런데 지금 우리가 여기 있구나. 바로 여기에 말이야. 네가 나를 데리고 와줬어. 지금 우리는 실제 리조트에 묵고 있고, 모노레일을 탈 수 있고, 최고급으로 먹고…."

그것이 엄마가 우는 이유였다. 엄마는 아버지가 가족을 위해 얼마나 고생했는지, 아버지가 피로와 고통과 그 밖의 많은 것들을 어떻게 내색 없이 견뎠는지 떠올리고 있었다. 이 일은 또 다른 기억, 아버지가 숨겨둔 또 다른 비밀을 불러냈다.

한국에는 가족 전용 묘지를 갖고 있는 일가들이 많은데, 아버지 가족도 그랬다. 사실 한국의 어느 비석에는 조상들의 이름과 함께 내 이름도 새겨져 있다. 내가 결혼한 지 1년 됐을 때 부모님은 나와 메그, 제니퍼와 매제(붉은 머리의 아일랜드계 미국인이다)를 데리고 서울 여행을 갔다. 친척들을 만나고 명소 구경을 다니던 중 우리 여섯 식구는 가족 묘지에 들렀다.

우리 가족의 묘지는 서울에서 한 시간 정도 떨어진 과천 지역에 있었다. 가는 길은 쉽지 않아서, 당시 파킨슨병 초기였던 아버지는 정말로 힘들어했다. 우리는 낮은 산을 오르고, 개울을 연이어 건너고, 몸을 숙인 채로 덤불 사이와 나뭇가지 아래를 지나야 했다. 마침내 묘가 보였다. 풀로 덮인 1미터 높이의 흙무덤 아래에 내 조부모가 묻혀 있는 곳이었다.

우리는 한동안 말없이 서 있었다. 그러다 메그와 내가 정적을 깨고 이리저리 다니며 근처 비석들에 새겨진 이름을 읽었다. 나는 이내 있던 자리로 돌아와 아버지 옆에 섰는데, 아버지의 몸이 흐느낌으로 들썩이는 것에 충격을 받았다. "죄송합니다." 아버지가 울먹이며 말했다. "죄송해요. 하지만 떠나야 했어요."

아버지는 부모님에게 용서를 빌고 있었는데, 내 생각에는 특히 할머니에게 하는 말 같았다. 아버지는 한국을 떠난 것을, 장남으로서 부모의 기대에 부응하지 못한 것을 사죄하고 있었다. 아버지의 죄책감에 대해 내가 아는 바는 전혀 없었으나, 아버지는 그 짐을 평생 짊어지고 산 것이 분명했다. 부모의 무덤 앞에서 오열하는 아버지의 모습에서 그 짐의 크기와 깊이가 느껴졌다. 그때까지 나는 가족을 두고 한국을 떠나는 것이 아버지에게 얼마나 어려운 결정이었는지, 맏이로서 모두를 돌보지 못했다는 부채감이 얼마나 심했을지 알지 못했다. 아버지는 여생을 말없이 죄책감에 시달렸다.

그날 메그가 내 옆에서 이 장면을 함께 보고 이해한 것이 내게는 다행스럽고 기뻤다. 그 후 우리는 나무로 둘러싸인 언덕 위, 잡초가 무성한 풀밭에 앉아서 쉬었다. 아버지를 부쩍 이해하게 된 느낌이었다. 어쩌면 그날은 아버지가 마음의 한을 얼마간 내려놓은 날이었을지도 모르겠다.

미국의 가장 크고 화려한 명절인 추수감사절, 크리스마스, 새해 첫날마다 아버지 기분이 눈에 띄게 가라앉았던 것도 어쩌면 그 죄책감 때문이었을 것이다. 아버지는 아마 한국에 있는 가족을 떠올렸을 테고, 그들의 눈에 자신이 얼마나 기대에 모자라고 도리에 어긋난 존재일지를 생각했을 것이다. 할아버지는 처음이자 마지막으로 미국을 방문했을 때 아버지의 첫 번째 집, 즉 내가 어린 시절을 보냈던 집을 못마땅해했다. 벽돌이 아닌 나무로 지은 집이었기 때문이다. 이건 가난한 사람의 집이야. 할아버지는 아빠에게 차갑게 말했다. 당연한 말이지만, 국제우편으로 과천에 현금봉투와 담배와 미제 사탕을 아무리 보내도 그것은 아버지의 복잡한 마음의 짐을 덜어주지 못했다. 하지만 자신의 장례식을 볼 수 있었다면 아버지는 그날 오직 정만을, 그것도 아주 많은 정을 보았을 것이다.

◆◆◆

장례를 치르고 며칠 후 나는 장인과 함께 차를 타고 노스캐롤라이나로 내려갔다. 메그와 아이들과 우리 개는 우리 집 미니밴을 타고 나란히 달렸다. 나는 장인에게 장례에 와주신 것, 그리고 항상 나를 아들처럼 대해주시는 것에 감사하다고 이야기했다. 우리는 장인이 아버지를 처음 만났던 밤을 회상했다. 그들은 각자 자신의 길을 개척한 두 남자로서 악수를 나눴다. 서로의 길은 더없이 달랐지만 봉사와 책임감이라는 지침을 따랐다는 점은 매우 흡사했다.

이 여정 중에 나는 아버지의 병상 옆에서 쓴 〈하버드 비즈니스 리뷰〉 기사가 온라인에 올라왔다는 연락을 받았다. 이것이 애슐리에 대한 첫 번째 수요 기사였는데, 제목은 '나는 어떻게 애슐리스튜어트를 파산에서 구했는가'였다. 본문은 단어 하나하나를 전부 내가 썼지만, 제목과 그래픽을 정할 권리는 잡지사에 있었다. 그들이 선택한 제목은 내 마음에 들지 않았다. 파산보다는 청산이 더 정확한 단어였고, 주어 또한 나가 아닌 우리여야 했다. 하지만 다정함에 대한 나의 언급을 편집부가 그대로 남겨둔 점은 고마웠다.

지금 하려는 말이 어처구니없을 수도 있지만 그래도 해보겠다. 아버지의 장례와 애도 기간을 거치면서 나는 내가 잠자리로 느껴졌다. 잠자리로 변신한 느낌. 더는 수면 아래 잠겨 있지 않은 느낌, 말똥하게 깨어 있는 느낌이었다. 내 감각은 잘 닦여서 마치 금속처럼 예리해진 기분이었다. 나는 나 자신도, 다른 누구도 두 번 다시 상자 안에 갇히게 두지 않을 작정이었다. 상자 밖에서 자유롭게 살고, 그 자유 속에서 안전을 느낄 허락, 그것이 아버지가 내게 준 마지막 선물이었다. 이제는 내가 날아오를 때였다.

## 추모사
## - 아버지의 환자들이 보낸 글들

저는 이제 마흔두 살이고 5000킬로미터 떨어진 곳에 삽니다. 하지만 지금도 여전히 리 박사님이 저를 안아주셨을 때의 체취와 인자한 얼굴을 기억해요. 제가 어릴 적에 박사님은 세상에서 가장 온화하고 차분한 분이었습니다. 그 기억은 지금도 또렷합니다. 박사님은 항상 저를 편안히 대해주셨고, 진료실을 평온과 배려로 채우셨어요. 박사님 같은 분은 이제껏 만난 적이 없습니다. 그런 분이 돌아가셨다니 정말 마음이 아프네요. 많은 사람이 그분을 사랑했습니다.

◆ ◆ ◆

박사님보다 더 훌륭한 사람이나 더 훌륭한 의사는 없었습니다. 제 아이들을 위해 그분을 처음 찾아간 날을 저는 축복합니다. 박사님은 정말 놀라운 분이었습니다. 그분이 더 이상 우리 곁에 계시지 않다니 슬프기 짝이 없습니다. 제 자식들은 이제 다 자라서 부모가 되었는데, 그 아이들이 과연 자기 자녀들에게 박사님보다 더 세심한 의사, 더 따뜻한 사람, 더 좋은 영웅을 찾아줄 수 있을지 의문입니다. 그저 비슷한 의사라도 만나기를 바랄 뿐이지요. 그분은 완벽했습니다.

♦ ♦ ♦

미세스 리와 자제분들에게. 남편과 부친을 우리와 나누어주셔서 감사드립니다. 그분은 제 자식들을 부모인 제가 하는 것만큼이나 소중히 여겨주셨어요. 떨어지는 눈물 때문에 글을 쓰기가 어렵지만, 그럼에도 그분이 더는 아프지 않고 평안해지신 것이 기쁩니다. (주변의 반대를 무릅쓰고) 은퇴하실 때 그분은, 앞으로 당신의 세 자녀와 번갈아 살아보면서 누가 당신을 잘 참아줄지 보겠다는 농담을 하셨지요. 정말 멋진 분이었습니다. 그런 분과 알고 지낸 것은 우리에게 축복이었습니다. 진심으로 애도를 표합니다.

# 3막

# 기쁨

# 8장

# 측정

헬리콥터는 비행기보다 유지비가 많이 든다.

또한 비행기만큼 높이 혹은 빨리 날지도 못한다.

내가 어렸을 적, 아빠와 나는 야구에 있어서만큼은 의기투합
했다. 그때 우리는 항상 뉴욕 메츠로 연대했다. 1969년에 '기적의
메츠Miracle Mets'가 월드시리즈 우승이라는 이변을 일으켜 세상을
'충격'에 빠뜨렸던 얘기를 할 때마다 아빠의 얼굴에서는 빛이 났
다. 우리 집이 피츠버그에서 뉴욕으로 이사 온 바로 다음 해였다.
그러니 이 약체 팀의 승리가 아빠의 자신감에 어떤 긍정적 영향
을 미쳤을지는 상상을 초월한다.

하지만 자세히 들여다보면, 당시 이 '약체' 팀 메츠의 투수진은
훗날 미래의 '명예의 전당'에 오를 만큼 명백히 역대급인 선수들
이었다. '기적'이란 단어가 암시하듯 메츠는 약간의 마법 덕도 봤

다. 야구와 관련된 어느 유명 설화에 따르면 시즌 후반의 중요 경기 중에 갑자기 (여러 문화권에서 불운을 상징하는) 검은 고양이가 나타나 당시 1위를 달리고 있던 상대팀의 선수대기석을 노려보았다고 한다. 결국 메츠는 선두주자를 승차에서 추월했다. 그리고 나머지는 역사가 말해준다.

어릴 때 나는 거의 매일 야구를 했다. 야구카드를 모으고 교환하고, 카드 뒷면에 인쇄된 선수 기록을 외웠다. 여느 아이들처럼 나 역시 타율, 홈런 수, 타점은 아무리 공부해도 질리지 않았다. 지금도 눈을 감으면 엄마가 식품점에서 사준 야구카드 팩에 들어 있던 먼지투성이 분홍색 풍선껌의 냄새가 느껴진다.

지금은 야구에 대한 관심이 시들해졌지만, 한동안 나는 선수의 미래 성적을 예측하는 통계학적 방법들에 매료되었다. 새롭고 발전된 방법들이 계속 나왔다. 볼넷의 중요성, 또는 타자의 배트를 떠나는 공의 속도 등은 내가 어릴 때 알던 제한된 지표들에 비해 심하게 멋진 추가사항이었다. 하지만 시간이 지나면서 나는 야구에 대한 흥미와 재미를 잃었다. 데이터가 너무 많았던 것이다. 야구 관련 통계는 지나치게 득세한 데 반해 야구의 예술성, 따뜻함, 묘미, 도루와 희생번트는 뒷전으로 밀려났다.

또한 오늘날의 정량적 엄밀성은 팀 전체의 역학보다 선수 개인의 성과지표에만 집중하는 듯하다. 아이스하키의 플러스마이너스 점수를 기억하는가? 그 점수는 눈에 잘 띄는 개인의 기록이 아니라, 팀에 대한 그 선수의 총체적 기여도를 의미한다. 그러나 야구에는 아직 이에 상응하는 평가법이 없다. 적어도 내가 아는 한에서는 그렇다. 이 점은 심히 유감이다. 라커룸에서의 결속과 팀의 케미스트리야말로 특히나 장기적으로 봤을 때 챔피언십 우승에 결정적인 요소이기 때문이다. 이는 우리 모두 이미 알고 있는 점인데, 이를 입증할 평가지표는 어디에 있는 걸까?

짐작하다시피 나는 야구를 상자에 가두려는 시도들도 싫어한다. 야구의 인기가 떨어지자 관계기관들은 여러 '새로운' 규칙들을 실험해왔다. 그들의 의도는 상업적 이유를 들어 경기를 단축하는 것이다. 그들은 이렇게 생각하는 듯하다. 야구 경기는 시간이 너무 오래 걸려. 사람들의 주의력 지속 시간은 예전만 못한데 말이지. 안타깝지만 영 틀린 말도 아니다. 하지만 경기에서 발생 가능한 온갖 경우에 대해 통계를 내려는 경향이 증가한 탓에 예측불가의 마법이 사라진 것, 그것이 야구의 인기가 떨어진 근본적 원인 아닐까.

이것은 중요한 점이다. 왜일까? 야구는 전통적인 시간 계산이나 득점 방식에 얽매이지 않는 몇 안 되는 스포츠 중 하나이기 때문이다. 실제로 야구 경기에는 시간이나 최종점수에 그 어떤 제한도 없어서, 이론만으로만 보자면 영원히 이어질 수도 있다. 그리고 그에 따라 우연과 무작위성이 작용할 여지 또한 다른 스포츠보다 더 많다. 돌이켜보면 내가 한때 야구 경기를 보고 또 좋아했던 이유는 재러드가 모노폴리게임을 좋아하는 이유와 같았다. 마법이 실현될 공간을 허용하는 시스템이라는 점이 바로 그것이었다. 그 시스템의 무궁무진한 재미와 실제는 그것이 갖는 예측불가능성에 있었다. 그런데 정밀 측정에 대한 오늘날의 집착은 이러한 예측불가능성을 한사코 없애려 든다.

♦ ♦ ♦

아버지의 장례식 후에 맞은 어느 여름날, 내 책상 위에 레드 헬리콥터가 나타났다. 본사에 근무하는 어느 젊은 여성이 준 뜻밖의 선물이었다. 레드랍스터에서 그간 열렸던 많은 팀 회식 중 하나에서 나는 어릴 적의 레드 헬리콥터에 대해 이야기했던 적이 있는데, 그걸 들은 그녀가 내게 선물해준 것이었다(나중에 애슐리 스튜어트를 떠나고 1년쯤 지나 TED 강연을 했던 날, 내 손에는 그녀가 주었던 그 두 번째 레드 헬리콥터가 들려 있었다). 내 책상에 놓인 레드 헬리콥터는 내게 많은 생각을 하게 했다.

나는 항상 측정에 매진했다. 정량 지표는 객관성을 제공하고, 기준을 설정하고, 진척을 추적하게 해준다. 그럼 아버지의 삶을 측정하는 올바른 방법은 무엇일까? 내가 방금 장례식장에서 목격한 바를 측정하는 올바른 방법은? 수학적으로 접근하면 아버지의 경야에 참석한 조문객 수가 있다. 악수 횟수. 포옹 횟수. 애도의 말이 지속된 총시간. 여기에 우리 가족이 3대에 걸친 환자들에게서 우편으로 받은 카드와 편지 개수를 더할 수 있다(편지들은 지금도 계속 온다). 참, 머신러닝 기법을 이용해 이 글들의 언어 패턴을 파악하고, 진정성을 평가할 수도 있다. 마음만 먹으면 화환에 지출된 금액의 추산도 가능하다(이 마지막 수치는 현대 경제학자들을 특히 흥분시킬 것이다).

이왕 말이 나온 김에, 동네 소아과라는 아버지의 레모네이드 스탠드는 어떻게 측정하는 것이 좋을까? 아버지가 하루에 진료한 환자 수(컵 수)만으로 가치를 계산해야 할까? (5장에서 다룬) 매출, 총수익, 순수익으로? 아니면 요즘 뉴스에서 보듯 아버지의 소아과의 성공을 처방전 수로 측정하는 것이 옳을까? 환급금 감소로 인해 환자당 총수익은 점점 줄고, 여기에 의료과실보험료 상승까지 합세해 순수익을 계속 깎는 상황에서, 제약회사들이 제공하는 인센티브 보상이 아버지의 작은 비즈니스에 분명 도움이 됐을 것이다. 아버지와 내가 더 이상 '기적의 메츠'가 아닌 메츠가 연패하는 것을 지켜보던 무렵, 걱정스러워하는 부모들의 전화를 거실에서 받던 아버지의 바리톤 목소리가 지금도 기억난다. 어머니, 아기는 괜찮아질 거예요. 약은 필요하지 않아요. 의료과실보험 시스템이 의사들에게 약 처방을 교묘히 부추기는 상황인데도, 효과 없고 무해한 약을 처방하는 것이 정성 어린 보살핌을 권하는 것보다 고소당할 가능성이 낮은데도 아버지는 그렇게 말했다.

재무지표가 과연 아버지의 삶과 의료를 측정할 최선의 방법이기는 할까? 당연히 아니다! 그리고 여러분도 이미 알고 있다. 내 아버지의 삶도 여러분의 삶처럼 주로 무형의 것들, 정량화하기 어려운 것들로 평가해야 제대로 평가된다. 인생에서 금액으로 쉽게 환산할 수 있는 가치들은 가치평가의 중요성이 가장 낮은 것일 때가 많다. 총계와 규모, 정량화에 대한 집착은 쉽게 근시안적 집착으로 변질된다. 물론 아버지도 가족을 부양하기 위해 총수익과 순수익을 주시하지 않을 수 없었고, 충분한 돈을 벌어야 했다. 하지만 소득과 돈에 대한 우리 사회의 집착이 도를 넘어 강박이 된 것은 아닐까? 시시각각 요동치는 주식시장의 가격 변동이 정말 장기적으로 중요할까? 우리는 단기적 열광에 눈이 멀어 우리의 공동 대차대조표에 도사린 진짜 문제들을 보지 못하게 되었다. 밤낮없이 일해도 매슬로 욕구체계의 첫 번째 단계에서 벗어나지 못하는 사람들이 세상에는 너무나 많다. 아버지는 아이들 돌보기를 좋아했다. 하지만 만약 오늘날의 미국이었다면, 아버지의 소아과는 경제적으로 존속하기 어려웠을 거라는 게 내 생각이다.

우리의 삶, 당신과 나의 삶은 우리가 세월과 함께 경험하는 좋고 나쁜 모든 상호작용, 기쁨과 고통의 모든 순간의 총합을 아우른다. 우리의 액션과 그것들이 만들어내는 리액션은 우리 삶의 대차대조표에 축적된다. 손익계산서(무엇을)는 역사 속으로 사라지지만, 대차대조표(어떻게)는 영원히 남는다. 기억하자. 고소득자라 해도 대차대조표는 가난할 수 있다. 순자산net wealth과 순가치net worth 사이에는 큰 차이가 있다. 전자는 재정적 부를 뜻하지만 후자는 단일 정량화 척도로 측정할 수 없는 무형 자산―사랑, 의리, 존중, 배려, 유머, 아량, 성격, 가족, 우정, 평판 등―을 모두 아우른다. 회계의 달인이 아니어도 이 무형의 자산들이 어디에 기록될지는 직관적으로 알 수 있을 것이다. 삶이라는 T계정에서 이 자산들은 회의/영업권이라는 항목에 들어간다. 그렇지만 공과금을 내고 식탁에 음식을 올리게 해주는 것은 소득이다. 그런데 현행 시스템의 규정 내에서 매주 열심히 일해도 순자산 그리고 순가치를 쌓을 충분한 시간과 공간을 제공받지 못한다면, 우리는 집단적으로 무엇을 잘못하고 있는 걸까?

아버지의 경야에 쏟아진 사랑과 애정과 슬픔은 아버지가 생전에 창출한 호의/영업권의 척도였다. 호의/영업권의 작동 메커니즘은 열린 피드백 루프다. 닫힌 루프가 아닌 것이다. 돈은 이자를 통해 불어난다. 영업권은 시간을 타고 불어나고, 감정과 기억을 타고 불어난다. 하지만 돈이나 이자율과 달리 호의/영업권은 정확하게 계산하는 것이 불가능하고, 상자에 넣을 수 없다. 오래전 기적의 메츠처럼 여기에는 일종의 마법이 작용한다.

왜일까? 호의/영업권은 한 사람의 전유專有가 될 수 없으며, 실제로도 한 명 이상의 타인이 있어야 존재할 수 있기 때문이다. 내가 아버지의 경야에서 보고 느낀 호의/영업권은 공동 소유의 자산, 다시 말해 모두에게 속한 것이며, 궁극의 긍정적 외부효과다. 그것은 애도의 시기에 우리 가족을 위로해주었지만, 과거에 이미 아버지의 환자들과 그 가족들을 도와주었다. 그리고 이제 그것을 기억하는 것은 그들에게 다시 긍정적 영향을 미쳤다. 호의/영업권은 정처럼 우리의 공동 삶 대차대조표에서 긍정적 외부효과 전체를 대변하는 개념이다. 이때의 긍정적 외부효과란 레모네이드 스탠드에서 1달러짜리 레모네이드 한 컵 외에 '추가로' 제공된 모든 것을 뜻한다. 엄마가 인부들에게 시원한 음료를 대접했던 일, 쉬는 날 아버지가 인근 병원에 입원한 아기들과 걱정하는 부모들을 방문했던 일이 그 예들에 해당한다. 호의/영업권은 다정함의 투자가 창출한 자산이다. 물론 대개의 현대 경제학자들은 그것을 측정하지 않지만, 그렇다 해서 그것이 중요하지 않은 것은 아니다.

닥터 리, 당신이 있어서 세상은 더 나은 곳이었습니다. 아버지는 중요한 면에서 부유한 사람으로 세상을 떴다. 인류라는 집단의 공동 대차대조표에서 아버지는 순수혜자net taker나 소비자가 아닌 순기여자net giver이자 투자자였고, 그렇기에 성공한 사람이었다. 아버지가 내 동생 제니퍼에게 말했듯 나는 아버지가 그 투자의 결실을 더 많이 보고 즐기지 못한 것, 더불어 아버지가 그럴 수 있게 내가 더 많이 돕지 못한 것이 애석할 뿐이다.

당신 안의 열 살짜리 레모네이드 스탠드 주인도 이를 알고 있다. 어쩌면 당신이 '일과 삶의 균형'을 걱정하는 원초적 이유도 그것이지 않을까? 당신은 '가정인 당신'이 사무실에 많이 나타나기를, 또는 '직장인 당신'이 거실과 부엌에 적게 나타나기를 바란다. 그중 더 절실한 것은 후자다. 하지만 게임의 규칙이 이를 막아버린다면, CEO가 당신과 동료들의 이익을 성실히 대변할 어떠한 의무도 지지 않고, 제도와 규범도 그 의무 유기를 허용한다면 당신은 무엇을 할 수 있을까? 아무것도 없다. 주주우선주의 원칙에 따르면 대개의 경우 CEO는 오직 이사회에만 책임이 있고, 이사회는 오직 주주에게만 책임이 있다. 즉, 회사는 한정적 관점에서 계산된 이익에만 책임을 갖는 것이다.

무슨 일을 하시죠? 돈은 얼마나 버시나요? 슬프지만 솔직한 컨설 턴트와 투자자라면 이렇게 대답할 것이다. 흠, 저는 가장 취약한 상 태에 있고 자기주도성이 거의 없는 환자들에게 과도한 양의 마약성 진정 제를 처방하는 의사들의 후원사들을 위해 조언과 자금을 대는 일을 합니 다. 당신은요? 사모펀드가 호스피스 케어에 투자하는 것을 우려의 눈으로 보는 사람이 나뿐만은 아닐 것이다. 삶에서 중요한 것들 에 대한 이야기를 아이들에게 읽어줄 때 우리는 인지부조화에 시 달린다. 권위 있는 웰빙 연구들이 길고 행복한 삶의 최대 예측변 수로 꼽는 것은 돈도, 지능도, DNA도 아닌 친밀 관계다. 이런 결 론을 접할 때 우리의 인지부조화는 더 깊어진다. 일이 우리 삶을 지배하고(실제로 그렇다), 그래서 세 다리 의자의 다른 두 다리를 걷어차면(실제로 그렇다), 우리 관계의 대부분은 결국 업무 관계가 된다. 우리에게 다른 관계를 위한 시간이 있을까? 현대인은 외롭 다는 연구 결과는 어쩌면 당연한 이야기다.

하지만 기억하자. 우리는 인간이 만든 규칙으로 가득한 세상에 산다. 그것들은 자연법칙이 아니다. 우리 각자는 리더, 다시 말해 자기 삶의 주인이다. 우리는 이 주도성을 타고났다. 또한 우리는 공동으로 이 규칙들을 만들었다. 일부 규칙은 우리가 직접 통제 할 수 있지만, 다른 규칙들은 우리에게 자기 관심사를 가장 잘 대 변해줄 사람에게 투표할 것을 요한다. 내 조언은 이렇다. 측정지표에 대한 이해를 높이고, 측정지표의 선택에 매우 신중해야 한다. 스스로에게 물어보자. 내가 표를 던지는 이들, 즉 규칙을 만드는 사람들은 정말로 내게 득이 되는 선택을 하고 있는가? 아니면 사실 자기들의 이익만 노리고 있는가?

일례를 들어보자. 내 '교육' 수준은 시간이 흐르면서 높아졌다. 그 '교육'이 내게 가르친 바에 따르면, 내가 다섯 살 때 받은 레드 헬리콥터의 가치를 알려면 그것이 경제에 기여한 정도를 측정해야 한다. 오늘날 대개의 경제학자들은 레드 헬리콥터의 가치를 오직 국내총생산GDP—해당 연도에 한 국가에서 생산된 모든 재화와 서비스의 총액—에 대한 기여도로만 측정한다. 그럼 레드 헬리콥터는 GDP에 얼마나 보탬이 되었을까? 통틀어 5달러쯤? 그날 내 친구의 아빠가 우리 유치원에 오느라 소비한 휘발유까지 합치면 총 6달러쯤일 수도 있겠다. 우리는 GDP를 한 국가의 전반적 생산성 및 웰빙을 측정하는 유일한 지표로 여긴다. 우리가 그렇게 믿게 된 데는 뉴스 채널과 고등 교육의 영향이 컸다. 하지만 GDP는 그런 의도로 고안된 지표가 아니다! GDP 지표의 실제 창안자인 사이먼 쿠즈네츠Simon Kuznets도 이를 국가의 복지 척도로 사용하는 것에 대해 미국 의회에 경고한 바 있다. GDP는 국가의 손익계산서 지표이지 대차대조표 지표가 아니다. 연간 현금 유입과 유출만을 측정하는 방법은 우리의 장기 자산과 장기 부채를 드러내지 못한다! GDP를 국가의 전반적 생산성과 복지의 척도로 쓰는 해석은 안일하고 잘못된 것이다. 대신 이렇게 물어야 한다.

우리는 어떻게 GDP를 키웠는가?(현재 정부 부채와 소비자 부채는 막대한 수준이다.) 사람들은 어떻게 지내고 있는가?(아동 및 청소년 정신건강 문제는 급증하고, 교사와 일차 진료 의사들은 줄지어 그만두고 있다.) 미국은 알츠하이머병 같은 진행성 질환의 미래 비용을 감당할 준비가 잘되어 있는가?(그렇지 않다.) 우리는 나라의 현재와 미래를 제대로 반영하는 대차대조표를 작성하지 않는다. 또한 우리는 그것들을 제대로 측정하지 않을 뿐 아니라 시민들에게 무엇을 측정하지 않는지도 명확히 알리지 않는다. 당신이 자기 삶의 대차대조표, 즉 T계정을 마지막으로 그려본 적은 언제인가? 한번 해보기 바란다. 계몽적이고 놀라운 일이 될 것이다.

| (감춰진 자산) | (감춰진 부채) |
| --- | --- |
| 관계들 | 허리 통증 |
| 취미 | 위궤양 |
| 가족 | 음주 문제 |
| 공상에 잠길 시간 | 불면증 |
| 자유 | 공포 |
| 건강 | 분노 |
| 유머감각 | 질투 |
| 기민성 | 자격지심 |
| 웰니스 | ⋮ |
| ⋮ | |

◆ ◆ ◆

애슐리스튜어트 본사에 처음 발을 들인 날부터 나는 성공 측정에 사용할 지표를 주도적으로 선택하는 과정을 시작했다. 말했다시피 우리는 초기 진척을 추적하기 위해 간단한 현금흐름 모델을 구축했고, 그것을 믿었다. 현금은 결코 거짓말을 하지 않는다고 우리는 말했다. 또 다른 예로 우리는 부단히 대차대조표에 집중했고, 우리의 매출(손익계산서)이 감소된 것은 팔리지 않은 캐미솔 재고(대차대조표) 탓임을 알아냈다. 하지만 가장 중요한 것은 우리가 다정함과 수학을 지침으로 삼아 기존 규범의 벡터—방향—을 바꾼 것이다.

이는 우리가 직장생활에 인간애 규범을 심는 동시에 직장 규범이 가정생활로 유입하는 것을 제한하는 방향으로 우리의 주도성을 행사했다는 뜻이다. 많은 경우 우리는 이 일을 규정집이나 매뉴얼 없이 수행했다. 대신 정보에 입각한 판단, 또 어린 시절 레모네이드 스탠드에서 얻은 영감을 이용했다. 그런 다음에는 6장에서 말했듯 고삐를 느슨히 잡고 인과의 긍정적 나선에 길잡이를 맡겼다. 집home이 주택house이 되지 않도록 노력했다고 말하는 편이 더 와 닿을 것 같다. 물리적 거주 공간인 주택을 소유하는 것과 정서적 터전인 집을 가지는 것은 분명히 다르다. 그렇지 않나? 기업회계 용어로는 동일하게 자산으로 분류되지만 집에는 따뜻함, 가족, 추억, 식사, 시간의 흐름 자체 등 여타의 무형 자산들이 딸려 있다. 그렇다면 주택을 집으로 바꾸기 위해 필요한, 정량화하기 어려운 행동들에 대해 두루 생각해보자. 당신에게 집이 있다는 것은 당신이 영업권이라는 성장성 자산을 창출했음을 의미한다. 집이 도로 주택으로 바뀌면 악성 영업권bad will이라는 성장성 부채가 나타나 당신의 비유적인 자기자본 계정을 크게 갉아먹는다.

◆ ◆ ◆

철학적으로 들릴지 몰라도, 사실 그해 가을 나는 이런 문제들에 철학적으로 접근할 여유가 너무 없었다. 내 머리에는 오랜 친구 스티브에 대한 생각이 가득했다. 스티브는 2년 반 전 애슐리스튜어트 파산 당시 절박한 상황에 있던 나를 도와주었다. 그런데 그해 여름 나는 스티브와 그의 파트너들이 결별한다는 소식을 들었다. 어색한 인사말 후 스티브의 파트너들은 내게 애슐리스튜어트에 대한 자신들의 대주주지분을 매각하겠다는 뜻을 밝혔다. 그들은 스티브의 투자에서 완전히 손을 떼고 싶어 했고, 우리는 다시 투자시장에 나가 새로운 구혼자들을 맞아야 했다.

나는 이해했다. 그 업계에서 전혀 없는 일은 아니었기 때문이다. 사모펀드 파트너들의 의견충돌은 이미 적지 않게 목격한 바 있다. 또 그 일의 패턴 또한 내게는 이미 익숙한 것이었다. 돌이켜보면 스티브가 나를 옹호하고 애슐리스튜어트에 투자한 것 자체는 그와 그의 회사 사이가 점점 벌어지는 증상이자 원인이었다. 그 전화를 끊고 한숨을 내쉰 기억이 난다. 피로감이 몰려왔고, 삶이라는 서커스에서 잠시라도 벗어나고 싶은 심정이었다.

하지만 중요한 것은 내가 내 통제권 밖에 있는 일들과 내가 확실히 통제할 수 있는 일들을 구분했다는 점이다. 어릴 적 내 친구 조엘과 놀 때처럼, 나는 내 모험을 스스로 선택했다. 애슐리에서 그런 일들을 다 이겨내고 이 잠수함을 거대 문어의 촉수에서 간신히 빼내 바야흐로 아틀란티스를 향한 기선을 잡은 이 시점에, 예상치 못한 일에 휘말려 또 다시 좌초할 수는 없었다. 나는 새롭게 도약하는 우리 회사의 최대주주가 스티브의 파트너들임을, 또 그렇기에 애슐리스튜어트 이사회를 통제할 권리는 그들에게 있다는 점을 잘 알고 있었다. 이사회는 궁극적으로 CEO를 고용하거나 해고하고, 기업공개IPO로 금융자본 조달이나 기업매각 등의 중요한 결정을 내린다. 그렇긴 하나 실질적 통제권을 가진 사람은 따로 있었고, 그것이 누군지는 명백했다. 그건 바로 나였다. 스티브의 회사도 바보는 아니라서, 법적 통제권은 자신들에게 있지만 내게도 이른바 소극적 통제권negative control이 있다는 것을 인지하고 있었다. 파이어파인 그룹을 통해 확보한 내 지분과 (차지한 리더십이 아닌) 주어진 리더십에 대해 내가 누리는 충성도를 결합하면 나는 법적 통제권 없이도 최종 결과에 영향을 미칠 수 있었다. 우리의 경제적 이해관계를 굳건히 떠받치고 있는 것은 현재의 강력한 운영 성과임을 양측 모두 모르지 않았다.

스티브의 이전 파트너들과 나는 원활히 협업했다. 하지만 애슐리의 성공 덕분에, 주요 의사결정에서 누구의 발언권이 가장 강해졌는지에 대해서는 의심의 여지가 없었다. 어떤 투자은행을 최종 선임할지, 티저와 프레젠테이션(우리의 데이팅 앱 프로필)은 어떻게 만들지, 재정적 결과를 고려해서 누구를 새로운 대주주로 선정할지의 문제에 대해서는 우리의 목소리가 제일 셌다. 이번 매각 프로세스에 들뜬 것은 미스핏 토이즈였다. 일그러진 얼굴은 하나도 없었다. 그들은 이제 노련해진 베테랑이었다. 그들의 자신감은 하늘을 찔렀다. 먼젓번에 우리가 달성하겠노라 말했던 것 모두를, 아니 그 이상을 해냈기 때문이었다. 이번에는 긴 설명이 필요 없었다. 모든 것은 수치가 말해주고 있었다. 소매업계가 전반적으로 어려움을 겪고 있었지만 나는 우리가 데이트 희망자들을 모으는 데 어려움이 없을 것으로 보았다. 그렇다고 애슐리를 아무하고나 맺어줄 생각은 없었다.

먼저 우리는 비교적 짧은 경력의 여성 상무이사가 있는 투자은행을 선임했다. 그녀는 즉시 감을 잡았다. 그녀가 실행한 프로세스는 표준화(투자자들이 겁먹고 돌아가지 않았다)와 맞춤화(적절한 투자자들을 잘 불러 모았다)를 동시에 충족했다. 하루는 뉴욕에서 여성 사모펀드 매니저 두 명이 우리를 찾아왔다. 그들은 의자에 기대앉아 내게 거만한 말투로, 자신들의 회사는 애슐리 같은 자산을 수집하는 데 전문이라고 했다. 그들의 말에 우리 투자은행의 여성 상무가 눈알을 굴리는 광경을 보며 나는 우리의 선택이 제대로였음을 확신했다. 우리는 서로 미소를 교환한 후 그들을 조용히 프로세스에서 제외시켰다. 가치와 값어치에 대한 우리의 관점에 동조하지 않을 것이 뻔했기 때문이었다.

사실 애슐리의 수치는 지나치게 좋아서, 종잇조각에 대충 써놓기만 해도 입질이 올 정도였다. 먼젓번에 우리를 비웃었던 많은 투자사들은 이번에 충격을 감추지 못했다. 애슐리의 디지털 성장은 태생이 디지털 기반인 스타트업의 성장과 맞먹었다. 더욱 인상적인 사실은 우리가 그것을 현금을 태우는 것이 아니라 창출하면서 해냈다는 점이었다. 우리의 교차기능팀은 우리가 약속했던 모든 복잡한 운영조정안을 원활하고 체계적으로 수행했다. 고가의 컨설팅은 전혀 필요치 않았다. 우리는 우리가 비즈니스 자산 전체에 지불한 금액보다 많은 현금을 대차대조표에 쌓아두고 있었는데, 이는 전례 없는 결과였다. 10만 달러에 집을 사고, 집 앞에서 레모네이드 스탠드를 운영해 세후 15만 달러의 순이익을 올리고, 집은 집대로 빚 없이 소유한 셈인데, 그렇다면 그 집의 가치가 여전히 10만 달러에 묶여 있겠는가?

하지만 수치는 시작에 불과했다. 잠재 투자자라면 누구나 우리의 수치에 감탄할 수밖에 없었다. 그래서 이번에는 우리가 처음부터 하고 싶었던 이야기를 구성하고 발표했다. 이차원적인 재무수치들에 더해 우리는 우리 성과에 있어 일익을 담당한 그 모든 사람들, 실제 사람들의 진솔한 사진들을 추가했다. 투자설명 자료는 으레 따분하고 특색 없기 마련이다. 그러나 우리의 자료는 한 점장(맞다, 차리였다)의 말로 시작되었는데, 이는 아마 업계 최초의 일이었을 것이다. 차리는 사람들이 갑옷을 벗고 모두 함께 팔짱을 낄 때 일어날 수 있는 일에 대한 놀라움을 이야기했다.

앞서 말했듯 나는 아무 구혼자에게나 애슐리스튜어트의 대주주 지분을 넘길 마음이 없었다. 내게는 중요한 조건이 있었다. 지속가능성이 보장되려면, 새로운 대주주가 우리가 해온 일의 '무엇을'뿐 아니라 '왜' 그리고 특히 '어떻게'를 이해하고 인정할 만큼 호기심이 많으며 지적·정서적으로도 기민한 투자자여야 한다는 게 그것이었다. 우리는 경영진 프레젠테이션 동안 잠재 투자자들이 우리에게 던진 질문에 못지않게 많은 질문을 그들에게 던졌다. 그들이 우리 성공의 근본 원인을 이해하고 있는지 확인하고자 했던 것이다. 우리의 성공은 근본적 행동변화와 의도적 측정의 교차점에 뿌리를 두고 있었다. 우리는 그들이 우리의 미래 비전과 뜻을 같이하는지 확인하고 싶었다. 우리가 지향하는 미래는 사회적·경제적 상생의 원칙들이 초개인주의의 파괴적 물결을 막는 데 기여하는 세상이었다.

이어지는 내용은 우리가 측정과 실천의 대상으로 삼았던 몇 가지 원칙들이다. 이를 잠재 투자자들에게 구체적으로 전달하기 위해 사용했던 예시들도 함께 소개한다. 그리고 짐작하다시피, 최종 결과는 장대한 홈런이었다.

## 시간과 공간을 구부려 창출하는 레버리지

우리가 매장에 스텝 앤드 리피트를 설치한 것은 단지 고객을 브랜드 전도사로 삼기 위한 것만이 아니었다. 거기에는 일견 불변해 보이는 지표들을 구부리기 위한 운영상의 목적도 있었다. 황당하게 들리는가? 설명하자면 이렇다.

아버지가 온 가족을 데리고 롱아일랜드 사운드로 낚시를 다녔던 때, 아무리 미끼를 던져도 물고기가 물지 않는 날이 있었다. 계속 미끼만 던지다 보면 따분해진다(돈도 많이 깨진다). 그럴 때는 낚싯대를 내려놓고 느긋이 앉아 김밥을 먹으며 햇빛을 즐기는 것이 좋다.

레모네이드를 파는 일도 다르지 않다. 대형 탁자부터 구입하고 여름이 영원히 끝나지 않을 것처럼 구는 것은 어리석은 열 살짜리들의 미래 운영 계획이다. 대형 탁자는 초기 비용이 더 들고, 비영업시간에 보관 공간을 더 잡아먹으며, 보험료도 당연히 더 비싸다. 뿐만 아니라 큰 탁자는 날이 별로 덥지 않은 가을과 봄에도 레모네이드 컵을 필요 이상 많이 사서 늘어놓게 만들고, 없는 갈증을 유발하기 위해 종이와 마커에 더 많은 돈을 쓰게 만든다.

실제 소매점도 마찬가지다. 1년 중에는 사람들이 옷을 잘 사지 않는 시기가 있다. 하지만 대개의 소매업체는 어느 달이든 정해진 면적에 대해 동일한 임대료를 지불해야 한다. 이미 비용을 지불한 무언가를 사용하고 있지 않을 때면 사람은 누구나 마음이 불편해진다(매몰비용 개념을 기억하는가?). 이 심리 때문에 소매업체는 그저 공간을 채우기 위해 재고를 과도하게 매입하는, 다분히 본능적인 유혹에 빠진다. 나는 이 함정을 피하기로 작정했다.

나는 비수기에는 운영팀에 요청해 스텝 앤드 리피트를 이용해 공간을 차단하고, 시각적으로 매력적인 벽을 만들었다. 동시에 재무팀과 기술팀에게는 각 매장의 가용면적을 시즌에 따라 조정하는 역동적 보고 시스템을 공동 개발해달라고 요청했다. 그 결과 비수기에는 재고 구매자와 고객의 시점으로 보면 매장이 마법처럼 '줄어들어' 수요와 공급의 균형을 유도했다. 이에 따라 우리는 '컵'을 덜 구매하는 여건을 마련했고, 결과적으로 레모네이드의 신선도를 최고로 유지해 마진을 높일 수 있었다. 기본적으로, 우리는 우리의 본능이 옳은 결정을 내릴 수 있는 환경을 만들었다.

이 다차원적 렌즈를 벗어나는 수치, 계약, 투자는 거의 없었다. 예를 들어 우리는 장기 계약에 신중했고, 특히 계약 조건에 미래 불확실성에 대비한 선택권이 포함되어 있지 않은 장기 약정을 경계했다. 또한 장기 약정을 체결하기 전까지 오래도록 신중히 고민했다. 누구나 평생 단일 경로에 매달리기보다는 최대한 다양한 선택지를 검토할 시간을 갖고 싶지 않을까? 우리는 최상의 상황을 가정한 결정은 내리지 않았고(다시 말해 여름철 최대 수요와 유동인구를 기대하며 대형 탁자를 구입하진 않았다는 뜻이다), 과도한 자신감이나 맹목적 낙관의 유혹에 굴복하지 않았다. 같은 마인드셋으로 우리는 결코 과잉 채용도 하지 않았다.

개인 생활에서도 마찬가지다. 나는 현금 유입이 매년 꾸준하거나 증가할 거라는 가정에 기반한 장기 약정이나 투자를 하지 않았다. 지나치게 낙관적인 예측과 기대를 최소화하면 리스크를 줄이고 수입의 등락에 더 기민하게 대응할 수 있다. 불필요한 소비를 줄이면 대차대조표에는 더 수익성 높은 자산에 투자할 여유가 생긴다. 나는 언제나 소비자보다 생산자이자 투자자가 되고자 했고, 다른 사람들에게도 그렇게 대하려 노력한다. 안타깝지만 우리 경제는 대부분의 사람들을 소비자로 취급하는 데 의존한다. 그리고 아이들에게 투자와 소비의 근본적인 차이를 가르치지 않는 교육 시스템은 이 문제를 악화시킨다.

## 위험 수익과 공정성의 만남

스텝 앤드 리피트는 놀랍게도 우리가 상거래에 이용하는 또 다른 측정지표의 영감이 되었다(이토록 여러모로 유용할 줄 알았겠는가?). 연말연휴 시즌이 되자 우리가 거래하는 메이저 소프트웨어 기업은 우리를 맨해튼에서 열리는 파티에 초대했다. 내 동료들 중 일부에게는 이 초대의 의미가 컸다. 대기업이 주최하는 초대형 초호화 연말파티에 내빈으로 참석하는 것이 처음이었기 때문이다.

우리가 도착했을 때 내 눈에 가장 먼저 들어온 것은 입구에 서 있는 스텝 앤드 리피트였다. 거기에는 애슬리스튜어트 로고가 없었다. 다른 회사 로고들은 반짝이는 플라스틱 벽에 선명히 새겨져 있었던 데 반해 우리가 새로 디자인한 분홍색 로고는 그중에 없었다. 내 동료들의 실망한 얼굴에서 나는 실망 이상을 읽었다. 그들은 그 누락을 우리 회사는 중요하지 않다는 증거로 여겼다. 파티에서 집으로 돌아오는 길에 나는 주최 측에 감사를 전하면서, 내년에는 스텝 앤드 리피트에 우리 로고도 꼭 있기를 바란다고 덧붙였다.

이후 나는 그 글로벌 소프트웨어 기업의 임원들과 꽤 가까워졌다. 그 기업의 기술 콘퍼런스에 연사로 참석했을 때, 나는 그날의 로고 누락이 내 동료들에게 미친 영향을 언급했다. 사람들은 감정적이다. 사람들에게는 감정이 있다! 아니라고 하는 사람이 있다면 그건 틀린 말이다. 인간이란 합리적이고 논리적이며 효용을 추구하는 존재라는 전제하에 대개의 경제학자들이 경제 모델들을 구축한다 해서 그 사실이 달라지지는 않는다. 이후 이 작은 이야기는 그 기업과 사용계약을 갱신할 때 가격책정을 둘러싼 논의에 있어 매우 중요한 씨앗이 되었다.

먼저 알아둘 것이 있다. 소프트웨어 기업들은 고객에게 연간 이용료를 선불로 지급하라고 요구한다. 이것이 업계 관행이다. 보험회사들도 보험료를 연 단위로 미리 받아간다. 기억하는가? 우리는 공급업체들이 우리에게 허용한 지불 '유예'를 통해 애슐리스튜어트의 성장자금을 조달할 수 있었다. 즉, 공급업체들은 우리를 신뢰했고, 그래서 우리의 지불 조건을 선불결제에서 60일

후 결제로 변경해주었다. 그때와 동일한 원칙은 이번에도 적용되었다. 우리는 그 글로벌 소프트웨어 기업에게 물었다. 규모도 훨씬 작고, 사회경제적으로도 훨씬 제약적인 시장에서 사업하는 우리 같은 회사가 오히려 그들에게 365일의 '플로트'를 양도하는 것이 과연 합리적일까?

다시 말하지만 이런 계약에서는 모두가 선불로 지급한다. 예외가 없다. 더구나 애슐리는 한 번도 아니고 두 번이나 파산을 겪었다. 하지만 이제 우리는 리스크가 지극히 낮은 회사가 되었다. 그 기업의 임원들이 행여 미심쩍어할까 싶어 우리가 대차대조표를 보여주자 그들은 이렇게 말했다. 오, 귀사는 위험하지 <u>않</u>군요. 이때다 하고 우리는 공정성에 대한 우리 주장을 한층 밀어붙였다. 침묵이 흘렀다. 이해합니다. 그들이 말했다. 맞습니다. 그건 좀 옳지 <u>않</u>은 것 같군요. 결국 우리는 복리의 힘에 뿌리를 둔 몇 가지 기본적 재무공식을 이용해 선불 결제로 애슐리스튜어트에게 발생하는 기회비용을 적절히 계산했고, 그 결과로 나온 금액을 선지급액에서 공제하는 데 상호합의했다. 그들이 우리의 현금을 선불로 가져가는 대신, 만약 우리가 그 현금을 수익창출의 기회에 투자했다면 벌었을 돈을 보상하기로 한 것이다. 짧게 말해 그들은 우리에게 기회비용을 지불해야 했다.

CEO로 재직하는 동안 나는 이 같은 논리에 입각한 협상을 많이 벌였다. 역겨운 범주, 말하자면 급여담보 대출, 약탈적 신용카드 마케팅, 대학 캠퍼스 카지노 광고가 포함되는 범주에 속하는 금융약정들은 너무나도 많다. 내가 로스쿨에서 배운 것 중에는 부합계약contracts of adhesion이라는 것이 있었다. 이는 중요 제품이나 서비스를 제공하는 측이 조건을 정하고 상대측은 이를 수락할 수밖에 없는 계약을 지칭한다. 같은 사람들에게 판이 계속 불리하게 짜이는 경우는 그야말로 허다하다. 이긴다고 해서 다 이기는 것은 아니다. 정보나 선택권이 적고 실질적 주도성을 행사할 힘이 없는 이들을 반복적으로 이용하는 것은 그저 비겁한 짓일 뿐이다. 합의의 기본전제에 대한 상호공개와 상호이해는 공정한 일일 뿐 아니라 자본주의 시스템이 제대로 작동하기 위한 초석이기도 하다.

## 자금 흐름 방향의 균형 잡기

알다시피 애슐리스튜어트 매장들은 대개 중하위 소득층 지역에 있다. 전자상거래에서의 매출성장에 따라 우리는 고소득층 지역에 거주하는 여성들의 구매 데이터를 종합해서 분석했다. 또한 우리의 주력 지역 밖에서 우리 레모네이드 스탠드들로 유입되는 실제 현금 순수익이 얼마인지도 꽤 정확하게 파악할 수 있었다. 레모네이드를 생산, 판매, 배송하는 데 드는 실제 비용을 마지막 1센트까지 꼼꼼히 추적한 덕분이었다.

이것이 왜 중요할까? 나는 이 새로운 자본 풀을 우리 지역의 장기 '자산(새 러그와 비품, 더 높은 기술과 급여, 더 많은 공동체의식 강화 활동)'에 투자하기 적절한 자금줄로 보고 이를 별도로 추적했다. 경제학 용어로 말하자면 우리의 주력 지역은 세계 대비 자본 흑자를 기록했다. 이는 내게 개인적으로도 엄청난 뿌듯함을 안겨주었다.

파산 절차를 앞뒀을 때 잠재 투자자들은 플러스사이즈 흑인 여성이라는 특정 집단에 소구하는 우리 브랜드가 비흑인 고객을 유인할 수 있을지에 대해 회의적인 태도를 보였다. 그때마다 나는 그저 고개만 끄덕였다. 예술, 패션, 음식, 음악이 인류에게 주는 경험의 보편성에 대한 웅변을 늘어놓거나, 미국의 흑인들이 대개 무보상이나 형편없는 대가로 세계의 지적 재산에 기여한 바에 대한 역사 강의를 할 수도 있었지만 그런 충동을 애써 눌러 참으면서 말이다. 이런 이유로 비흑인 여성들 사이에서 우리 팬들이 늘어나자 세상이 작아지는 느낌이었다. 그리고 그 느낌은 내게 기쁨을 주었다.

우리는 매장 수익성을 계속 매의 눈으로 추적하며 온라인 판매가 오프라인 매장들의 실적을 깎아먹는 일이 없도록 했다. 자격 있는 여성 집단을 위한 안전지대를 보존하겠다는 우리의 의도(진짜 제품)는 변함없었고, 따라서 그간 힘들게 지켜온 매장들을 위험에 빠뜨리는 시스템 따위를 설계할 마음 역시 우리에게는 전혀 없었다. 또한 우리는 상업용 부동산 임대인들과 관련된 판세도 뒤집었다. 우리는 귀하가 우리 매장의 증축 비용을 부담하고 초기 투자리스크를 감수해야 한다고 생각합니다. 우리는 사뭇 사무적으로 말했다. 그랬다. 사실 여기에는 상당한 배짱이 필요했다. 어쨌거나 3년 전만 해도 애슐리스튜어트는 월세조차 못 내던 회사였으니까. 속으로는 나도 웃음이 났지만, 내 재무적 두뇌는 이런 합의를 요구하는 것이 전적으로 정당하다고 말했다. 우리는 귀하의 쇼핑센터로 사람들을 끌어들일 겁니다. 그러니 우리가 창출하는 긍정적 외부효과를 감안하셔야 합니다. 덧붙여 귀띔하자면, 우리가 새로 오픈한 매장 세 곳 중 두 곳의 건축비는 임대인이 부담했다.

◆ ◆ ◆

전부터 사람들은 내게 다음과 같은 용어들에 대한 의견을 묻곤 했다. DEIdiversity, equity, and inclusion(다양성, 형평성, 포용성), CSRcorporate social responsibility(기업의 사회적 책임), ESGenvironmental, social, and governance(기업의 비재무적 요소인 환경, 사회, 지배구조). 내가 우려하는 점은 이렇다. 현명하게 실행되지 못할 경우 이 용어들은 정작 중요한 문제들의 근본적 원인에서 초점을 빼앗을 수 있다. 순자산 불균형이나 경영진 및 이사회의 대표성 불균형 같은 것이 그러한 근본적 원인의 예다. 이렇듯 극명한 불균형 문제들을 해소하려는 프로그램들이 충분하지 않으면 비판자들은 어떤 것도 시정하려 들지 않는다. 그들은 이런 프로그램들이 대개 피상적 증상만 다룰 뿐, 양질의 교육에 대한 불공평한 접근권 같은 근본 원인은 다루지 않는다는 점을 인정하지 않는다. 기업은 격차를 줄이는 데 기여할 수 있지만, 시민단체와의 사려 깊은 파트너십도 분명히 필요하다. 그렇기에 '가정인' 우리는 목소리를 높여야 하고, '가정인' 우리는 더 많이 나서야 한다. 나는 기업이 DEI에 수익창출 엔진과 분리된 제한적인 예산만 책정하는 것을 보면 눈을 부릅뜬다. CSR이 그저 마케팅에만 쓰일 때, 또 특정 자산관리회사들이 ESG를 고객자산 유치를 위한 수단으로 이용하는 것을 볼 때에도 눈썹을 치켜올린다. 한쪽이 아닌 양쪽 눈썹 모두를 말이다. 애슐리스튜어트에서는 이러한 어려운 용어들을 사용하지 않았다. 대신 전자상거래 실적을 측정한 우리의 방식에서 이미 보았듯, 우리는 비즈니스 모델의 기본구조에 다정함과 수학을 접목하려 분투했다. 우리 관점에서는 다정함과 수학의 균형을 맞추는 능력이 곧 기민한 사고의 증표였다.

이사회 구성원 수와 신규 채용 인원도 중요하다. 하지만 노련한 시스템싱커들이 말하듯, 진정한 현실은 처음의 희열이 가라앉은 다음에야 비로소 드러난다. 직원 유지와 개발을 말하는 것보다는 신규 채용을 말하는 편이 훨씬 섹시하다. 화려한 장학금 프로그램으로 신입생을 모으는 것은 좋다. 하지만 막상 그들이 재정적으로 쪼들리는 2학년이 되어 학자금 부담으로 학업을 계속하지 못하게 됐을 때 나 몰라라 하는 것은 좋지 않은 일이다. 수학은 수학이다. 수학으로는 잘 보이고 보기 좋은 것을 측정할 수도 있고, 실제로 변화를 가져오는 것을 측정할 수도 있다. 관건은 그러한 수학으로 무엇을 측정할 것인가에 대한 선택 의도다. 그렇지 않은가?

애슐리에서 우리는 매우 불완전했다. 우리는 여러 표준 지표에서 실패했고, 소매업계 전반을 괴롭히는 특정한 구조적 문제들은 나도 끝까지 해결하지 못했다. 시간제 판매사원의 최저임금 인상 문제도 그중 하나였다. 대신 나는 시간이 지나면서 내 급여를 20퍼센트까지 자진 삭감했고, 직원들 대부분이 보너스를 받아도 나는 받지 않은 해 또한 몇 번 있었다. 더불어 애슐리에 재직해 있던 7년 동안, 나는 직원들에게 지급된 임금 총액을 주주들에게 지급된 수익 총액과 대략 동일하게 유지했다. 여담이지만 우리는 고객들에게 만약 이 블라우스나 저 바지가 환경적으로 지속가능한 방식을 통해 제작된다면 더 높은 가격을 지불할 의향이 있는지 물어보았다. 대답은 항상 아니오였다. 나는 이해했다. 왜 그런 추가적 재정부담을, 즉 구조적 문제로 일어난 부정적 외부효과를 상쇄하는 비용을 그들이 져야 하는가?


## 사람에게 투자하는 기쁨

내 경험상 사람들에 대한 직접적 '투자수익'을 따지기란 쉽지 않다. 비싼 컨설팅 비용을 들여 점진적 '생산성' 향상을 분석할 수는 있다. 그러나 사실 그런 '향상'은 대개 시간이 걸리고, 무형이며, 사람들이 배우고 주위 사람들에게 투자하는 능력에서 비롯된다. 싱어송라이터 아델Adele이 콘서트 도중 8학년 때의 영어 선생님이 등장한 것에 깜짝 놀라는 영상을 본 적이 있는가? 두 사람은 고작 1년을 함께했을 뿐이지만, 그 피드백 루프가 구체화되기까지는 근 20년이 걸렸다. 아델은 그 선생님이 자기 삶의 궤적을 바꿨다고 이야기했는데, 내 유치원 교사였던 그리피스 선생님에 대한 내 마음도 그와 똑같다.

앞에서 이야기했던 바의 예외로 착각하기 쉬운 것이 판매인력에 대한 투자다. 세일즈 트레이닝에 대한 투자수익은 정량화하기 쉽다고 여겨질 수 있다. 세미나에 다녀온 덕분에 레모네이드를 더 많이 팔았다고요? 대단하네요! 당신이 최고예요! 당신이 어질러놓은 것들의 뒤처리를 남들이 해야 했다는 사실은 신경 쓰지 마세요. 애초에 운영이 훌륭하고 제품 디자인이 좋았기 때문에 모든 것이 가능했다는 사실도 무시하시고요. 앞서 말했듯 우리는 '손익계산서' 지표들의 대표이자 원조 격인 판매실적을 CEO 시티즌십 어워드 시상 기준에서 의도적으로 배제했다. 대신 진정한 가치창출자, 진정한 알파를 찾는 노력을 그 너머로 확대했다.

고위 경영진의 일원이 되기 위해서는 자신이 전사적 운영 흐름뿐 아니라 제품주기 각 단계에서 사업의 한계수익성을 이해하고 있다는 것을 매일 증명해야 했다. 우리는 의사결정 흐름을 매핑하고 다변수 인과관계를 검토했는데, 이 연습은 긍정적 결과에 직간접적으로 기여한 동료들—우연히도 대개 여성들이었다―을 식별하고 승진시키는 데 도움이 되었다. 나는 이 동료들을 점선의 사람들dotted line people이라 불렀다. 운영 흐름의 많은 단계들이 그들의 손을 거쳤기 때문이었다. 그들 중 특히 한 여성은 활약이 매우 두드러졌다. 나는 그녀에게 WD-40(미국에서 1950년대부터 생산되는 금속세척제로, 쓰임새가 워낙 많아 만능 제품의 대명사로 통함 - 옮긴이)라는 별명을 붙였다. 그녀가 손만 대면 모든 일이 대폭 원활해졌기 때문이다. 내가 애슐리에 있는 동안 그녀는 시간제 직원에서 정규직 주주로 성장했다. 또한 우리는 그녀의 통근 거리와 가정 사정을 고려, 필요시에는 재택근무를 하도록 배려했다.

우리는 다른 것들도 측정했다. 우리가 보험통계표의 예측을 크게 깼고, 그 점을 인정받아 권위 있는 산재보험상을 받았다는 말은 이미 앞서 한 바 있다. 그런데 성희롱 사건이 사실상 사라졌다는 것도 말했던가? 물론 성희롱 사건은 과소신고되는 경향이 있음을 알기에 이것을 자랑하기란 다소 조심스럽다. 다만 이 말만큼은 할 수 있다. 우리는 성희롱에 대한 무관용 원칙을 모두에게 더 이상 분명하기가 어려울 정도로 확실히 밝혔다. 기업문화 변화는 법무팀 유지비와 소송비용의 필요를 없앴고, 이렇게 굳은 수백만 달러는 레모네이드 컵, 마케팅, 급여에 재투자될 수 있었다.

여담이지만 차리가 지역 매니저로 승진하고, 지나가 본사 대소사에 필요한 공식 예산을 직접 관장하고, 타마라가 CBS라디오에서 미디어 관련 기량을 발휘하고, 랜디가 회사를 떠나 프로 코미디언이 되겠다는 욕망을 결행하고, 도나가 애슐리스튜어트를 졸업하고 MIT 슬론 경영대학원에 진학하는 것을 보면서 내가 느낀 뿌듯함은 도저히 측량할 길이 없었다. 우리는 이들을 비롯한 많은 동료들이 애슐리스튜어트 안팎에서 이룬 성취와 기여를 축하했다.

이제 마지막으로 한 가지 지표가 남았다. 최근 나는 JP모건체이스JP Morgan Chase의 글로벌 리더십 콘퍼런스에 연사로 초청받아 연설하던 중 청중에게 이렇게 물었다. "여러분 중에 아기를 좋아하는 분도 있나요?" 청중 사이에선 어리둥절한 웃음이 터졌다. 황당한 질문이었으니까.

"왜냐면 솔직히 말해서," 내가 말을 이었다. "아기가 항상, 언제나 100퍼센트 사랑스러운 것만은 아니잖아요. 아기들은 종잡을 수 없어요. 어지르고, 엄청나게 울고, 시키는 대로 하지도 않죠. 아기들에게는 규칙도 적용할 수 없고요. 그럼에도 우리는 아기들을 사랑합니다. 그리고 작은 여담인데, 출산율 하락을 겪는 지역들을 생각할 때 아기들은 인류의 미래에 너무나 중요한 존재 아니겠어요?"

내가 애슐리에 처음 왔을 때 눈에 띄었던 통계 중 하나는 우리 직원들의 임신율이 놀랄 만큼 낮다는 것이었다. 나는 여성의 임신 결정과 회사의 앞날, 특히 일자리와 의료보장 유지에 대한 전반적 자신감 사이에는 분명 상관관계가 있을 거라고 추측했다. 이는 터무니없는 생각이 아니었기에 메모도 해두었다.

해가 바뀌면서 애슐리 직원들의 임신 관련 수치는 반대 방향으로, 그것도 크게 전진했다. 그것을 어떻게 알았냐고? 측정한 덕분이었다. 그것은 의미 있는 통계치로, 자신감의 반영이자 희망의 표현이었다. 임신한 직원들의 증가는 애슐리가 긍정적 상승세에 있으며, 예전엔 다 죽어가던 회사가 지금은 결혼생활과 직장생활을 갓 시작하는 젊은 여성들도 들어오는 회사가 되었다는 방증이었다. 이는 비즈니스에도 좋고, 세상에도 좋은 일이었다.

"이런데도 우리가 가족형성을 장려하는 방식으로 비즈니스를 하지 않을 이유가 있을까요?" 나는 콘퍼런스 청중을 향해 말을 이었다. "가족, 특히 여성에게 임신과 출산에 대한 자부심과 행복과 자신감을 주는 방향으로 휴가, 특전, 정서적 지원 정책을 면밀히 검토하지 않을 이유가 있을까요? 아빠들에게도 마찬가지입니다. 부모 모두에게요. 우리는 일을 위해 사나요, 아니면 살기 위해 일 하나요?"

포트럭 파티 외에 내가 가장 좋아하는 본사 축하행사는 지나의 깜짝 베이비샤워 파티였다. 이는 모두에게 많은 기쁨을 안겼다. 그리고 맞다, 우리는 베이비샤워의 횟수를 셌다. 그럼 그 엄마들이 아기를 회사에 데려와 우리에게 소개한 횟수도 세었을까? 답은 '아니오'다. 내게 있어 그것은 마법의 세계에 속하는 일이었기에.

# 기업회계규정에서 해방되기

표준화 측정지표들은 유용하다. 앞서 언급했듯 회계규정과 재무제표는 비교를 용이하게 해준다. 하지만 기준은 창의성이나 적응력을 억누르기 전까지만 유용하다. 문제는 회계처럼 과거 성과를 정확하게 반영하는 것이 존재의 이유인 기준들이 의도치 않게 미래지향적 운영을 왜곡할 때 발생한다.

어떠한 표준화 측정지표도 우리가 애슐리에서 거둔 성과를 예측할 수 없었다. 심지어 인공지능에게도 이 집단의 결집이 이룩한 것을 예측할 방법은 없었을 것이다. 사실 유형이든 무형이든 그 수치들의 일부는 세상이 우리 면전에서 문을 쾅 닫았을 때에도 이미 거기 있었다. 투자자들은 자산의 정의를 기업회계 관점의 전형적 T계정 너머로 확장할 의향이나 능력이 없었다. 비즈니스 맥락에서 이런 표준화 측정지표들(매출성장, 수익성장)은 성장에 대해 지나치게 단순하고 단선적인 담론을 조장한다.

월스트리트는 예측가능성과 합리성을 요구하고, 경영진은 거기 보고할 수치들을 뽑아내기 위한 갖가지 방법을 고안한다. 하지만 진실은 이렇다. 회사도 사람들로 이루어진 것이기 때문에 때로는 회사의 손익계산서가 성장하지 않아도 대차대조표는 개선될 수 있다. 반대로, 회사(또는 국가)의 손익계산서는 성장해도 대차대조표는 악화일로일 수도 있다. 같은 진리가 개인에게도 적용된다. 개인의 수입은 매년 달라지고, 프리랜서나 스타트업 창업자의 경우에는 특히나 그렇다. 하지만 재정수익을 넘어 매년 대차대조표 개선에 노력해야 한다. 순자산이 감소하는 해에도 순가치를 높이는 일들에 주력하면서 기민한 상황 대응력을 키워야 하는 것이다. 성장의 궤적이 항상 우상향 직선을 그리는 것은 아니기에, 어쩌면 그보다는 확장하는 원을 닮은, 보다 지속가능한 성장 패턴을 추구하는 것이 답이다.

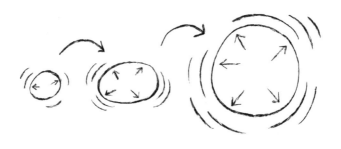

기업회계의 단선적 접근법에 의해 야기되지만 자주 간과되는 행동 결과들이 있다. 이런 문제의 예를 두 가지 들어보겠다. 열 살 아이의 레모네이드가 사실은 소프트웨어라고 상상해보자. 월스트리트는 이 소프트웨어 컵에서 매우 높은 총수익을 기대한다. 회계규정상 아이가 고용한 소프트웨어 엔지니어들의 급여는 레모네이드 비용에 반영된다. 하지만 엔지니어들 대신 컨설턴트들을 고용할 경우, 그들의 수임료는 컵에 할당할 필요가 없다. 영리한 당신이라면 어떻게 할까? 직원들을 독립 계약자들로 대체해서 비용을 줄이지 않을까?(그렇게 하면 직원 의료보험 비용도 아낄 수 있다.) 그런데 독립 계약자들이 정규 직원만큼 두고두고 탈나지 않게 정성껏 코드를 작성할까? 소프트웨어에 과부하가 걸릴 즈음이면 그들은 이미 진즉에 회사에서 철수한 후일 텐데? 그래도 그것이 답일까? 그렇지 않을 가능성이 크다. 하지만 월스트리트가 단기 매출총수익을 기준으로 당신의 자산 가치를 평가한다면, 그것은 여전히 맞는 답으로 여겨질 수밖에 없다.

두 번째 예는 애슐리와 관계가 있다. 나는 우리가 매입하는 재고에서 미국 내 생산품의 비중을 늘리기로 결정했는데, 이는 우리의 컵이 더 비싸진다는 것을 의미했다. 그럼에도 나는 왜 그렇게 한 것일까? 점점 빨라지는 패션 주기를 따라가려면 되도록 납품일자와 가까운 시점에 제품을 디자인하고 조달하는 것이 관건이라고 판단했기 때문이다. 즉, 나는 배편으로 제품을 수입하는 데 드는 4~6주의 시간을 없애는 대가로 매 컵당 비용을 더 지불할 용의가 있었다. 짐작건대, 유행에 더 맞는 블라우스는 더 높은 가격에 팔릴 것이고, 비용 상승분은 그로써 상쇄될 것이었다. 더 중요한 점이자 회계가 측정하지 않는 또 다른 점이 있다. 다시 말해, 나는 우리의 운영 및 공급망이 훨씬 더 기민해질 것으로 내다봤다. 그리고 이는 모두 사실로 판명되었다. 반직관적으로 들리는가? 아마 그럴 수도 있을 것이다. 하지만 그것은 인간이 만든 관례들이 우리를 그렇게 생각하도록 유도했기 때문일 뿐이다.

♦♦♦

중요한 것은 적정한 측정지표를 이해하고 선택하는 것이다. 이 중요성을 그 무엇보다 확실히 보여주는 예가 있다. 뉴욕에 있는 애슐리의 로펌 회의실에 내가 혼자 앉아 있던 어느 밤의 일이다. 회의실에는 나와 반쯤 먹은 샌드위치와 법률문서 뭉치뿐이었다. 나는 문서의 50여 곳에 서명하기 위해 그곳에 있었다. 서명이 완료되면 애슐리의 주주들에게는 현금 전자 이체를 통해 아홉 자릿수의 수익금이 전달될 것이었다.

회장이자 CEO이자 파이어파인 그룹의 위탁운용자로서, 나는 회사의 최대 개인 주주였다. 내 이름을 50번 정도 서명하고 나면 나와 미스핏 토이즈 원년 멤버들에게는 인생을 바꿀 거액이 보상으로 떨어진다. 설명하기 어렵지만 나는 복도를 뛰어다니며 환호하지 않았고, 마이크를 잡고 브루스 스프링스틴의 노래를 떠나가라 부를 기분도 아니었다. 그렇다 해서 엄청 기쁘고 감사하고 신나지 않았다는 뜻은 아니다. 나는 주먹손을 몇 번이나 허공에 휘둘렀다. 하지만 기분은 의외로 덤덤했다. 브루스 스프링스틴보다는 레너드 코언Leonard Cohen(캐나다 출신의 싱어송라이터이자 시인으로, 중후한 목소리와 문학적인 가사 덕에 음유시인이라 불리기도 함 – 옮긴이)에 가까운 기분이었다.

그랬던 이유는 좀 복잡하다. 내가 그 순간을 아버지의 경야에서 보고 느낀 것과 비교했기 때문일 수도 있고, 우리가 창출한 것의 진정한 가치를 확인하는 데 있어 외부의 인증은 굳이 필요하지 않았기 때문일 수도 있다. 내가 경험한 복잡한 감정을 이해하려면 우선 금융계가 영업권을 정의하는 방식을 이해할 필요가 있다.

◆◆◆

믿거나 말거나 나는 TED 강연을 영업권goodwill이라는 회계 용어의 정의를 설명하는 것으로 시작했다. 청중은 그리 재미있어하는 기색이 아니었지만 말이다. 일반회계기준Generally Accepted Accounting Principles, GAAP에 따르면 영업권은 대차대조표에 한 줄로 표시되는 무형 자산이다. 영업권은 외부 주체가 기업을 인수할 때 인수 가격이 해당 기업의 공정가치fair value(합리적 기준의 거래 가치를 지칭 - 옮긴이), 다시 말해 식별 가능한 유무형의 자산에서 부채를 차감한 금액보다 높은 경우에만 발생한다. 즉, 인수 가격과 공식적 순공정가치 사이에 차이가 있을 경우, 그 차이가 영업권으로 간주되는 것이다.

더 쉽게 다시 설명해보자. 우리가 인수자와 협상해서 우리의 레모네이드 스탠드를 100달러에 팔기로 했다고 치자. 우리는 그보다 싸게는 팔지 않을 작정이고, 바이어도 그보다 많이 지불할 생각이 없다. 이럴 때 T계정의 균형을 맞추려면 인수 가격을 어떻게 기록해야 할까? 우리 회계사는 컵, 각설탕, 의자, 탁자에 일일이 가치를 매긴 다음 그 합계에서 식료품점에 갚을 금액을 차감한다. 그러고 나서 보니 결과적으로 순공정가치가 83달러에 불과해졌다면, 바로 그 차액(100달러에서 83달러를 뺀)인 17달러가 영업권으로 간주된다. 대차대조표의 균형을 맞출 방법은 이것밖에 없다. 다시 말해 이 유령 같은 17달러는 어떤 식으로든 회계처리가 되어야 한다. 그렇지 않으면 T계정의 오른편은 합이 100달러인데 반해 왼편의 합은 83달러에 그치기 때문이다. 또한 흔히 영업권이라는 용어는 양측 회계사들과 투자은행들이 늦게까지 세부 항목을 찾아가며 수치를 맞추다가 지겨워져서 서둘러 대차대조표에 합의하고 일을 끝내고 싶을 때 등장한다. 우리, 차액은 그냥 영업권으로 처리하고 이만 퇴근하는 게 어때요?

얘기가 점점 재미있어질 테니 잠깐만 기다려달라. 영업권은 장기 무형 자산으로 기록된다. 회계규정상 영업권은 일단 기록되면 회사가 마음대로 높일 수 없다. 그대로 유지되거나, 회사의 지불능력에 대한 전망이 나빠지면 그에 따라 깎이거나 둘 중 하나다. 오직 소유권 변경, 즉 새로운 구매자가 금전적 가치를 인정할 때만이 기업 대차대조표의 영업권을 높일 수 있다.

일의 규칙과 삶의 규칙이 얼마나 다른지를 이보다 더 잘 보여주는 예가 있을까? 기업회계에서 영업권은 오직 외부 출처의 돈을 통해서만, 즉 인수합병 같은 외부 거래를 통해서만 창출될 수 있다. 하지만 우리 개인적 삶에 있어서의 영업권은 우리가 남들과 나누는 유대감이 창출하는 공동 자산을 의미한다. 사실 공식에 돈이 개입하면 인간애가 창출한 자산을 망치기 쉽다. 아버지의 경야가 보여주듯 우리 개인적 삶의 영업권은 상향평가될 수 있다. 실제로 인생에서는 오래 살수록 개인 대차대조표의 이 영업권 자산을 불릴 기회가 많아진다. 사회적 책임을 다하는 방식으로 행동하는 것은 각자의 선택이다. 비즈니스 T계정이 삶의 T계정을 장악하는 것을 막는 것도 각자의 선택이고 말이다.

기업회계의 작동 방식이 이렇다 보니, 대차대조표의 영업권 액수를 늘리고 싶다면 회사 하나를 인수하고 그 값을 과하게 지불해야 한다. 가끔씩 나는 재미 삼아 투자자의 눈으로 대차대조표에 영업권 액수가 부풀려져 있는 기업들을 찾아본다. 때로 그런 수치는 해당 회사가 비현실적인 성장 기대치를 떠안고 있음을 시사한다. 그런 회사는 손익계산서상의 성장을 보여주기 위해 기업인수에 과한 돈을 쓰고 있거나, 저렴한 부채금융debt financing(저당설정이나 사채발행으로 빌린 돈을 운영자금으로 대는 것으로, 이자비용이 적고 절세 효과가 있음-옮긴이)을 이용해 부풀려진 평가액을 정당화하고 있을 가능성이 크다. 아니면 둘 다거나. 불행히도 기업의 과한 부채로 인해 가장 큰 피해를 보는 사람은 대개 근로자들이다. 제 급여가 인상될 수 있을까요? 최신 기술에 대한 투자로 우리가 경쟁력을 유지할 수 있을까요? 아뇨. 부채 이자를 내야 해서요. 미안하게 됐네요. 부채가 있는 회사는 리스크가 높기에 잠재적 주식 수익률 또한 높다. 하지만 정작 직원들은 주식을 보유하고 있지 않은 이상 그 혜택을 누리지도 못한다. 그들은 그저 리스크만 떠안을 뿐이다.

GAAP와 회계사들이 회사가 자체적으로 영업권 계정을 상향

조정하는 것을 허용하지 않는 데는 그럴만한 이유가 있다. 자세한 설명을 생략하고 간단히 말하자면, 그랬다가는 회계의 작동방식상 기업에게 손익계산서 수익을 높여 보고할 동기와 재량을 너무 많이 부여하는 꼴이 되기 때문이다. 하지만 내 말의 요지는, 회사 경영진이 사내 보고를 통해 자체적으로 영업권을 추적하는 것은 자유라는 것이다. 회사를 그것의 유형 자산보다 더 가치 있게 만드는 것은 무엇일까? 바로 회사 사람들, 그리고 그들이 함께 창출하는 독창성이다. 일단 이 진짜 영업권이 내부 보고에 포함되면 그것의 변동은 순수익에 영향을 미칠 것이고, 그러면 누군가 이를 매일 추적하게 된다. 누군가 이를 추적하면 측정이라는 것을 하게 되고, 그러면 회사는 측정치 향상을 위한 활동을 관리할 동기를 가지게 된다. 그것이 인간 본성의 작동방식이다.

　나는 이런 점들을 생각하며 재정적 자유를 향해 서명해나갔다. 그러면서 영업권의 두 가지 정의에 대해, 고등학교 교사와 사모펀드맨으로서의 내 삶에 대해 많이 생각했다. 아버지가 처음부터 손수 일군 소박한 소아과에 대해 생각했다. 브루클린 YWCA와 뉴저지 장례식장에서 본 호의에 대해 생각했다. 내 유치원 친구와 그 친구의 아빠 그리고 가치를 가늠하기조차 어려운 5달러짜리 레드 헬리콥터에 대해 생각했다. 그러자 모든 것이 또렷이 이해되었다. 어떤 정의의 영업권이 좋은 삶을 측정하는 것인지가 너무나 명백해진 것이다. 나는 내가 이런 정의의 영업권을 계산하고, 생성하고, 측정하는 방법을 터득했다는 점에 감사했다. 나는 영업권의 두 가지 정의 모두를 이해하는 특권적 위치에 올랐다. 그리고 이제는 여러분도 그렇다.

이번 장은 측정에 대한 것인 만큼, 이야기를 마치기에 앞서 이 말을 하지 않을 수 없다. 공식적으로 밝히겠다. 만약 여러분이 파이어파인 그룹의 투자자였다면, 그래서 차리, 셸리, 지나, 미스핏 토이즈 및 애슐리, 그리고 그들과 나의 관계, 또 우리의 운영 모델에 운을 걸었다면 어떤 결과를 얻었을까? 그 투자에 대한 당시 3년간의 IRR(내부수익률)은 연간 160퍼센트에 달했다. 심지어 이런 성과를 얻기 위해 우리가 사용한 재무 레버리지, 즉 부채는 단 1달러도 없었다.

♦ ♦ ♦

15분 동안의 TED 강연에서 나는 이 모든 것을 설명하기 위해 최선을 다했다. 충실한 전달을 위해 이 책에서도 많은 지면이 필요했다. 다음의 내용은 TED 강연에서 가장 많은 질문과 관심을 받은 부분을 발췌, 정리한 것이다. 특정 단어들을 이탤릭체로 표시한 것은 정서적·재무적 관점에서 그것들의 의미를 전달하거나 강조하기 위해서다. 이를 통해 여러분 마음속에 주도성, 의사결정 권한의 분산, 기민성, 그리고 열린 피드백 루프의 역학뿐 아니라 현재를 과거와 미래와 연결하는 서사의 중요성이 명료해지기를 바란다. T계정에서 부채가 오른편에서 왼편으로 이동하고, 그로 인해 자기자본이 상향조정되는 과정을 시각화해보자. 그러면 부채를 자산으로 전환하는 효과를 회계적으로 달성할 방법이 보일 것이다.

다정함은 문제해결의 기쁨을 모두에게 분배합니다. 그것은 혁신, 특히 비이기적 혁신을 일으키는 안전한 환경을 조성합니다. 이런 환경이 조성되면 부채로 인식되던 것들은 자산으로 전환됩니다. 그리고 이 전환은 재무회계의 수학적 관점에서도 명실상부한 실질 자기자본 가치를 창출하게 됩니다….

제가 유치원 시절 친구의 아버지로부터 배운 교훈이 없었다면 이것들 중 그 무엇도 가능하지 않았을 겁니다. 그분은 그 작고 빨간 장난감 헬리콥터에 돈뿐 아니라 시간과 마음도 투자했습니다. 그분은 그 방식으로 호의라는 실질 자산을 창출했습니다. 그리고 그 호의는 수십 년 동안 조용히 복리로 늘어나 결국 한 회사를 구하고, 천여 개의 일자리를 구하고, 정말로 자격 있는 여성 집단을 위한 안전지대를 지켰습니다. 그리고 그 과정에서 이 성인 남자가 자신의 균형, 진정한 균형을 되찾게 해주었습니다. 그분이 주신 잊지 못할 교훈 덕분이지요. 그 교훈은 속도를 늦추고, 세상을 다섯 살 아이의 눈으로 보라는 것이었습니다. 그 아이는 삶에서, 그리고 사업에서도, 실질가치를 창출하는 호의의 정의는 단 하나뿐이라는 점을 분명히 알고 있습니다.

# 9장

# 유대

헬리콥터는 수직으로 이륙하기 때문에
의료 활동에 많이 쓰인다.

애슐리스튜어트에서 일한 지 5년이 되었을 때의 어느 날, 나는 친구이자 작가이자 전국지의 비즈니스 기자인 채리스 존스Charisse Jones와 저녁을 먹었다. 채리스는 1992년 로스앤젤레스 폭동을 취재하여 퓰리처상을 수상한 보도진의 일원이었다. 식사를 하던 중 채리스가 무언가 말하려다 망설였다. 그녀의 표정을 읽기가 어려웠다. 나는 재촉했다. "뭔데요?" 그녀는 나를 똑바로 보며 마음의 준비를 하라고 했다. 자기가 흑인 여성으로서 타인에게 할 수 있는 최고의 칭찬을 내게 할 참이라고 했다. 그거 알아요? 아니면 이런 말 들어본 적 있어요? 당신에게 '흑인 여성의 심장'이 있다는 말 말이에요. 이게 무슨 의미인지 아나요?

나는 먹다 말고 의자에서 뒤척였다. 그리고 바닥을 보며 생각을 가다듬었다. 몇 년 전 애슐리스튜어트의 매각 발표 당시 〈보스턴 글로브The Boston Globe〉 1면에 기사가 하나 났는데, 그 헤드라인도 이와 비슷한 감상을 담고 있었다. 이는 무게 있는 말이었다. 나는 잠시 후 숨을 내쉬며 채리스와 다시 눈을 맞췄다. 그리고 내가 생각하는 그 말의 의미를 말했다. "그거 혹시 마음씀씀이가 깊고, 돌려받지 못해도 마음을 자주 내주는 사람을 뜻하는 건가요? 꿋꿋하게 버티는 사람, 희망할 이유가 없어 보일 때조차 희망을 놓지 않는 사람? 자기 가족뿐 아니라 넓게 정의된 타인에 대해서도 책임감을 느끼는 사람? 자녀의 미래가 더 나아지기를 마라는 사람?" 당신의 답에 근접했나요? 내 눈이 물었다. 테이블 건너편의 채리스는 말없이 고개를 끄덕였다. 나는 그때 우리 둘 다 각자의 엄마를 떠올리고 있었다고 확신한다.

나는 두 이민자의 아들이다. 나는 엄마가 미국에서 고생하며 사는 것을 지켜보았고, 전후 한국에서 홀로 네 자녀를 키운 할머니에 대해 들으며 자랐다. 애슐리스튜어트의 여성들과 함께 일하면서 나는 엄마와 할머니에게 있어 역경 극복의 추진력이 됐던 것과 동일한 결단과 기백, 낙관을 매일 목격했다. 그들은 포기할 수도 있었지만 그러지 않는 쪽을 선택했고, 자신들이 직면한 비정한 처우나 인격모독이 스스로의 마음을 원망으로 좀먹게 내버려두지 않았다.

나는 채리스에게 그것은 지나치게 후한 칭찬이라고 말했다. 다만 그녀와 한 가지에는 동의했다. 세상에 그보다 더 큰 칭찬은 없다는 것.

◆ ◆ ◆

CEO로 보낸 시기에 나는 채리스와 나눈 것과 비슷한 대화들을 미국 전역의 매장들에서 수없이 나눴다. 마호가니 패널로 장식된 맨해튼 회의실에서도, 암스테르담이나 런던이나 상파울루 같은 먼 도시들에서도 그랬다. 그 대화들의 흐름은 내가 차리와 셸리와 매장 뒷방에서 처음 나눴던 것과 매우 흡사했다. 기억하는가? 그때 셸리와 나는 톰 브래디 얘기를 하며 공감대를 형성했고, 쓸데없이 권위적인 운영 매뉴얼을 찢어버렸고, 둘 다 간호사 엄마를 두었다는 점을 알게 되었고, 그때 셸리는 내 휴대전화를 장난스럽게 만지작댔다. 우리는 공통점을 찾았고, 시간이 흐르면서 좋은 의도 및 그것을 뒷받침하는 행위에 기반한 신뢰를 쌓았다. 나중에 지역 식당에서 셸리의 아이들을 만났을 때, 나는 그들에게 엄마를 보물처럼 귀하게 여겨야 한다고 당부했다.

기억하다시피 다정함은 호혜와 호응의 선택들, 그리고 다양한 감각을 통해 전달되는 행위들의 연속이다. 처음 대화할 때 차리와 셸리와 나는 결코 서두르지 않았다. 우리는 꾸준히 눈을 맞췄고, 많이 웃었고, 특히 투명성을 중시했다. 우리는 서로를 필요로 했지만 결코 목적을 위한 수단으로 대하지는 않았다. 대신 우리는 우리의 관계에 투자했고, 그 덕에 훨씬 더 어려운 주제들에 대한 논의를 허심탄회하게 할 수 있었고, 이것은 우리의 상호신뢰를 다시 강화해 또 하나의 열린 선순환 피드백 루프를 형성했다.

내가 전국 각지로 매장을 돌던 무렵은 날로 격해지는 논쟁적 언어들로 사회가 들끓던 시기였다. 나는 매장 뒷방에서 피난처를 찾았다. 그곳에서 우리는 함께 끼니를 때웠고, 화제를 가리지 않고 대화를 나눴다. 릴라는 좀 어때요? 뭐야, 학교에서 로프 코스를 장악하고, 정상에 올랐을 때 엄마아빠를 향해 환하게 웃었다고요? 그곳은 안전한 환경이었다. 그곳에서 나는 내가 동료들을 못 알아볼 때가 가끔 있다고 털어놓기도 했다. 그들의 헤어스타일이 자주 바뀌기 때문이었다. 그들은 웃음을 터트렸다. 그러고선 내게 여러 가지를 가르쳐주었다. 예전에 내 부모에게 메노라의 종교적 의미를 알려주었다던 유대인 노부인의 어조가 딱 이러지 않았을까 싶은 어조였다. 그날 나는 흑인 모발을 펴는 데 쓰는 다양한, 그러나 영구적 탈모를 야기할 수도 있는 화학제품에 대해 알게 되었다. 더불어 가발, 여러 스타일의 붙임머리에 대해서도 배웠다. 천연 모발을 유지하는 흑인 여성과 그렇지 않은 흑인 여성들 사이에 존재하는 논쟁에 대해서도 알게 되었다. 그리고 외부 규준, 편견, 심지어 정책이 때로 그들의 천연 모발을 고통의 근원으로, 그들이 '틀'에 맞지 않는 존재라는 표식으로 취급한다는 설명을 들었다. 가슴이 내려앉는 기분이다. 그 순간 그들이 내 눈에 몰려드는 폭풍 구름을 보았을 것이라고 나는 확신한다. 수십 년 전 철물점 점원을 포함해, 내 엄마를 주눅 들게 하는 것으로 자신의 졸렬함을 드러내는 이들에게 내가 던졌던 것과 비슷한 눈빛을.

우리가 이렇게 깊은 대화를 나눌 수 있었던 것은 수많은 '작은' 대화들이 신뢰와 배려의 기초를 다졌기 때문이라는 점을 강조하고 싶다. 서로를 더 잘 알려는 의도 외에 다른 숨은 동기는 전혀 없었다. 이런 교류는 언제나 우리 각자가 안전하게 느끼는 환경에서, 우리가 서로에게 본연의 모습을 허용하는 순간에, 때로는 알아채기 힘든 방식으로 일어났다. 나는 내가 배운 것을 조용히 머릿속에 보관해두었다. 그것이 장차 나를 애슐리의 모든 이들에게 더 좋은 친구로 만들어줄 것임을 나는 알고 있었다.

내 동료들은 어떤 헤어스타일로 출근하든 자유였다. 너무나 당연한 일이다. 하지만 실제로 과거에는 민간과 공공 부문 모두에서 기업과 기관들이 공식적·비공식적으로 이를 허용하지 않는 경우가 많았고, 심지어 지금도 그런 곳들이 있다. 이 점을 생각할 때 이 문제는 분명 언급할 필요가 있다.

나는 잠시 생각해보지 않을 수 없었다. 만약 내가 타고난 모발 상태가 임의적 규정에 의해 허용불가한 것으로 간주된다면 어떤 기분일까? 이제 잠시 이 문제에 사모펀드와 재무의 관점을 도입해보자. 직원들에게 힘들게 번 임금을 유해 부작용의 위험이 있는 헤어제품에 쓰도록 명시적이나 암묵적으로 강제하는 회사가 있다면, 그런 회사는 내가 척결 대상으로 삼았던 급여담보 대출업자들과 다를 바가 없었다. 여러분도 '핑크 택스pink tax'에 대해 들어봤을 것이다. 이는 동일 제품이나 서비스(드라이클리닝, 수분크림 등)라도 여성용이 남성용보다 더 비싼 경향을 일컫는 용어다. 다시 말해 여성으로 사는 것에는 돈이 더 든다는 뜻이다. 이제 당신이 여성이자 흑인이면 핑크 택스가 얼마나 더 붙을지 생각해보라.

신뢰는 다른 학습기회들을 주었다. 우리는 공평하게 주고받았다. 그들도 내게 그들 몫의 질문들을 했는데, 그중 하나는 이거였다. 제임스는 어떻게 그렇게 소울이 많아요? 그 말은 대개의 아시아인은 그렇지 않다는 뜻이었다. 나는 낄낄 웃었다. 나는 그들이 가깝게 지내는 몇 안 되는 아시아계 남자 중 하나였다. 나는 아시아인에게도 소울이 있지만, 그것도 넘칠 정도로 있지만, 때로는 그것을 공개적으로 드러내는 데 애를 먹을 뿐이라고 설명했다. 어쩌면 우리가 사는 사회는 극소수가 서사를 장악하고 통제하는 곳이고, 그 사회가 아시아인에게는 공석에서 소울을 과시할 기회(전통적 미디어의 경우 방송시간)를 허락하지 않는 탓일 수도 있겠다. 아시아인을 위해 설계된 '성공 상자'는 심히 단순화되고 왜곡된 관점이 빚은 그 이미지에서 조금이라도 벗어날 공간을 허용하지 않는 것 같다.

이 이야기를 듣고 고개를 끄덕이는 사람들이 많았다. 미디어는 수익을 위해 일반화와 선정성을 추구한다. 우리는 특정 집단들에 대해 신중하게 편집된 이야기들, 즉 사람들의 기질은 홀시한 채 피부색에만 집중하는 이야기들을 소비한다. 인종, 민족, 배경을 망라한 다양한 사람들의 삶과 관계의 진실과 복잡성은 거기에서 빠져 있다. 슬프게도 그 최종결과는 서로에 대해 제대로 아는 것이 없는 우리다. 참으로 안타까운 일이다.

하지만 애슐리스튜어트에서는 그렇지 않았다. 구식 불가사리 전화기로 했던 첫 번째 콘퍼런스 콜을 시작으로 나는 현장 직원들과 특별한 유대감을 쌓아나갔다. 온 세상이 내게 등을 돌리는 것 같았던 때 차리와 셸리 같은 여성들은 내 편이 되어주었다. 나는 알고 있었다. 그들은 내게 내가 될 권한을 주었다는 것을 말이다(인종과 젠더부터 허리주름 면바지 패션감각에 이르기까지). 자신들과 공통점이 적고 소매업 운영의 경험 또한 없는 나였음에도 그들은 나를 받아주었다. 나는 그걸로 충분했다. 그들의 농담에 따르면 내가 내 배트맨 유틸리티 벨트에 차고 다녔던 스킬셋과 지식은 확실한 가산점이 되어주었단다. 하지만 그들이 나를 그렇게 기꺼이 신뢰한 진짜 이유는 무엇일까? 음, 그들은 첫날부터 내 마음 혹은 내 소울―그들이 한국어를 알았다면 정이라고 했을지 모를 그것―이 느껴졌다고 말했다.

♦ ♦ ♦

소문이 돌았다. 업계 거물들과 월스트리트 지인들은 내게 왜 아직도 애슐리스튜어트에 있냐고 물으며 신경을 긁었다. 제임스, 당신이 무엇을 할 수 있는지 모두에게 보여준 마당에 너무 작은 물에서 놀고 있는 것 아니에요? 다음 계획은 뭐죠? 어이, 돈 챙겨서 떠나! 이제 회사를 몇 개 더 사들여서 거래할 때야. 나는 대개는 대충 웃어넘겼다. 그러면서 조지프 헬러가 그의 친구 커트 보니것에게 했던 말을 되새겼다. "나는 내가 충분히 가졌다는 것을 알지." 돈보다 중요한 것은 내가 자기가치감과 자아정체성을 평화로이 누리고 있었고, 그것이 내 관계들의 진솔함에 기반한다는 사실이었다. 앞서 말했듯 내 '재정적 자유'는 내가 정서적 자유를 이룬 후에야 찾아왔다. 내 삶의 대차대조표는 내가 의도적으로 선택한 자산으로 가득하다는 것을 나는 분명히 알고 있었다. 또한 호의는 기쁨과 슬픔, 자신과 타인에 대한 책임감에서만 생겨난다는 사실을 더욱 실감했다.

그럼에도 여전히 문제를 제기하는 사람들이 있었고, 그럴 때면 나는 이렇게 대답했다. 내가 원하면 나중에 사모펀드를 조성할 때가 있겠죠. 하지만 지금은 여기 있는 것이 내 시간을 가장 잘 투자하는 방법입니다. 메그와 아이들은 이에 동의했다. 사람들은 계속 물었다. 당신의 정체성은요, 제임스? 당신은 사모펀드맨이잖아요! 말하기 부끄럽지만 나는 그들의 무지몽매에 눈을 흡뜬 적도 몇 번 있다. 정말로 내가 옷을 팔기 위해 여기 남아 있는 거라고 생각해요? 이 회사에 전례 없는 변화를 가져온 것이 정말로 블라우스와 팬츠라고 생각하는 거예요?

공정한 대답은 아니었겠지만, 사실 애초에 내가 바란 질문들도 아니었다. 그 심문관들은 우리가 애슐리에서 겪은 일을 경험해보지 않았다. 어쩌면 그들이 계속 묻는 이유도 그것일지 몰랐다. 어쩌면 그들은 진심으로 궁금했을 수 있고, 또 어쩌면 그들은 자신들의 상자 속에서 불행했기 때문에 폴리냐, 즉 탈출구를 찾고 있는 것일 수도 있었다. 이를 깨닫고서 나는 더 많은 인내와 관용을 발휘하려 노력했다. 그 노력의 일환으로 나는 그들에게 여러 이야기를 들려주었다. 세카우커스의 창고에서, 구식 온장고가 있고 창문은 없는 구내식당에서 있었던 일들, 온 세상으로부터 사망선고를 받았지만 벤처투자자들의 후한 돈줄도 없이 냉혹한 경쟁환경에서 당당히 승리했을 때의 기분에 대해. 더불어 내 싸구려 컴퓨터 스피커에서 흘러나오는 〈태양이 뜬다〉가 얼마나 황홀하게 들렸는지, 또 회사 사람들 전체가 내 지시를 무시하고 아버지의 경야에 나타나 우리 엄마를 줄줄이 안아줄 때 내가 얼마나 뜨거운 눈물을 흘렸는지에 대해서도.

이런 대화들에서 나도 내 답을 찾았다. 내가 여기 남아 있는 것은 내 일이 아직 끝나지 않았기 때문이야. 완수할 것이 아직 더 있었다. 믿어주기 바란다. 대기업과 디지털 기술이 시장을 병합하고 지배하는 시대에, 매주 보스턴에서 뉴저지로 통근하며 중소 소매업체를 운영하는 일이 수월해서 내가 애슐리에 남아 있었던 것은 아니다.

솔직히 사모펀드 시절이 영 그립지 않은 것도 아니었다. 그런데 그 무렵, 소매업계에서 가장 명망 있는 레모네이드 스탠드 중 하나였던 토이저러스Toys "R" Us가 부채, 사모펀드 소유권, 기술 노후화의 압박에 무너져 말 그대로 자취를 감추는 일이 일어났다.

이것 역시 애슐리에 계속 머물기로 한 내 결정에 영향을 미쳤다.

무엇보다 애슐리스튜어트가 나 없이도 살아남을 수 있게 해야 했다. 팀은 아직 준비가 되어 있지 않았다. 지속가능성을 보장하기 위해 나는 회사를 더 넓은 생태계에 재소개해야 했다. 나는 애슐리가 훗날 어려움이 닥쳤을 때 (만약 그런 일이 생기면) 의지할 수 있는 호의의 저장소, 자기가치에 대한 다른 관점, 승리의 스토리라인을 보유하길 바랐다. 그 점에서 어느 정도 진전을 이루긴 했지만, 그럼에도 갈 길은 아직 남아 있었다. 우리는 바깥세상의 더 큰 문화가 우리를 보고, 듣고, 경험하는 방식을 탐구하고 바꿀 필요가 있었다. 이를 위해서는 우리가 합창단처럼 노래해야 했고, 이번에는 세상이 우리 이야기를 다르게 들었는지 확인해야 했다. 우리의 유대감도 더 넓은 세상에 전달해야 했다. 어떤 방법으로? 나는 자연과 음악에서 영감을 얻었다.

◆ ◆ ◆

프랙털fractal이라는 단어에 익숙한 사람이 있는가 하면 그렇지 않은 사람도 있을 것이다. 후자라면 밖으로 나가보자. 해변을 걷거나 하늘을 올려다보자. 아무데나 바라보자. 인간이 만든 곳만 아니면 된다. 프랙털은 나무와 식물에서도 발견된다. 고사리나 솔방울을 자세히 들여다본 적이 있는가? 해안선, 눈송이, 구름, 은하군, 심지어 조개껍데기에도 프랙털이 있다. 눈을 감고 학교에서 배운 것을 떠올려보자. 모세혈관이 우리 몸속 구석구석 퍼져서 동맥을 정맥에 연결하는 방식을 기억해보라. 혈관이 퍼져나가는 방식은 강이 갈래갈래 갈라져 빗물을 땅에서 바다로 운반하는 모습과 흡사하다 여겨지지 않는가? 나무는 또 어떤가? 각각의 가지가 나무 모양을 하고 있다는 점을 여러분은 눈치챘을 것이다.

그렇다면 프랙털은 무엇일까? 프랙털은 다양한 크기의 같은 모양이 무한히 반복되는 자기유사 패턴을 지칭한다. 높은 데서 보든 가까이에서 보든, 한 가지 형태가 똑같이 반복되면서 차곡차곡 쌓인다. 다시 말해, 복잡해 보이지만 사실은 단순한 프로세스가 계속 중첩되어서—그렇다, 열린 피드백 루프로—만들어진 패턴이다. 단순함은 어렵다. 하지만 일단 단순함을 달성하면 확장이 가능하다. 다시 말해, 프랙털은 큰 것과 작은 것 사이에 존재하는 관계를 보여준다. 프랙털은 무한히 반복될 수 있기 때문에 상자에 가둘 수 없다. 이런 이유로 프랙털의 수학적 원리는 혼돈 이론을 비롯해 기상패턴과 주가변동처럼 복잡하고 불규칙하고 측정하기 어려운 현상들을 연구하는 데 사용된다.

우리 뇌도 프랙털 기하학으로 기능한다는 것을 아는가? 우리 뇌에는 평균적으로 860억 개의 뉴런이 있고, 그 뉴런들 사이에는 평균 100조 개의 시냅스, 즉 연결이 있다. 뉴런의 축삭돌기와 가지돌기가 분기하며 시냅스 연결을 생성하는 패턴은 모세혈관이나 강줄기의 분기 패턴을 빼닮았다. 따라서 우리가 프랙털 패턴에서 자연을 느끼는 것은 놀랄 일이 아니다. 우리의 눈과 뇌는 거기 숨어 있는 패턴들에서 진정효과와 위안을 얻게끔 설계되어 있다. 잠시 쉬어가며 보지 않으면 눈앞의 긍정적인 것들을 놓치고 만다.

그럼 대체 이 프랙탈은 애슐리에서 불필요한 존재가 되겠다는 내 최종 목표와 어떤 상관이 있는 걸까? 음, 내게 창의적 설명의 자유를 조금만 허용해주기 바란다. 이 책 전반에서 우리는 패턴, 연결, 단순성, 그리고 확장성에 대해 이야기했다. 또한 우리는 레모네이드 스탠드의 비유를 통해 기업회계와 조직이론의 기본을 배웠다. 지금 나는 전 세계 기업임원들에게 이렇게 말한다. "레모네이드 스탠드도 제대로 이해하지 못하면서 어떻게 훨씬 더 큰 기업을 운영할 수 있겠어요?"

개인적 차원에서 말하자면, 내 과거의 패턴들은 처음에 불가능해 보였던 미래 과제들을 헤쳐 나가는 데 도움을 주었다. 차리 및 셸리와 가졌던 첫 대화는 전국 각지의 매장에서 계속 반복됐고, 그들의 우정은 CEO 시티즌십 어워드라는 더 넓은 성공을 반영하는 동시에 고취했다. 큰 그림 속에서는 그런 대화와 만남들이 작고 하찮아 보였지만, 나는 그것들을 제대로 이해하는 것이 가장 중요하다는 사실을 깨달았다. 더 깊이 파고들어가 보면 그것들은 내가 다른 시간과 장소에서 내 부모, 특히 엄마와 나눈 교류에 뿌리를 두고 있었다. 그 대화와 만남들은 실제였고 진심이었기에 점차 자라났다. 조직도 결국은 사람들 사이의 연속적 교류이기 때문에 유기적으로 확산된다. 여기서 반복되는 주제는 행동이 말보다 먼저라는 것이었다. 행동을 바꾸는 것이 먼저고, 그 행동변화의 성문화成文化가 그다음이었다. 돈은 기본 인풋도 지배적인 인풋도 아니었다. 우리는 보험통계표의 예측을 박살냈다. 그것은 우리가 역사를 뒤집었다는 뜻이었지만 우리는 가슴을 두드리며 그 성과를 과시하지 않았다. 앞서 이야기한 철학에 맞게, 우리는 세상에 나서기보다 세상이 우리에게 다가오기를 참을성 있게 기다렸다.

그 모든 것의 중심에는 다정함, 수학, 호의가 삼각형을 이룬 핵심 프랙털이 있었다. 삼각형의 밑변에는 다정함과 수학이, 정점

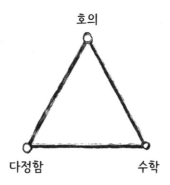

에는 그 결과로 생긴 호의가 자리한다. 내 유치원 친구와 나는 밑변에, 친구의 아빠는 정점에 있었다. 차리와 셸리는 밑변에, CEO 시티즌십 어워드는 정점에 있었다.

단순함은 어렵다. 하지만 실행가능하다. 특히나 조금씩 찬찬히 하면 충분히 그렇다. 수년간 조용하고 신중한 선택을 쌓은 끝에 우리는 애슐리의 내부 문화와 우리 자신의 관점을 근본적으로 바꿨다. 단순한 프랙털들을 운영이라는 태피스트리에 엮어 넣은 결과였다. 그로써 우리는 이미 진정으로 새로운 조직을 만들어냈다. 하지만 변화는 조직 너머로 이어졌다. 프랙털은 그 자체가 반복과 확산을 의미하고, 이는 새로운 생태계의 창조로 이어졌다. 모두가 그것을 보았고, 모두가 그것을 느꼈다. 한때 애슐리를 경멸했던 장기 공급업체들과 임대인들조차 우리의 열혈 옹호자가 되었다. 가장 회의적인 공급업자 중 한 명이었던 앨런이 내게 자신의 사업에 대한 조언을 구하고, 감사의 뜻으로 직접 만든 음식을 들고서 우리 포트럭 파티에 나타났을 때 나는 형세가 일변했음을 알 수 있었다. 나는 우리가 해낸 일을 회생이라 부르고 싶지 않았다. 우리의 모든 성과를 아우를 정도로 크나큰 표현이라고는 느껴지지 않았기 때문이다. 애슐리스튜어트는 전면적 창조물, 다시 말해 최고의 핵심 프랙털을 식별해 이를 매우 수익성 있게 확장해낸 재발명품이었다.

세상이 우리를 거부했던 기억들, 그러니까 내 면전에서 문들이 탕탕 닫히고, 사람들이 눈알을 굴리며 비웃고, 투자사마다 애슐리스튜어트는 딱히 우리 분야가 아니라서요, 제임스라 이야기했던 기억들은 여전히 내게 따가웠다. 하지만 그것들은 점점 희미해졌고, 그 자리는 지대한 자부심과 보람으로 채워졌다. 우리가 할 수 있는 것은 커튼을 열고 모두에게 우리 이야기를 내보이는 것뿐이었다. 세상은 어떻게 반응할까?

◆◆◆

우리가 누군지 알기 위해서 시장조사를 할 필요도, 광고회사와 마케팅회사를 고용해 우리를 특별하게 꾸며줄 만한 캠페인을 의뢰할 필요도 없었다. 우리는 우리 이야기를 훤히 알고 있었다. 주연은 애슐리였다. 뮤지컬 등장인물들처럼 우리 모두는 줄거리와 대사를 줄줄 외우고 있었다. 이제 우리에게 필요한 것은 세상이 우리 이야기 속에 그들의 이야기를 엮을 최상의 방법을 찾는 것이었다. 다시 말해 우리는 다른 누군가의 서사에 맞추기 위해 우리 이야기를 떠들어대거나 타협할 생각이 없었다.

그래서 우리는 진정한 프랙털 스타일로 갔다. 우리는 삼각형 관계에서 우리와 친구(고객)가 만드는 밑변에 집중했다. 이 삼각형의 정점은 애슐리스튜어트, 즉 회사였다. 랜디와 도나를 영입해 내부 재무를 재정비했던 것처럼, 이번에 우리는 사내 미디어 프로덕션 설립에 나섰다. 나는 소매업 경험도, 의류판매에 대한 관심도 없는 젊은 영화제작자들을 고용해서 그동안 있었던 일의 본질을 포착하는 일을 그들에게 맡겼다. 그 결과물은 고객들과 외부 이해관계자들뿐 아니라 우리를 위한 것이기도 했다. 우리에게는 기막힌 이야기가 있었고, 나는 그것을 애슐리 내부의 모두가 먼저 경험하기를 원했다. 우리의 서사가 그들의 기여에 대한 것이었기 때문이다. 우리의 서사는 동료들의 직장 안팎의 실생활을 담은 일종의 뮤지컬이었다. 이런 포맷은 중요하지만 다소 딱딱할 수 있는 정보를 매력적으로 전달했다. 놀랄 것도 없이, 타마라는 근로자 안전 같은 주제들과 관련해 영향력 있는 대변인으로 활약했다. 숙녀분들, 그 발판사다리를 조심해요….

수년 동안 나는 매장에서 보고 듣는 말과 행위에 유념했다. 어떤 단어와 어구가 반복해서 등장하는가? 그것들은 행동과 어떤 연관이 있는가? 어떤 말들이 사람들을 가장 초월적인 수준에서 연결하는가? 어떤 말들이 안전감과 소속감을 조성하는 동시에 용기와 성장을 고취하는가? 그런 말들은 우리의 사내 커뮤니케이션에 점차 스며들었다. 우리가 그것을 과학적이고 체계적으로 도모한 결과였다.

이 일은 구체적으로 어떻게 실행되었을까? 우선은 운영 매뉴얼이 매년 점점 간결해졌다. 우리는 다감각적 매체들을 시의적절하게 이용해 전사적 인화人和를 다졌고, 동료들이 출연하는 재미있고 인상적이며 종종 감상적인 영상들을 통해 중요 학습내용이나 프로젝트들을 강조했다. 그러다 짜잔, 애슐리TV가 탄생했다. 일단 사내 프로덕션 운영에 익숙해진 뒤 우리는 판을 대대적으로

뒤집었다. 얼마 안 가 애슐리TV에는 고객들과 '회사의 친구들'이
등장하기 시작했다.

매장들에 전략적으로 공급했던 아이패드와 스텝 앤드 리피트
를 기억하는가? 모든 열 살짜리 레모네이드 스탠드 주인이 알다
시피, 또 우리가 발견한 바와 같이, 입소문 광고는 무료다. 그리고
이는 궁극의 레버리지다. 우리는 우리와의 경험에 대해 확고한
의견을 갖는 직원이나 고객을 활용했다(덧붙이자면 이 전략은 언행
일치하는 회사들에서만 효과가 있다. 말과 행동이 다른 회사라면 고객과
직원은 정확히 그렇게 진술할 것이다). 우리는 세상에 우리의 정확한
실체를 보여줄 자신이 있었다. 우리는 완벽하진 않아도 노력하는
회사였고, 올바른 의도와 상당한 실행력을 자랑했다. 우리는 내
부 콘텐츠를 외부 고객에게도 자주 사용했다. 진정성과 경제성이
라는 두 마리 토끼를 잡는 방법이었다.

이 전략은 우리를 더욱 차별화했다. 같은 시기에 자칭 '혁신적
인' 기업들은 판매촉진을 위해 고이율의 벤처캐피탈을 끌어다 억
지스러운 고객유치 캠페인을 벌이느라 분주했다. 하지만 애슐리
는 아니었다. 우리는 우리의 원칙을 지켰고, 모든 비용을 제한 핵
심 레모네이드 컵의 매출총이익이 수익성을 유지하는 데 집중했
다. 경솔하게 행동할 여유가 없는 데다 무엇이 중한지를 알고 있
었던 우리는 대차대조표를 계속 주시하면서 미래를 위한 현명한
투자를 위해 현금 비축량을 늘리기에 애썼다. 이렇게 기본에 충
실함으로써 우리는 프랙털 현상 본연의 레버리지로 이득을 얻는

위치에 올랐다.

## 파급 효과와 언드 미디어

진실은 퍼진다. 진실은 무료다. 진실도 일종의 프랙털이다. 다른 기업들이 미디어에 노출될 기회를 구입하거나 자기네 스토리텔링을 외주로 제작하는 동안 우리는 그저 진실을 말했다. 나는 우리가 유료 미디어에 돈을 뿌리는 대신 각종 언드 미디어earned media(긍정적 입소문, 소비자 후기, 소셜미디어의 포스트나 댓글, 언론보도 등 대가 없이 노출 효과를 제공하는 제3자 미디어 - 옮긴이)를 수확할 거라는 믿음이 있었다. 우리에게 필요한 것은 초대뿐이었다. 적절한 초대. 일단 그것이 생겨나면 플라이휠flywheel(회전하는 물체의 회전 속도를 고르게 하기 위해 회전축에 달아놓은 바퀴 - 옮긴이)이 좌우에서 회전하기 시작하리란 것을 우리는 알고 있었다.

내가 로펌 회의실에서 50번의 서명을 하던 무렵 두 건의 기사가 두 개의 유력지 1면에 연달아 실렸다. 첫 번째 기사는 〈보스턴 글로브〉의 기사였다. 〈보스턴 글로브〉는 원래 애슐리의 매각을 간단히 다루는 기사만 할당했는데, 작성 과정에서 기사의 내용이 바뀌었다. 내 친구 스티브의 변호사이자 로스앤젤리스 소재 유력 로펌의 파트너는 이 기사에서, 나의 솔직한 태도는 방을 채운 '냉혹한 투자자들'을 무장해제시켰다고 말했다. 어느 유명 패션 블

로거는 내 안에 플러스사이즈 흑인 여성이 사는 것 같다고 증언했다. 이어 하루 뒤 〈워싱턴 포스트The Washington Post〉가 시대정신에 베팅한 우리의 선견지명에 초점을 맞춘 기사를 내면서 '이 여성의 시대가 왔다'고 평했다.

하지만 아마도 가장 영향이 컸던 것은 연말에 발간된 〈블룸버그 비즈니스위크Bloomberg Businessweek〉의 '굿 비즈니스Good Business'특집호(이때 표지를 장식한 인물은 마이크로소프트Microsoft의 CEO였다)에 애슐리를 치밀하게 조사한 기사가 실린 일이었다. 그 기자는 우리 이야기가 자신을 울렸다는 말로 기사를 맺었다. 그 기자는 훗날 결국 나와 친구가 됐다. 그녀는 우리 회사의 사연에 깊이 몰입했다. 비즈니스에도 인간애가 활약할 자리가 있을 뿐 아니라 일도 개인의 충만한 삶에 기여할 수 있다는 본인의 신념이 입증된 기분이었을 것이다.

곧이어 CNN, ABC 뉴스ABC News, 미국상공회의소 등에서도 우리를 보도했다. 사람들과 언론사들은 우리 이야기를 전하고 싶어 했고, 우리에 대해 쓰고 싶어 했고, 우리가 이룬 것을 축하하고 싶어 했다. 그들이 원한 일이었다. 우리 이야기는 그들을 기분 좋게 했고, 그들은 독자와 시청자들의 기분도 좋아지길 바랐다. 우리는 우리 모두에게 존재하는 연약하지만 의미심장한 프랙털, 즉 인간애를 이용했다. 그것은 이륙대기 중인 레드 헬리콥터처럼 비상飛上을 열망했다.

미디어의 관심이 커지자 전통 소매업계의 거물들도 우리를 주목했다. 백화점과 전문점 모두는 기술 대기업들이 시장점유율을 잠식함에 따라 점점 더 위기에 몰렸다. 나는 세계 최대의 소매업 박람회, 일명 빅쇼Big Show의 개막식에 초대받았다. 전미소매협회 National Retail Federation 주최로 매년 맨해튼의 재비츠센터에서 열리는 행사다. 이전 해에 협회 재단은 업계에 가장 오래, 가장 성공적으로 재직한 경영자들과 나란히 내게도 최우수 CEO상을 수여했다. 나는 월마트USAWalmart USA 및 메이시스백화점Macy's의 CEO들과 함께 빅쇼 개막식에 참석했다. 이날 행사에선 첫 손주의 탄생으로 부득이 불참하게 된 어느 CEO를 대신해 홈쇼핑네트워크 Home Shopping Network의 회장이 진행을 맡았다. 당시 나는 그가 패널 토론보다 가족을 우선시함으로써 업계에 중요한 메시지를 던지고 있다는 생각이 들었다.

재비츠센터의 원형극장을 가득 채운 5000명 이상의 사람들을 바라보며 나는 웃음을 참지 못했다. 사람들의 기억이 이렇게 짧을 수 있는 거구나! 상황이 변하는 건 순식간이구나! 20년 넘게 애슐리스튜어트는 업계의 왕따, 조롱거리였다. 그리고 나는 4년 전만 해도 고등학생 때 식당의 버스보이와 설거지 담당으로 일한 것 외에는 소매업 경험이 전무한 '사모펀드맨'이었다. 그런데 이제 나는 세계에서 가장 유명한 세 유통업체의 리더들과 나란히 패널로 앉아 있었다.

당시 나는 (사모펀드 업계의 드레스코드와 깨끗이 결별할 작정이었기에) 넥타이를 거의 매지 않았다. 하지만 패셔니스타들이 대거 참석하는 행사에 대한 예의는 갖춰야 해서, 전날 저녁 헤럴드스퀘어에 있는 메이시스 플래그십스토어에 갔다. 내 선택을 돕기 위해 판매직원 두 명이 자세한 사정을 물었다. 어디 가시나요? 어떤 자리인가요? 나는 큰 무대에서 그들의 CEO 옆에 앉아 있을 예정이라고 말했다. 그런데 한눈에 봐도 판매직원 중 한 명은 애슐리스튜어트의 '최고 친구Chief Best Friend'라는 내 직함에 더 관심이 많았다. 그녀는 자신이 다니는 애슐리스튜어트 매장이 확실히 달라졌다며 자신도 그 변화를 느꼈다고 했다. 내가 떠나기 전, 우리 셋은 함께 셀피를 찍었다.

재비츠센터 무대에 오르는 내 목표는 희망의 감각을 전달하는 것이었다. 그리고 사람들의 마음을 먼저 바꿔서 생각을 변화시키는 것이었다. 채권 듀레이션duration(투자금 회수기간 - 옮긴이) 계산을 활용해 재고생산성을 극대화하는 방법에 대한 설명 같은 것은 그리 중요하지 않았다. 그 자리는 여러 기술기업들이 자사 서비스를 선보이고 청중은 거기서 패키지 솔루션을 찾는 곳이었다. 그러나 대신 나는 단순하고 무료인 인간 특성 두 가지, 즉 유대감과 투명성에 집중했다. 우리 세션 중에 진행자는 내 요청에 따라 우리 등 뒤에 있던 초대형 디지털스크린에 내가 헤럴드스퀘어에서 찍은 셀피를 띄웠다. 그 배경 앞에 서서 나는 메이시스와 월마트USA의 CEO들에게 시선을 고정한 채 청중에게 설명했다. 우리모두는 상호의존 관계에 있다는 것을. 그리고 그 두 CEO에게는 그들을 응원한다고 말했다. 그들은 내 고객의 일부를 고용하고 있고, 나도 그들 고객의 일부와 일하는 사람이니까. 두 사람은 내 말에 의아해하는 표정을 지었지만, 청중은 내 뜻을 즉시 간파했다.

행사가 마무리 단계에 이르자, 모든 패널은 향후 최우선 중점 영역에 대해 각자의 조언을 해달라는 요청을 받았다. 앞서 말한 두 분의 답변은 운영과 제품에 대한 것이었다. 그 자리에 적확한 것들이었고, 나 역시 거기에 하등 이견이 없었다. 하지만 그다음에 내가 단호하게 투명성이라고 말하자, 원형극장 안의 모두가 일제히 숨을 들이마시는 소리가 들려왔다.

내 생각에 투명성은 운영과 제품을 초월한다. 투명성은 뒤집힌 고슴도치와 같다. 그것은 보고자 하는 모든 이에게 내 의도를 보여주는 것이다. 거기엔 속임수도, 숨은 뜻도 없다. 데이터, 실수, 훌륭한 발상에 대한 공로를 명확한 의도하에 팀 전체가 공유하는 것이다. 이는 어느 산업에서나 마찬가지다.

그날 소셜미디어는 열광했다. 나는 업계 전체의 마인드셋이 그날 어느 정도 바뀌었다고 해도 과언이 아니라고 생각한다. 어느 유명 산업분석가는 소울을 찾자고 외치는 기사를 썼다. 이어 '피라미가 고래를 삼키다'라는 제목의 기사가 떴다. 이후 나는 전미소매협회 이사회의 내 자리를 이용해 금융, 테크놀로지, 학계, 소비재 유통 등 내가 속한 적 있거나 현재 속해 있는 여러 업계와 사회들을 연결하는 다리 역할을 했다. 결집은 종종 촉매를 요한다. 불과 4년 전 전업 사모펀드맨이었던 나는 기꺼이 그 역할을 맡았고, 고맙게도 그들의 신뢰를 받았다.

◆◆◆

애슐리의 이야기와 영향력은 이후 파문처럼 동심원을 그리며 다양한 산업 분야로 퍼져 나갔다. 나는 EY 최우수기업가상EY Entrepreneur of the Year을 받았고, 드림포스서밋Dream Force summit의 기조토론자로 초청받았다. 첼리스트 요요마Yo-Yo Ma와 한 테이블에 앉았고, 린-마누엘 미란다Lin-Manuel Miranda의 뮤지컬 〈해밀턴 Hamilton〉에서 애런 버를 연기했던 레슬리 오덤 주니어Leslie Odom Jr.가 노래하는 모습을 불과 몇 미터 앞에서 보았다. 마치 꿈을 꾸고 있는 것 같았다. 잊지 못할 인정과 표창의 순간은 많았지만 그 중에서도 특히 깊은 감동을 준 순간이 두 번 있었다.

어느 날이었다. JP모건체이스의 CEO에게서 이메일이 왔다. 어드밴싱 블랙 패스웨이Advancing Black Pathways라는 새로운 프로젝트의 출범자문위원회에 합류해달라는 요청이었다. 지금도 인터넷 어딘가에는 내가 전직 미국 국무장관들인 콘돌리자 라이스 Condoleezza Rice와 고故 콜린 파월Colin Powel 사이에서 얼빠진 사람처럼 웃고 있는 사진이 있다. 첫 회의 때 나는 가벼운 인사차 파월 장군에게 내 하버드 졸업식 때 그가 축사를 했다고 말했다. 그는 움찔하더니 씁쓸하게 웃으며 내 어깨를 꾹 잡았고, 자기가 늙었다는 걸 실감나게 해줘서 고맙다고 했다. 그로부터 얼마 후 아버지의 4주기 기일이었던 날, 나는 유럽에서 가장 오래된 대학 중 한 곳에 있는 고딕 양식의 홀에서 맥킨지앤드컴퍼니의 글로벌 소비재 및 유통 그룹에게 강연을 했다. 프레젠테이션은 차리, 셸리, 할머니, 엄마의 사진으로 시작되었다. 그들의 얼굴과 닮은 얼굴들이 그 신성한 홀을 장식했던 적은 그간의 수백 년 중 몇 번이나 있었을까? 궁금해지는 순간이었다.

## 가장 긴 피드백 루프

한 번 교사는 영원한 교사다. 일의 결실로 따졌을 때 국가적·세계적 공동체에 이보다 더 유익한 직업이 있을까? 다만 아델과 그녀의 은사 사이의 상호작용이 보여주듯, 교사들의 투자수익은 한 세대쯤 지나서야 나타날 때가 많다. 지나의 선견지명 덕분에 세 다리 의자, 레모네이드 스탠드, 통제된 혼돈 등의 기발한 개념들에 매진하는 우리의 작은 타운홀 미팅은 우리의 '운영 흐름'에 자연스럽게 누군가 말했다. 돈 받고 학교에 다니는 기분이에요! 지금도 이 말을 떠올릴 때마다 웃음이 절로 난다. 그보다 더 좋을 수는 없다.

내가 전국 각지의 매장을 돌 때의 일이다. 함께 샌드위치를 먹으며 몇몇 동료들이 이런 건의를 하기 시작했다. 제임스, 우리에게 투자해줘서 감사해요. 그런데 좀 늦은 감이 있어요. 우리가 더 어렸을 때 이것을 배웠다면 얼마나 좋았을까요. 우리 아이들에게 시간을 내줄 수 있나요? 당신이 아는 것과 우리가 한 일을 아이들에게 가르쳐주세요.

그들은 두 번 청할 필요가 없었다. 당시 나는 듀크대 로스쿨에서 '세상은 어떻게 돌아가는가'라는 겨울학기 강의를 맡고 있었다. 삶, 돈, 기쁨의 시스템들 사이에서의 균형 잡기에 중점을 두면서 금융, 회계, 행동심리학, 법률, 철학의 기초를 가르치되 학제 통합적이고 실용적인 방식으로 하는 것을 목표로 삼는 강의였다. 나는 이 커리큘럼으로 전통적 흑인 대학들Historically Black Colleges and Universities, HBCUs(전통적으로 아프리카계 학생들의 고등교육 기회를 넓히기 위해 설립된 대학 및 대학교-옮긴이)과 1세대 대학생first-generation college student(집안에서 처음으로 대학에 진학한 학생-옮긴이)을 지원하는 교육기관에서도 강의를 열었다. 학생 수는 제각각이었지만 나는 매년 평균 여섯 개 캠퍼스를 다녔고, 강의계획서 이상의 것을 준비해 갔다. 그리고 각 강의에서, 인생의 레모네이드 스탠드에 대해 떠드는 남자를 지켜봐준 학생들 중 한두 명을 성적우수 장학생으로 선발했다. 매년 우리는 그 학생들을 브루클린으로 초대, 킹스 극장에 3000명 넘게 모인 청중 앞에서 장학금을 수여했다. 그들을 눈부시게 축하하기 위한 행사만은 아니었다. 청중 중에는 진취적인 청년들을 채용하려는 업계 리더들이 많았고, 따라서 학생들이 자신의 커리어를 시작하는 데도 도움이 될 수 있는 행사였다.

나는 지금도 그중 많은 학생들과 연락을 유지하는데, 그들에게 우리가 투자한 거라는 농담을 종종 하곤 한다. 그 투자에 대한 대가로 그들은 자기 삶에서 일어나고 있는 일들을 내게 알려주고, 나는 그 편지와 대화들을 보물처럼 간직한다. 쇼핑을 싫어하는 아버지가 나를 데리고 나가 파란색 봄 재킷을 사준 날이 생각난다. 재킷을 내게 입히고 양손으로 옷을 쓸어내리던 아버지의 모습은 지금도 내게 생생하다. 이 나라에서의 우리에겐 그런 인맥이 없어 미안하다, 제임스. 세월이 흐른 지금 내게는 그런 인맥, 즉 유대가 생겼다. 그리고 그런 유대가 없는 아이들 및 부모들과 계속해서 그것을 나눌 생각이다.

## 달콤씁쓸했던 브루클린 YWCA에서의 연말파티를 돌아보다

브루클린 YWCA에서 열렸던 연말파티를 기억하는가? 회사를 살릴 자금 확보에 실패한 것에 대해 내가 은근히 사과하자 타마라를 비롯한 사람들이 울었던 자리 말이다. 그런데 그 밤에는 슬픔만큼이나 기쁨도 있었다. 공동의 고통 속에서, 작은 붐박스에서 흘러나오는 댄스음악의 리듬 속에서, 우리는 지난 4개월 동안 함께 만들고 나눈 공동체를 축하하고 기념했다. 패배감이 느껴졌지만 어쩐지 승리한 것도 같은 순간이었다. 우리는 함께 싸웠고, 함께 혼신을 다했다. 희망과 결단의 정신은 가장 예상치 못한 곳에서, 가장 예상치 못한 친구들과 함께 발견되는 때가 많다. 그 밤의 순간에 응축된 강인함과 다감각적 아름다움을 내가 느끼고 끌어내는 데 큰 힘을 발휘했던 것은 메그의 작은 넛지nudge('팔꿈치로 슬쩍 찌르기'라는 뜻으로, 타인의 행동을 유도하는 부드러운 개입을 지칭 - 옮긴이)("그건 당신답지 않아")였다. 절망에서 승리가 나오는 것, 이것이 최고의 연금술이다.

같은 시기 미스핏 토이즈는 파산학 개론의 속성 코스를 밟고 있었다. 나는 그들에게 영국의 예능 프로그램 〈브리튼즈 갓 탤런트Britain's Got Talent〉의 짧은 영상 하나를 찾아 보여주었다. 재능은 넘치지만 잔뜩 긴장한 어느 참가자가 〈리슨Listen〉을 부르는 것을 (누구인지 설명할 필요는 당연히 없는) 비욘세Beyonce가 응원하는 영상이었다.

모르는 독자를 위해 설명하자면, 그 노래는 오랫동안 자기회의에 빠져 있던 여성이 분투 끝에 마침내 자기 목소리를 찾는다는 내용이다. 영상에 나온 두 여성 모두는 멋진 차림새였다. 그러나 그 공연을 감동적으로 만든 것은 신인 유망주를 가리거나 압도하지 않기 위해 배려하는 비욘세의 태도였다. 비욘세는 심지어 참가자의 손도 잡아주었다. 애슐리스튜어트 본사의 쥐색 서류 캐비닛과 흙색 카펫 속에서 의기소침해 있는 팀에게 내가 애슐리스튜어트의 진정한 정신을 보여줄 방법은 이 영상 외에 마땅히 없었다. 그 정신은 사람들 사이의 유대를 통해서만 창출되는 것이며, 보존할 가치가 있는 것이었다.

나는 차리와 셸리, 그리고 그들 같은 많은 이들이 비욘세의 역할을 하는 것을 보았다. 그들은 거창한 팡파르 없이, 생색을 내는 법도 없이 그렇게 했다. 나는 바로 그 정신, 그 호의를 중심으로 완전히 새로운 수학 알고리즘, 법적 구조, 운영 프로토콜을 구성했다. 한때는 온 세상이 애슐리스튜어트를 거부했지만, 이제는 온 세상을 용서하고 맞아들일 용기와 관용을 가지는 것이 우리의 의무였다. 우리가 해온 일, 우리가 상징하는 것, 즉 그 어떻게를 모두에게 구체적으로 보여주어야 했다.

이를 위해 우리는 '애슐리스튜어트 찾기'라는 프로그램을 구상, 제작했다. 기본 미션은 단순했다. 매년 동료들과 고객들에게 우리는 이웃 및 지역사회의 숨은 여성 리더를 찾아 치하해줄 것을 권장했다. 우리는 동기를 부여하고, 추상적 개념을 구체화하고, 무형의 것을 유형화하는 거점으로 우리 매장들을 활용했다. 숨은 여성 리더의 선정 기준은 자신감, 리더십, 공공 서비스, 다정함을 기반으로 했다. 요컨대 지역사회에 긍정적 외부효과를 창출한 여성이 선정 대상이었다. 우리의 향상된 디지털 역량 덕분에 전국적 투표가 가능했고, 결선 진출자들은 9월에 브루클린의 킹스 극장에 모였다. 우리가 해낸 일의 깊이를 이해하는 유명인사들과 업계 리더들로 구성된 심사위원단은 3000명 이상의 관객이 보내는 열광적 응원의 도움을 받아 우승자를 선정했다. 아참, 사이사이에는 엔 보그En Vogue와 솔트 앤 페파Salt-N-Pepa 같은 전설적 그룹의 멋진 공연도 펼쳐졌다.

복잡한 일로 들리는가? 그렇기도 했고 아니기도 했다. 우리는 단순함에 집중했고, 우리의 현실과 일상을 세상에 보여주는 데 의미를 두었다. 그 결과 백짓장도 맞들 여러 손이 모였다. 장소와 시간부터 시작해보자.

킹스 극장이 브루클린 YWCA와 지척에 있는 것은 우연이 아니었다. 이 행사가 가을에, 즉 애슐리 공동체가 처음 결성되던 계절에 열린 것도 우연이 아니었다. 킹스 극장은 1991년 제1호 애슐리스튜어트 매장이 처음 개점한 동네에 있다. '애슐리스튜어트 찾기'를 낳은 내 창의적 영감은 어디서 왔을까? 비욘세 영상에서 본 각본 없는 감동, 달콤쌉쌀했던 브루클린 YWCA 연말파티에서 여성들이 보여준 자발적 움직임이었다. 로비에 설치한 관객 참여 무대는 지나의 연말 파티와 여름 피크닉의 확장 버전이었다. 그럼 음악 공연은? 음, 그것은 우리가 가졌던 노래방 공연의 확장 버전이었다. 다만 그래미상에 빛나는 프로들이 노래방 기계와 아마추어 무리를 대신했을 뿐이다. 쇼의 오프닝은 누가 장식했을까? 타마라를 떠올렸다면 정답이다! 사람들은 우리가 만들어낸 것에 놀랐지만 우리는 놀라지 않았다. 이미 다 하던 것들이었으니까. 다만 규모가 작았을 뿐.

기억하자. 다정함의 피드백 루프는 액션과 리액션을 요한다. 제대로 이루어질 경우 그 루프는 호의/영업권이라는 자산을 낳는다. 그럼 리액션은 어땠을까? 상상에 맡긴다. 그것은 흥겨운 승리의 춤이었으며 더없이 긍정적이고, 즐겁고, 인간적인 감정을 집약한 세 시간짜리 화려한 축제였다. 에이브러햄 매슬로가 봤다면 우리가 그 세 시간 동안 자기초월self-transcendence(매슬로가 욕구체계 단계에 나중에 추가한 것으로, 자아실현을 넘어 더 높은 가치나 타인과의 연결을 추구하는 상태를 말함 - 옮긴이)을 이루었다는 데 동의했을 것이다. 참석자들은 교회에서 쓸 법한 말이나 장엄한 일몰이 주는 경외감을 표현하는 데 쓰는 단어들로 그 밤을 묘사했다. '애슐리 스튜어트 찾기'는 회합이었다. 거의 목회였고, 공동체 자체였으며, 공유된 인간애의 축하연이었고, 부활이었다. 하나의 움직임이 일어났다. 이것들은 내가 한 말이 아니라 인터넷 곳곳에 올라온 말이었고, 사람들이 극장을 나서며 쏟아낸 대화에 반복적으로 등장한 말이었다.

움직임은 계획이나 명령이나 강압으로 일어나지 않는다. 그것은 진실에서, 우리 모두의 마음 깊은 곳에 있는 진실에서 나온다. 어린 시절의 우화에서 배운 진실, 동물들의 대화 형태로 전래동요처럼 전해져 내려오는 진실. 차이가 있다면 우리가 그 공간과 시간에서 했던 것은 진짜라는 점이다. 그것은 실제로 일어났다. 그날 밤 게티이미지에 올라온 사진들이 엄연한 증거다(아직 온라인에 있으니 찾아보기 바란다!). 하지만 그날의 느낌 ─ 그 느낌! ─ 은 운 좋게 그날 밤 관중이었던 모두의 가슴과 머리에 영원히 남을 것이다. 그 프랙털은 끝이 없었고, 앞으로도 끝나지 않을 것이다.

결과적으로 우리는 그런 피날레 행사를 세 번, 그것도 모두 킹스 극장에서 열었다. 인터넷을 검색하면 애슐리 여성들과 내가 유명인사, 인플루언서, 고위공직자, 공연자 들에 둘러싸인 환상적인 사진들을 볼 수 있다. 에미상에 빛나는 코미디언 로니 러브Loni Love(우리가 열었던 세 번의 쇼 중 두 번의 진행을 맡았다)와 함께 찍힌

내 사진은 우울할 때 어김없이 기분을 띄워준다. 내 친구들은 현란한 쇼비즈니스가 내 취향이 아님을 알고 있지만, 1년에 한 번쯤이라면 나쁘지 않았다(실은 정말 재밌었다).

내가 그 밤들을 각별하게 생각하는 또 다른 이유가 있다. 그곳에 있던 유명인들도 그 저녁의 진정성을 느꼈고, 갑옷을 벗고 자신을 드러내도 된다는 안도와 허락을 느꼈다는 점이 그것이다. 우리처럼 그들도 평범한 사람들인 것이다.

나는 그리 순위를 따지는 사람이 아니지만 이번만큼은 가장 좋았던 것 하나를 골라보자면, 첫 번째 '애슐리스튜어트 찾기'였다. 처음이라 거칠고 허술하고 불완전하긴 했으나 그 단점들은 우리의 자산이 되었다. 당시 사회를 맡았던 인물은 배우 보리스 코조Boris Kodjoe였다. 뜻밖으로 그 행사에 참석했던 유명 영적 라이프 코치 이얀라 반젠트Iyanla Vanzant는 자신의 모교인 메드가에버스 칼리지Medgar Evers College 출신의 두 젊은 여성에게 장학금을 수여하며 그들에게 신념을 잃지 말라고 격려했다. 훗날 뉴욕시장이 된 브루클린 자치구청장은 그날을 애슐리스튜어트의 날로 선포하는 성명을 냈다. 엔 보그는 거의 무대를 부쉈다. 그들은 최고 히트곡들을 부르며 나와 강렬하게 눈을 맞췄고, 나중에 나와 찍은 사진을 격려의 말과 함께 소셜미디어에 올렸다. 나는 민권단체 전미도시연맹National Urban League의 회장과 영화 〈리멤버 타이탄Remember the Titans〉에서 덴젤 워싱턴Denzel Washington의 아내 역을 맡았던 배우 니콜 아리 파커Nicole Ari Parker 사이에 앉아 있었다. 말도 안 되는 일이었다. 하지만 어쨌든 모든 것이 말이 되었다. 이후 우피 골드버그Whoopi Goldberg는 자기 집에서 차를 마시자며 나를 초대했다. 차를 마신 뒤 그녀는 내게 집 구경을 시켜주며 자신의 오스카 트로피를 들어보라고 극구 권했다. 그리고 믿기지 않겠지만 몇 년 뒤 나와 메그는 글로벌 회계법인 프라이스워터하우스쿠퍼스PwC 미국 회장의 초대로 오스카상 시상식에 참석했다. 인정하기 싫지만, 검정 타이를 매고 할리우드 명사들과 어울리는 일은 이루 표현할 수 없이 즐거웠다.

하지만 첫 번째 '애슐리스튜어트 찾기'에서 가장 기억에 남는 것은 따로 있었다. 바로 내 동료들과 애슐리스튜어트 공급업자들이 춤추고 박수 치며 울던 모습이다. 그들은 어려웠던 시기에 가장 심하게 고초를 겪은 사람들이었다. 그 공급업자들 중 일부는 우리 본사였던 우울한 창고 건물에 무장경비를 세워야 할 만큼 당시 우리에게 격분했으나, 그날은 우리 고객의 자녀들을 위한 장학금의 후원자로 그곳에 있었다. 우리 '애슐리스튜어트 찾기'의 재원 마련과 프로젝트 성공에 힘써준 사람 중에는 내가 6학년 때 만난, (말하자면) 내 최초의 여자친구였던 캐롤린도 있었다. 우리는 홈쇼핑네트워크 CEO 덕분에 재회했는데, 캐롤린은 지금은 세계적 광고회사의 임원이었다. 우리가 속한 확장 생태계의 다른 많은 임원들처럼 캐롤린도 자기 회사의 복잡한 행정절차를 신속히 뚫고 우리에게 후원금을 제공해주었다. 내가 무대 왼편으로 입장하기 직전, 우리 점장들이 각자의 관점에서 우리의 변신을 이야기하는 영상이 나왔다. 영상은 이것은 당신의 이야기이고… 저의 이야기입니다라는 말로 시작했다. 저는 드디어 안전함을 느꼈습니다. 한 점장이 말했다. 그다음엔 차리가 등장해 이렇게 말했다. 그는 자신이 하겠다고 한 모든 것을 했어요.

내가 무대에 오를 때는 영화 〈록키Rocky〉 주제곡이 극장을 채웠다. 그리피스 선생님의 유치원 교실에 있었던 임시 무대가 아닌, 진짜 무대였다. 불과 몇 년 전만 해도 우리는 무일푼이었어. 나는 다시 생각했다. 그때는 와이파이도, 돈도, 희망도, 어떠한 영업권도 없었다. 관객은 자신들이 무엇을 느끼는지 몰랐을 수도 있지만, 나는 알았다. 그것은 만져질 듯 느껴졌다. 영감. 해방감. 긍정의 확언. 당신이 할 수 있다면 우리도 할 수 있다. 다음 순간, 극장에는 정적이 흘렀다.

가장 훌륭한 미국의 축소판인 관중 앞에서 나는 말했다. 우리가 해낸 일의 정신은 킹스 극장처럼 아름답고 경계 없는 무대를 누릴 자격이 있다고, 그리고 그 정신은 원래부터 있던 것이라고. 모든 사람처럼 애슐리도 자신을 믿어줄 친구들이 필요했을 뿐이다. 그런 다음 우리는 다정함과 수학을 통해 이미 있던 것의 봉인을 해제했다.

그들은 내게―우리에게!―기립박수를 보냈다. 나는 권투선수처럼 허공에 주먹을 먹였다. 다시금 가슴이 훈훈하게 아파왔다. 그리고 그 순간과 그 공간에서, 나는 잘한 일을 맘껏 자축해도 된다고 스스로 허락했다. 승리감이 밀려들었다.

◆◆◆

누군가 특별한 일을 하면 사람들은 그를 구석에 몰아넣고 심문한다. 그들은 초자연적 결과를 가져올 마법의 묘약을 찾는다. 하지만 지금쯤 모두가 알다시피 하나의 비책이나 마법의 지름길 같은 것은 어디에도 없다. 마법은 각자의 레모네이드 스탠드로 시작된다. 그것은 선한 의도, 불굴의 의지, 규율 있는 실행을 요한다. (좋고 나쁜) 인간 행동에 대한 자신의 직관을 의심하지 말아야 한다. 그리고 역사, 수학, 금융, 회계, 경제, 인지과학, 행동심리학, 법인법 같은 과목들의 기본 원리에 대한 체계적인 이해가 필요하다 (이 책의 내용은 좋은 시작점이 될 것이다). 마지막으로, 인위적 구속과 틀에서 벗어나 모순을 받아들이려는 의지가 필요하다. 진정한 자유는 역설적이게도 남들과의 유대, 그리고 자연과의 유대를 통해서만 일어난다. 과거를 이해하되 그 안에 갇히지 말아야 한다. 이를 아는 것이 중요하다. 미래는 끊임없이 진화하는 현재에 있다. 다정함이야말로 용기의 궁극적 형태다. 다정함은 꽤 수익성이 있다. 단순함에는 확장성이 있다.

하지만 단순함은 어렵다.

이쯤해서 내가 자주 받는 질문 중 하나에 답하고자 한다. 당신이 한 일 중 가장 중요한 한 가지는 무엇인가요? 내 대답은 간단하다. 애슐리스튜어트의 노래를 분명히 들은 것이죠. 나는 우선 그 노래를 듣는 데 열중했고, 그다음에는 애슐리스튜어트가 자기 노래를 부를 공간을 만들었다.

그녀의 노래. 나는 차리, 셸리, 지나, 타마라를 비롯한 우리 동료들과 고객들이 부르는 노래를 들었다. 그들은 거북한 상황이나 환영받지 못한다고 느끼는 곳에서도 여과 없이 노래할 만큼 나를 신뢰했다. 각각의 노래는 유일무이한 것이었지만, 전체적으로는 우리 엄마가 부엌 식탁이나 빨간 볼보 자동차 안에서 부르던 노래를 떠올리게 했다.

그런데 그 과정에서 재밌는 일이 일어났다. 경청하고 허락한 덕분에 내게도 보상이 생겼다. 내 노래를 더 잘 이해하게 된 것이다. 내 노래. 그것을 내게 허락해준 이들은 내 새로운 친구들이었다. 그들도 나를 경청했다. 음악은 내 삶에서 큰 부분이었고, 지금도 그렇다. 내가 정식으로 클래식 바이올린을 배웠고 고등학교 때 재즈 앙상블에서 노래한 전적이 있음을 기억하기 바란다. 하지만 나를 잘 아는 사람은 내가 강렬한 록도 소화한다는 것을 안다. 나는 〈본 투 런〉을 그저 흥얼대는 데 그치지 않고, 맘만 먹으면 제대로 열창할 수 있다. 그 제임스, 고래고래 록을 부르는 제임스는 칸막이 사무실, 스프레드시트, 법률 문서, 그리고 외부 기대의 무게 아래 묻혀 있었다. 하지만 내 안에 잠자고 있던 리더십 본능처럼 음악에 대한 사랑 또한 항상 거기에 있었다. 그 귀는 내가 소비자 브랜드에 투자할 때, 이사회실의 역학을 읽어낼 때, 기업실사에 임하는 임원의 답변에 숨어 있는 음색과 어조를 감지할 때, 내 판단과 직관의 길잡이 역할을 했다.

내가 좋아하는 명언 중에는 지적 계발에 대해 레오나르도 다빈치Leonardo da Vinci가 했던 말이 있다. 예술의 과학을 공부하라. 과학의 예술을 공부하라. 보는 법을 배우라. 모든 것이 다른 모든 것과 연결되어 있음을 깨달으라. 나는 이제야 그 말을 이해했다. 내게 필요한 것은 한 번의 넛지뿐이었다. 내게 필요한 것은 허락뿐이었다. 이 책이 독자에게도 같은 허락이 됐기를 바란다.

음악 용어에 대위법이라는 것이 있다. 두 개의 독립적인 멜로디를 함께 연주하는 것을 뜻한다. 두 멜로디 중 어느 것도 지배적이지 않고, 어느 것도 화음이 아니다. 각각은 단독으로 연주되어도 아름다운 멜로디다. 그러나 함께 연주될 때면 각각일 때의 두 멜로디보다 더 아름다운 제3의 멜로디가 탄생한다.

그럼 내가 잘했다고 생각하는 한 가지는 무엇일까? 언젠가 요요마는 이렇게 이야기한 적이 있다. 음악은 소리로 전달하는 아이디어, 생각, 감정, 그리고 공간구조라고. 나는 내가 애슐리스튜어트의 노래를 경청했고, 그다음엔 감정을 담아 그것을 불렀다고 생각한다. 그리고 그녀의 노래를 부를 때 내 노래를 발견했다. 두 노래는 함께 세 번째 노래를 만들어냈고, 그 세 번째 것은 애슐리 스튜어트라는 이름의 비즈니스를 구성하는 매일의 인적 교류에 의식적, 무의식적으로 내장되었다. 그리고 세상은 그 노래에서 진실을 들었고, 열정적으로 그것을 따라 부르기로 결정했다.

＋＋＋

〈아리랑〉은 한국의 비공식적 국가國歌라 할 수 있는 노래다. 이 노래는 600년 이상 된 것으로 추정된다. 많은 민요, 우화, 격언이 그렇듯 〈아리랑〉은 작곡가나 작사가가 미상이고, 연원 또한 불분명하다. 어떤 이들은 〈아리랑〉이 역경과 고난의 시기에 들판에서 피땀 흘려 일하는 농부들의 노동요였다고 믿는다. 가사는 단순하지만 그 의미에 대해서조차 의견이 분분하다. 그중 한 가지 해석에 따르면 이 노래는 비극적으로 작별한 두 연인에 대한 것이며, 남자가 사랑하는 여자에게 가려고 강을 건너다 죽는다는 내용이다. 어떤 의미를 부여하든 한 번 들으면 잊기 어려울 정도로 이 곡의 애절한 멜로디는 중요한 것을 전달한다. 이는 달콤쌉쌀한 역설을 노래한다. 즉, 이 노래는 이별과 만남, 고통과 희망, 투쟁과 결의의 곡이다.

실제 국가를 부르면 죽음을 각오해야 했던 일제 강점기의 한국인들에게 〈아리랑〉은 저항의 노래였다. 그리고 지금은 오래전 엄마의 아버지를 앗아간 전쟁 이후 여전히 분단되어 있는 남북한의 통일을 바라는 희망의 노래가 되었다.

부모님은 내가 어렸을 때 가끔 이 노래를 부르곤 했다. 특히 아버지는 대학 및 의대 동기들과 한국의 전통 증류주인 소주를 몇 잔 걸쳤을 때 그랬다. 〈아리랑〉이 최초 녹음된 곳은 한국이 아닌 워싱턴 D.C.라는 사실을 아버지는 몰랐을 것이다. 1896년 앨리스 플레처Alice Fletcher라는 민속학자는 한국인 학생 세 명이 부르는 〈아리랑〉을 녹음했다. 당시 그 학생들은 미국에서 가장 명망 있고 유서 깊으며 역사적 흑인 대학교인 하워드대학교에 재학 중이었다. 1867년 미국 의회헌장에 의해 설립된 첫날부터 이 대학교는 비종파적이었고, 모든 젠더와 인종에게 열려 있었다. 이 사실을 알고 나서 나는 미소를 참지 못했다.

이 책 초반에 나는 엄마아빠가 한두 박자 늦고 반 마디 처진 분들이었다고 썼다. 미스핏 토이즈와 애슐리스튜어트의 여성들도 주류에서 벗어나 있기는 마찬가지였다. 하지만 무엇에 비해 한두 박자 처졌다는 것일까? 무엇보다 반 박자 느리다는 것일까? 아마도 진짜 문제는 내가 그들의 노래가 누군가의 멜로디와 일치하기를 기대했던 것일지 모른다. 각자 가진 관점의 문제겠지만, 내 경우는 비교 없이 그저 들으며 그 노래들의 아름다움을 발견하는 법을 배웠다. 모든 노래가 다 함께 어우러질 때의 아름다움을.

# 10장

# 반향

공중 정지는 헬리콥터 조종에서 가장 어려운 기동이다.

어릴 적 우리 집은 나무에 둘러싸여 있었다. 지금도 쌀쌀한 밤 공기 속 귀뚜라미 소리를 들으면 여름의 끝과 새 학년의 시작이 떠오른다. 한국에서는 귀뚜라미와 더불어 잠자리가 가을을 대표하는 곤충이다. 문화적 존재감이 특히 강한 잠자리는 고추잠자리다. 가을에 몸이 한국 고추처럼 붉어지기 때문에 한국에서는 붉은 잠자리를 그렇게 부른다.

다른 잠자리들처럼 고추잠자리의 멋지고 극적인 모습도 잠깐이다. 고추잠자리는 유충으로 물에서 나와 변태를 완료한 지 몇 달 안에 죽는다. 세상에는 붉은 잠자리의 출현을 둘러싼 좋고 나쁜 미신이 존재한다. 어떤 이들은 붉은 잠자리를 상실, 죽음, 사랑, 변화에 대한 징조로 본다. 전 세계 여러 문화권에서 붉은 잠자리는 영적 변화, 용기, 풍요 등과 연관된다. 아버지가 어린 시절에 따라다니던 잠자리 중에는 고추잠자리가 있었을까? 가끔 궁금하다. 아버지에게 직접 물어볼 기회는 없었지만.

내가 애슐리스튜어트에 재직하는 동안의 매 가을은 몹시도 의미 깊었다. 지금 생각하면 기이할 정도다. 내가 처음 세카우커스에 도착한 것도 도시가 막 가을 찬바람에 떨기 시작한 때였다. 그해 가을에 회사는 죽다 살았다. 그때를 기념해 우리는 9월 허리케인 시즌 끝 무렵에 '애슐리스튜어트 찾기'의 연례 피날레를 개최했고, 상쾌한 가을 저녁이 우리에게 허락되기를 매해 기도했다. 그리고 아버지도 일흔다섯 번째로 가을 단풍을 보기 직전에 세상을 떴다. 가을은 언제나 나와 회사가 겪은 변화를 꾸준히 상기시켰다.

내가 애슐리스튜어트를 이끈 지 막 7년차로 접어들던 때였다. 여름이 끝나가고 있었고, 내 예기치 않았던 CEO 임기도 끝나가는 느낌이었다. 그럴 때도 되었다. 나는 회사가 나 없이도 항진할 준비가 되었음을 알고 있었다. 미국인들에게 여름의 끝을 알리는 노동절 연휴(미국 노동절은 9월 첫째 주 월요일임 - 옮긴이)에 나는 여동생 제니퍼의 집 뒷마당에 앉아 동생의 골든리트리버가 수영장에서 조카들과 헤엄치는 모습을 지켜보고 있었다. 나는 아이들을 지켜보면서 엄마도 주시했다. 엄마는 파티오의 긴 의자에 눕다시피 앉아 가끔씩 졸았다. 때로는 엄마의 손이 내려와 복부를 감쌌다. 엄마가 통증을 견디고 있는 것은 분명했지만, 엄마는 우리가 그것을 알아채거나 소란 피우기를 원치 않았다.

그 여름 내내 우리의 걱정거리는 엄마의 건강이었다. 엄마는 식욕을 잃었고, 소화장애로 고생했다. 그럼에도 의사들과 엄마는 크게 걱정하지 않는 듯했다. 그들은 별일 아닐 거라고, 달라진 혈압약의 영향이거나 식단, 혹은 유당 분해효소의 결핍 때문일 거라고 했다. 몇몇 수치가 걱정스럽긴 했으나, 검사 결과 중 결정적인 것은 없었다. 하지만 모두의 마음의 평화를 위해 엄마는 형 존이 사는 밀워키로 날아가 추가 검사를 받기로 했다. 그 늦여름 날, 우리 중 누구도 엄마가 4주 후에 돌아가실 줄은 알지 못했다.

릴라의 사고와 아버지의 마지막 날들에서 나는 교훈을 얻었다. 그래서 이번에는 여러 친구와 동료들에게 도움을 청하고 힘을 얻었다. 그렇긴 해도 이 서사에서 애슐리를 계속 전면과 중심에 두고, 그것을 내 개인 이야기로 만들지 않는 것이 중요했다. 4년 전 모두가 아버지의 장례식장을 찾아준 것은 감개무량했지만, 나는 내 가족을 우리 회사라는 뮤지컬 서사에서 제외시켰다. 〈하버드 비즈니스 리뷰〉의 기사를 쓸 때는 예외였으나, 그때도 아버지와 아버지가 내게 미친 영향을 짤막하게 언급한 정도였다.

하지만 인생에서의 공과 사는 얽히기 마련이다. 더구나 우리에게 인생은 한 번뿐이다. 그래서 나는 또 한 번의 예외를 만들지, 아니면 가정인 제임스와 직장인 제임스의 분리를 영구적으로 해제할지 고민했다. 엄마가 밀워키에서 검진을 받고 뉴저지로 돌아와 무사히 일상에 복귀할 거라는 가정하에, 나는 2주 후 토요일로 예정된 세 번째 연례 '애슐리스튜어트 찾기' 피날레에 엄마를 포함하는 것을 고려했다. 엄마가 무대에 깜짝 등장해 전국 대학과 대학교에서 모인 그해의 우승자들에게 장학금을 수여한다면 얼마나 멋질까? 얼마나 멋진 원점회귀가 될까? 나는 2년 전 내가 엔보그의 노래를 들었던 바로 그 자리에 엄마와 내가 나란히 앉아 있는 모습을 상상했다. 엄마의 얼굴이 만든 크고 따뜻한 미소, 엄마의 두 손이 표현하는 흥분이 머릿속에 그려졌다.

하지만 그 일은 끝내 일어나지 못했다.

◆ ◆ ◆

엄마는 밀워키에서 형의 가족과 일주일 정도 머물렀다. 엄마와 형 가족이 그 시간을 함께할 수 있어서 정말 다행이었다. 나는 형이 자신의 의료 공동체에서 그렇게 많은 호의를 쌓아왔다는 것에도 감격했다. 덕분에 엄마는 최고의 보살핌을 받았다. 침습적 검사(피부 절개나 체내장치 삽입이 필요한 규모의 시술 혹은 검사 - 옮긴이)가 잇따랐고, 마침내 검사 결과가 나왔다. 엄마는 췌장암 말기였다. 의사들은 엄마가 당장 입원해야 한다고 주장했다. 킹스 극장에서의 행사 다음 날 나는 밀워키로 날아갔다.

많이들 알다시피 췌장암은 진행이 빠르고, 통증이 크고, 치사율이 매우 높다. 진단이 내려졌을 때는 이미 손쓸 수 없이 늦은 단계일 때가 많다. 엄마의 경우에도 병이 많이 진행된 상태였고 예후 또한 좋지 않았다. 엄마의 수명을 6개월에서 1년 정도 연장할 수 있는 공격적 치료가 존재하긴 했지만, 그것은 환자를 고통스럽고 존엄성을 앗아가는 치료법이었다. 엄마는 간호사였고, 그래서 결정을 내리는 데 망설이지 않았다.

치료는 받지 않으련다. 때가 된 거야. 끝났어. 엄마의 결연한 목소리는 논쟁의 여지를 불허했다. 엄마가 이 말을 했을 때 엄마의 손이 고요히 정지되어 있던 것을 나는 영원히 잊지 못한다. 오랜 세월 말하고, 웃고, 반박하던 그 손은 이제 병원 침대에 누운 엄마의 무릎 위에 조그맣게 가만히 놓여 있었다. 엄마가 원하는 것은 뉴저지의 집으로 돌아가는 것뿐이었다.

하지만 비행기 여행조차도 엄마에겐 위험했다. 엄마의 의사들은 형과 내게, 고도 및 기압변화로 인한 잠재적 부작용 탓에 엄마가 그 여행에서 살아남지 못할 수도 있다고 경고했다. 병원을 떠나기 전에 나는 심폐소생술 거부 동의서에 증인으로 서명해달라는 요구를 받았다. 서명은 물론이고 그런 양식을 보는 것조차 내겐 처음 있는 일이었다. 휠체어에 앉은 엄마는 지시사항에 동의했고, 간호사들은 엄마 손목에 동의 내용이 신중히 작성된 종이 띠를 둘렀다.

뉴저지로 돌아가는 여행은 세세한 장면까지 영원히 내 기억에 남을 것이다. 엄마도 나도 감정을 누르지 못했다. 우리를 병원에서 공항까지 데려다준 여자 기사님의 넉넉한 마음을 절대 잊지 못한다. 그 누구도 아무 말을 하지 않았지만, 기사님은 그것이 엄마의 마지막 여행임을 직감한 듯했다. 나를 도와 엄마를 자리에 편안히 앉히고 안전벨트를 매어준 후, 그분은 몸을 돌려 갑자기 나를 따뜻하게 안아주었다. 내게 위로의 포옹이 절실해 보였음이 분명했다.

공항에 도착하고 보니 이용 가능한 휠체어를 찾을 수 없었다. "왜 미리 예약하지 않았나요?" 직원이 물었다. "어머니가 휠체어로 집에 가게 될 줄 몰랐으니까요." 내가 간청했다. 접수 카운터의 직원들은 사무적이고, 원칙을 칼같이 준수했다. 엄마는 죽어가는 사람이었지만 규칙은 규칙이었고, 시스템은 시스템이었다.

이런 대화가 오가던 중 나는 누군가의 시선을 느꼈다. 아무 방법도 없다고 내게 말하는 동료들을 유심히 지켜보고 있던 한 여성이 있었다. 그리고 그녀는 어느 순간 갑자기 움직이기 시작했다. 마치 아버지의 부고를 회사에 알린 지나와 장례식장에 동료들을 이끌고 나타났던 차리처럼 말이다. 그분은 현상을 받아들이는 대신 행동에 나섰다. 곧이어 휠체어 하나가 발견됐고, 5분 뒤 나는 엄마를 밀고 보안검색대를 통과한 뒤 긴 복도를 따라 탑승구로 향했다. 그 길에서 한 매점을 지날 때, 엄마는 두 개에 20달러인 목 쿠션을 가리키며 정말 싸다고 말했다. 나는 두 개를 샀다. 엄마 것으로는 파란색, 내 것은 회색으로. 우리는 목에 쿠션을 두르고 대기구역에 앉아 서로를 바라보며 탑승시각을 기다렸다.

병원의 경고 때문에 나는 끔찍이 마음을 졸였지만, 다행히 엄마는 비행시간 내내 잠들어 있었다. 다만 너무나 발이 부어버린 탓에, 뉴어크 공항에 도착했을 때 엄마는 다시 신발을 신을 수가 없었다.

우리는 수하물 콘베이어 벨트에서 우리 짐이 나오길 오랫동안 기다렸다. 엄마의 거대한 여행가방 두 개 중 하나에는 내가 네 살 때 엄마가 골라준 곰인형이 들어 있었다. 엄마가 그 곰인형의 귀를 잡고 매대에서 꺼내며 한국어로 이거, 마음에 드니?라고 묻던 모습은 지금도 눈에 선하다. 나는 그 곰에게 이름을 지어주지 않았다. 그것은 그저 테디베어일 뿐이었다. 엄마가 밀워키에서 검사받고 있다는 것을 알고 나서, 나는 그 테디베어를 형의 집으로 부쳤다. 어이없게 들리겠지만 그때는 달리 무엇을 해야 할지 알지 못했다. 소포를 받은 엄마는 내게 정확히 이런 문자를 보냈다. 네 곰? 이 곰을 보니 건강하고, 팔팔하고, 젊은 엄마였던 내가 기억난다. 생각해줘서 고맙다. 테디베어는 그 후 12일 동안 호스피스의 엄마 곁을 지켰다.

대형 SUV를 몰고 온 제니퍼가 공항 터미널 밖에서 우리를 맞았다. 우리는 함께 엄마를 조심스레 옮겨 뒷좌석에 태웠다. 성미 급한 경찰관들은 우리에게 빨리 차를 빼라고 고함쳤고, 오렌지색 조끼를 입은 교통관리원들은 팔을 휘두르며 호각을 불어댔다. 여동생과 나는 눈빛을 교환했다. 말이 필요 없었다. 동생과 엄마도 같은 눈빛을 주고받았다. 모두가 무슨 말이 오가고 있는지, 모두가 무슨 일이 생기고 있는지 알고 있었다. 우리는 엄마를 집에 데려가는 중이 아니었다. 눈치는 실재한다. 우리 가족은, 분명히 다른 많은 가족들처럼, 눈과 얼굴로 말을 대신해온 세월이 길었다.

◆ ◆ ◆

그래. 호스피스 센터의 병실에 들어가기 전, 엄마는 병실 문에 붙은 번호를 보고 낮은 소리로 말했다. 202호, 아버지가 돌아가신 바로 그 방이었다. 그래. 이 말은 맥락에 따라 여러 뜻을 갖는다. 단순히 동의를 의미할 때도 있지만, 당시 맥락에서 엄마의 그래는 그럼 할 수 없지에 가까웠다. 그것은 엄마의 항복 표현이었다.

그 후 엄마가 돌아가실 때까지 12일 동안 내가 엄마의 곁을 비운 것은 딱 두 번이었다. 빈 침상이 생기면 호스피스 간호사들이 말없이 내게 자리를 내주긴 했으나, 기본적으로 나는 리클라이너 의자에서 먹고 잤다. 엄마와 내 관계의 친밀성이 그동안 늘 암묵적이었다면 이제는 명시적으로 변했다. 나는 엄마의 하루하루를 관리하고, 엄마 친구들의 방문 일정을 잡았다. 그중에는 엄마가 몇 년이나 만나지 못했던 분들도 있었다. 많은 분들이 고급 양과자, 꽃다발, 정교하게 잘라 작은 포크를 꽂은 과일, 한국 특산물 등의 선물을 들고 등장했다. 어떤 분들은 집에서 만든 찌개나 국이 담긴 용기를 들고 왔다. 김치와 된장 향이 방 안에 퍼졌다. 냄새가 기가 막혔다. 자신들이 가져온 음식을 엄마가 못 먹는다는 점을 그들은 물론 알고 있었다. 다만 그저 엄마가 보살핌과 사랑을 느끼길 바랐던 것이다. 또한 그들은 그 음식을 내가 먹을 것이고, 그 모습이 엄마를 행복하게 만들어줄 것을 알고 있었다. 정, 사람과 사람 사이의 연결. 떠나기 전에 심지어 어떤 분들은 예전에 엄마가 그랬던 것처럼 내 뺨을 어루만지며 한국어로 아이구, 너무 말랐다라고 했다. 이 말은 대체로 이런 뜻이었다. 이런, 걱정하느라 얼굴이 홀쭉해졌구나.

엄마의 새로운 친구들도 병문안을 왔다. 아버지가 돌아가시고 4년 만에 엄마는 평생의 역할이었던 아내와 전업주부에서 은퇴했다. 요리도 그만두었다. 엄마 말에 따르면 엄마는 내가 엄마 집에 갈 때에만 무기고를 열어 조리기구를 꺼냈다. 그중에는 엄마가 애용하던, 지금은 메그가 물려받아 쓰고 있는 부엌 가위도 있었다. 이후 걷기 모임에 가입하고 취미 활동을 시작하면서, 엄마는 그동안 병든 남편을 돌보느라 멀어졌던 세상에 다시 합류했다. 엄마의 삶도, 엄마의 친구들도 달라졌다. 엄마는 지역사회의 원로이자 존경받는 연장자로 지냈다. 엄마의 근황을 들을 때면 제니퍼와 나는 엑셀 초급반 같은 수업에 등록하는 엄마의 독립심과 의지에 감탄했다. 아버지가 돌아가신 후 엄마가 자기 자리를 찾는 데는 시간이 좀 걸렸다. 엄마는 새로운 균형을 만들 공간과 시간을 필요로 했다. 그리고 결국 내면 깊이 손을 뻗어 '화자'의 정체성을 찾았다. 엄마도 아니고, 필리스도 아니고, 마틸다도 아닌 화자. 엄마의 이름은 화자였다.

엄마의 옛 친구들과 새 친구들이 방문하는 사이사이의 시간도 우리는 바쁘게 보냈다. 대개는 수다를 떨고 지난 사진을 보았지만, 오래된 DVD 플레이어를 병실의 작은 TV에 연결해 우리 가족이 함께 본 적 있는 옛날 영화들도 다시 보았다. 〈하이 눈〉과 〈왕과 나 The King and I〉, 그리고 매년 추수감사절에 온 식구가 봤던 〈사운드 오브 뮤직 The Sound of Music〉도 당연히. 엄마아빠는 이 영화에 나오는 노래 〈에델바이스 Edelweiss〉를 좋아했다. 고국에 대한 그리움을 담은 가사, 산꼭대기에서 피는 작지만 강하고 아름다운 꽃의 이미지 때문이었다. 병실에서 함께 영화를 보다가 낮잠이 들었을 때, 나는 엄마가 내 어깨를 쿡 찌르는 바람에 깜짝 놀라 깼다. TV 화면을 가리키며 엄마는 영화 속 폰 트랩 가문의 남매 중 다섯째인 브리지타가 내 딸 그레일린과 닮았다고 말했다.

우리는 또한 꽤 많은 시간을 말없이 보내기도 했다. 그런 시간은 특히나 엄마의 목소리가 약해지면서 점차 늘어갔다. 역설적이게도 엄마의 손과 눈과 입의 미세한 움직임은 내가 평생 다른 모두와 언어로 나눈 대화들보다 내게 더 많은 말을 했다. 그 12일 동안 말은, 그저 존재를 공유하는 행위에 비하면 무의미하게 느껴졌다. 삶에 대한 내 관점은 그 침묵 속에서 내가 전혀 예상치 못한 방식으로 모아졌다. 흩어져 있던 내 정체성의 조각들은 점차 하나로 합쳐지고 거기엔 의미가 맺히기 시작했다. 그것은 나 자신과라기보다는, 내 엄마가 진정 누구인지에 대한 나의 이해가 커진 것과 상관있었다.

◆ ◆ ◆

우리가 호스피스에서 지낸 지도 며칠이 흘렀다. 간호사들은 제니퍼와 내게, 마지막 준비를 위해 엄마를 모시고 아파트에 다녀오라고 했다. 다만 왕복 시간을 포함해 두 시간이라는 제한이 있었다.

엄마는 분명하고 담담했다. 엄마는 당신의 수의로 쓸 한복을 골랐고, 옷고름 매는 법을 우리에게 가르쳐주었다. 더불어 당신의 소장품이 보관된 서랍, 캐비닛, 한국 장식장을 여는 비밀번호와 열쇠도 알려주었다. 우리는 엄마에게 친구들, 또는 살아 계신 형제자매에게 남기고 싶은 가치나 의미 있는 물건이 있는지 물었다. 한 사람의 인생을 최종정리하기 위해 우리에게 주어진 시간은 고작 40분이었고, 그중 우리가 금전적·물리적 자산에 대해 이야기한 시간은 채 5분도 되지 않았다. 놀라운가? 심지어 그 몇 가지 품목들조차 대개는 한 손바닥에 들어갈 정도로 작았다.

아파트를 떠날 때 나는 엄마와 나, 우리 가족의 과거가 있는 시간의 문이 닫히는 것을 느꼈다. 물론 우리의 유산이 사라질 위험에 처한 것은 아니었다. 하지만 한국, 부모 세대, 그리고 내 어린 시절과의 직접적이고 근접한 연결은 어쨌거나 이제 끊어지고 있었다. 엄마가 병실을 찾아온 친구들을 맞이하고 작별인사를 나누는 모습을 볼 때에도 같은 기분이었다. 내 부모님은 미국에 아무런 연고가 없었고, 그래서 우리 삼남매에겐 이민 1세대 한인들이 대리 이모와 대리 삼촌 역할을 해주었다. 하지만 이제 그들 또한 과거가 될 날이 머지않았다. 엄마의 친구들은 우리에게 엄마의 추도식에서 다시 만나자고 약속했고, 우리도 장차 그들의 장례식에 참석하겠노라 약속했다. 그렇게 해서 과거를 붙잡고 싶었고, 부모님이 했을 일을 대신하고 싶었다.

엄마의 휠체어를 다시 차로 밀고 가던 중, 갑자기 엄마가 잠시 멈춰달라고 했다. 엄마는 아파트 밖 경치를, 아스팔트 도로로 둘러싸인 드넓은 인공연못을 마지막으로 보고 싶어 했다. 그런 뒤 엄마는 또 다시 그래라고 말했다. 얼마 전 그 말을 했을 때보다 한층 확고하게. 나는 엄마에 대한 경외감이 들었다. 엄마는 확신 있게 항복하고 있었고, 엄마의 그 결연한 체념은 내게 존경과 두려움을 동시에 불러일으켰다. 엄마는 한동안 풍경을 눈에 담았고, 그런 다음 우리는 다시 차에 올랐다.

호스피스로 돌아가는 길에 여동생이 속 깊은 제안을 했다. 맥도날드에 들러 점심을 사는 게 어때? 드라이브 스루에서 나는 엄마 것으로 필레오피시 샌드위치를, 내 것으로 치즈버거를 주문했다. 옛날을 추억하는 의미였다. 엄마는 이전 며칠 동안 음식을 거의 먹지 않았지만, 나중에는 침대에서 일어나 앉아 필레오피시를 3분의 1쯤 먹었다. 엄마의 눈이 반짝였다. 샌드위치가 맛있어서? 라서? 아니면 엄마는 그저 좋은 기억이 떠올랐을지, 또 제니퍼와 나를 기쁘게 해주려고 먹은 걸까? 지금은 알 길이 없다. 어쨌거나 나는 옛날에 하곤 했던 농담을 다시 꺼냈다. "엄마든 누구든 하필 필레오피시를 고르는 이유는 대체 뭘까? 난 아직도 모르겠어."
우리는 눈물을 글썽이며 웃었다.

그날이 기억에 남는 이유가 또 있다. 제니퍼 때문이다. 내 여동생을 바라보는 내 관점은 그날 바뀌었다. 우리 성장기의 제니퍼는 막내 여동생 그 자체였다. 제니퍼는 나보다 다섯 살 아래다. 그래서인지 그녀가 어른으로서 자기 몫의 공을 쌓고 있던 때조차도, 나는 제니퍼를 생각할 때면 양배추 인형을 안고 있는 꼬맹이부터 떠올랐다. 하지만 지금의 그녀는 그저 내 막냇동생이 아니었다. 제니퍼는 뚝심 있는 리더였고, 놀라운 능력자였다. 제니퍼가 해낸 많은 일을 생각하면 더 그랬다. 제니퍼는 불과 4년 전에 아버지를 잃었고, 이제는 죽어가는 엄마를 돌보고 있었다. 그 와중에 자신의 삶, 남편, 두 자녀, 두 마리의 개, 조기교육 분야에서 새롭게 시작한 직업적 도전에 이르기까지 여러 개의 공을 한꺼번에 돌리고 있었다. 내 동생은 우리 할머니와 비교해도 막상막하야. 나는 생각했다. 제니퍼가 없었다면 나는 우리가 겪고 있던 일을 헤쳐 나가지 못했을 것이다. 제니퍼의 재발견은 변화의 씨앗을 심었고, 이는 훨씬 더 넓은 시각으로 이어졌다.

◆ ◆ ◆

앞서 언급했듯 엄마가 호스피스에 있던 12일 동안 내가 시설 밖으로 나간 것은 딱 두 번이었다. 첫 번째는 주 부지사와 함께 하는 좌담회에 참석하기 위해서였다. 좌담회는 뉴저지주가 처음 개최하는 서밋의 개막 행사였다. 이 서밋은 여성, LGBTQ를 포함한 소수자, 재향군인이 운영하는 사업체들을 10억 달러 규모의 공공 및 민간 부문 수주 기회들과 연결하기 위한 것이었다. 좌담회에서 부지사는 내게 공공 부문이 민간 부문을 돕기 위해 무엇을 할 수 있을지 물었다. 짐작컨대 세금 감면 같은 전형적이고 근시안적인 답변을 기대한 질문이었다. 그래서인지, 뉴저지주가 공교육 시스템에 집중해줄 수 있을지를 내가 정중히 물었을 때 부지사와 청중 모두는 허를 찔린 듯했다. 정보력을 갖추고 주도권을 행사할 준비가 된 시민이 민간 부문의 혁신을 추동할 것이라는 데 의심의 여지가 있을까? 이렇게 간단한 해결책이 있는데, 우리 중 누구도 인류와 이 나라에 최대의 결실을 가져올 이 한 가지 방법에 투자할 인내심과 의지가 없다는 것이 안타까울 따름이다.

내가 두 번째로 호스피스를 떠난 날은 재러드의 생일이었다.

엄마의 상태와 내 주의분산 때문에 나는 거의 한 달이나 메그와 아이들에게 신경을 못 쓰고 있었다. 이번 생일은 재러드가 열여섯 살이 되는, 큰 의미를 갖는 날이었다. 하지만 나는 엄마 곁을 비울 생각에 괴로웠고, 엄마도 내가 없으면 불안해할 것이 분명했다. 호스피스 간호사들이 허락하지 않았다면 나는 집에 갈 생각조차 하지 않았을 것이다. 간호사들은 엄마의 산소 수치가 약간 떨어지긴 했으나 임종이 임박한 상태는 아니라고 했다. 또한 형이 그날 저녁 비행기로 올 예정이었고, 제니퍼가 오전 나절부터 아이들 하고 전까지 병실에서 엄마와 함께 있기로 했다. 제니퍼의 딸, 그러니까 내 조카는 외할머니가 좋아하는 미역국을 준비하고 있었다. 미역은 한국에서 즐겨 먹는 식용 해초 중 하나다. 엄마는 한국 전통대로 우리 식구들의 생일 때마다 잊지 않고 미역국을 끓여주었다.

해 뜨기 전 내가 24시간 동안의 외출을 준비하고 있을 때, 엄마는 내가 영원히 잊지 못할 두 가지 말을 해주었다.

첫 번째 말은 이것이었다. "누가 뭐래도 엄마는 알고 있었어. 네가 항상, 100퍼센트 엄마 편이라는 걸." 엄마의 목소리는 작게 갈라졌다. "너는 언제나 내 편이었어." 엄마가 속삭였다. 엄마는 메그가 마지막 인사를 왔을 때도 그녀에게 비슷한 말을 했다. 메그, 난 항상 너를 믿었어. 엄마는 메그의 어깨를 토닥이며 말했다.

그간 엄마와 내 관계에는 기복이 많았다. 엄마는 예전부터 툭하면 내 뒤통수를 때리며 내 흉을 늘어놓았고, 실은 꽤 최근에도 그랬던 적이 있다. 꺼내놓자면 좀 긴 이야기다. 엄마가 밀워키로 검사받으러 가기 전에 제니퍼와 나는 계획에 없던 일정을 추가했다. 일종의 예방책 삼아, 엄마의 신부님을 찾아가 종부성사와 장례식에 대해 물어보는 일이었다. 신부님 면담을 갔던 그때 나는 오렌지색 뉴욕 메츠 티셔츠와 반바지를 입고 있었는데, 면담 전후로 엄마는 창피하고 못마땅한 눈초리로 내 옷차림을 훑었다. 심지어 '거물' 아들의 너절한 행색에 대해 신부님에게 사과까지 했다. 그것이 전형적인 우리 엄마였다. 그리고 굳이 말하자면 엄마의 그 점은 나를 찌증나게 했다. 내 선택을 두고 엄마가 주도권을 지나치게 행사할 때마다 나는 부아가 났다. 하지만 대개는 엄마 말이 옳았다. 중요한 문제에 있어서는 특히나.

내가 영원히 잊지 못할, 엄마의 두 번째 말은 내가 엄마를 부축해 욕실로 갈 때 들었다. "슬프다."

"뭐가 슬프세요?" 내가 물었다.

"네가 없으면 나는 아무것도 아니야." 아무것도에 힘이 들어가 있었다. 이 말이 내 가슴에 비수처럼 꽂혔다.

나는 아무것도 아니야. 내가 그 말을 무해하게 해석할 방법은 무척 많았다. 처음에는 내가 옆에 있는 덕에 호스피스 간호사들이 엄마에게 신경을 더 써준다는 뜻이라 여겼다. 혹은 내가 엄마를 최대한 편하게 해주려고 했던 작은 일들에 대한 언급일 가능성도 있었다. 이를테면 진저에일을 다시 따라준 일, 엄마를 휠체어에 태워 짧게 병원 마당 유람에 나선 일, 엄마와 함께 볼 영화들을 뽑은 일 등. 하지만 그런 해석들은 내 흉곽 뒤에서 숨통을 누르는 익숙한 고통에 맥을 추지 못했다. 답답해. 그것은 가슴을 죄는 좌절감이었다.

그 말은 내 속에 잠자던 가장 큰 두려움을 깨웠다. 남편과 자녀들을 위해 엄마는 자기 정체성과 삶의 소유권을 희생했으며, 엄마의 삶은 주로 세 자녀를 통해 영위됐다는 두려운 인식. 물론 부모는 자식이 자랑스럽기 마련이지만, 자식에 대한 이민자 부모의 자부심과 투자는 유난히 극단적일 때가 많다. 대개의 한인 엄마들은 자신을 자기 이름 대신 '제임스 엄마'와 같은 식으로 지칭하곤 한다.

내가 때로 걱정했던 것은, 우리 엄마의 경우는 그 이상이라는 점이었다. 즉, 엄마는 자기정체성이 없이 자신을 자식과 동일시했다. 엄마는 엄마 자신이야. 내가 엄마에게 이 말을 한 것도 그간여러 번이었다.

나는 무거운 마음으로 보스턴을 향해 차를 몰았다. 다섯 시간의 운전 끝에 집에 도착하자마자 나는 딸 그레일린과 함께 생일 파티 경품을 사러 다시 나갔다. 우리가 자지레한 물건들을 한 아름씩 들고 계산대에 있을 때 내 휴대전화가 울렸다. 제니퍼였다. 간호사들에 따르면 엄마가 '무반응' 상태에 빠졌다는 연락이었다. 나는 그레일린을 집에 데려다주고 재러드에게 양해와 용서를 구한 뒤 다시 차를 달려 기록적인 시간 안에 뉴저지로 돌아갔다.

늦은 저녁에 도착하니 형 존이 엄마의 병상 옆에 앉아 있었다. 나는 엄마를 내려다보며 소리 높여 말했다. "엄마, 나 돌아왔어요. 나예요, 제임스. 나 여기 있어요." 엄마의 눈이 열렸다. 우리는 몇 초간 눈을 맞췄다. 그러다 엄마의 눈이 다시 감겼다. 나중에 호스피스 간호사들은 엄마가 반응했다는 것이 믿기지 않는다고 했다. 하지만 동시에 못 믿을 일도 아니라고 했다.

다음 몇 시간 동안 형과 여동생과 나는 엄마 침대에 둘러앉아 말을 하고, 엄마 손을 잡고, 지난 이야기를 했다. 시간이 흘렀다. 고맙게도 형은 자기가 밤새 엄마 곁을 지키겠으니 우리는 제니퍼

네로 잠시 돌아가 제대로 쉬고 오라고 했다. 우리는 형의 제안에 감사하며 제니퍼의 집으로 향했다. 우리가 소파에 앉은 지 몇 분 되지 않아 제니퍼의 휴대전화가 울렸다. 형이었다. 끝이었다.

호스피스 간호사들이 하는 말이 있다. 때로 임종을 앞둔 환자에게 자신의 죽음을 직접 계획하려는 의지가 살아난다. 나는 그것이 엄마에게 일어난 일이라고 믿었다. 엄마는 눈으로나마 마지막 작별인사를 하려고 내가 돌아오길 기다렸다. 그런 다음, 엄마는 미지의 세계로 용감하게 투항했다.

◆ ◆ ◆

앞서 나는 호스피스에서 보낸 12일 동안 내 삶이 하나로 모아졌다고, 또 그 흩어지고 부서진 조각들을 마침내 모으고, 합치고, 이해하게 됐다고 말한 바 있다. 이는 사건보다는 관점에 대한 것이었다. 엄마와 대화를 나누면서 나는 그동안 내가 얼마나 많은 것들을 완전히 잘못 알고 있었는지 깨달았다.

우리 관계에서 강한 사람은 내가 아니었다. 엄마였다. 엄마는 잘나가는 금융인 아들의 보호가 필요치 않은 사람이었다. 엄마는 전쟁의 아픔과 외할아버지의 실종을 견뎌냈다. 엄마의 인생이라는 체스게임, 외할머니가 시작한 그 게임에서 내가 얼마나 작은 말에 불과했는지 깨닫고 나는 소리 내어 웃었다. 네가 없으면 나는 아무것도 아니야. 엄마는 이렇게 말했지만 실은 그 반대가 아니었을까? 어쩌면 두 가지 다 사실일 수도 있겠다.

엄마가 돌아가시기 며칠 전, 사촌누나 둘이 마지막 인사를 하러 병실에 왔다(한국어의 누나는 남자가 손위 여성 친척 혹은 여성 친구를 높여 부르는 아름다운 호칭이다). 그들을 배웅하러 나가던 길에 나는 갑자기 눈물이 터졌다. "앞으로 어떡해야 할지 모르겠어." 내가 불쑥 말했다. 그러고선 깜짝 놀랐다. 그전까지 해본 적 없는, 그리고 그 이후로 한 번도 한 적 없는 말이었다. 아무리 어려운 상황에서도 나는 항상 본능적으로 어떻게 해야 할지 알았다. 불확실성을 즐기고, 변화를 유도해 그것에 투자하는 것을 업으로 삼아온 게 나란 사람이었다. 그럼에도 그 순간 나는 완전히 길을 잃어버렸고, 위로받을 길도 없었다.

그 한복판에서 나는 그동안 내가 간과했던 숨은 진실들, 중대한 진실들, 내가 내 삶에 투입하는 역량과 권한의 바탕을 이루는 진실들을 깨달았다.

첫 번째 깨달음은 내 안에 엄마와 할머니가 있다는 것이었다. 나는 그들의 사랑, 관대함, 지식, 성품, 강인함, 품위, 끈기, 그리고 다정함의 직접적 수혜자였다. 이 모든 자질들은 세 세대와 두 대륙에 걸쳐 조용히 축적됐다. 열린 피드백 루프를 타고 돈이 복리 성장하며 기하급수적으로 늘어나는 방식과 다르지 않았다. 하지만 더 중요한 것은 그들이 투자한 다정함이 긍정적 외부효과를 창출했으며, 그 혜택과 영향이 나를 넘어 멀리 퍼졌다는 것이다. 나는 그분들을 대신하는 확산의 매개체에 불과했다. 애슐리스튜어트에 도착하고 나서 4개월 뒤 나는 브루클린 YWCA에서 그들의 투자를 증폭했고, 2주 전 우리의 최근 장학금 수상자들이 킹스 극장 무대에 올랐을 때도 같은 일을 했다. 그들의 호의는 내가 동료들과 함께한 모든 대화와 식사를 통해 미국 전역의 매장들에 도입되고 섞여들었다. 엄마는 임종 일주일 전 메그가 아이들을 데리고 작별인사를 하러 왔을 때, 내 아이들에게 마지막 '계좌이체'를 했다. 아이들이 병실을 막 나섰을 때 엄마는 그들을 다시 불러들였고, 지인들이 가져온 별식을 모두 챙겨 가라고 말했다. 아깝잖니. 엄마가 말했다. 엄마는 좋은 것들이, 정이 담긴 선물들이 낭비되는 것을 원치 않았고, 그 마음을 이 한국어 단어로 표현했다. 지금까지도 내 아이들은 당시 엄마가 보여준 침착성에 감탄한다.

두 번째, 그리고 더욱 결정적인 깨달음은 이것이었다. 나는 엄마의 강인함, 그리고 자신이 어떤 사람이며 자신에게 중요한 것이 무엇인지에 대한 엄마의 자기확신을 심각하게 과소평가했다는 것. 남편이 실종된 후 사탕장수 등 여러 허드렛일을 하며 네 아이를 먹여 살린 할머니처럼, 엄마도 불굴의 의지를 보여주었다.

나는 철물점에서 있었던 일을 떠올렸다. 엄마가 녹 방지 스프레이를 영어로 말하지 못해 쩔쩔매자 점원이 엄마에게 고함쳤던 그 일을 떠올렸다. 그날 엄마가 차 안에서 울었던 것은 사실이다. 하지만 엄마의 그 눈물에는 서러움과 좌절뿐 아니라 분노도 담겨 있었다. 아들이 엄마를 위해 그 상황에 개입했다는 점은 분명 뿌듯했겠지만, 사실 엄마에게는 자기 싸움을 스스로 할 역량이 충분했다.

엄마는 일상에서 겪는 잡다한 수모와 모욕이 절대 자신을 규정하도록 놔두지 않았다. 설사 그 순간에야 상처받았을지 몰라도 엄마는 끝내 자신이 누구인지 잊지 않았고, 자신이 가진 힘과 용기, 능력을 의심하지 않았다. 이를 내가 잘 아는 이유는, 엄마가 삶의 마지막 몇 년간 자신의 정체성과 결단성을 거듭 보여준 덕분이다. 나약함이라고 내가 착각했던 많은 것들은 사실상 믿기 힘든 강인함의 발로였다. 내가 부채로 인식했던 것들은 알고 보니 엄마의 최대 자산이었다.

엄마가 눈감기 전에 나는 엄마의 많은 업적을 제대로 상기시켜 줄 필요를 느꼈다. 아버지와 함께 엄마는 세 자녀에게 빚 없이 대학을 졸업하는 선물을 주었다. 점점 더 살벌해지는 의료업 경쟁에 치여 아빠의 작은 소아과가 휘청대자 엄마가 어떻게 했던가? 전업주부로 산 지 거의 25년 만에 간호사 자격증을 다시 취득했다. 이는 엄마가 복잡한 의학용어를 자신에게 제2언어인 영어로 다시 배우고 외웠다는 뜻이다(심지어 영어가 모국어인 나조차도 엄마 교재는 절반을 채 이해하지 못했다). 엄마는 병든 한국전쟁 참전용사들을 10년 넘도록 묵묵히 돌보았고, 그 일에 엄청난 긍지를 느꼈다. 엄마가 그 일을 오래한 덕분에 엄마아빠는 뉴욕주 연금 및 의료보험 혜택의 수령 자격을 얻었다. 의료보험을 확보했을 뿐 아니라 엄마는 아버지가 세상을 뜨는 날까지 무려 15년 동안 아버지를 홀로 불평 없이, 사랑을 다해 간호했다. 그 와중에도 엄마는 아쉬울 때를 대비한 약간의 가욋돈, 즉 용돈을 아들 몰래 아들의 재킷 주머니에 슬쩍 넣는 것을 잊지 않았다.

내가 이 모든 것을 상기시켜주자 엄마는 눈을 들어 나를 보았다. 강철처럼 강한 눈빛이었다. 엄마 입가에는 희미한 미소가 떠 있었다. 그래? 그 말에는 은근한 야유가 담겨 있었다. 다시 말하지만 이 한국어 단어의 해석에는 맥락이 중요한 역할을 한다. 이 맥락에서 엄마는 정말로 의도했던 말은 그럼 그렇지. 너 정말 나를 대충 봤구나?였다. 나는 그저 눈을 내리깔 뿐이었다.

그것은 내게 있어 또 한 번 각성하는 순간, 즉 엄마는 항상 자신만의 기준으로 인생을 측정해왔다는 것을 깨닫는 순간이었다. 엄마는 자신이 버는 액수로 인생을 판단하지 않았고, GDP를 포함해 내가 아이비리그와 월스트리트에서 배운 척도들로 인생을 보지 않았으며, 그런 것들을 위해 자신의 핵심 원칙을 포기하지 않았다. 엄마는 법적 실체나 부조리한 규칙 뒤에 숨은 채로 남에게 해가 될 행동을 정당화하지 않았고, 사람들이 모두 경제적 존재이자 합리적 행위자라는 잘못된 가정하에서 행동하지 않았다. 뇌과학자들이 이미 아는 것, 즉 인간은 선천적으로 감정적이라는 사실을 엄마는 직관적으로 알고 있었다. 그리고 우리 모두가 직관적으로 아는 당위에 따라 당신의 삶을 평가했다. 어떻게에 근거해서 말이다. 엄마는 큰 유리잔에 얼음물을 담아 잔디 깎는 사람들에게 날라주고, 핼러윈에 동네 아이들에게 대형 초콜릿바를 나눠주는 아줌마이기를 결코 멈추지 않았다. 이 제스처들은 작았지만 오랜 세월에 걸쳐 쌓였고, 평생의 일관성 속에서 제 무게를 더해갔다.

엄마는 생색나는 금전적 기부 없이도 지속적 가치를 창출하고 유산을 지켰으며, 명문대의 법학이나 경영학 학위 없이도 오너처럼 행동했고, 좋은 친구가 되었고, 좋은 멘토로 살았다. 엄마의 삶은 엄청난 가치를 창출했다. 투자은행의 교육 매뉴얼이나 신고전파 경제학 교과서는 내 말에 동의하지 않겠지만, 틀린 쪽은 그들이다.

하지만 만약 엄마가 돈에 대해 더 많이 알았다면 어땠을까? 엄마가 내게 자신의 재정을 '맡겼다면'? 엄마가 내 듀크 로스쿨 수업을 들을 수 있었다면? 그래서 시스템 작동 방식을 보다 면밀히 이해했다면 어땠을까? 당연히 내게 이런 아쉬움들이 남았다(여러 면에서 이것이 내가 이 책을 쓴 이유이기도 하다). 엄마가 돌아가신 뒤 남아 있는 엄마의 서류를 검토하다가 나는 엄마의 거래 증권사가 저지른 괘씸한 일 하나를 알게 되었다. 불법은 아니었지만 개탄스런 행태였다. 이 업계에서 쓰는 용어 중에는 과당매매churning 라는 것이 있는데, 이는 수수료를 벌기 위해 증권사가 과하게 많은 증권을 거래하는 것을 뜻한다. 고위험 주식과 부동산 펀드의 경우 수수료 수준이 특히 높다. 나는 해당 증권사에 전화를 걸어 엄마 계좌에 발생한 과다매매를 지적하며 투자 경험이 거의 없는 팔순 가까운 사람에게 고위험 펀드를 권한 것이 과연 적절한 일이었는지 의문을 제기했다. 그들은 이렇게 말했다. 하지만 제임스, 이쪽 업계가 어떻게 돌아가는지에 대해선 누구보다 잘 알고 계시잖아요. 마치 그 말이 상황을 정당화한다는 듯이.

요즘 나는 멋진 강당이나 기업 회의실에서 리더십을 주제로 강연할 때 엄마 이야기를 자주 꺼낸다. 그리고 차리 같은 여성들의 예를 든다. 엄마는 훌륭한 리더였을까? 다른 이들에게 공간을 내주고, 필요할 때 일부러 슬쩍 밀어주며 그들이 그 공간을 소유하게끔 유도하는 사람이 리더가 아니라면 누가 리더이겠는가? 리더는 지휘자다. 사람들로 하여금 그들의 노래를 부르게 해주는 동시에 각자의 노래가 전체 코러스를 강화하는지 유심히 듣는 사람이다. 리더는 남들에게 두려움을 통해서가 아니라 자아실현의 동기를 부여함으로써 책임감을 창출한다. 리더는 전문용어나 인사부 뒤에 숨지 않는다. 리더는 수학과 측정의 차이를 안다. 리더는 자신과 동료들과의 보수 격차에 대해 고민한다. 그리고 그 격차의 일부가 전적으로 정당하다는 것은 알지만, 소득과 부의 불평등 문제를 완화하기 위해 진지하게 노력한다. 리더십은 모두가 참여하고 누구도 소외되지 않는 이야기이고, 산책이며, 집단적 대화다. 리더는 자신의 진정한 부가가치, 즉 진정한 알파는 분기별이 아니라 수년, 수십 년, 심지어 수 세대에 걸쳐 평가된다는 것을 안다. 리더는 공을 탐하는 대신 꾸준히 실행한다. 말로만 그치지 않고 실제 행동으로 한다. 그것도 억척같이. 이 모두를 이해하는 리더는 위대한 리더이며, 위대한 리더는 다정하다.

마지막으로, 위대한 리더는 패배를 받아들일 때를 안다. 엄마는 이를 몸소 보여주었다. 엄마는 두려움 없이 죽음을 받아들였다. 그때 나는 알지 못했다. 엄마의 그 결정이 엄마가 이미 오래전 내린 결정의 프랙털에 불과했다는 것을.

내가 어릴 때 우리 가족은 매년 주립공원으로 소풍을 갔다. 미국으로 이주한 부모님의 고등학교와 대학교 동창 가족들과 종일 함께하는 행사였다. 우리는 대형 푸드 쿨러를 공용 바비큐 그릴로 줄지어 날랐고, 늦은 오후까지 이어지는 점심식사 후에는 다양한 야외 게임을 즐겼다.

어느 날이었다. 열두어 팀이 이어달리기를 위해 늘어섰는데, 어찌어찌해서 엄마가 우리 팀의 마지막 주자가 되었다. 호각이 울렸고, 다들 뛰기 시작했다. 엄마가 바통을 받았을 때 우리 팀은 2등으로 달리고 있었다. 하지만 앞선 팀의 마지막 주자는 어린 소년이었기에 우리가 분명 승리할 것으로 보였다. 이전 주자로부터 바통을 건네받은 그 소년은 이길 수 없는 것이 예상 가능한 경주에서 비롯된 압박감 탓에 제대로 뛰지 못했다. 그래서 엄마는 속도를 늦췄다. 소년이 엄마와의 거리를 벌리고 결국 경주에서 승리할 때까지.

집으로 돌아가는 차 뒷자리에서 나는 심통이 난 나머지 엄마에게 따졌다. "왜 그렇게 경주를 망친 거야?"

나를 돌아본 엄마가 단호한 어조로 말했다. "제임스, 야, 너는 정말로 다 큰 엄마가 그 애를 앞질러서 이기기를 바란 거야? 네가 엄마한테 바라는 게 그런 거니?"

야. 이 한국어 단어는 연장자들이 아랫사람을 혼내거나 면박 줄 때 쓰는 엄한 호령이었다. "조금은 그랬어." 나는 가죽 시트에 대고 웅얼거렸다.

엄마의 말은 최선을 다하지 말라는 뜻이 아니라, '그저' 이기는 자체가 전부는 아니라는 뜻이었다. 엄마는 장기전에서 승리하는 데 중점을 두었다. 그날, 그리고 그 이후로도 무수히 엄마는 아들에게 귀중한 교훈을 가르쳐주었다. 그리고 결국 그 교훈들은 진정으로 자격 있는 여성들이 세상에 자신들의 잠재력을 내보이도록 내가 돕는 일에 쓰였다.

엄마는 내가 애슐리스튜어트에서 하는 일의 본질을 이해했고, 제대로 알고 있었다. 나는 그 사실을 아버지의 경야에서 깨달았다. 이 여성들은 나네, 그렇지? 맞아요, 엄마. 그 후 엄마는 내가 출연하는 모든 팟캐스트와 인터뷰를 빠짐없이 챙겨 들었다. 엄마는 내가 당신으로부터 받은 영향을 언급할 때마다 울었다 했고, 내가 결국 아빠의 조언을 이해한 것을 자랑스러워했다. 남들이 너의 성공을 진정으로 기뻐하지 않는다면 그건 결코 진짜 성공이라고 할 수 없단다.

부모님이 들려주던 한국 전래동화 중 하나가 생각난다. 주로 우리가 말을 듣지 않을 때 해주었던, 엄마 개구리와 아들 개구리 이야기였다.

우화 속 어린 개구리는 엄마 말을 죽어라 듣지 않았다. 아들이 항상 엄마 말의 반대로 행동한다는 것을 아는 엄마 개구리는 죽을 때가 되자 아들에게 자신이 죽으면 강가에 묻어달라고 했다. 물에서 멀리 떨어진 산에 묻히고 싶었기 때문이다. 그러나 엄마 개구리는 자신이 죽은 후 아들이 마음을 고쳐먹을 줄 몰랐다. 아들 개구리는 엄마의 마지막 부탁을 들어주기 위해 강가에 엄마의 무덤을 만들었고, 그 무덤은 폭우가 내리자 강물에 떠내려가고 말았다.

이게 바로 개구리들이 물가에서 우는 이유란다. 부모님은 이렇게 이야기를 끝맺었다. 좋아서 내는 소리가 아니라 슬퍼하는 소리, 아들 개구리가 회한의 눈물을 흘리는 소리인 거지.

나도 아들 개구리처럼 인생에서 많은 실수를 했다. 하지만 한 가지는 확실하다. 나는 엄마와 작별할 때 분명히 알았다. 엄마는 자신이 내 인생에 얼마나 많은 영향과 큰 영감을 주었는지 잘 알고 있었다는 것을 말이다. 내가 가정과 직장에서 내린 결정들, 특히 애슐리와 관련된 결정들에는 늘 엄마가 함께했다.

◆ ◆ ◆

나는 엄마의 장례식에서 울음을 멈추지 못했다. 특히 〈에델바이스〉의 첫마디가 교회를 채울 때 눈물이 북받쳤다. 교회는 꽃으로 가득했다. 전국의 애슐리 매장들이 돈을 모아 아름다운 꽃다발들을 보내준 덕분이었다. 지금은 세상을 떠난 한 점장은 내게 말했다. 그날 우리도 죽었어요, 제임스. 교회에 도착하니 오랜 친구 캐롤린이 나를 기다리고 있었다. 가슴 뭉클한 깜짝 만남이자 또 다른 원점회귀의 순간이었다. 캐롤린은 나를 평생 알고 지냈으니, 엄마와 나를 위해 그곳에 있지 않을 이유가 없었다.

전날 밤 경야에서 엄마는 한복을 입고 열린 관에 누워 있었다. 마지막으로 아파트에 갔을 때 엄마가 직접 선택한 옷이었다. 그때 엄마는 나와 제니퍼에게 옷고름 매는 법을 알려주었지만, 그날 몇몇 조문객은 내게 이렇게 계속 속삭였다. "엄마 옷고름이 잘못 매였어."

나는 어색하게 관 위로 몸을 숙인 채 엄마의 한복 고름을 묶었다 풀었다 하며 제대로 매보려 애썼다. 다음에는 제니퍼가 시도했고, 그다음에는 내가 재도전을 했다. 우리 둘의 눈은 계속해서 마주쳤다. 나 이거 어떻게 하는지 모르겠어. 너도 그렇지? 우리가 엄마에게 마지막으로 이거 하나 제대로 해줄 수 없다는 게 너무 슬퍼. 하지만 중요한 것은 말이 아닌 행동이었다. 결국 엄마 친구 한 분이 나를 나무라는 대신 직접 나서서 고쳐 매주었다.

추도사에서 나는 선택에 대해, 주도성에 대해 감정적으로 이야기했다. 엄마가 갓난 아들을 할머니에게 맡기고 아빠를 따라 미국에 온 것은 어쩌면 엄마의 선택이 아니었다. 전쟁의 참화 속에 아버지를 잃은 것은 더더구나 그랬다. 엄마는 이민자가 되어 낯선 땅의 시스템들의 집중공세를 받았고, 그중 엄마의 번영을 돕거나 성공을 촉진하기 위해 설계된 것은 하나도 없었다. 그 누구도 엄마가 새로 살게 된 사회에서의 암묵적 규칙들을 명확히 설명해주지 않았다. 엄마는 여성혐오, 인종차별, 그리고 우리가 서로에게 저지를 수 있는 최악의 불공평을 견디며 살았다. 엄마가 세상에 해준 수많은 공헌은 대부분 잘못 측정됐을 뿐 아니라 아예 측정조차 되지 않았다. 아빠가 개원할 수 있게끔 세 아이를 키우고 집안을 건사하며 전업주부로 살아온 엄마의 25년은 GDP 계산에 전혀 반영되지 않는다.

그럼에도 엄마는 모든 것을 이겨냈고, 자기 역할 이상을 해냈다. 엄마는 포기하지 않았다. 엄마는 조용히 감내했다. 내가 애슐리스튜어트에서 보낸 7년은 이런 진실들이 내 머리와 가슴에 표면화·구체화되는 계기였다. 내가 뜻하지 않게 얻은 친구들, 엄마와 외모는 전혀 다르지만 그럼에도 엄마를 닮은 여성들은 나로 하여금 엄마가 어떤 사람이었고, 엄마의 삶이 어떤 삶이었는지를 결국 제대로 보게 해주었다. 나는 리더십의 진정한 본보기가 무엇이고 어디서 찾을 수 있는지 세상에 알리는 데 최선을 다하겠다는 다짐으로 추도사를 마쳤다.

◆ ◆ ◆

엄마가 돌아가신 후 2주 동안 나는 몇 가지 결정을 내렸다. 이제는 내 갈 길을 갈 때였다. 협상의 여지는 없었다. 애슐리스튜어트의 대주주들은 내 눈에서 그 의지를 읽었다. 지난 수년간 나는 동료들의 주도성을 지지했고, 덕분에 나 자신의 주도성도 강화되었다. 자신에게 먼저 다정함을 보이지 않으면서 남들을 다정히 대할 수는 없다. 이제는 내 세 다리 의자의 다른 두 다리, 즉 가족과 나 자신에게 재투자할 때였다. 애슐리스튜어트의 대주주들은 내가 CEO로 있지 않은 애슐리를 소유하기보다 매각 절차를 밟는 쪽으로 자신들의 주도권을 행사했다.

내가 타운홀 미팅 강의를 처음 시작했을 무렵의 일이다. 강의 중 직원 한 명이 손을 들었다. 20년 동안 재직하며 회사의 시련과 역경을 모두 보아온 장기근속 직원이었다. 그녀는 내게 물었다. "제임스가 떠나면, 그래서 돈에 대한 결정을 내려주지 않으면 회사는 어떻게 될까요?" 사실 그 점은 전혀 걱정스럽지 않았다. 매일의 운영과 관리를 위해 알아야 할 것과 그 이상을 동료들에게 가르쳐왔고, 그간의 교훈들이 뿌리를 내리고 날개를 달았다는 것을 알고 있었기 때문이다.

그래서 나는 질문자에게 그보다는 다른 걱정거리가 있다고 말했다. 우리가 구축한 문화는 누가 돌보고 누가 보호할까요? 무형 자산의 손실, 이것이 내 걱정이었다. 이어서 나는 긍정적 외부효과를 창출하는 것, 미래에 그들 모두가 활용할 건전한 호의를 비축하는 것이 모두의 소임이라고 말했다. 무형 자산은 그것이 있을 때는 당연시되지만, 사라지면 티가 나고 몹시 아쉬워진다. 다정함 자체가 그렇듯이.

◆ ◆ ◆

엄마의 장례식이 끝난 후 나는 지나에게 내 일정에 있는 굵직한 약속들을 모두 취소해달라고 했다. 하나만 빼고. 나는 메이시스와 한 약속만큼은 꼭 지킬 작정이었다. 새로 취임한 메이시스 CEO가 내게 회사 임직원 전체를 대상으로 변혁에 대한 연설을 요청해서 잡은 약속이었다.

메이시스백화점의 헤럴드스퀘어 지점에 도착한 날에도 나는 여전히 슬픔에 차 있었다. 그날 아침 내내 나는 엄마가 아끼던 물건들을 살펴보며 보냈다. 의미 있는 저녁 외식들을 기념하기 위한 레스토랑 성냥갑들, 엄마의 웃기면서 슬픈 미국 이름 '필리스'가 새겨진 셰리 잔 하나, 카레라이스와 수제비를 담던 그릇들. 수제비는 내가 집을 떠나 대학에 간 이후로는 먹어본 적이 없는, 한국의 전통적 서민음식이다.

그것은 원점회귀의 순간이었다. 변혁의 방법을 구체적으로 제시할 수 있느냐는 질문을 받았을 때, 나는 엄마 지갑에서 발견한, 내가 태어나기 이전 해에 엄마에게 발급된 메이시스백화점 카드를 꺼내들었다. 당시는 아내의 신용카드 발급 신청서에 남편이 공동서명을 해야 하는 시절이었다. 내 유아용품을 사기 위해, 미국에서 아기에게 좋은 집을 만들어주기 위해, 엄마는 다른 시간대의 바로 이곳에 왔다.

나는 청중에게 말했다. 엄마의 그 메이시스 카드는 그 후에도 오랫동안 우리의 옷을 사는 데 쓰였다. 전날 밤 나는 엄마의 옷장 서랍 중 하나에 메이시스 자체 브랜드인 차터클럽Charter Club의 캐시미어 스웨터들이 곱게 접혀 차곡차곡 쌓여 있는 것을 보았다. 이것이 엄마의 조용한 사치였다. 서랍 가득 담긴 캐시미어 스웨터들은 어느 이민 1세대 한인 여성이 미국살이에 대해 품었던 희망을 증언하고 있었다. 차터클럽은 엄마에게 접근 가능한 사치였고, 그 스웨터들은 엄마에게 우리 가족이 잘해낼 거라는 위로와 안심을 주었을 것이다. 나는 말을 이었다. 메이시스의 본질은 바로 이런 이야기들이지, 유통을 위한 비영구적 수단에 불과한 백화점 건물들이나 웹사이트, 옷걸이들이 아니라고.

여담이지만 그 캐시미어 스웨터들은 이제 우리 집의 삼나무 옷장에 조용히 놓여 있다. 나는 그 옷들을 차마 없앨 수가 없었다. 엄마의 밥솥과 엄마가 스키야키를 만들 때 쓰던 휴대용 그릴도 마찬가지였다. 순수한 회계 관점에서 보자면 그 물건들은 이제 감가상각이 완전히 끝나 아무런 경제적 가치도 갖지 않는다. 하지만 그것들이 내게 주는 의미와 감정은 돈과 아무 상관이 없다. 그리고 그 이유로 그것들은 내게 가장 소중한 자산에 든다.

한 메이시스 직원이 손을 들고 마지막 질문을 던졌다. "당신의 용기는 어디서 나오나요?" 애슐리스튜어트뿐 아니라 내 커리어 전반에 대한 질문이었다. 왜 하버드를 졸업하고 고등학교 교사가 되기로 했는가? 왜 로스쿨을 졸업하고 엑셀도 모르는 상태로 금융업계에서도 최고 수준의 시장에 뛰어들었는가? 몇 년 지나 임팩트 투자 플랫폼을 직접 설립하기로 결정했던 이유는 무엇인가? 심지어 그때는 그것이 무엇을 의미하는지조차 잘 모를 때가 아닌가?

나는 잠깐 뜸들이다 말했다. "엄마와의 연대감이죠." 질문자는 내 대답에 놀란 듯했다. "저는 언제든 집에 돌아와 거실 러그에 누워 엄마와 엔턴먼즈 초콜릿케이크를 나눠 먹으며 하고 싶은 말을 다 할 수 있었습니다. 엄마는 항상 제가 잘되기만을 바라셨죠. 그러나 엄마가 저를 사랑했던 건 제가 세상에서 하는 일 때문이 아니었습니다. 물론 저를 항상 자랑스러워하셨지만, 제 일 자체가 아니라 그것들을 어떻게 하는가에 대해 뿌듯해하셨지요. 또 무엇보다 엄마는 제가 엄마의 아들이기 때문에 저를 사랑하셨습니다. 아주 단순한 사랑이었어요."

나에겐 각종 화려한 학위, 인맥, 직함이 있고, 나는 재정적 안정을 누린다. 이 모두는 엄마가 내게 간절히 바랐던 것들이다. 가장 극적인 아이러니는 나한테 가장 중요한 형태의 안정을 준 사람이 엄마라는 점이었다. 그 안정이란 곧 엄마의 무조건적인 사랑이었지만, 핵심은 엄마가 나를 사랑한 방식에 있었다. 엄마는 나를 억누르지 않았다. 엄마는 내가 스스로 선택하고 실수할 수 있는 여지를 허락했다. 엄마는 엄한 피드백을 주었지만, 더불어 내 많은 결점들을 항상 용서해주었다. 엄마의 사랑이 주던 안정감, 진정한 주도성은 내 개인적 T계정의 모든 자산에 영향을 미쳤다. 그런데 이제 그것은 사라져버렸다.

♦ ♦ ♦

애슐리스튜어트는 성공적으로 매각되었다. 3년 전처럼 두둑한 금융수익을 노린 매각이 아닌, 회사의 지속성을 보장하는 매각이었다. 새 주주들은 내게 회사에 남아달라고 간청하며 다양한 금전적 유인책을 제시했으나 나는 끝내 고사했다. 애슐리스튜어트는 더 이상 내게 맞는 곳이 아니었기에 깔끔한 이별이 최선이었다. 나는 남은 미스핏 토이즈 멤버들이 확실하게 경제적 보상을 받을 수 있게끔 조치했고, 동시에 경영진으로서 갖는 책임을 그들에게 상기시켰다. 그간 베풀어준 신뢰에 감사를 표한 뒤 나는 그들에게 내가 줄 수 있는 가장 중요한 조언을 했다. 여러분은 이미 무엇이 옳은지 알고 있습니다. 여러분은 이미 무엇을 할지 알고 있습니다. 잘못된 것을 감잡을 줄 알고, 무엇을 허용할 수 없는지도 알고 있지요. 그러니 그대로 하세요.

그런 다음 나는, 엄마가 세상과 작별한 방식을 본받아 어떠한 팡파르 없이 애슐리를 떠났다. 깊은 밤까지 이어지는 감상적인 송별회도, 눈물의 포옹도 없었다. 그래봤자 회사에 좋을 것이 없었고, 나 또한 새삼스런 자존감 부양은 필요 없었다. 내가 받은 많은 메시지 중 나에게 가장 소중한 것은 엄마 장례식 후 얼마 되지 않아 안타깝게 세상을 떠난 바로 그 점장이 보낸 메시지였다. 우리조차 우리를 믿기 어려웠을 때 우리를 믿어줘서 감사해요. 그들이 나를 믿어준 것에 대한 내 마음도 그와 같았다. 또한 나는 내 퇴직이 결코 마지막 작별이 아님을 알고 있었다. 진정한 관계들이 대개 그렇듯 지나, 차리, 셸리를 비롯한 많은 동료들과 맺은 관계는 그 어떤 종류의 법적 또는 기업적 실체에도 의존하지 않으며, 그런 것들을 초월한다.

그 여성들과 나는 오늘날까지도 좋은 친구로 남아 있다. 그동안 그중 일부는 회사를 떠났고, 일부는 남았다. 놀랄 것도 없이 그중 다수는 내가 뉴욕도시연맹New York Urban League의 가장 권위 있는 상인 프레더릭 더글러스상Frederick Douglass Award을 받는 자리에 하객으로 참석했다. 내가 애슐리스튜어트를 떠난 지 거의 2년이 되던 날이었다. 내 저널리스트 친구 채리스 존스, 타마라, 브루클린 YWCA의 임원으로 재직 중이던 타마라의 언니, 한때는 회의적인 의류공급업자였지만 나중에는 내게 비즈니스 조언을 구했던 앨런도 그 시상식에 참석했다. 우리는 내 동생 제니퍼가 소파에서 낮잠을 즐기는 내 성향에 대해 말하는 것을 들었다. '소파인' 제임스는 꽤 느긋한 사람이에요. 제니퍼가 웃으며 덧붙였다.

◆◆◆

마지막 근무일 이후 나는 인생에서 가장 중요한 투자 중 하나에 몰두하는 여유를 누렸다. 나는 나 자신에게 6개월의 시간을 투자했다. 내 현재를 다시 찾고 그것을 내가 바라는 미래와 연결하기 위한 시간이었다. 제임스의 레모네이드 스탠드. 나는 같은 과정을 처음부터 다시 밟았고, 그것을 나 자신에게 적용했다. 나는 자산과 부채, 약속과 계약을 두루 평가한 뒤, 그중 미래 가치를 극대화할 것들을 우선순위에 두었다. 나머지는 그것이 무엇이든, 그것이 누구든 내 대차대조표에서 제거했다. 그 과정의 일환으로 나는 아내와 아이들과 여동생에게 시간을 투자했다. 제니퍼의 남편은 내가 애슐리스튜어트를 떠나던 여름에 거의 치명적인 뇌졸중을 겪었다(이후 영웅적으로 회복한 매제가 나는 몹시 자랑스럽다).

나는 그 시간의 많은 부분을 자연에서 보내며 우리 행성을 지배하는 숨겨진 법칙과 패턴의 진정 효과에 나를 맡겼다. 나는 가족과 함께 노스캐롤라이나의 산지에서 플라이 피싱을 즐겼다. 심지어 내가 메그에게 청혼했고 모노폴리게임 규칙에 대한 재러드의 슬픈 각성을 지켜봤던 바로 그 울타리섬 해안에서 서핑을 시도하기도 했다. 참고로 나는 낚시와 서핑 모두에 젬병인 터라, 장인어른은 매번 내 낚싯줄에 플라이를 달아주었고 아이들은 내가 서핑보드 위에서 일어서지도 못했다며 놀렸다. 하지만 중요한 것은 그게 아니었다. 그 외견상의 불균형 속에서 나는 다시 균형을 찾았다.

아버지의 장례식 후, 기이하게 들리겠지만 나는 내가 변태를 마친 잠자리로 느껴졌다. 애슐리스튜어트에서 보낸 7년 동안 우리가 이룬 것을 돌아보며 이제 나는 공중으로 솟아오르는 기분이었다. 물론 잠자리는 아름답고, 그들의 변태 과정은 연금술과 마법을 방불케 한다. 하지만 착각하지 말자. 잠자리를 자연에서 가장 민첩하고 능률적인 곤충 중 하나로 만드는 것은 네 개의 날개와 겹눈을 구동하는 신경계다. 잠자리는 먹이를 뒤쫓지 않는다. 그보다는 자기가 어디로 날아야 할지를 직감한다. 잠자리에게는 그 목표를 달성하는 데 필요한 운동협응력과 시력, 여섯 가지 방향으로 비행하는 능력이 있다. 그리고 이 속성들은 통합되어 잠자리를 막강한 존재로 만든다. 다시 말해 잠자리에게는 눈치와 그것을 받쳐주는 스킬셋이 있다.

레드 헬리콥터와 관련된 마지막 깨달음의 순간은 내가 대서양 위로 떠오르는 태양을 바라볼 때 찾아왔다. 알고 보니 현대 헬리콥터의 기동은 잠자리에서 영감을 받은 것이었다. 그렇다. 둘 다 여섯 가지 방향으로 날 수 있다. 하지만 어쩌면 더 중요한 점은 둘 다 공중에 머물러 있을 수 있다는 사실일 것이다. 헬리콥터 기동 중 가장 어려운 것은 공중정지라고 헬리콥터 조종사들은 입을 모아 말한다. 신중하게 '그대로 있기' 위해서는 복잡하고 정교한 운동조정력이 필요하다. 기억하는가? 균형은 운동을 요한다. 가만히 있고 싶다면 절대로 가만히 있어선 안 된다. 다시 말해 균형에는 기민성이 요구된다. 결국 인생에 대해서든 사업에 대해서든, 헬리콥터 조종은 기업가정신에 대한 매우 멋진 은유다. 헬리콥터는 아주 높이, 아주 빨리 날진 못한다. 그러나 험한 지형에 착륙하고 활주로 없이 이륙할 수 있으며, 어디로든 방향 전환이 가능하다. 헬리콥터는 승객을 많이 태울 수 없다. 이는 다른 사람들도 스스로 비행할 수 있도록, 즉 그들도 자기주도성을 발견하도록 도와야 한다는 뜻이다. 신중하고 균형 잡힌 방식으로.

◆ ◆ ◆

스스로 정한 6개월간의 공백기 후 나는 천천히 세상과의 재접속을 시작했다. 본격적으로 종이와 펜을 들고 이 책을 쓰기 시작할 마음의 준비가 되기까지는 추가로 2년이 더 걸렸다. 안타깝게도 나는 한국의 전통과 풍습에 대해 잘 모르지만, 부모가 죽으면 3년상을 치른다는 말이 있다고 들었다. 바꿔 말하자면 부모를 애도하는 데는 적어도 3년이 필요하다는 뜻이다. 나는 비로소 내가 가슴 저미는 아픔 없이 엄마를 추억할 수 있게 됐다는 것을 알게 되었다. 슬픔은 이제 힘이 되었다.

애슐리스튜어트를 떠난 이후 나도 여러분과 마찬가지로 세계에서 일어나는 일들을 괴롭게 지켜보았다. 나는 여러 해 전 가을에 겪은 그 우울하고 창문 없는 구내식당의 분위기를 상기하지 않을 수 없었다. 두려움은 통제욕구를 촉발하고, 혼란에 직면하면 그 욕구는 특히 강해진다. 외로움과 자기중심주의 역시 통제욕구를 유발한다. 인간의 리더십뿐 아니라 기술 주도의 리더십 등 오늘날의 리더십 형태는 다양하다. 그러나 안타깝게도 거짓 약속으로 성과를 보장하며 우리의 불안을 다독이기에 급급한 리더십 역시 그만큼이나 많다. 자신의 주도권을 그들에게 넘기고 싶은 유혹이 여러분에게 들 수도 있겠지만, 그러기 전에 잠시 공중에 머물며 숙고할 것을 권한다. 변곡점과 과도기에는 '양자택일'의 진술에서 최선의 해법들이 도출되는 경우가 거의 없다. 해법은 주로 '그리고'의 진술을 취하고, '그러나'의 진술에서 나타나는 일이 극히 드물다. 최선의 해법들은 댐을 쌓기보다 흐름을 해방한다.

그리고 최선의 해법들이 하지 않는 것이 있으니, 설사 위안이 될지라도 세상의 낡고 익숙한 것들에 매달리지 않는다는 것이 그것이다. 최선의 해법들은 과거의 데이터만을 반영하는 디지털 정보에 의존하지 않는다. 그보다는 이원성을 위한 공간을 만들고, 새로운 사람들과 아이디어들이 결집할 때 항상 일어나는 불예측성과 무작위성을 수용한다.

◆ ◆ ◆

6개월간의 비공식적 공백기가 끝났을 때 나는 두 개의 초대만 수락했다. 둘 다 나름의 상징성이 있었지만, 둘을 합치면 그 의미와 중요성이 더 커졌다. 첫 번째 초대는 MIT에서 왔다. MIT 슬론 경영대학원에서 나와 함께한 미래의 비즈니스 리더들 및 현 글로벌 기업임원들은 내게 MIT의 모토인 '머리와 손mens et manus', 즉 정신과 기술의 균형 잡기를 실천하는 데 도움을 줄 의향이 있냐고 물었다. 있습니다. 나는 그들의 제안을 수락했다. 그로부터 한 달도 채 되지 않아 내 이메일 수신함에는 수수께끼 같은 줌 초대장이 도착했다. 하워드대학교('더 메카The Mecca'라는 애칭으로 불린다)에서 온 것이었다. 기억하는가? 하워드대학교는 민속학자 앨리스 플레처의 녹음을 위해 〈아리랑〉을 부른 한국인 학생들이 다녔던 바로 그 대학교다.

줌 통화에는 하워드대학교 총장을 위시해 학과장과 행정책임자들 여섯 명이 참여했다. 먼저 총장이 말을 꺼냈다. "제임스, 제 발 거절하지 말아요. 내가 지금 하려는 제안은 당신의 시간과 영향력을 가장 훌륭하게 투자하는 방법이 될 겁니다." 총장은 잠깐 멈췄다가 다시 말을 이었다. "하워드대학교에서 존 H. 존슨John H. Johnson 기업가정신 석좌교수로 우리와 함께하는 것을 고려해주시겠습니까?"

나는 몇 초간 숨을 쉴 수 없었다. 눈가가 촉촉해졌고, 너무 감격스럽고 놀라운 나머지 내가 카메라 앞에 있다는 사실도 잊었다. "세상에," 내가 말했다. "정말입니까? 진심이세요?" 나는 이번에는 내 얼굴을 가리키지 않았다. 대신 믿기지 않는 얼굴로 고개를 크게 갸우뚱했다. 하워드에서라면 그동안 내 최대 관심사였던 것, 즉 명목상의 제품이 아닌 진짜 제품에 오롯이 집중할 수 있을 듯했다.

그들은 진심이었다. "한번 생각해보세요. 우리는 제임스를 꼭 모셨으면 해요." 나는 말문이 막혔다.

나중에 나는 그날 줌 통화에 있었던 행정책임자 중 한 명에게 그 제안이 어떤 점에서 내게 얼마나 충격이고 영광이었는지 이야기했다. "우리가 해낸 일을 제대로 아는 사람은 세상에 없다고 생각했거든요."

그러자 그녀가 말했다. "그렇지 않아요. 우리는 제임스가 어떤 일을 했는지 봤어요. 당신이 대변했던 그 여성들의 얼굴에서 말이에요." 이 말이 내게는 이렇게 들렸다. 우리는 '무엇을'이 아닌 '어떻게'를 봤어요.

이후 하워드대학교와 MIT에서 강의하며 보낸 시간은 측정불가한 방식으로 내 상상력에 다시 불을 붙였다. 이 두 교육기관과 지역사회들이 협업한다는 발상은 그 자체만으로도 수많은 프로젝트와 투자의 촉매제가 되었고, 마침내 내가 이 책을 완성하는 동기의 근원이 되었다. 나는 강의를 하면서 다양한 산업, 지역, 민족, 연령대의 리더들과 함께 일했다. 예상치 못한 결집은 새로운 가능성들을 창출한다는 것을 알기 때문이었다. 나는 내가 가르친 것보다 더 많은 것을 학생들에게서 배웠다. 그들이 이 책에 녹아 있는 자신의 지혜를 알아보기를 희망한다.

워싱턴 D.C.로 날아가 처음으로 하워드 캠퍼스로 향하던 날은 지금도 내 기억에 선명히 남아 있다. 당시는 늦여름이었고, 나는 임시 오리엔테이션 세션과 투어에 모인 신규 교수진 중 한 명이었다. "환영합니다." 어느 여성의 목소리가 들렸다. 여성은 선 채로 자기소개를 한 뒤 물었다. "누구세요?"

"저는 제임스라고 합니다." 우리는 악수했다.

"그래요, 제임스. 하워드에는 무슨 일로 오셨나요?"

두 손을 다시 주머니에 찔러 넣으며 나는 이렇게 대답했다. "음… 시간이 얼마나 있으신가요? 얘기가 꽤 길어서요." 나는 웃었다. 그리고 우리는 늦여름의 따뜻한 햇살 아래 캠퍼스를 가로질러 나란히 걷기 시작했다.

가을이 오고 있었다.

# 코다

이 책의 원고 초안을 넘긴 지 열 달 후 나는 서울행 비행기에 올랐다. 부모님 모두가 돌아가신 뒤 처음으로 한국에 가는 길이었다. 무엇을 기대할지, 어떤 감정이 나를 덮칠지 알 수 없었다. 그 2주 동안 메그와 세 아이들이 곁에 있어서 다행이었다. 그들은 내게 정신적 버팀목이었다. 그들이 한국과 한국어, 내 한국 친척들에 익숙하지 않은 상황도 오히려 도움이 됐다. 덕분에 나는 과거에 있었거나 놓친 일들의 기억에 빠져 있기보다 그들에게 집중하고 현재에 충실할 수 있었다.

결과적으로 보자면 여행의 타이밍은 너무나 절묘했다. 내게는 그 여행이 운명처럼 느껴질 정도였다. 마치 이 책 전체가 내 눈앞에 슬로모션으로 펼쳐지는 것 같았다. 설명하자면 이렇다. 내가 비행 중일 때 메이저 은행 하나가 붕괴했다. 어찌된 일일까? 흠, 그 은행의 경영진은 T계정의 균형을 맞추지 못했다. 단기 부채로 장기 자산에 자금을 댔던 것이다. 신뢰가 무너지자 불안해진 예금자들은 너도나도 돈을 인출했다. 한때 스타트업의 돈줄로 불리며 '기술을 통한 파괴적 변화tech innovation and disruption(OTT 서비스가 기존 콘텐츠 산업에 미친 영향처럼, 신기술 비즈니스 모델이 기존의 시장이나 산업구조를 근본적으로 해체하고 변화시키는 것을 뜻함－옮긴이)'의 상징이었던 실리콘밸리은행Silicon Valley Bank은 결국 현금조달을 위해 장기 자산을 급매로 처분할 수밖에 없었다. 기억하자. 대차대조표가 망가지면 손익계산서는 무의미해진다. 레모네이드 스탠드의 단순한 규칙들은 미국 역사상 세 번째로 규모가 큰 은행의 파산을 막을 수 있었을 거란 생각을 나는 지울 수 없었다.

나흘 후에는 챗GPT-4의 출시가 전 세계에, 서로 별개면서 연관되어 있는 충격파를 일으켰다. 유감스럽게도 그것이 촉발한 광적이고 극단적인 반응은 예상 못한 바 아니었다. 인공지능이 세계의 모든 문제를 해결하게 될까? 인공지능이 인류의 멸망을 초래할까? 내가 봤을 때 그것이 제기하는 근본적인 질문은 우리가 이 책에서 탐구한 주제를 관통한다. 즉, 이는 주도성의 문제다. 인간의 의사결정을 강화, 증대, 또는 대체하기 위해 기술을 어느 정도까지 이용하는 것이 맞을까? 과거 데이터에 의존하는 인공지능은 우리를 가장 인간답게 만드는 것들―우연, 오류, 무작위성, 그리고 감정―을 주도성에서 배제할까? 단순하게 들릴지 몰라도 어쩌면 답은 다정함의 의미에 대한 우리의 직관적 이해에 있을 것이다.

실리콘밸리은행의 파산 시점과 챗GPT-4의 출시 시점 사이에, 나는 서울의 유서 깊은 지역인 인사동의 한 아트스튜디오에서 강연을 했다. 실업가들, 시민지도자들, 그리고 내 부모님의 옛 동창 몇 분도 그 자리에 참석했다. 그날 저녁 행사의 주최자는 내 명예 누나이자 글로벌 커뮤니케이션 컨설팅회사의 대표로 일하는 박영숙이었다. 이본은 아무 대가도 바라지 않고 그 행사를 조직했다. 그날 밤 우리는 내가 이 책에서 다룬 주제, 우려, 희망의 이유에 대해 이야기했고, 그것을 오늘날 한국이 직면한 난제들에 적용할 방법을 논했다. 전례 없는 재정적 성공과 기술적 우위에도 불구하고 한국은 출산율 감소와 청년층의 자살 및 정신질환 증가라는 문제를 겪고 있다. 이는 한국만의 문제가 아니다.

우리 중 누구도 모든 답을 알지는 못했다. 다만 주도성을 중히 여겨야 한다는 점, 그리고 여러 면에서 실패하고 있는 교육 시스템과 공동 대차대조표를 바로잡을―적어도 개선을 위해 노력해야 할―의무를 미래 세대에게 빚지고 있다는 점에 대해선 모두가 동의했다.

나는 청중에게 〈문 리버Moon River〉를 부르게 해달라고 허락을 구하는 것으로 발언을 마쳤다. 〈문 리버〉는 내 부모와 그 세대의 많은 사람들로부터 사랑받은 노래였다. 아버지는 집에서 이 노래를 부르며 돌아다니곤 했다. 엄마와의 첫 데이트 날, 아버지가 앞날의 가능성을 꿈꾸며 엄마에게 이 노래를 불러주는 모습을 나는 쉽게 상상할 수 있었다. 몇 장의 옛 사진, 빌린 기타의 도움으로 그날 밤 우리는 함께 시공간을 뛰어넘었다. 알고 보니 그 아트 스튜디오는 부모님이 고등학교를 다녔던 곳에서 불과 몇 백 미터 거리에 있었다. 아버지의 넋이 손녀의 무사함을 확인하러 보스턴 아동병원에 왔던 것처럼, 그날 밤 엄마아빠도 그곳에 나와 함께 있었다. 슬픈 방식이 아닌 원점회귀의 방식으로. 나는 그 모든 것의 무작위성에서 기쁨을 얻었다. 한국전쟁의 생존자이자 평생을 사람들을 돌보는 데 바친 유찬과 화자의 자랑스러운 아들로서, 나는 이제 70년의 시간을 건너와 그 두 분이 젊음을 보낸 장소에 앉아 있었다.

나는 세상을 보러 떠나는 두 떠돌이에 대한 노래를 부르며 눈을 감고 미소를 지었다. 그리고 가슴 깊이 훈훈한 아픔이 퍼지는 것을 느꼈다.

♦ ♦ ♦

www.redhelicopter.com으로 여러분이 나를 찾아와주길 바란다. 그곳에서 여러분은 이 책의 여정을 탐험하고 그것에 몰입할 방법들을 더 발견할 수 있을 것이다. 나는 여러분의 레드 헬리콥터 이야기를 듣고 싶다. 어쩌면 우리는 그것을 세상 모두와 나누게 될 수도 있을 것이다.

제임스 리

# 감사의 말

내가 애슐리스튜어트를 떠난다고 발표하자 시카고의 한 점장은 소셜미디어에 다음과 같은 메시지를 올렸다. 제임스, 당신은 우리를 가르쳤고, 우리를 믿어주었고, 우리에게 동기와 영감을 주었어요. 당신이 우리에게 보여준 모든 것을 이용해, 우리는 당신이 우리에게 했던 것을 다른 사람들에게 할 겁니다. 다시 말하지만 우리는 당신을 사랑합니다.

당시 나는 그 메시지에 어떻게 반응해야 할지 알 수 없었다. 그로부터 여러 해가 지난 지금, 나는 그 점장을 비롯한 예전 동료들 전부, 특히 매장 여성들에게 같은 말을 이용해 감사를 표하고 싶다. 나를 믿어주는 이가 얼마 없었을 때, 심지어 나 자신도 나를 의심했을 때 여러분은 나를 믿어주셨어요. 7년 동안 나는 더 나은 버전의 내가 되기 위해 일했습니다. 이 책이 우리가 함께 창출한 유대감, 즉 정을 말하는 영원한 증거가 되기를 바랍니다. 대학 강의실에서든 기업 회의실에서든, 나는 우리가 나눈 대화와 순간들을 자주 떠올립니다. 부모님이 돌아가셨을 때 여러분이 나와 내 가족에게 베풀어주신 넘치는 성원은 영원히 갚을 길이 없습니다.

우리는 한 배를 탔고, 끝까지 함께 갔습니다.

우리는 평생 수많은 사람들과 공간과 시간을 공유한다. 그중 대부분은 가벼운 지인이나 짧게 스쳐 지나간 얼굴 이상이 되지 못한다. 그렇다고 그들이 영웅이 아닌 것은 아니다. 엄마를 위해 휠체어를 찾아준 공항 직원, 내 부모에게 새로운 나라에 대한 가르침을 준 브롱크스 할머니, 그리고 감사하게도 내게 빨간 장난감 헬리콥터를 선물해준 내 친구 아빠. 이 세 분은 내 삶의 형성을 도운 많은 이들 중 소수에 불과하다. 이 책의 서사에는 일상의 영웅들이 가득하다. 그들은 내가 낙담해 있을 때 나를 일으켰고, 내가 미흡했던 많은 순간에 더 잘해낼 수 있는 영감을 주었다. 이런 맥락에서 돌이켜보면, 어릴 적 우리 집 현관 계단을 올라온 모든 사람에게 음료를 대접해야 한다고 주장했던 엄마의 혜안에 새삼 놀라게 된다.

이 이야기의 시작은 어린 시절이다. 뉴욕주 롱아일랜드 쓰리빌리지 학군의 교원과 행정직원 분들에게 감사드린다. 미너소키초등학교, 마운트초등학교, 젤리나스중학교, 워드멜빌고등학교의 교실과 운동장은 내가 주도성을 개발하고 공유하는 어른으로 성장하게 해주는 기반을 제공했다. 덕분에 오늘날 나는 그 시절의 교훈들을 많은 사람에게 전하는 특권을 누리고 있다. 내 이웃 모두에게 감사드린다. 여러분의 부동산세는 양질의 공립학교 교육을 지원하는 자금이 되었다. 최근 나는 내 사랑하는 유치원 선생님 그리피스 여사의 부음을 들었다. 선생님이 이 책을 읽어보지 못하신 것이 못내 애석하다.

이 서사의 궤적은 여러 대륙과 네 세대를 아우른다. 주도성을 행사하고, 시스템들을 바꾸고, 변화를 만들어낸 용기 있는 유명·무명의 사람들은 많지만, 이 책에는 그중 한정된 이들만 담을 수 있었다. 내 삶에 긍정적 영향을 준 여러 개인과 단체가 내 마음을 부디 알아주길 바란다. 우리 시대에 대한 이 우화에 실제 사례들로 기여해주신 데 깊이 감사하는 마음을.

브레네 브라운Brene Brown의 '리더의 용기Dare to Lead' 팟캐스트에 출연했을 때 나는 청취자들에게 이 책의 집필 시도가 처음 몇 번은 실패로 끝났다고 말했다. 미리 경고를 받긴 했으나, 나는 책 쓰는 일이 얼마나 고립적인 일인지 체험을 통해 뼈저리게 배웠다. 책 쓰기 작업은 무작위하게 들끓는 기억과 창의를 가차 없는 신체적·정서적·지적 엄격함으로 통제하는 일을 요한다. 이 이유, 또 다른 몇몇 이유들 탓에 하마터면 이 책은 이름 없는 노래로 내 머릿속에만 내내 갇혀 있을 뻔했다. 그러다 몇 가지 촉매가 궁극적으로 내게 강행의 동기를 부여했다.

첫 번째는 TED 커뮤니티와 브레네의 팬들, 동료 CEO들과 내 학생들로부터 쏟아진 성원이었다. 그들은 내게 이 책을 써야 한다는 확신을 주었다.

두 번째는 경험 많고 뛰어난 사상가, 실천가, 예술가 집단의 지원이었다. 출판계의 전설 주디스 커는 전 과정에서 꾸준한 존재감과 지원, 마법적 직관을 발휘했다. 가브리엘라 페이지-포트는 편집자, 비평가, 밴드 멤버, 그리고 궁극적이고 결정적으로 도움을 아끼지 않는 친구의 역할을 물 흐르듯 수행했다. 주디스와 가비는 초짜 저자가 이 책은 기존의 범주나 틀에 맞지 않을 거라고 뻔뻔하게 말했을 때 전혀 동요하지 않았다. 그들은 레너드 번스타인Leonard Bernstein, 에드워드 엘가Edward Elgar, 브루스 스프링스틴에게서 영감을 얻어 E 플랫 장조의 푸가를 쓰겠다는 내 포부를 진지하고 정중하게 들어주었다. 내게 자유롭게 창작할 공간을 만들어준 주디스와 가비에게 고마움을 전한다. 그 은혜에 보답하기 위해서라도 나는 이 책의 집필을 제때 마치기 위해 가일층 노력했다!

편집과 디자인부터 홍보, 판매, 마케팅에 이르기까지 하퍼원HarperOne 출판사 팀은 모든 면에서 특출했다. 몇몇 이름을 빼먹을 위험을 무릅쓰고 이야기하자면 라이나 애들러, 라이언 아마토, 루이스 브레이버먼, 스티븐 브레이다, 이본 챈, 제시 돌치, 앤 에드워드, 재닛 에번스-스캔런, 대프니 기욤, 줄리아 켄트, 크리시 존슨 몰리나, 매디슨 옥스, 재니스 수기탄, 섀넌 웰치에게 심심한 감사를 표한다. 이 책을 즉시 이해해준 포티어 PRFortier Publick Relations 팀도 잊을 수 없다. 마크 포티어, 애시튼 발라드, 맥케일라 유의 기여에 감사한다.

인사동 행사의 주최자인 박영숙의 소개로 이 책의 삽화가 조혜연을 만났다. 혜연은 전통과 현대의 감각이 동시에 살아 있는 붓터치로 내 말과 감정을 유려하게 포착했다. 내 생각 파트너인 피터 스미스는 내 글을 신속하게 편집하고, 비평하고, 개선했다. 피터는 누가 뭐라 하든 내가 쓰고 싶은 책을 쓰도록 격려하는 데 있어서도 놀랍도록 확고했다. 내 에이전트 짐 리바인을 소개해준 레이첼 추에게 감사한다. 짐은 구불대는 선들, 연필 낙서, 레모네이드 스탠드 사례연구, 잡다한 음표들에서 완성된 노래를 듣는 신기를 보였다. 짐이 내 귀를 붙잡고 자기 손가락으로 먼저 키보드를 두드리는 솔선수범을 감행하지 않았다면 나는 출판 제안서를 제출조차 하지 않았을 것이다. 그전에는 제러미 짐머와 힐러리 비어드를 비롯한 여러 사람이 내게 어떤 형태로든 책을 써볼 것을 권했다. 그들이 초기에 보내준 성원에 감사한다.

세 번째는 내 가족이 내게 베푼 무조건적 사랑(때로는 엄한 사랑)과 응원에 힘입은 바가 컸다. 초안에 피드백을 준 제니퍼, 랜티, 애비, 새라 S.에게 고마움을 전한다. 윌과 새라 P.—우리는 아이들을 함께 키웠어. 두 사람에게 여러모로 고마워. 메그, 당신은 학자금 빚에 허덕이며 이런저런 갑옷을 입어보던 레드 헬리콥터 소년과 결혼했어. 언제나 그렇듯, 나를 있는 그대로 봐주고 부족한 나를 사랑해줘서 고마워. 우리 아이들아. 이제는 우리가 그저 우리 다섯이 아닌 그 이상이라는 것을 분명히 알게 되었지?(물론 우리 집에 우리 다섯만 있을 때도 꽤 멋지지만 말이야.) 너희의 과거는 너희를 사랑하는 사람들로 가득해. 그것이 너희를 미래로 추진하는 동력이 되기를 바란다. 조지, 너는 많이 짖는 게 흠이지만 내가 이 책과 씨름할 때 흔들림 없는 동지애를 보여주었어.

엄마, 아빠, 사랑해요. 사랑해요. 이 책은 두 분을 위한 것입니다. 무엇보다 내가 이 과정을 끝까지 버티게끔 해준 것은 두 분의 이야기를 전하고 싶은 간절함이었어요. 지금 생각하니 나는 엄마아빠를 늘 보고 듣고 있었어요. 내가 그렇게 하고 있는지를 엄마아빠가 몰랐던 때에도요! 부모님이 닿고 구한 모든 삶들을 대신해, 돌봄이 필요한 이들을 돌보신 두 분의 부단한 봉사에 감사드립니다. 핸섬 레인에 살던 시절, 우리 집 좁은 거실에서 두 분이 부르던 〈내 인생을 밝혀주는 그대You Light Up My Life〉를 다시 한번 들을 수만 있다면 나는 어떤 것도 내놓을 수 있을 것 같아요. 언젠가 우리는 다시 만나게 되겠죠. 그때까지 저도 제 할 일을 할게요.

# 레드 헬리콥터

**초판 1쇄 인쇄** 2024년 11월 21일
**초판 1쇄 발행** 2024년 12월 4일

**지은이** 제임스 리
**옮긴이** 이재경
**펴낸이** 최순영

**출판2본부장** 박태근
**경제경영 팀장** 류혜정
**디자인** 윤정아
**삽화** 조혜연
**교정교열** 장윤정

**펴낸곳** ㈜위즈덤하우스 **출판등록** 2000년 5월 23일 제13-1071호
**주소** 서울특별시 마포구 양화로 19 합정오피스빌딩 17층
**전화** 02) 2179-5600 **홈페이지** www.wisdomhouse.co.kr

ISBN 979-11-7171-327-1 03320